공생적
복지국가론

위기의 대한민국, 새로운 길을 찾아서

머리글

위기의 한국, 새로운 패러다임을 향하여: 공생적 지능사회로 가는 길

2024년 4월 22대 국회의원 선거 이후 형성된 여소야대 정국은 한국 정치의 구조적 모순을 극명하게 드러냈다. 더불어민주당을 비롯한 야당들은 압도적 의석수를 힘으로 삼으면서 입법 독재의 양상을 보이며, 무분별한 탄핵소추안 의결과 추진, 정부 예산안의 일방적 삭감을 통해 국정 발목잡기에 나섰다. 반면 집권 여당은 이러한 야당의 공세에 효과적으로 대응하지 못한 채 정치적 무능함만을 드러냈다. 이러한 극단적 대립과 정치적 교착상태는 결국 2024년 12월 3일 대통령의 계엄령 선포라는 사태로 이어졌다.

이 일련의 정치적 혼란은 단순한 우발적 사건이 아니라, 한국이 '압축적 근대화' 과정에서 형성한 불안정한 정치체제의 필연적 결과였다. 서구가 수백 년에 걸쳐 점진적으로 발전시킨 민주주의 제도와 정치문화를 불과 수십 년 만에 이식하면서, 제도적 형식은 갖추었으나 정치적 관용과 타협의 문화는 뿌리내리지 못했다. 승자독식의 권력구조, 제로섬 게임식 정치 인식, 그리고 견제와 균형보다는 일방적 지배를 추구하는 정치적 행태가 고착화되었다. 2025년 6월 조기 대선으로 정치

적 공백은 메워졌지만, 현 정치권 전체에 대한 국민의 불신은 오히려 더욱 깊어졌다.

한반도를 둘러싼 지정학적 위기는 날로 심화하고 있다. 북한의 지속적인 핵 위협, 미·중 갈등 속에서 한국의 전략적 모호함, 그리고 러시아-우크라이나 전쟁의 여파 등 한국은 사면초가의 상황에 놓여 있다. 대내적으로는 극도로 진행된 저출산·고령화, 심화하는 사회 양극화, 기후위기와 생태 파괴, 그리고 4차 산업혁명으로 인한 일자리 위기가 복합적으로 작용하고 있다.

이러한 총체적 위기의 근본 원인은 한국형 대통령 중심제와 양당 체제의 기득권 정치라는 대의민주주의의 구조적 한계에 있다. 5년 단임제로 인한 정책의 연속성 부족, 승자독식 구조로 인한 사회통합의 실패, 그리고 시민 참여가 배제된 엘리트 중심의 의사결정 과정은 한국 사회의 갈등을 증폭시키고 있다. 여기에 재벌 중심의 경제구조, 수출 의존적 성장모델, 그리고 분단 체제의 고착화가 더해지면서 한국은 발전의 한계에 직면해 있다.

필자는 이러한 다중적 위기를 보면서 기존의 낡은 패러다임으로는 더 이상 한국 사회가 직면한 문제들을 해결할 수 없다는 절박한 인식을 하게 되었다. 서구에서 수입한 복지국가 모델이나 신자유주의적 해법으로는 한국 사회의 특수한 맥락과 문화적 토양을 반영하기 어렵다. 오히려 우리 고유의 철학적 토대 위에서 동서양의 지혜를 융합한 새로운 대안이 필요하다는 확신을 가지게 되었다.

이 책 『공생적 복지국가론: 위기의 대한민국, 새로운 길을 찾아서』는 이러한 문제의식에서 출발한다. 공생共生, Symbiosis이라는 생물학적 개념을 사회과학으로 확장하여, 시장과 정부, 개인과 공동체, 인간과 자연이 상호 의존하며 조화롭게 발전하는 새로운 사회 모델을 제시하고자 한다. 이는 천인합일天人合一 사상과 『주역』의 변통變通 철학, 그리고 현대 과정철학의 만남을 통해 한국적 맥락에서 구현할 수 있는 실천적 대안을 모색하는 시도이다. 이 책은 필자가 2023년에 출간한 『주역과 생명학』의 결론에서 제시한 '공생적 복지국가 모델'을 구체화한 미래 대한민국의 설계도이자 마스터플랜이다.

인공지능으로 대표되는 디지털 혁명은 인간 문명사에서 유례없는 속도와 규모로 전개되고 있다. ChatGPT, Claude, Gemini 등 생성형 AI의 등장은 단순한 기술적 진보를 넘어 인간의 인지능력과 창조성 영역까지 침투하며 사회 전반의 패러다임을 근본적으로 재편하고 있다. 이미 번역, 작문, 프로그래밍, 법률 자문, 의료 진단 등 고도의 지적 노동 영역에서 인공지능이 인간의 능력을 능가하거나 대체하기 시작했다. 향후 10년 내에는 대부분의 화이트칼라 직종이 인공지능과의 협업 또는 대체 위험에 직면할 것으로 전망된다.

이러한 디지털 대전환 시대에 대한민국의 미래는 인공지능 생태계를 중심으로 한 새로운 산업 재편에 달려 있다. 반도체 강국의 기반 위에 인공지능 칩, 데이터센터, 클라우드 인프라를 구축하고, K-컬처의 창작 역량과 인공지능 기술을 융합한 새로운 콘텐츠 산업을 창출해야 한다. 더 나아가 제조업과 서비스업 전반에 인공지능을 접목한 지능형 생산시스템과 개인 맞춤형 서비스 체계를 구축함으로써 글로벌 경쟁력을 확보할 수 있을 것이다.

동시에 재벌기업 중심의 수출 의존적 경제구조에서 벗어나 내수 중심 경제로의 전환이 절실하다. 5천만 인구의 견고한 내수시장을 바탕으로 인공지능 기반 개인화 서비스, 스마트 헬스케어, 에듀테크, 핀테크 등 혁신적 서비스 산업을 육성해야 한다. 특히 한국어라는 고유한 언어적 자산을 활용한 인공지능 모델 개발과 한국적 맥락에 특화된 인공지능 서비스 생태계 구축이 새로운 성장동력이 될 수 있다.

더욱 중요한 것은 통일한국에 대한 새로운 비전이다. 북한의 2천5백만 인구와 풍부한 지하자원, 그리고 남한의 기술력과 자본이 결합할 때 7천5백만 인구의 거대한 통합 시장이 형성된다. 이는 단순한 영토 통합을 넘어 인공지능 시대의 새로운 문명 실험장으로 발전할 가능성을 내포한다. 북한 지역의 디지털 인프라를 처음부터 인공지능 네이티브로 구축하고, 남북한의 다른 사회문화적 경험을 융합한 창조적 혁신을 통해 동아시아는 물론 전 세계의 모델이 되는 '스마트 통일국가'를 건설할 수 있을 것이다. 이때 통일한국은 단순한 경제적 번영을 넘어 인간과 인공지능이 공존하는 새로운 사회 모델, 즉 '공생적 지능사회'의 선도국가로 부상할 수 있을 것이다.

이 책의 각 장 주요 내용은 다음과 같다.

서론: 위기의 대한민국, 새로운 길을 찾아서

한국 사회가 직면한 경제·사회·정치·안보·환경·문화·외교 등 8개 영역의 총체적 위기를 진단하고, 압축적 근대화와 외생적 발전모델의 구조적 한계를 분석한다. 기존 복지국가 모델의 한계를 짚어보고, 공생적 복지국가의 필요성과 의의를 제시한다.

제1장: 공생적 복지국가의 개념과 특징

생물학적 공생 개념의 사회 이론적 확장과 그레이엄 하먼의 객체지향 사회이론을 통해 공생적 복지국가의 이론적 기초를 마련한다. 전통적 복지국가와의 차별점을 명확히 하고, 상호 의존성·호혜성·지속가능성·참여민주주의라는 핵심 가치를 정립한다.

제2장: 공생적 복지국가의 역사적 당위성

1970년대 이후 서구 복지국가의 구조적 위기와 신자유주의 재편의 실패를 분석한다. 동아시아 발전모델의 특수성과 한계를 검토하고, 기후변화·4차 산업혁명·팬데믹 등 21세기 문명 전환의 시대적 요구를 제시한다.

제3장: 공생적 복지국가의 철학적 기반

동아시아의 천인합일 사상과 삼재三才 경제철학, 『주역』의 변통 사상과 시중(時中)의 지혜를 현대적으로 해석한다. 화이트헤드의 과정철학과 동양사상의 접점을 찾아 동서양 철학의 창조적 융합을 시도한다.

제4장: 한국 사회보장제도의 전개와 구조적 문제

일제강점기부터 현재까지 한국 사회보장제도의 역사적 전개 과정을 개관하고, 현행 제도의 구조적 문제점을 진단한다. 가족구조 변화, 고용 불안정, 세대 간 갈등 등 새로운 사회적 위험의 등장과 복지 수요의 다변화를 분석한다.

제5장: 세계화 이후 자본주의의 변화와 전망

신자유주의 세계화의 전개와 위기, 2008년 글로벌 금융위기 이후 자본주의의 변화를 살펴본다. 4차 산업혁명과 플랫폼 경제의 확산, 탈성장과 생태적 전환의 필요성을 제시하며 사회적경제와 순환경제 등 대안적 경제모델을 모색한다.

제6장: 공생적 복지국가의 제도 설계

삼재 경제관에 기반한 복지 철학을 바탕으로 구체적인 제도 설계안을 제시한다. 4대 보험의 통합과 생애주기별 맞춤형 보장, 공공부조의 참여적 재편, 새로운 사회적 위험 대응 체계, 보편적 기본소득과 시민배당, 지역사회 중심의 참여적 거버넌스, 통합적 사회서비스와 예방적 복지 생태계 구축 방안을 상세히 다룬다.

제7장: 대한민국의 미래 정치경제 방향

참여민주주의와 숙의민주주의의 결합, 지방분권과 자치의 실질화를 통한 정치체제 혁신을 제시한다. 재벌 중심 경제구조의 개편과 사회적경제 생태계 구축, 그리고 통일 시대를 대비한 복지국가 비전을 제시한다.

제8장: 공생적 복지국가의 실현 전략

단계별 실행 로드맵과 주요 정책과제의 우선순위를 제시한다. 소득보장체계의 통합과 개편, 돌봄 사회화와 서비스 혁신, 생태 전환과 녹색 복지 실현을 위한 구체적 실행 전략을 다루고, 사회적 합의와 추진

동력 확보 방안을 모색한다.

제9장 결론: 공생의 시대, 새로운 대한민국을 향하여

공생적 복지국가의 비전과 의의를 종합하고, 실현을 위한 과제와 전망을 제시한다. 선경仙境, Suntopia 국가로서의 한국의 미래상을 그려보며, 새로운 문명적 대안으로서의 한국 모델의 세계사적 의의를 조망한다.

이 책은 단순한 정책 제안을 넘어 제2의 "축의 시대"라 할 수 있는 지금의 문명 대전환기에 한국 사회의 근본적 변화를 위한 철학적 성찰과 실천적 대안을 동시에 제시한다. 위기의 시대를 살아가는 모든 시민이 함께 새로운 미래를 꿈꾸고 실현해 나가는 데 작은 보탬이 되기를 간절히 바란다.

2025년 7월

계룡산에서

祉山 쓰다

공생적
복지국가론

위기의 대한민국, 새로운 길을 찾아서

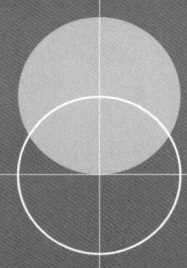

목차

2-2. 사회보험 관리기관의 통합적 거버넌스 구축

2-3. 공공부조의 공생적 개편: 잔여적 구제에서 참여적 사회투자로

2-4. 공공부조 전달체계의 혁신적 재편

2-5. 노동-돌봄-생태의 통합적 사회보장 체계

3. 새로운 사회적 위험에 대한 혁신적 대응 체계 · 305

3-1. 기후 위기 대응 생태복지 제도

3-2. 디지털 전환과 플랫폼 노동 보장

제9장

결론: 공생의 시대, 새로운 대한민국을 향하여　470

에필로그　482
동서양 지혜의 융합과 미래 복지국가

부록　486
공생적 복지국가 실현을 위한 정책 체크리스트

서론

위기의 대한민국,
새로운 길을 찾아서

서론

위기의 대한민국,
새로운 길을 찾아서

I. 한국 사회의 총체적 위기 진단

1. 경제구조의 근본적 한계

수출주도형 성장모델의 한계

대한민국은 1960년대 이후 압축적 근대화를 통해 '한강의 기적'이라 불리는 경제성장을 이룩했다. 그러나 이러한 성장모델은 본질적으로 수출주도형 발전전략에 의존해왔으며, 현재 그 한계가 명확히 드러나고 있다.

글로벌 공급망의 변화와 보호무역주의 확산으로 인해 수출 의존도가 높은 한국경제는 극심한 외부 충격에 노출되어 있다. 2020년 팬데믹과 2022년 러시아-우크라이나 전쟁은 글로벌 공급망 분절의 심각성을 여실히 보여주었다. 한국의 무역의존도는 GDP 대비 무역액 비중이 70%를 웃돌아 OECD 평균인 60%를 현저히 초과하는 수준에 이르고 있다. 이러한 과도한 대외 의존성은 국제 정세 변화에 따른 경제적 취약성을 심화시키고 있다.

내수 시장의 구조적 취약성 또한 심각한 문제로 대두되고 있다. 수출 중심 성장은 상대적으로 내수 기반을 취약하게 만들었으며, 가계소득 증가율은 GDP 성장률보다 지속적으로 하회하고 있다. 이는 내수 확대의 근본적 한계로 작용하고 있으며, 특히 소득분배 악화로 인한 중산층 몰락은 내수 기반 약화를 더욱 가속화하고 있다. 이러한 구조적 불균형은 경제의 지속 가능한 성장을 위협하는 주요 요인으로 작용하고 있다.

재벌 중심 경제구조의 폐해

한국경제의 또 다른 구조적 문제는 극도로 집중된 재벌 중심 경제구조이다. 상위 10대 그룹의 매출액이 전체 GDP의 60%를 넘어서는 수준에 이르렀으며, 이러한 극단적 집중은 경제 전반에 심각한 문제를 야기하고 있다. 경제력 집중의 심화는 중소기업의 성장 기회를 제약하고 혁신 생태계를 왜곡시키며, 경제 전반의 역동성 저하와 대기업과 중소기업 간 격차 확대로 이어지고 있다.

노동 시장 이중구조의 문제는 더욱 심각하다. 대기업 정규직과 중소기업 비정규직 간의 임금 격차는 2배 이상으로 확대되었으며, 이는 단순한 임금 격차를 넘어 사회보장, 교육 기회, 주거 안정성 등 삶의 전 영역에서 계층 분화를 고착화하고 있다. 이러한 구조적 불평등은 사회

통합을 저해하고 경제의 효율성을 떨어뜨리는 주요 원인이 되고 있다.

혁신 생태계의 구조적 한계

한국의 산업 발전은 선진국 기술의 모방과 개량에 기반한 '추격형' 모델이었다. 그러나 이제 기술적 프론티어에 근접하면서 새로운 혁신 패러다임이 요구되고 있다. 현재 한국의 R&D 투자는 GDP 대비 세계 최고 수준인 4.8%에 달하지만, 혁신의 질적 성과는 투입 대비 상대적으로 미흡한 상황이다. 이는 추격형 발전모델의 한계를 명확히 보여주는 대목이다.

대학교육과 산업현장의 불일치 문제 또한 심각하다. 고등교육 진학률은 70%를 넘어 세계 최고 수준이지만, 실제 산업현장에서 요구하는 역량과 교육내용 간의 괴리가 심각한 상황이다. 이는 청년실업률 상승과 중소기업의 인력난이 동시에 발생하는 역설적 상황을 만들어내고 있으며, 인적자원의 효율적 활용을 저해하는 구조적 문제로 자리 잡고 있다.

2. 사회구조의 심각한 불안정성

극도로 진행된 저출산·고령화

한국 사회가 직면한 가장 심각한 위기 중 하나는 세계 최저 수준의 출산율과 급속한 고령화이다. 2022년 합계출산율 0.78명은 OECD 평균인 1.51명의 절반 수준에 불과하며 OECD 회원국 중 유일하게 합계출산율이 1명 미만인 국가이다. 이는 다양한 복합적 요인에 기인하고 있다. 청년세대의 경제적 불안정성 증가, 주거비용 급등으로 인한 생활비 부담, 일-가정 양립의 어려움, 개인주의 가치관 확산과 결혼관의 변화, 그리고 자녀 양육비 부담의 급증이 복합적으로 작용하여 이러한 초저출산 현상을 초래하고 있다.

고령화 진행 속도 또한 세계에서 유례를 찾기 어려울 정도로 빠르다. 2025년 초고령사회 진입이 예상되며, 이는 불과 26년 만의 변화로 프랑스의 155년, 독일의 78년, 일본의 36년보다도 훨씬 빠른 속도이다. 이러한 급속한 인구구조 변화는 노동력 감소, 사회보장비 급증, 경제성장률 하락 등 사회 전반에 걸쳐 심각한 도전을 제기하고 있다.

사회 양극화의 심화

소득 불평등이 지속적으로 확대되고 있으며, 2023년 기준 한국의 처분가능소득 기준 지니계수[1]는 0.323으로 OECD 국가 평균 지니계수인 약 0.33을 웃도는 수준에서 계속 악화하고 있다. 특히 자산 불평등은 소득 불평등보다 더욱 심각한 수준에 이르렀으며, 이는 사회통합과 계층 이동성에 심각한 위협이 되고 있다.

세대 간 격차의 확대는 특히 주거, 고용, 연금 영역에서 두드러지게 나

---

1) 지니계수가 0에 가까울수록 평등, 1에 가까울수록 불평등이 심하다는 것을 의미한다.

타나고 있다. 청년세대의 내 집 마련은 사실상 불가능한 수준에 이르렀으며, 서울 아파트 평균 가격 대비 중위소득 배수는 12배를 넘어서고 있다. 청년 체감실업률은 20%를 웃돌며, 취업 후에도 대부분 불안정한 비정규직에 머무는 실정이다. 현재 청년세대가 받을 국민연금 소득대체율은 20% 내외로 예상되어 노후 빈곤이 심각하게 우려되는 상황이다.

사회적 신뢰와 결속의 위기

한국 사회의 사회적 신뢰(사회적 자본, 대인신뢰도 및 제도 신뢰도) 수준은 OECD 국가 중 최하위권에 머물고 있다. 2024년 기준, 한국인의 대인신뢰도는 55.7%로 나타났다. 이는 코로나19 이전(2013년 72.2%)에 비해 크게 하락한 수치이며, 2020년에는 50.6%까지 떨어졌다. 정부, 기업, 언론, 시민사회에 대한 신뢰가 전반적으로 하락하고 있으며, 이는 사회통합과 집단적 문제해결 능력을 크게 저해하고 있다. 2024년 OECD 조사에서 한국인의 정부 신뢰도는 37.2%로, OECD 평균(39.3%)보다 낮고 30개국 중 15위에 머물렀다. 에델만 신뢰도 지표(2025년 발표)에 따르면, 한국은 조사 대상 28개국 중 27위로, 정부(38%), 기업(43%), 미디어(38%), 비영리단체(46%) 모두 불신 영역에 머물렀다.

특히 정부, 언론, 기업 지도층이 대중을 의도적으로 기만한다고 생각하는 비율이 각각 70%, 68%, 63%에 달해 불신이 심각한 수준이다. 사회적 자본의 급격한 감소는 민주주의의 질적 저하와 사회발전의 동력 상실로 이어지고 있다.

갈등의 다층화 현상도 심각한 문제로 대두되고 있다. 기존의 이념 갈등, 지역갈등에 더해 세대 갈등, 성별 갈등, 계층 갈등이 중첩되면서 사회 전반의 갈등 지수가 높아지고 있다. 특히 온라인 공간에서의 혐오 표현과 극단적 대립이 오프라인 현실에까지 영향을 미치면서 사회적 결속력이 급속히 약화하고 있다.

3. 정치체제의 구조적 모순

대통령제의 권력 집중과 민주주의 후퇴

한국의 대통령제는 미국식 대통령제보다도 더 강한 권력 집중 구조로 되어 있다. 5년 단임제로 인한 레임덕 현상과 함께, 정책의 연속성과 장기적 비전 수립에 한계를 보인다. 과도한 권력 집중은 견제와 균형의 원리를 훼손하고 민주적 거버넌스의 질을 저하시키고 있다.

정치의 양극화 현상은 더욱 심각해지고 있다. 여야 간 극한 대립이 상시화되면서 합의 정치와 타협의 문화가 실종되었으며, 이는 국정 전반의 효율성을 떨어뜨릴 뿐만 아니라 사회통합에도 악영향을 미치고 있다. 정치적 대립이 정책적 차이를 넘어 정체성의 문제로 확장되면서 건설적 토론과 합리적 정책 결정이 어려워지고 있다.

시민 참여와 대의민주주의의 괴리

높은 교육 수준과 정보화 진전으로 시민들의 정치참여 욕구는 많이 증가했지만, 기존 대의민주주의 제도는 이러한 변화를 충분히 수용하지 못하고 있다. 참여민주주의에 대한 요구가 증대되고 있으나 이를 제도적으로 뒷받침할 수 있는 메커니즘이 부족한 상황이다.

정치엘리트와 시민 간의 괴리 또한 심화하고 있다. 정치인들의 특권의식과 기득권 카르텔 화가 심화하면서 일반 시민들과의 거리감이 확대되고 있으며, 이는 정치 불신과 반정치 정서로 이어지고 있다. 이러한 현상은 민주주의의 대표성과 정당성을 근본적으로 위협하는 요소로 작용하고 있다.

4. 분단체제의 지속과 안보 딜레마

분단 비용의 지속적 증가

직접적 분단 비용은 계속해서 증가하고 있다. 2024년 국방비는 GDP의 2.8% 수준으로 주요 아시아 국가들(중국 1.7%, 일본 1.2%)보다 크게 상회하고, 전 세계적으로도 비교적 높은 수준에 속하며, OECD 평균 국방비인 약 1.9~2.0% 수준보다 높다. 청년층의 2년간 병역의무는 개인적 기회비용과 사회적 비용을 동시에 발생시키고 있다. 이러한 비용은 다른 사회발전 영역에 투입될 수 있는 자원을 제약하는 요인으로 작용하고 있다.

남북 경제협력 중단으로 인한 기회비용은 연간 수십조 원에 이르는 것으로 추산된다. 특히 북한의 지하자원과 남한의 기술력 결합을 통한 시너지 효과를 활용하지 못하고 있으며, 이는 한반도 전체의 경제발전 잠재력을 크게 제약하고 있다. 분단으로 인한 경제적 손실은 단순한 비용을 넘어 미래 성장동력의 상실을 의미한다.

안보와 경제발전의 딜레마

분단체제 아래에서 안보 논리가 다른 모든 가치 보다 우선시되면서, 민주주의 발전과 사회통합에 부정적 영향을 미치고 있다. 안보 중심 사고의 한계는 사회의 다원성과 개방성을 제약하고, 창의성과 혁신 역량 발전을 저해하는 요인으로 작용하고 있다. 또한 과도한 안보비용은 복지 예산 확충에 제약요인으로 작용하여 사회정책의 발전을 제약하고 있다.

5. 환경위기와 지속가능성 문제

기후변화 대응의 긴급성

2050 탄소중립을 선언했지만, 현재의 온실가스 감축 속도로는 목표

달성이 어려운 상황이다. 특히 제조업 중심의 경제구조와 높은 에너지 소비량은 탈탄소 전환의 장애요인으로 작용하고 있다. 탄소중립 목표와 현실 간의 괴리는 국제적 신뢰도 하락과 경제적 비용 증가를 초래할 수 있는 심각한 문제이다.

기후변화 대응은 단순한 환경 문제를 넘어 경제구조 전환과 사회시스템 개편을 요구하는 총체적 과제이다. 에너지 전환, 산업구조 개편, 생활양식 변화 등 사회 전반의 패러다임 전환이 필요하지만, 이에 대한 사회적 합의와 정책적 로드맵이 부족한 상황이다.

자원순환과 생태계 보전

1인당 생활폐기물 발생량 중 플라스틱 폐기물은 2020년 기준 1인당 연간 208kg으로 OECD 국가 중 가장 많다. 매립지 포화와 소각장 건설 갈등이 지속되고 있으며, 이는 폐기물 처리 위기로 이어지고 있다. 자원순환 체계의 구축이 시급한 과제로 대두되고 있지만, 생산자 책임 확대, 소비 패턴 변화, 재활용 기술 개발 등 종합적 접근이 부족한 상황이다.

개발 위주의 성장정책으로 인해 자연 서식지가 지속적으로 감소하고 있으며, 이는 생태계 서비스의 질 저하로 이어지고 있다. 생물다양성 감소는 생태계의 안정성을 위협하고 인간의 생존 기반을 약화하는 심각한 문제이지만, 이에 대한 사회적 인식과 정책적 대응이 여전히 미흡한 상황이다.

6. 교육과 문화의 위기

교육격차와 사회 이동성 감소

소득 이동성(계층 이동) 비율을 보면 2022년 기준, 한국의 소득 이동성 비율은 34.9%이며, 이 중 상향(계층 상승) 이동은 17.6%, 하향(계층 하락) 이동은 17.4%였다. 상위 20% 소득계층의 86%는 다음 해에도 같은 계층을 유지할 정도로 상위 계층 진입이 어렵다는 것을 확인할 수 있다.

세대 간 사회 이동성 인식은 2023년 기준, 세대 간(부모와 자녀 세대) 사회 이동 가능성이 높다고 생각하는 비율은 30.3%에 그쳤다. 세대 내(개인의 일생 동안) 이동 가능성이 높다고 보는 비율은 27.2%로, 한국인은 사회 이동성에 대해 비관적으로 인식하는 경향이 강하다.

사교육비 지출 격차가 확대되면서 교육을 통한 사회 이동성이 크게 제약되고 있다. 교육 기반 사회 이동성[OECD 비교]을 볼 때 2022년 OECD 국제학업성취도평가[PISA] 기반 상향적 사회이동성 지수는 한국과 OECD 평균 모두 10.5%로 집계됐다. 이는 하위 계층 출신 학생이 상위 성취 집단으로 이동하는 비율을 의미한다. 2006년 13.4%에서 2022년 10.5%로 하락해, 계층 간 이동 가능성이 OECD 평균 수준으로 경직되었다.

서울대 입학생 중 강남 3구 출신 비율이 지속적으로 증가하는 것은 교육 불평등의 확대를 상징적으로 보여주는 사례이다. 교육 기회의 불평등은 계층 고착화를 심화시키고 사회의 역동성을 저해하는 주요 요인이 되고 있다.

학령인구 감소에도 불구하고 대학 정원 조정이 지연되면서 교육의 질적 저하가 우려되고 있다. 특히 지방대학의 위기는 지역 간 격차 확대로 이어지고 있으며, 이는 국가 전체의 인적자원 개발과 지역 균형발전에 악영향을 미치고 있다. 대학 교육의 질적 저하는 인적자본의 경쟁력 약화로 이어져 국가의 장기적 발전 역량을 제약하는 요인으로 작용하고 있다.

한국의 사회 이동성(특히 상향 이동성)은 OECD 평균과 비슷하거나 약간 높은 수준이지만, 최근 들어 경직되는 추세이며, 국민 인식은 비관적인 편이다.

문화적 다양성과 창의성 위기

여전히 명문대 진학과 대기업 취업이라는 획일적 성공 모델이 지배적이며, 이는 사회 전반의 창의성과 다양성을 제약하고 있다. 청년들의 창업 의지는 OECD 최하위 수준에 머물고 있으며, 이는 혁신 생태계의 활력 부족을 보여주는 지표이다. 안정성을 추구하는 문화와 실패에 대한 부정적 인식은 도전정신과 창업정신을 저해하는 요인으로 작용하고 있다.

문화적 획일성과 다양성 부족은 사회의 창조적 역량을 제약하고 있다. 교육제도, 미디어, 사회 전반의 분위기가 여전히 표준화된 성공 모델을 추구하고 있으며, 이는 개인의 다양한 재능과 잠재력 발현을 억제하고 있다. 이러한 문화적 경직성은 급변하는 글로벌 환경에서 요구되는 적응력과 혁신 역량 개발을 저해하는 구조적 문제로 자리 잡고 있다.

7. 국제관계와 외교적 도전

신냉전 구조와 중간국가의 딜레마

미·중 패권 경쟁이 본격화되면서 한국은 어려운 외교적 선택에 직면해 있다. 안보는 미국에, 경제는 중국에 의존하는 구조에서 전략적 자율성 확보가 중요한 과제로 부상하고 있다. 신냉전 구조의 심화는 한국의 외교적 선택의 폭을 제약하고 있으며, 이는 국가 발전전략 수립에 심각한 제약요인으로 작용하고 있다.

글로벌 공급망의 재편과 경제 블록화가 진행되면서 한국은 새로운 형태의 경제적 도전에 직면하고 있다. 기술 패권 경쟁, 공급망 안보, 경제적 상호의존성과 전략적 자율성 간의 균형 등 복합적 과제를 해결해야 하는 상황이다.

글로벌 거버넌스 참여의 한계

경제 규모에 비해 국제사회에서의 영향력과 발언권이 제한적인 상황이다. 특히 글로벌 이슈에 대한 주도적 역할 수행에 한계를 보이고 있으며, 이는 중견국 외교의 한계를 드러내고 있다. 기후변화, 팬데믹, 국제 안보 등 글로벌 차원의 도전에 대한 한국의 기여와 역할이 경제력에 비해 상대적으로 미흡한 것이 현실이다.

다자주의 국제질서의 약화와 양자 관계 중심의 외교 환경 변화는 한국의 외교적 입지를 더욱 복잡하게 만들고 있다. 국제기구에서의 영향력 확대, 글로벌 이슈에 대한 주도적 역할 수행, 연성권력의 활용 등 새로운 외교 전략의 필요성이 증대되고 있다.

8. 위기의 근본 원인: 발전모델의 구조적 한계

압축적 근대화의 부작용

한국 사회가 직면한 이러한 총체적 위기는 압축적 근대화 과정에서 누적된 구조적 모순에서 비롯된다. 서구가 200여 년에 걸쳐 점진적으로 경험한 산업화, 민주화, 정보화를 불과 반세기 만에 압축적으로 겪으면서 심각한 부작용이 발생했다.

제도와 의식의 괴리가 가장 대표적인 문제이다. 제도적 근대화는 빠르게 진행되었지만, 사회구성원들의 의식과 문화는 상대적으로 더디게 변화하면서 사회 전반에 부조화가 발생했다. 이러한 괴리는 민주주의의 형식과 내용 간의 불일치, 시장경제와 전통적 관계 중심 문화의 충돌, 개인주의와 집단주의의 혼재 등으로 나타나고 있다.

성장과 분배의 불균형 또한 압축적 근대화의 중요한 부작용이다. 경제성장에만 집중하면서 분배와 복지는 상대적으로 소홀히 다뤄졌으며, 이는 현재의 극심한 불평등 문제의 근본 원인이 되고 있다. 양적 성장과 질적 발전의 괴리 역시 심각한 문제로, 경제 규모 확대에는 성공했지만, 삶의 질과 행복 수준은 이에 비례하지 않은 상황이 지속되고 있다.

외생적 발전모델의 한계

한국의 발전모델은 본질적으로 외부 의존적이고 모방적 성격이 강했다. 이러한 외생적 발전모델은 급속한 성장을 가능하게 했지만, 동시에 구조적 한계를 내포하고 있다. 주체성의 결여가 가장 심각한 문제이다. 자생적 발전 동력보다는 외부 자극에 의한 발전에 의존함으로써 내생적 발전 역량이 취약한 상황이다. 이는 글로벌 환경 변화에 대한 적응력 부족과 혁신 역량의 한계로 이어지고 있다.

문화적 정체성의 혼란 또한 외생적 발전모델의 부작용이다. 급속한 서구화 과정에서 전통적 가치와 현대적 가치 간의 조화롭지 못한 결합이 이루어졌으며, 이는 사회구성원들의 정체성 혼란과 가치관 갈등을 야기하고 있다. 지속가능성의 한계는 외생적 발전모델의 가장 근본적인 문제이다. 외부 환경 변화에 취약한 구조로 인해 장기적 지속가능성이 의문시되며, 이는 새로운 발전 패러다임의 필요성을 제기하고 있다.

이러한 총체적 위기 진단은 기존의 발전모델로는 더 이상 한국 사회가 직면한 복합적 도전에 대응할 수 없음을 명확히 보여준다. 경제구조의 근본적 한계, 사회구조의 불안정성, 정치체제의 모순, 분단체제의 지속, 환경위기, 교육과 문화의 위기, 국제관계의 복잡성 등 다차원적 위기가 상호 연결되어 있어 부분적이고 단편적인 해결책으로는 한계가 있다.

새로운 국가 모델, 즉 '공생적 복지국가'로의 전환이 선택이 아닌 필수가 된 이유가 여기에 있다. 이는 단순한 정책적 개선을 넘어 발전 패러다임 자체의 근본적 전환을 의미하며, 한국 사회가 지속 가능한 미래를 확보하기 위한 유일한 대안이라 할 수 있다.

II. 기존 복지국가 모델의 한계

1. 구조적 위기와 지속가능성 문제

20세기에 등장한 복지국가 모델은 오늘날 근본적인 도전에 직면해 있다. 이러한 위기는 단순한 정책적 실패가 아니라 급변하는 사회경제적 환경과 복지국가 제도 간의 구조적 불일치에서 비롯된다. 탈산업화, 기술혁명과 경제의 세계화, 저출산·고령화와 같은 자본주의 세계의 일반적인 상황 변화는 예외 없이 복지국가들에게 위기를 초래하였다.

전통적인 복지국가는 안정적인 완전고용과 표준가족 모델을 전제로 설계되었으나, 현재는 고령화 사회의 도래로 인한 구조적 변화에 직면해 있다. 평균수명 연장과 출산율 저하로 인해 부양비가 급격히 증가하고 있으며, 노동 시장은 비정규직 확산과 플랫폼 노동의 증가로 인해 불안정성이 심화하고 있다. 동시에 1인 가구 증가와 전통적 가족 형태의 해체는 기존 복지제도의 전제 조건을 무너뜨리고 있다.

복지국가의 경직성과 비효율성도 위기의 원인으로 일조했다. 복잡한 관료제로 인한 효율성 저하는 국민의 복지 체감도를 떨어뜨리고 있으며, 개별적 욕구를 충족하지 못하는 획일적 서비스는 복지의 실효성을 의문시하게 만들고 있다. 더불어 국민부담률 증가에 따른 경제 활력 저하는 복지국가의 지속가능성 자체에 대한 근본적 질문을 제기하고 있다.

2. 신자유주의적 재편과 그 한계

1980년대 이후 복지국가 위기에 대한 해답으로 제시된 신자유주의적 접근은 또 다른 형태의 한계를 드러냈다. 신자유주의는 개인의 자유와 경제 효율성이 훼손된다는 것을 이유로 하여 보편적 성격의 복지국가에 반대하며, 시장에서 실패한 개인을 대상으로 하는 공공부조와 수익원칙을 철저히 따르는 사회보험으로만 구성된 복지국가를 이상적 형태로 간주한다.

그러나 시장화와 민영화를 통한 복지개혁은 예상치 못한 부작용을 초래했다. 시장 중심 복지는 사회 불평등을 악화시켰으며, 개인 책임 강조로 인해 사회적 결속력이 저하되었다. 비용 절감 우선주의로 인한 복지서비스 품질 하락은 복지에 대한 국민의 신뢰를 떨어뜨렸고, 사회 연대성의 가치를 무시하는 접근은 공동체 의식을 약화시켰다.

특히 남성 중심의 임금노동자 위주로 재편된 산업자본주의 질서로는 더 이상 노동자를 보호하기 어려운 상황이 되었다. 기존 사회보험 체계에서 배제된 플랫폼 노동자들과 주로 여성이 담당하는 필수 돌봄 노동의 저평가, 그리고 사회보장제도에서 체계적으로 배제된 이주노동자들의 문제는 복지 사각지대를 확대하고 있다.

3. 정치적 신뢰 위기와 복지정치의 한계

복지국가는 본질적으로 정치적 산물이다. 복지국가는 정치를 통해서 사회경제적 불평등을 완화할 수 있다는 희망에 근거해 있으며, 정치에 대한 일정한 신뢰를 전제로 한다. 자본주의와 시장 체제의 한계가 커질수록 이를 개선하기 위한 정치의 역할은 절실해지기 때문이다.

그러나 현재 많은 국가에서 정치에 대한 불신이 심화하고 있다. 기득권 정치와 부패로 인한 국민의 정치 불신은 복지정책에 대한 지지 기반을 약화하고 있으며, 포퓰리즘과 극단주의 정치의 확산은 합리적인 복지 논의를 어렵게 만들고 있다. 계층 간, 세대 간 갈등의 정치화는 복지정책을 둘러싼 사회적 합의 형성을 더욱 복잡하게 만들고 있다.

한국의 경우 이러한 문제가 더욱 심각하게 나타나고 있다. 한국에서 복지국가를 둘러싼 논의와 노력은 길게 보더라도 김대중 정권 등장 이후 20여 년의 역사가 있을 뿐이며, 국민은 복지국가의 삶의 방식과 거시적 합리성을 거의 경험한 바 없다. 이는 복지정치의 사회적 기반이 대단히 취약함을 의미하며, 복지국가에 대한 국민적 경험과 이해 부족,

성장 우선주의와 복지에 대한 부정적 인식, 그리고 복지동맹 형성의 어려움을 야기하고 있다.

III. 공생적 복지국가의 필요성과 의의

1. 공생적 복지국가 개념의 등장 배경

기존 복지국가 모델의 한계가 명확해지면서 새로운 대안적 접근의 필요성이 대두되고 있다. 공생적 복지국가는 이러한 시대적 요구에 부응하여 등장한 혁신적 개념으로, 생물학적 공생 개념을 사회제도에 적용한 것이다. '공생symbiosis'이란 각기 다른 두 개나 그 이상 수의 종이 서로 영향을 주고받는 관계를 의미하는데, 이를 복지국가에 적용하면 사회의 다양한 주체들이 상호 의존하며 공동의 이익을 추구하는 복지 체제를 구상할 수 있다.

공생적 복지국가는 기존의 이분법적 사고를 넘어서는 새로운 패러다임을 제시한다. 국가와 시장의 대립구조를 협력관계로 전환하고, 개인과 공동체의 배타적 관계를 상생 관계로 발전시키며, 효율과 공정의 양자택일 상황을 통합적 해결책으로 전환하는 것이다. 이러한 접근은 복지를 단순한 재분배 메커니즘이 아닌 사회 전체의 생산성과 혁신을 촉진하는 동력으로 인식하게 한다.

2. 공생적 복지국가의 핵심 원리

공생적 복지국가의 첫 번째 핵심 원리는 상호의존성이다. 모든 사회 구성원과 제도가 서로 연결되어 있다는 인식을 바탕으로, 사회를 하나의 생태계로 보는 통합적 관점을 취한다. 이는 개별 요소가 아닌 관계와 네트워크의 중요성을 강조하는 연결의 경제학이며, 부분 최적화가 아닌 전체 최적화를 추구하는 시스템 사고이다.

두 번째 핵심 원리는 상호수익성이다. 자유방임주의와 복지국가가 상호 배타적인 관계가 아니라 공존할 수 있다는 인식에서 출발하여, 모든 참여자가 이익을 얻는 윈-윈 모델을 구축한다. 복지가 경제성장을 촉진하는 선순환 메커니즘을 만들어내며, 장기적 관점에서의 균형과 안정성을 추구하는 지속가능성을 지향한다.

세 번째 핵심 원리는 적응적 혁신이다. 변화하는 환경에 유연하게 대응하는 능력을 중시하며, 지속적 학습과 개선을 통한 진화를 추구하는 학습조직의 특성을 갖는다. 새로운 접근법에 대한 개방성을 유지하는 실험정신과 위기 상황에서의 회복 능력인 복원력을 핵심 역량으로 삼는다.

3. 공생적 복지국가의 구체적 실현 모델

공생적 복지국가는 다중 주체 거버넌스를 통해 실현된다. 현대 복지국가의 변화는 기술 변화, 경제구조, 고용구조 변화, 가족구조 변화와

도 긴밀하게 관련되는데, 이러한 복합적 변화에 대응하기 위해서는 다양한 주체의 협력이 필수적이다. 정부는 정책 조정자 및 최종 책임자 역할을 담당하고, 시장은 혁신과 효율성의 동력을 제공하며, 시민사회는 사회연대와 참여의 플랫폼 역할을 하고, 개인과 가족은 자율적 선택과 책임의 주체로 기능한다.

융합적 복지서비스는 전통적 분야별 접근을 넘어선 통합적 서비스 제공을 특징으로 한다. 개인의 생애과정에 맞춘 연속적 지원을 제공하는 생애주기별 통합서비스와 개별적 욕구에 따른 차별화된 맞춤형 복지를 구현하며, 문제 발생 후 대응이 아닌 사전 예방 중심의 접근을 취한다.

디지털 기반 플랫폼은 공생적 복지국가의 기술적 토대를 제공한다. 공유경제는 잉여자산을 공유하는 새로운 경제모델로서, 이러한 개념을 복지 영역에 적용하면 디지털 기술을 활용한 새로운 복지 생태계를 구축할 수 있다. 디지털 플랫폼을 통한 복지서비스 연결과 빅데이터를 활용한 정책 결정, 디지털 민주주의를 통한 시민 참여 확대가 그 구체적 방법이다.

4. 공생적 복지국가의 시대적 의의

공생적 복지국가는 무엇보다 패러다임의 전환을 의미한다. 미래 연구는 다양한 대안적 미래를 제시함으로써, 최선의 현실적 선택을 위한 지침을 제공하고 사회적 공감대를 형성하는 데 크게 이바지할 수 있는데,

공생적 복지국가는 이러한 대안적 미래의 하나로서 제로섬 게임에서 포지티브섬 게임으로의 사고 변화를 끌어낸다. 새로운 사회계약과 제도 설계를 통한 제도 혁신과 경쟁에서 협력으로의 사회문화 전환을 추동한다.

지속 가능한 발전 모델로서 공생적 복지국가는 특별한 의미가 있다. 복지와 경제성장은 대립 관계가 아니며, 그 둘이 연결될 때 '생산적 복지국가'로의 발전이 가능해진다. 공생적 복지국가는 이러한 생산적 복지국가의 진화된 형태로서, 생태적 한계 내에서의 환경적 지속가능성, 사회통합과 연대 강화를 통한 사회적 지속가능성, 그리고 혁신과 포용을 통한 경제적 지속가능성을 동시에 추구한다.

글로벌 차원에서 공생적 복지국가는 단일 국가를 넘어선 접근이 필요하다. 초국가적 복지 거버넌스 구축을 통한 국가 간 협력, 전 지구적 차원의 사회연대 실현을 통한 글로벌 연대, 그리고 선진국과 개발도상국의 공동 발전을 추구하는 상생 발전이 그 핵심 내용이다.

5. 한국에서의 공생적 복지국가 실현 가능성

한국은 공생적 복지국가 모델을 실험하고 발전시킬 수 있는 독특한 조건을 갖추고 있다. 한국이 후발 자본주의 국가로서 경제성장뿐 아니라 복지국가 발전이라는 측면에서도 후발주자의 이점을 활용하는 것은 시행착오의 고통을 줄이는 길이다. 세계 최고 수준의 ICT 인프라와 디지털 역량은 디지털 기반 복지 생태계 구축의 기술적 토대를 제공하며, 강한 교육열과 혁신 의지라는 사회적 자본은 새로운 복지 패러다임 수용의 문화적 기반이 된다. 또한 지방자치단체를 통한 정책 실험 가능성은 점진적이고 안정적인 제도 변화의 경로를 제공한다.

그러나 공생적 복지국가 실현을 위해서는 여러 과제를 해결해야 한다. 무엇보다 새로운 복지 패러다임에 대한 사회적 공감대 형성이 필요하며, 기존 제도의 점진적 개혁과 새로운 제도 설계를 통한 제도 혁신이 요구된다. 또한 새로운 복지 생태계를 운영할 수 있는 인적 역량 개발도 중요한 과제이다.

복지국가 건설에는 단순한 이론만으로 설명할 수 없는 수많은 논쟁과 장애물이 존재하지만, 한국의 현실에 맞는 새로운 복지국가를 구상하는 우리에게는 더 멀리 보고 더 넓게 바라볼 것이 요구된다. 공생적 복지국가는 이러한 요구에 부응하는 혁신적 대안으로서, 한국이 선도할 수 있는 미래형 복지 모델의 가능성을 제시하고 있다.

요약

기존 복지국가 모델의 한계는 단순한 제도적 결함이 아니라 급변하는 사회경제적 환경에 대한 구조적 부적응의 결과이다. 인구구조 변화, 노동 시장 불안정성, 신자유주의적 재편의 부작용, 그리고 정치적 신뢰 위기는 전통적인 복지국가 패러다임의 근본적 재검토를 요구하고 있다.

공생적 복지국가는 이러한 한계를 극복하기 위한 새로운 패러다임으로서, 상호의존성과 상호수익성을 기반으로 하는 지속 가능한 복지 생태계를 제시한다. 이는 단순히 기존 제도의 개선을 넘어서 복지에 대한 근본적 사고의 전환을 요구하는 혁신적 접근법이다. 다중 주체 거버넌스, 융합적 복지서비스, 디지털 기반 플랫폼을 통해 구현되는 공생적 복지국가는 패러다임 전환, 지속가능한 발전, 글로벌 협력이라는 시대적 의의가 있다.

　한국은 후발주자의 이점과 우수한 기술 인프라를 바탕으로 공생적 복지국가 모델을 선도적으로 실험할 기회를 얻고 있다. 동아시아의 깊은 지혜와 현대 과학기술의 융합을 통해 새로운 가치를 창출하고자 하는 시대적 흐름 속에서, 공생적 복지국가는 한국이 세계에 제시할 수 있는 혁신적인 사회 모델이 될 수 있을 것이다.

제 1장

공생적 복지국가의
개념과 특징

제1장

공생적 복지국가의
개념과 특징

1. 공생^{Symbiosis}의 생물학적·사회학적 의미

생물학적 공생에서 사회이론으로의 확장

공생^{共生, Symbiosis}이라는 개념은 본래 생물학에서 출발하여 사회과학 전반으로 확장된 중요한 이론적 틀이다. 1879년 독일의 식물학자 하인리히 안톤 드 바리^{Heinrich Anton de Bary}가 처음 도입한 이 용어는 "서로 다른 종들이 함께 살아가는 현상"을 의미했다. 이후 린 마굴리스^{Lynn Margulis}의 세포 내 공생설^{endosymbiotic theory}을 통해 생물 진화의 핵심 메커니즘으로 인식되면서, 생명체 간의 협력적 관계가 경쟁보다 더 근본적인 생존 전략임이 밝혀졌다.

생물학적 공생은 그 형태에 따라 크게 세 가지로 분류된다. 첫째, 상리공생^{mutualism}은 두 종 모두가 이익을 얻는 관계로, 꽃과 벌의 관계가 대표적이다. 꽃은 벌에게 꿀을 제공하고, 벌은 수분을 도와 식물을 번

식할 수 있게 한다. 둘째, 편리공생commensalism은 한 종은 이익을 얻고 다른 종은 피해를 당하지 않는 관계이다. 상어에 붙어 먹이 찌꺼기를 얻는 빨판상어가 그 예이다. 셋째, 기생parasitism은 한 종이 다른 종을 희생시켜 이익을 얻는 관계로, 전통적으로 부정적으로 인식됐지만 생태계의 균형 유지에 중요한 역할을 한다는 것이 최근 연구를 통해 밝혀지고 있다.

마굴리스의 세포 내 공생설은 진핵세포의 기원을 설명하며 공생 개념에 혁명적 전환을 가져왔다. 미토콘드리아와 엽록체가 본래 독립적인 원핵생물이었다가 다른 세포 내부에서 공생하면서 복잡한 생명체를 출현할 수 있게 했다는 이 이론은, 경쟁이 아닌 협력이 진화의 주요 동력임을 보여준다. 이는 다윈의 자연선택설이 강조한 '적자생존'의 경쟁 중심 패러다임을 보완하여, 생명의 진화가 경쟁과 협력의 변증법적 과정임을 입증했다.

생태학자 피터 코닝Peter Corning은 그의 저서 『협동의 진화The Evolution of Cooperation』에서 진화적 관점에서 협력과 상호작용이 어떻게 인간 사회의 중요한 요소로 자리 잡게 되었는지 설명하며 인간 문명의 발전과정에서 공생적 관계가 수행한 핵심적 역할을 강조했다. 농업의 발명, 가축의 길들이기, 도시의 형성, 분업의 발달 등 인류 문명의 주요 전환점들이 모두 다른 종과의 공생 관계 또는 인간 집단 간의 협력을 통해 이루어졌다는 것이다. 이러한 관점에서 인간 사회의 복잡성과 문명의 발전은 개체 간 경쟁의 결과가 아니라 공생적 협력의 산물로 이해될 수 있다.

사회생물학자 에드워드 윌슨Edward O. Wilson은 『사회생물학의 새로운 종합Sociobiology: The New Synthesis』에서 인간 사회의 협력 행동을 생물학적 관점에서 설명하면서, 개체 선택과 집단 선택의 다층 선택 이론multilevel selection theory을 제시했다. 이 이론에 따르면, 개체 수준에서는 이기적 행동이 유리할 수 있지만, 집단 수준에서는 협력적 행동이 집단의 생존과 번영에 유리하다. 따라서 인간의 이타적 행동과 사회적 협력은 진화적으로 선택된 적응 전략이라는 것이다.

현대 복잡계 과학complexity science의 발전은 공생 개념에 새로운 차원을 부여했다. 스튜어트 카우프만Stuart Kauffman의 자기조직화self-organization 이론과 일리야 프리고진Ilya Prigogine의 산일구조dissipative structure 이론은 복잡한 시스템이 외부 에너지를 흡수하면서 자발적으로 질서를 형성하는 과정을 설명한다. 이러한 자기조직화 과정에서 구성 요소 간의 상호작용과 피드백이 핵심적 역할을 하며, 이는 사회시스템에서의 공생적 관계와 유사한 메커니즘이다.

네트워크 이론의 관점에서 보면, 공생은 노드node 간의 연결edge을 통한 상호작용으로 이해될 수 있다. 앨버트-라즐로 바라바시Albert-László Barabási의 척도 없는 네트워크scale-free network 연구는 생물학적 네트워크와 사회적 네트워크가 유사한 구조적 특성을 갖는다는 것을 보여준다. 이러한 네트워크에서는 허브hub 역할을 하는 핵심 노드들이 전체 네트워크의 안정성과 효율성을 결정하며, 이는 공생 관계에서의 키스톤종keystone species의 역할과 유사하다.

그레이엄 하먼의 객체지향 사회이론과 공생 개념

21세기 들어 그레이엄 하먼^{Graham Harman}의 객체지향 존재론^{Object-Oriented Ontology}은 공생 개념에 새로운 철학적 기반을 제공하고 있다. 하먼의 이론은 전통적인 주체-객체 이분법을 넘어서서 모든 존재를 동등한 지위의 객체로 간주하는 평평한 존재론^{flat ontology}을 제시한다. 이러한 관점에서 인간, 동물, 식물, 기술, 제도, 개념 등 모든 존재는 상호 관계를 맺는 객체들이며, 어떤 객체도 다른 객체들을 완전히 환원하거나 지배할 수 없다.

객체지향 존재론의 핵심 원리 중 하나는 '객체의 은둔^{withdrawal of objects}'이다. 하먼에 따르면, 모든 객체는 다른 객체들과의 관계를 통해 드러나는 표면적 특성과 그 관계들로는 완전히 파악될 수 없는 내재적 특성을 동시에 갖는다. 이는 공생 관계에서 각 참여자가 고유한 정체성과 자율성을 유지하면서도 다른 참여자들과 상호작용한다는 점과 일치한다. 공생적 관계는 참여자들의 완전한 융합이나 동일화를 의미하지 않으며, 오히려 차이를 인정하면서도 상호이익을 추구하는 관계이다.

하먼의 이론에서 특히 주목할 만한 것은 '번역^{translation}' 개념이다. 객체들은 다른 객체들과 직접적으로 접촉할 수 없으며, 항상 번역의 과정을 통해서만 관계를 맺는다. 이러한 번역 과정에서 각 객체는 다른 객체의 일부만을 파악하고 자신의 방식으로 해석한다. 이는 공생 관계에서 각 참여자가 자신의 관점에서 다른 참여자를 이해하고 상호작용한다는 점과 유사하다. 꽃과 벌의 관계에서 꽃은 벌을 수분 매개체로,

벌은 꽃을 꿀의 공급원으로 '번역'하여 인식한다.

브뤼노 라투르^{Bruno Latour}의 행위자-네트워크 이론^{Actor-Network Theory,} ^{ANT}은 하먼의 객체지향 존재론과 밀접한 관련이 있으며, 공생적 사회 이론의 발전에 중요한 기여를 했다. 라투르는 사회가 인간만의 영역이 아니라 인간과 비인간 행위자들의 이종적 네트워크^{heterogeneous network} 라고 주장한다. 이러한 관점에서 사회적 현실은 인간, 기술, 자연, 제도 등 다양한 행위자들의 복잡한 상호작용을 통해 구성된다. 이는 전통적 인 사회이론이 인간 중심적이었던 것과 대조적으로, 비인간 행위자들 의 능동적 역할을 인정한다.

라투르의 이론에서 번역^{translation}은 이종적 행위자들이 공통의 목적 을 위해 연합^{alliance}을 형성하는 과정을 의미한다. 이 과정에서 각 행위 자는 자신의 정체성을 유지하면서도 다른 행위자들과의 관계를 통해 새로운 특성을 획득한다. 예를 들어, 스마트폰이라는 기술 객체는 인 간의 소통 욕구, 반도체 기술, 통신 인프라, 소프트웨어 등 다양한 이 종적 요소들의 번역과 연합을 통해 탄생했다. 이러한 번역 과정은 일 방적인 지배나 종속이 아니라 상호 변형^{mutual transformation}을 통한 공생 적 관계의 형성이다.

티모시 모튼^{Timothy Morton}의 '어둠 생태학^{dark ecology}' 이론은 객체지향 존재론을 생태학적 사유에 적용한 것으로, 공생 개념의 확장에 중요한 통찰을 제공한다. 모튼은 전통적인 자연-문화 이분법을 거부하고, 모 든 존재가 상호 엮인 '그물망^{mesh}' 속에서 존재한다고 주장한다. 이러한 그물망에서는 명확한 경계나 중심이 존재하지 않으며, 모든 존재는 다른 존재들과의 관계를 통해서만 의미가 있다. 이는 생태계에서의 공생 관계가 고정된 본질이 아니라 지속적인 관계의 과정임을 보여준다.

카렌 바라드^{Karen Barad}의 '행위적 실재론^{agential realism}'은 양자물리학의 관찰자 효과^{observer effect}를 사회이론에 적용하여 공생 개념에 새로운 차원을 부여한다. 바라드에 따르면, 존재들은 독립적으로 존재하다가 나중에 관계를 맺는 것이 아니라, 관계를 통해서 존재하게 된다^{onto-epistemology}. 이러한 '내부-활동^{intra-action}' 개념은 공생 관계가 단순한 상호작용이 아니라 참여자들의 존재 방식 자체를 규정하는 구성적 관계임을 의미한다.

이러한 철학적 전개는 공생 개념을 단순한 생물학적 은유에서 벗어나 사회이론의 핵심 개념으로 발전시켰다. 특히 객체지향 존재론은 인간 중심적 사고를 넘어서서 인간, 자연, 기술, 제도 등 모든 존재를 동등한 행위자로 인정하는 관점을 제공한다. 이는 공생적 복지국가에서 추구하는 다중 주체 거버넌스의 철학적 토대가 된다. 정부, 시장, 시민사회, 개인뿐만 아니라 기술, 환경, 제도 등 모든 구성 요소가 복지 생태계의 능동적 참여자로 인정되어야 한다는 것이다.

또한 번역과 매개^{mediation}의 개념은 공생적 복지국가에서 다양한 주체 간의 소통과 협력 방식을 이해하는 데 중요한 통찰을 제공한다. 각 주체는 자신만의 언어와 논리를 갖고 있으며, 효과적인 협력을 위해서는 이러한 차이를 인정하면서도 공통의 목표를 위한 번역과 매개 과정이 필요하다. 이는 하버마스^{Jürgen Habermas}의 소통 행위 이론이 추구하는 이상적 발화 상황과는 다른, 보다 현실적이고 실용적인 접근이다.

객체지향 존재론의 관점에서 공생적 복지국가는 완성된 목표 상태가 아니라 지속적인 실험과 학습의 과정으로 이해된다. 다양한 객체들(주체들)의 우연한 만남과 창조적 상호작용을 통해 새로운 복지 형태가 창발하며, 이러한 과정에서 예측하지 못한 혁신과 변화가 일어날 수 있다. 이는 전통적인 복지국가가 추구하는 안정성과 예측 가능성과는 다른, 역동성과 적응성을 중시하는 접근이다.

공생 개념의 사회 이론적 함의

생물학적 공생 개념에서 출발하여 현대 철학과 사회이론으로 확장된 공생 개념은 21세기 복지국가 모델에 중요한 시사점을 제공한다. 첫째, 경쟁보다는 협력이 생명체와 사회시스템의 지속가능성에 더 중요하다는 점이다. 둘째, 다양성과 차이를 인정하면서도 상호이익을 추구하는 것이 가능하다는 점이다. 셋째, 복잡한 시스템에서는 중앙집권적 통제보다는 자기조직화와 창발이 더 효과적이라는 점이다.

특히 그레이엄 하먼을 중심으로 한 객체지향 존재론은 공생적 복지국가의 철학적 토대를 제공한다. 모든 존재를 동등한 행위자로 인정하는 평평한 존재론, 번역과 매개를 통한 이종적 연합, 우연성과 창발을 통한 혁신 등의 개념은 전통적인 복지국가 모델을 넘어서는 새로운 가능성을 제시한다. 이러한 철학적 기반 위에서 공생적 복지국가는 단순한 정책적 개선이 아니라 존재론적 전환을 통한 근본적 혁신을 추구할 수 있다.

2. 전통적 복지국가와 공생적 복지국가의 차이

서구 복지국가의 발전과정과 한계

- 복지국가의 역사적 전개와 단계별 특징

서구 복지국가의 발전은 19세기 말 독일 비스마르크^{Otto von Bismarck}의
사회보험제도 도입에서 시작되어 20세기를 관통하며 진화해왔다. 이
과정은 크게 세 단계로 구분할 수 있다. 첫 번째 단계는 1880년대부터
1차 대전까지의 '보험국가^{Insurance State}' 시기로, 주로 산업노동자를 대
상으로 한 제한적 사회보험제도가 도입되었다. 비스마르크는 사회주
의 세력의 확산을 견제하면서도 산업화 과정에서 발생하는 사회적 위
험에 대응하기 위해 1883년 질병보험, 1884년 산재보험, 1889년 노
령·장애연금을 차례로 도입했다. 이는 국가가 사회적 위험에 체계적으
로 개입하는 최초의 시도였다.

두 번째 단계는 1차 대전 이후부터 1970년대까지의 '복지국가 황금
기'로, 케인즈주의 경제정책과 결합한 포괄적 복지제도가 확립되었다.
이 시기의 분수령은 1942년 영국의 베버리지 보고서^{Beveridge Report}로,
"요람에서 무덤까지^{From Cradle to Grave}"라는 슬로건 하에 보편적 복지제
도의 청사진을 제시했다. 베버리지는 인간의 생애 전반에 걸친 사회적

위험에 대해 국가가 포괄적으로 대응해야 한다고 주장하며, 빈곤, 질병, 무지, 불결, 나태라는 '5대 거악'과의 전쟁을 선포했다. 이후 1945년 노동당 정부의 집권과 함께 국민건강서비스[NHS], 국민보험제도, 국민부조제도가 통합적으로 구축되었다.

이 시기 복지국가의 확장은 단순히 사회정책의 발전만을 의미하지 않았다. 존 메이너드 케인즈[John Maynard Keynes]의 거시경제학과 결합하여 완전고용을 목표로 하는 적극적 국가개입이 정당화되었다. 케인즈는 『일반이론』에서 시장의 불완전성을 지적하며, 유효수요 부족으로 인한 비자발적 실업을 해결하기 위해서는 국가의 재정정책이 필요하다고 주장했다. 이러한 케인즈주의-베버리지주의 합의는 서구 선진국에서 '복지국가-완전고용-경제성장'의 선순환 구조를 만들어냈다.

스웨덴의 사회민주주의 모델은 이 시기 복지국가의 가장 발전된 형태를 보여준다. 군나르 뮈르달[Gunnar Myrdal]과 알바 뮈르달[Alva Myrdal] 부부가 제시한 '중도의 길[The Middle Way]' 개념은 자본주의와 사회주의의 대안으로서 '민주적 사회주의'를 추구했다. 스웨덴 모델의 핵심은 연대주의적 임금정책[solidaristic wage policy]과 적극적 노동시장정책의 결합이었다. 렌-마이드너 모델[Rehn-Meidner Model]로 불리는 이 체계는 동일노동 동일임금 원칙을 통해 임금 격차를 줄이고, 동시에 비효율적 기업의 퇴출을 유도하여 경제 전체의 생산성을 향상시키는 혁신적 접근이었다.

세 번째 단계는 1970년대 이후 현재까지의 '복지국가 위기와 재편' 시기이다. 1973년과 1979년 두 차례의 석유파동으로 촉발된 스태그

플레이션^{stagflation}은 케인즈주의의 이론적 기반을 흔들었다. 인플레이
션과 실업이 동시에 발생하는 현상은 기존의 필립스 곡선^{Phillips Curve}으
로는 설명할 수 없었으며, 이는 통화주의^{monetarism}와 공급경제학^{supply-side economics}의 부상으로 이어졌다. 밀턴 프리드먼^{Milton Friedman}을 중심
으로 한 시카고학파는 정부 개입의 비효율성을 강조하며 시장 중심의
해법을 제시했다.

- **복지국가 모델의 유형론과 그 한계**

에스핑-안데르센^{Gøsta Esping-Andersen}의 『복지자본주의의 세 가지 세
계』는 복지국가를 자유주의, 보수주의, 사회민주주의 체제로 유형화
하여 비교복지연구의 이론적 토대를 제공했다. 자유주의 체제는 영국,
미국, 캐나다, 호주 등으로 대표되며, 시장 중심의 복지 공급과 선별적
공공부조를 특징으로 한다. 이 모델에서는 개인의 시장 참여 능력을 강
화하는 것이 복지의 핵심 목표이며, 국가의 역할은 시장 실패 시 최소
한의 안전망을 제공하는 데 국한된다.

보수주의 체제는 독일, 프랑스, 이탈리아 등 유럽대륙 국가들로 대표
되며, 직업 지위에 기반한 사회보험제도를 중심으로 한다. 이 모델은
기존의 사회적 지위와 계층구조를 유지하면서 사회적 위험에 대응하
는 특징을 갖는다. 가족 단위의 복지 제공과 가톨릭 사회교리의 보완
성 원칙^{principle of subsidiarity}이 큰 영향을 미쳤다. 보완성 원칙은 하위 단
위(개인, 가족, 지역공동체)가 해결할 수 없는 문제만 상위 단위(국가)

가 개입해야 한다는 것으로, 이는 국가 역할의 제한과 중간 집단의 중요성을 강조한다.

사회민주주의 체제는 스웨덴, 노르웨이, 덴마크 등 북유럽 국가들로 대표되며, 보편적이고 평등주의적인 복지제도를 특징으로 한다. 이 모델에서는 탈상품화^{decommodification}와 계층화 완화가 핵심 목표이며, 시민권에 기반한 복지 급여가 제공된다. 탈상품화란 개인이 시장에서의 노동력 판매 없이도 적절한 생활 수준을 유지할 수 있는 정도를 의미하며, 이는 노동자의 협상력 강화와 사회적 연대 증진에 이바지한다.

그러나 에스핑-안데르센의 삼분법은 여러 한계를 갖는다. 첫째, 젠더 맹목성^{gender blindness}의 문제이다. 복지국가 유형론이 주로 남성 노동자의 사회보험 중심으로 구성되어 있어, 여성의 돌봄 노동과 비공식 부문의 중요성을 간과했다. 페미니스트 복지연구자들은 복지국가가 가부장적 성별 분업을 강화하는 측면을 지적하며, 돌봄의 젠더화된 특성을 고려한 분석의 필요성을 제기했다. 둘째, 동아시아 복지 체제의 특수성을 설명하지 못한다는 한계이다. 홀리데이[2] Ian Holliday와 권혁주[3] 등은 동아시아 복지 체제가 서구의 세 모델과는 다른 독특한 특징을 갖

---

2) Holliday는 동아시아 복지국가가 에스핑-안데르센의 세 가지 복지국가 모델(보수주의, 자유주의, 사회민주주의)과 구별되는 '생산주의 복지자본주의(productivist welfare capitalism)'라는 독자적 유형을 갖는다고 주장한다. 그는 동아시아 복지체제의 특징으로 성장 우선주의, 국가 주도의 경제발전, 가족과 기업 중심의 복지, 낮은 사회복지 지출 등을 제시한다.

3) 권혁주는 동아시아 발전국가의 복지체제를 서구와 구별되는 발전주의적 복지국가로 규정하며, 한국과 대만의 복지제도 변화와 지속성을 분석한다. 특히 유교적 가족주의, 국가 주도의 성장 전략, 기업 복지의 중요성 등을 동아시아 복지체제의 핵심 특성으로 설명한다.

는다고 주장했다. 유교적 가족주의, 발전국가의 성장 우선주의, 기업 복지의 중요성 등이 동아시아 복지 체제의 특징으로 제시되었다. 이는 서구 중심의 복지국가 이론이 갖는 보편성의 한계를 보여준다. 셋째, 세계화와 탈산업화라는 새로운 도전에 대한 대응 능력의 한계이다. 전통적 복지국가 모델은 산업사회의 표준적 고용 관계standard employment relationship를 전제로 설계되었지만, 서비스 경제로의 전환과 비정규직 확산은 이러한 전제를 무너뜨렸다. 앤서니 기든스Anthony Giddens의 '제3의 길Third Way' 논의는 이러한 변화에 대응하기 위한 새로운 사회민주주의 전략을 모색하려는 시도였지만, 실제로는 신자유주의적 요소들을 수용하는 결과를 낳았다.

▪ 복지국가의 구조적 위기와 지속가능성 문제

현대 복지국가가 직면한 위기는 단순한 재정 문제를 넘어 구조적 차원의 도전이다. 폴 피어슨Paul Pierson은 복지국가 위기를 '새로운 정치new politics'의 관점에서 분석하며, 복지제도의 축소retrenchment가 확장expansion과는 다른 정치적 동학을 갖는다고 주장했다. 복지제도가 일단 도입되면 수혜자들의 기득권이 형성되어 제도 변화에 대한 저항이 발생하며, 이는 '제도의 경로의존성path dependency'을 만들어낸다.

인구구조 변화는 복지국가 지속가능성에 가장 심각한 도전을 제기한다. 저출산과 고령화의 동시 진행은 부양비dependency ratio의 급격한 증가를 초래하며, 이는 연금과 의료비 지출의 폭발적 증가로 이어진다.

OECD 국가들의 고령화 관련 지출은 2060년까지 GDP의 3~7% 포인트 증가할 것으로 예상된다. 이러한 '은빛 쓰나미silver tsunami' 현상은 세대 간 형평성과 재정 지속가능성에 대한 근본적 질문을 제기한다.

노동 시장의 구조적 변화 또한 복지국가의 전제 조건을 흔들고 있다. 전통적 복지국가는 남성 가장의 안정적 임금노동을 중심으로 한 '표준 가족 모델male breadwinner model'을 전제로 설계되었다. 그러나 여성의 경제활동 참가 증가, 가족 형태의 다양화, 비정규직과 플랫폼 노동의 확산은 이러한 전제를 무너뜨렸다. 야콥 하커Jacob Hacker가 지적한 '위험의 대전환great risk shift' 현상은 사회적 위험이 집단에서 개인으로 이전되고 있음을 보여준다.

기술 변화와 4차 산업혁명은 노동의 미래에 대한 근본적 재검토를 요구한다. 칼 베네딕트 프레이Carl Benedikt Frey와 마이클 오스본Michael Osborne의 연구에 따르면, 향후 20년 이내에 현존 일자리의 47%가 자동화의 위험에 노출되어 있다. 이는 전통적인 노동 기반 사회보험 체계의 근본적 재검토가 필요하다. 인공지능과 로봇의 발달은 노동소득의 감소와 자본소득의 증가를 가져올 가능성이 높으며, 이는 기존의 소득 재분배 메커니즘의 한계를 드러낸다.

시장-정부 이분법의 문제점

▪ 이분법적 사고의 역사적 기원과 한계

서구 정치경제학의 전통에서 시장과 정부는 대립적 관계로 인식됐다. 이러한 이분법적 사고는 애덤 스미스^{Adam Smith}의 『국부론』에서 시작되어 19세기 고전 자유주의 경제학을 거쳐 20세기 케인즈-하이에크 논쟁으로 이어졌다. 애덤 스미스의 '보이지 않는 손^{invisible hand}' 개념은 개별 경제주체들의 이기적 행동이 사회 전체의 이익으로 수렴된다는 시장 균형 이론의 출발점이 되었지만, 스미스 자신은 시장의 한계와 정부 개입의 필요성도 인정했다.

19세기 말과 20세기 초 한계혁명^{marginal revolution}을 통해 확립된 신고전파 경제학은 시장-정부 이분법을 이론적으로 정교화했다. 레옹 발라스^{Léon Walras}의 일반균형이론은 완전경쟁 시장에서 파레토 최적(Pareto optimum)이 달성된다는 것을 수학적으로 증명했다. 이후 케네스 애로우^{Kenneth Arrow}와 제라르 드브뢰^{Gérard Debreu}는 일반균형의 존재와 유일성을 엄밀하게 증명하여 시장 메커니즘의 효율성에 대한 이론적 토대를 제공했다.

그러나 이러한 이론적 우아함은 현실과의 괴리를 수반했다. 조지프 스티글리츠^{Joseph Stiglitz}와 마이클 스펜스^{Michael Spence}, 조지 애컬로프^{George Akerlof}의 정보경제학 연구는 정보의 비대칭성^{information asymmetry}이 시장 실패를 초래한다는 것을 보여주었다. 애컬로프의 '레몬 시장^{market for lemons}' 모델은 품질에 대한 정보 비대칭이 어떻게 시장 자체의 붕괴를 가져올 수 있는지를 보여주는 고전적 사례이다.

제도경제학의 관점에서 더글러스 노스^{Douglass North}는 제도^{institutions}의 중요성을 강조하며 시장-정부 이분법의 한계를 지적했다. 노스에 따르면, 효율적인 시장의 작동을 위해서는 재산권 보호, 계약 이행, 분쟁 해결 등을 담당하는 제도적 인프라가 필요하다. 이러한 제도들은 시장도 정부도 아닌 '제3의 영역'에 속하며, 사회 전체의 신뢰와 사회적 자본에 의존한다.

■ **혼합경제와 제3의 길의 모색**

20세기 중반 이후 '혼합경제^{mixed economy}' 개념이 등장하면서 시장과 정부의 이분법적 대립을 넘어서려는 시도가 나타났다. 존 케네스 갤브레이스^{John Kenneth Galbraith}의 『풍요한 사회』는 대기업의 시장 지배력과 광고를 통한 인위적 수요 창출을 비판하며, 시장 메커니즘만으로는 사회적 필요를 충족할 수 없다고 주장했다. 갤브레이스는 '공적 빈곤 속의 사적 풍요^{private affluence amid public squalor}' 현상을 지적하며, 공공재 공급의 중요성을 강조했다.

1990년대 앤서니 기든스의 '제3의 길' 이론은 전통적 사회민주주의와 신자유주의를 넘어서는 새로운 대안을 모색했다. 기든스는 세계화, 개인화, 탈전통화라는 현대 사회의 변화에 대응하기 위해서는 국가, 시장, 시민사회의 새로운 결합이 필요하다고 주장했다. 그의 '적극적 복지국가^{active welfare state}' 개념은 수동적 급여 제공에서 능력 개발과 기회 확대로 복지 패러다임의 전환을 제시했다.

그러나 '제3의 길'은 실제 정책 과정에서 신자유주의적 요소들을 과도하게 수용한다는 비판을 받았다. 토니 블레어[Tony Blair]의 신노동당과 빌 클린턴[Bill Clinton]의 신민주당이 추진한 정책들은 복지제도의 시장화와 개인 책임 강화라는 신자유주의적 방향으로 귀결되었다. 이는 '제3의 길'이 이론적 혁신성에도 불구하고 실천적 차원에서는 기존의 이분법적 사고를 완벽히 극복하지 못했음을 보여준다.

▪ 거버넌스 이론과 네트워크 접근

21세기 들어 거버넌스[governance] 이론의 발전은 시장-정부 이분법을 넘어서는 새로운 접근을 제시했다. 로드[Rhodes]가 제시한 '거버넌스로서의 정부[governance as government]'는 정부가 유일한 정책 주체가 아니라 다양한 행위자들과의 네트워크 속에서 조정자 소임을 수행한다는 관점이다. 이러한 접근에서는 정책 과정이 수직적 위계가 아닌 수평적 네트워크를 통해 이루어진다고 본다.

발터 파월[Walter Powell]의 '네트워크 형태의 조직[network forms of organization]' 연구는 시장의 가격 메커니즘도 정부의 위계적 통제도 아닌 제3의 조정 방식으로서 네트워크의 중요성을 강조했다. 네트워크는 신뢰와 상호의존성에 기반하여 작동하며, 복잡하고 불확실한 환경에서 유연한 대응을 가능하게 한다. 실리콘밸리의 혁신 생태계나 이탈리아 북부의 산업지구[industrial district] 등이 네트워크 형태 조직의 대표적 사례로 제시된다.

에비 야나이$^{\text{Ebie Yanai}}$와 바비^{Bobby} 등이 제시한 '복합 거버넌스^{hybrid} ^{governance}' 개념은 시장, 정부, 네트워크의 요소들이 복합적으로 결합한 새로운 조정 방식을 의미한다. 이러한 접근에서는 각 조정 방식의 장점을 활용하면서 단점을 보완하는 것이 가능하다고 본다. 예를 들어, 공공-민간 파트너십$^{\text{Public-Private Partnership, PPP}}$은 공공성과 효율성을 동시에 추구하는 복합 거버넌스의 한 형태로 볼 수 있다.

제3섹터로서의 공생 영역

- ### 시민사회와 사회적경제의 부상

전통적인 시장-정부 이분법을 넘어서는 '제3섹터$^{\text{third sector}}$'의 개념이 20세기 후반 이후 주목받고 있다. 제3섹터는 영리를 추구하지 않으면서도 정부와는 독립적인 시민사회 조직들을 포괄하는 개념으로, 비영리기관$^{\text{nonprofit organizations}}$, 비정부기관^{NGOs}, 자원봉사기관^{voluntary} ^{organizations} 등이 포함된다. 레스터 살라몬$^{\text{Lester Salamon}}$의 연구에 따르면, 1990년대 이후 제3섹터는 전 세계적으로 급속히 성장하여 '결사체 혁명$^{\text{associational revolution}}$'이라 불릴 정도의 변화를 보여주고 있다.

헬무트 안하이어$^{\text{Helmut Anheier}}$와 살라몬이 제시한 제3섹터의 구조적-조작적 정의는 다음과 같은 다섯 가지 특징을 포함한다: ①조직화^{organized}, ②민간성^{private}, ③비배분성$^{\text{non-distribution of profits}}$, ④자율성$^{\text{self-}}$ ^{governing}, ⑤자발성^{voluntary}. 이러한 특징들은 제3섹터가 시장의 효율성

과 정부의 공공성을 모두 추구하면서도 독특한 가치와 운영 원리를 갖는다는 것을 보여준다.

프랑스의 사회경제학자 자크 드푸르니^{Jacques Defourny}와 벨기에의 사회경제연구소^{EMES}는 '사회적경제^{social economy}' 개념을 통해 제3섹터의 경제적 역할을 강조했다. 사회적경제는 협동조합, 공제조합, 재단, 사회적기업 등을 포괄하며, 다음과 같은 원칙들을 공유한다: ①사람 중심의 목적, ②민주적 거버넌스, ③이윤보다는 사회적 목적 우선, ④연대와 책임감. 이러한 원칙들은 전통적인 자본주의 기업이나 정부 기관과는 다른 운영 논리를 보여준다.

▪ 공생 영역의 개념화와 특징

'공생 영역^{symbiotic sphere}'은 시장-정부-시민사회의 전통적 삼분법을 넘어서는 새로운 개념적 틀이다. 공생 영역은 이질적인 행위자들이 상호 의존적 관계를 맺으면서 공동의 이익을 추구하는 사회적 공간을 의미한다. 이는 생물학적 공생 관계에서 영감을 얻은 것으로, 서로 다른 특성을 가진 존재들이 경쟁이 아닌 협력을 통해 모두에게 이익이 되는 관계를 형성하는 것이다.

공생 영역의 첫 번째 특징은 '상호 의존성^{interdependence}'이다. 참여 주체들은 독립적으로 존재할 수 있지만, 상호작용을 통해 더 큰 이익을 얻을 수 있다는 것을 인식한다. 이는 제로섬 게임^{zero-sum game}이 아닌 포지티브섬 게임^{positive-sum game}의 가능성을 전제로 한다. 예를 들어, 사회적기업은 사회적 목적 추구와 경제적 지속가능성을 동시에 달성함으로써 사회와 시장 모두에 이익을 제공한다. 두 번째 특징은 '경계의 모호성boundary ambiguity'이다. 공생 영역에서는 공적-사적, 영리-비영리, 자발적-강제적 구분이 명확하지 않다. 이는 전통적인 제도 분석의 어려움을 초래하지만, 동시에 새로운 혁신의 가능성을 제공한다. 하이브리드 조직hybrid organizations이 이러한 경계 모호성의 대표적 사례이다. 세 번째 특징은 '창발성emergence'이다. 공생 영역에서는 개별 구성 요소들의 단순한 합을 넘어서는 새로운 특성과 능력이 나타난다. 이는 복잡계 이론에서 말하는 창발 현상과 유사하며, 예측하기 어려운 혁신과 변화의 원천이 된다. 오픈소스 소프트웨어 개발이나 위키피디아 같은 집단지성 프로젝트가 창발성의 대표적 사례이다.

■ 플랫폼 자본주의와 공유경제의 양면성

21세기 들어 디지털 기술의 발전과 함께 등장한 플랫폼 자본주의는 공생 영역의 새로운 가능성과 한계를 동시에 보여준다. 닉 스르니체크Nick Srnicek가 『플랫폼 자본주의』에서 분석한 바와 같이, 플랫폼은 다양한 행위자들을 연결하는 디지털 인프라 역할을 하면서 네트워크 효과를 통한 가치 창출을 가능하게 한다. 우버, 에어비앤비, 아마존 같은 플랫폼들은 전통적인 산업 경계를 무너뜨리면서 새로운 형태의 경제활동을 만들어내고 있다.

공유경제sharing economy는 플랫폼을 통해 개인들이 소유한 자원(차량, 주택, 기술, 시간 등)을 공유하고 활용하는 새로운 경제모델이다. 레이첼 보츠만Rachel Botsman과 루 로저스Roo Rogers가 『무엇을 소유할 것인가』에서 제시한 공유경제의 개념은 '협력적 소비collaborative consumption'를 통해 자원의 효율적 활용과 사회적 연결 강화를 동시에 추구한다는 것이다.

그러나 공유경제의 현실은 이상과 상당한 거리가 있다. 많은 플랫폼이 '공유'라는 명목하에 실제로는 전통적인 자본주의적 착취를 디지털화한 형태로 나타나고 있다. 트레버 숄츠Trebor Scholz는 이를 '크라우드 워크crowd work'의 문제로 지적하며, 플랫폼 노동자들이 사회보장의 사각지대에 놓이면서 불안정한 노동조건에 노출되고 있다고 비판했다. 우버 운전자나 배달 라이더들의 경우, 형식적으로는 독립 계약자이지만 실질적으로는 플랫폼 기업에 종속된 노동자의 성격을 갖는다.

이러한 문제에 대한 대안으로 '플랫폼 협동조합platform cooperativism'이 주목받고 있다. 숄츠와 네이던 슈나이더Nathan Schneider가 제시한 플랫폼 협동조합은 노동자나 사용자들이 플랫폼을 소유하고 민주적으로 운영하는 모델이다. 스톡홀름의 택시 협동조합이나 뉴욕의 가사도우미 협동조합 등이 그 사례이다. 이는 디지털 기술의 편익을 소수의 플랫폼 소유자가 독점하는 것이 아니라 모든 참여자가 공유할 수 있는 대안적 모델을 제시한다.

- ## ▪ 사회혁신과 사회적 기업가정신

공생 영역에서 중요한 역할을 하는 것이 사회혁신social innovation과 사회적 기업가정신^{social entrepreneurship}이다. 제프 멀건^{Geoff Mulgan}이 『사회혁신이란 무엇인가』에서 정의한 바에 따르면, 사회혁신은 "사회적 필요를 충족하기 위한 새로운 아이디어로서, 새로운 사회적 관계나 협력을 창조하는 것"이다. 이는 기술혁신이 주로 경제적 가치 창출에 초점을 맞추는 것과 달리, 사회적 가치 창출을 우선시한다.

무하마드 유누스^{Muhammad Yunus}의 그라민 은행은 사회혁신의 대표적 사례이다. 기존 금융기관이 담보나 신용등급이 없다는 이유로 배제했던 빈곤층 여성들에게 소액대출^{microcredit}을 제공함으로써 빈곤 퇴치와 여성 지위 향상을 동시에 달성했다. 이는 시장 실패를 정부 개입으로 해결하는 전통적 접근과는 다른, 시장 메커니즘을 사회적 목적에 활용하는 혁신적 접근이었다.

빌 드레이턴^{Bill Drayton}이 설립한 아쇼카^{Ashoka} 재단은 사회적 기업가정신의 확산에 중요한 역할을 했다. 드레이턴은 사회적 기업가를 "사회에 유익한 아이디어를 갖고 이를 광범위하게 확산시키는 데 멈추지 않는 개인"으로 정의했다. 아쇼카 펠로우들은 전 세계적으로 교육, 건강, 환경, 인권 등 다양한 분야에서 혁신적인 해결책을 제시하고 있다.

사회적기업^{social enterprise}은 사회혁신을 제도화한 형태로 볼 수 있다. 사회적기업은 사회적 목적을 추구하면서도 시장 메커니즘을 통해 지속가능성을 확보하는 하이브리드 조직이다. 그렉 디스^{Greg Dees}는 사회적 기업가정신을 "사회적 가치를 창출하고 유지하기 위해 기회를 인식하고 추구하며, 혁신, 적응, 학습에 지속적으로 참여하고, 자원의 제약

에 구애받지 않고 대담하게 행동하며, 서비스 대상에 대해 높은 책임
감을 보이는 것"으로 정의했다.

- **공생적 복지의 제도적 기반**

  공생적 복지국가에서 제3섹터는 단순히 시장과 정부를 보완하는 역
할을 넘어, 복지 생태계의 핵심 주체로 기능한다. 이는 전통적인 복지
공급 방식인 정부의 직접 서비스 제공이나 시장을 통한 구매와는 다
른, 협력적 생산co-production과 공동 창조co-creation의 방식이다. 엘리너
오스트롬Elinor Ostrom의 공동 생산 개념은 서비스 제공자와 사용자가 함
께 서비스를 만들어가는 과정을 의미한다.

  데이케어 협동조합의 경우, 부모들이 단순히 서비스를 구매하는 소
비자가 아니라 협동조합의 조합원으로서 운영에 참여하고 의사결정
에 참여한다. 이는 서비스의 질 향상과 비용 절감을 동시에 달성하면
서, 지역공동체의 사회적 자본을 강화하는 효과가 있다. 이탈리아 에밀
리아-로마냐 지역의 사회협동조합이나 퀘벡의 경제사회économie sociale
모델이 이러한 협력적 복지 제공의 대표적 사례이다.

  시간은행time bank은 공생적 복지의 또 다른 혁신적 모델이다. 에드가
칸Edgar Cahn이 개발한 시간은행은 화폐가 아닌 시간을 매개로 한 상호
부조 시스템이다. 1시간의 서비스 제공은 1시간의 서비스 이용권을 받
는 것으로, 모든 사람의 시간이 동등한 가치를 갖는다는 평등주의적 원
칙에 기반한다. 이는 시장에서 저평가되는 돌봄 노동의 가치를 인정하

고, 지역공동체의 상호 연결을 강화하는 효과가 있다.

- ■ 디지털 기술과 공생적 거버넌스

21세기 디지털 기술의 발전은 공생 영역의 확장에 새로운 가능성을 제공한다. 베스 시몬 노벡[Beth Simone Noveck]의 '크라우드소싱 거버넌스[crowdsourcing governance]' 개념은 시민들의 집단지성을 정책 과정에 활용하는 새로운 민주주의 모델을 제시한다. 에스토니아의 전자정부 시스템이나 대만의 vTaiwan 플랫폼[4]은 디지털 기술을 통한 참여민주주의의 혁신적 사례이다.

블록체인 기술은 탈중앙화된 자율조직[Decentralized Autonomous Organization, DAO]의 가능성을 제시한다. DAO는 스마트 계약을 통해 자동화된 거버넌스를 구현하며, 중앙화된 권위 없이도 집단적 의사결정과 자원 배분이 가능하다는 것을 보여준다. 비록 아직 실험적 단계이지만, 이는 전통적인 조직 형태를 넘어서는 새로운 공생적 거버넌스의 가능성을 시사한다.

공생적 복지국가로의 패러다임 전환

전통적 복지국가와 공생적 복지국가의 차이는 단순한 정책적 개선의

---

4) 대만의 시민 참여 플랫폼인 'vTaiwan'은 디지털 시민 해커 그룹인 g0v(gov zero)에 의해 시작된 온라인-오프라인 분산형 열린 협의 프로세스이다. 정부, 의회, 학자, 전문가, 비즈니스 리더, 시민사회단체와 시민, 이해관계자 등 다양한 참여자들이 함께 정부 정책, 입법 및 규제에 대하여 협의하고 의견을 나누며 정보를 공유한다.

차원을 넘어 근본적인 패러다임 전환을 의미한다. 전통적 복지국가가 시장-정부 이분법에 기반하여 정부 주도의 수직적 재분배에 의존했다면, 공생적 복지국가는 다중 주체 간의 수평적 협력과 상호 의존적 관계를 통한 가치 창출을 추구한다.

이러한 전환의 핵심은 복지를 '소비'에서 '생산'으로, '의존'에서 '상호협력'으로, '분배'에서 '창조'로 인식하는 것이다. 공생적 복지국가에서는 복지 수급자가 수동적 수혜자가 아니라 능동적 참여자가 되며, 복지 제공 과정에서 새로운 사회적 가치와 경제적 가치가 동시에 창출된다.

특히 한국과 같은 동아시아 사회에서는 유교적 전통의 상호부조와 현대적 사회보장제도의 결합을 통해 독특한 형태의 공생적 복지 모델을 발전시킬 가능성이 있다. 이는 서구 복지국가 모델의 단순한 모방이 아니라, 동아시아적 특수성과 21세기적 혁신을 결합한 새로운 복지 패러다임의 창조를 의미한다.

3. 공생적 복지국가의 핵심 가치

공생적 복지국가는 전통적 복지국가의 한계를 극복하고 새로운 시대적 요구에 부응하기 위해 세 가지 핵심 가치를 중심으로 구성된다. 이러한 가치들은 상호 연결되어 있으며, 각각이 독립적으로 작동하는 것이 아니라 유기적 관계 속에서 복지국가의 새로운 패러다임을 형성한다.

상호 의존성과 호혜성

▪ 상호의존성의 철학적 기초

공생적 복지국가의 첫 번째 핵심 가치인 상호 의존성^{interdependence}은 모든 사회구성원이 서로 연결되어 있으며, 개인의 복지가 타인과 공동체의 복지와 불가분의 관계에 있다는 인식에서 출발한다. 이는 개인주의적 자유주의가 전제하는 독립적이고 자율적인 개인 개념을 근본적으로 재검토하는 것이다.

불교 철학의 연기론^{緣起論}에서 말하는 '모든 존재는 인연에 의해 생겨나고 상호 의존적으로 존재한다'라는 사상과 유사하게, 공생적 복지국가는 사회의 모든 영역이 서로 연결되어 있음을 전제한다. 개인의 건강, 교육, 경제적 안정은 다른 구성원들의 상태와 밀접한 관련이 있으며, 사회 전체의 복지 수준이 개인의 삶의 질을 결정하는 중요한 요소가 된다.

▪ 호혜성의 다층적 구조

호혜성^{reciprocity}은 단순한 거래적 교환을 넘어서는 개념으로, 공생적 복지국가에서는 다층적 구조를 갖는다. 첫째, 직접적 호혜성은 서비스 제공자와 수혜자 간의 즉각적인 상호작용을 의미한다. 둘째, 간접적 호혜성은 현재 서비스를 받는 사람이 미래에 다른 사람에게 기여할 가능성을 포함한다. 셋째, 세대 간 호혜성은 현재 세대가 미래 세대를 위해 투자하고, 과거 세대로부터 받은 혜택을 인정하는 것이다.

이러한 호혜성의 구조는 복지서비스를 단순한 시혜나 권리 차원을 넘어서 사회적 유대와 연대의 표현으로 이해하게 한다. 복지 수혜자는 수동적 대상이 아니라 사회적 관계망의 능동적 참여자로 인식되며, 자신이 받은 도움을 다른 형태로 사회에 환원할 기회와 책임을 갖게 된다.

- 네트워크 복지의 실현

상호 의존성과 호혜성은 네트워크 복지network welfare라는 새로운 복지 제공 방식으로 구현된다. 이는 정부, 시민사회, 기업, 개인이 수평적 관계에서 복지서비스를 공동 생산하고 제공하는 체계이다. 전통적인 위계적 복지 전달체계와 달리, 네트워크 복지는 각 주체의 고유한 역할과 기여를 인정하면서도 상호협력을 통해 시너지 효과를 창출한다.

예를 들어, 고령화 사회의 돌봄 서비스는 공적 서비스, 가족 돌봄, 지역사회 자원봉사, 사회적기업의 서비스가 유기적으로 결합하여 제공된다. 이 과정에서 돌봄을 받는 노인들도 자기 경험과 지혜를 젊은 세대에게 전수하는 역할을 통해 호혜적 관계를 형성하게 된다.

지속가능성과 생태적 책임

- 생태적 전환의 필요성

공생적 복지국가의 두 번째 핵심 가치인 지속가능성은 환경 위기와 기후변화라는 현실적 도전에 대한 응답이다. 전통적 복지국가가 경제성장을 통한 복지 확대를 추구했다면, 공생적 복지국가는 지구 생태계의 한계 내에서 복지를 실현하는 방향으로 전환해야 한다는 인식에 기반한다.

이는 단순히 환경 보호를 위한 규제 강화를 의미하는 것이 아니라, 복지 개념 자체를 생태적 관점에서 재정의하는 것이다. 인간의 복지와 자연의 건강성이 분리될 수 없다는 인식하에, 생태적 복지$^{ecological\ welfare}$라는 새로운 패러다임이 등장한다. 깨끗한 공기와 물, 안전한 식품, 쾌적한 주거 환경은 모두 생태계의 건강성과 직결되어 있으며, 따라서 환경 보호는 복지정책의 핵심 영역이 된다.

- **순환경제와 복지의 결합**

지속 가능한 복지 실현을 위해서는 선형경제[5] $^{linear\ economy}$에서 순환경제$^{circular\ economy}$로의 전환이 필수적이다. 순환 경제는 자원의 효율적 사용, 폐기물의 최소화, 재활용과 재사용의 극대화를 통해 경제활동의 환경 부담을 줄이는 경제모델이다.

공생적 복지국가에서는 이러한 순환 경제 원리가 복지서비스 제공에도 적용된다. 예를 들어, 의료 서비스에서는 예방과 건강 증진에 중점을 두어 질병 치료에 따른 자원 소모를 줄이고, 교육 서비스에서는 디지털 기술을 활용한 효율적 학습 체계를 구축하여 물리적 자원의 사용을 최적화한다.

---

5) 선형경제는 '자원 추출, 생산, 소비, 폐기'라는 일방적 흐름을 따르는 전통적 경제모델이다. 이 모델은 '채취(Take) – 제조(Make) – 폐기(Dispose)' 또는 '생산–사용–폐기' 단계를 거치며, 자원을 한 번 사용한 뒤에는 재사용이나 재활용 없이 곧바로 폐기물로 처리한다. 선형경제에서는 생산과 소비에 중점을 두고 폐기물의 환경적 영향을 최소화하려는 노력이 부족하다. 이는 폐기물 재활용, 재사용, 자원 효율성을 강조하는 순환경제(circular economy)와 대조를 이룬다. EFS Consulting, "Linear Economy Explained", 2025.

또한 사회적경제 영역에서 활동하는 협동조합, 사회적기업, 공동체 기업들이 순환 경제의 주요 행위자로 기능하며, 이들의 활동을 통해 환경적 지속가능성과 사회적 연대가 동시에 실현된다.

- ■ 미래 세대에 대한 책임

지속가능성의 가치는 미래 세대에 대한 책임 의식과 밀접하게 연결되어 있다. 공생적 복지국가는 현재 세대의 복지 욕구 충족이 미래 세대의 복지 가능성을 제약해서는 안 된다는 세대 간 정의intergenerational justice의 원칙을 적용한다.

이는 복지정책의 시간적 지평을 확장하는 것을 의미한다. 단기적 복지 효과뿐만 아니라 장기적 지속가능성을 고려한 정책 설계가 필요하며, 현재의 복지 투자가 미래 세대에게 미칠 영향을 체계적으로 평가하는 제도적 장치가 마련되어야 한다.

교육 정책에서는 지속 가능한 발전 교육이 핵심 내용으로 포함되어 미래 시민들이 생태적 소양을 갖추도록 하고, 연금 제도에서는 기후변화와 환경 위험 요소를 고려한 장기적 재정 계획을 수립한다.

참여와 자치의 민주주의

- ■ 참여민주주의의 복지 적용

공생적 복지국가의 세 번째 핵심 가치인 참여와 자치는 복지서비스의

기획, 실행, 평가 과정에 시민들이 능동적으로 참여하는 민주적 복지 거버
넌스를 의미한다. 이는 대의 민주주의의 간접성을 보완하고, 복지서비스
의 수요자와 공급자 간의 정보 비대칭성을 해소하는 중요한 기제가 된다.

참여민주주의의 복지 적용은 여러 층위에서 이루어진다. 개별 서비
스 차원에서는 이용자 중심의 서비스 설계와 개인별 맞춤형 복지 계획
수립에 당사자가 직접 참여한다. 지역사회 차원에서는 주민 참여예산
제, 복지 협의체, 지역사회 돌봄 네트워크 등을 통해 지역 주민들이 복
지정책의 의사결정에 참여한다.

국가 차원에서는 복지정책의 기본 방향과 주요 제도 개편에 대해 시
민배심원제, 공론화 과정, 디지털 참여 플랫폼 등을 활용한 광범위한
시민참여가 이루어진다. 이러한 다층적 참여 구조는 복지정책의 민주
적 정당성을 강화하고, 정책의 실효성을 높이는 효과를 가져온다.

■ 자치의 원리와 보조성

자치^{self-governance}의 원리는 복지서비스의 제공과 관리에서 가능한 한
당사자와 지역사회가 주도적 역할을 담당해야 한다는 보조성^{subsidiarity}
의 원칙과 연결된다. 이는 중앙 정부의 일방적 복지 제공보다는 지방
정부, 지역사회, 개인이 자신들의 문제를 스스로 해결할 수 있는 역량
을 강화하는 것을 우선으로 한다.

자치의 실현을 위해서는 복지 권한의 분산화^{decentralization}가 필요하
다. 지방 정부는 지역 특성에 맞는 복지정책을 자율적으로 수립하고 실

행할 수 있는 권한과 재정을 보장받아야 한다. 지역사회는 자체적인 복지 자원을 발굴하고 활용할 수 있는 조직적 역량을 키워야 한다.

개인 차원에서는 복지서비스의 수동적 수혜자가 아니라 자신의 복지 욕구를 주체적으로 표현하고, 필요한 서비스를 선택하며, 때에 따라서는 복지서비스의 공동 생산에 참여하는 능동적 시민으로 성장해야 한다.

■ 디지털 민주주의와 복지 혁신

21세기 디지털 기술의 발전은 참여와 자치의 새로운 가능성을 열어주고 있다. 디지털 민주주의digital democracy는 온라인 플랫폼을 통한 시민참여 확대, 빅데이터를 활용한 복지 욕구 분석, 인공지능을 이용한 맞춤형 서비스 제공 등을 가능하게 한다.

블록체인 기술은 복지서비스의 투명성과 신뢰성을 높이고, 복지 급여의 중복 지급이나 부정 수급을 방지하는 데 활용될 수 있다. 사물인터넷IoT과 웨어러블 기기는 개인의 건강 상태를 실시간으로 관찰하여 예방적 복지 서비스를 제공하는 기반이 된다.

디지털 플랫폼을 통한 시민참여는 기존의 물리적 제약을 극복하고, 더 많은 시민이 복지정책 논의에 참여할 기회를 제공한다. 특히 거동이 불편한 장애인, 고령자, 육아 중인 엄마 등 전통적인 참여 방식에서 소외되기 쉬운 집단들의 목소리를 반영하는 데 효과적이다.

▪ 세 가지 핵심 가치의 통합적 실현

상호 의존성과 호혜성, 지속가능성과 생태적 책임, 참여와 자치의 민주주의는 각각 독립적인 가치가 아니라 상호 보완적 관계에 있다. 상호의존성의 인식은 다른 구성원과 미래 세대에 대한 책임 의식으로 연결되고, 이는 지속 가능한 발전을 추구하는 동력이 된다.

지속가능성의 추구는 장기적 관점에서 모든 구성원의 복지를 고려하는 것이므로, 현재 세대 내에서뿐만 아니라 세대 간에도 호혜적 관계를 형성하는 기반이 된다. 참여와 자치는 이러한 가치들이 추상적 이념에 머무르지 않고 구체적인 제도와 정책으로 실현되는 민주적 과정을 보장한다.

이 세 가지 가치의 통합적 실현을 통해 공생적 복지국가는 전통적 복지국가의 한계를 극복하고, 21세기 새로운 도전에 대응할 수 있는 복지 패러다임을 제시한다. 이는 단순히 복지제도의 개선을 넘어서 사회 전체의 생활양식과 가치 체계의 변화를 수반하는 거대한 전환이다.

제 2장

공생적 복지국가의
역사적 당위성

제 2장

공생적 복지국가의
역사적 당위성

1. 근대 복지국가의 위기와 한계

근대 복지국가는 20세기 중반 서구 선진국을 중심으로 확립된 이후 상당한 성과를 거두었으나, 1970년대 이후 구조적 위기에 직면하게 되었다. 이러한 위기는 단순히 경제적 어려움에 국한되지 않고, 복지국가의 철학적 기초와 제도적 설계 자체의 한계를 드러내는 것이었다. 신자유주의적 처방으로 이를 극복하려던 시도들이 오히려 새로운 문제들을 일으켰으며, 2008년 금융위기는 기존 복지국가 모델의 근본적 재검토 필요성을 더욱 명확하게 부각시켰다.

1970년대 이후 복지국가의 구조적 위기

- 황금기의 종료와 위기의 징후

2차 대전 이후부터 1970년대 초까지를 복지국가의 '황금기'^{Golden Age}

라고 부르는 것은 이 시기에 서구 선진국들이 완전고용, 경제성장, 복지 확대를 동시에 달성했기 때문이다. 케인즈주의 경제정책과 베버리지식 복지제도가 결합한 이 모델은 자본주의와 민주주의, 그리고 사회보장을 성공적으로 조화시키는 것처럼 보였다.

그러나 1970년대에 들어서면서 이러한 황금기는 급격히 종료되었다. 1973년과 1979년 두 차례의 석유파동은 서구 경제에 심각한 타격을 주었고, 스태그플레이션^{stagflation}이라는 새로운 현상이 나타났다. 경기 침체와 인플레이션이 동시에 발생하는 이 현상은 케인즈주의 경제학의 이론적 틀로는 설명하기 어려웠고, 기존의 정책 처방들이 무력함을 드러냈다.

복지국가의 위기는 경제적 차원을 넘어서 사회적, 정치적 차원으로 확산하였다. 높은 실업률과 경제 불안정은 복지 지출 수요를 증가시키는 동시에 세수 기반을 축소하는 이중의 압박을 가했다. 복지 급여 의존자의 증가는 근로 의욕 저하와 복지 의존성 문제를 제기했고, 중산층의 세금 부담 증가는 복지국가에 대한 정치적 지지 기반을 약화시켰다.

- **인구구조 변화와 복지 지출 압박**

1970년대 이후 서구 선진국들이 공통으로 경험한 인구구조의 변화는 복지국가 위기의 구조적 요인이 되었다. 출산율 저하와 평균수명 연장으로 인한 인구 고령화는 연금과 의료비 지출을 급격히 증가시켰다. 전후 베이비붐 세대가 노동 시장에 진입하면서 일시적으로 부양비^{dependency ratio}가 개선되었던 상황이 역전되기 시작했다.

특히 확정급여형^{defined benefit} 공적연금 제도는 인구구조 변화에 매우 취약한 구조를 드러냈다. 현재 근로자가 현재 연금 수급자를 부양하는 부과방식^{pay-as-you-go} 연금 제도는 근로자 대비 연금 수급자 비율이 급격히 증가하면서 재정적 지속가능성에 심각한 의문이 제기되었다. 1970년 독일의 경우 연금 수급자 1명을 부양하는 근로자가 4명이었던 것이 2000년에는 2.1명으로 감소했고, 이러한 추세는 다른 유럽 국가들에서도 유사하게 나타났다.[6]

의료비 지출 증가도 복지국가 재정에 큰 부담이 되었다. 의료 기술의 발달과 국민의 의료 서비스에 대한 기대 수준 향상, 그리고 고령화로 인한 의료 수요 증가가 복합적으로 작용하여 의료비는 경제성장률을 지속적으로 웃도는 속도로 증가했다. 이는 베인머의 비용 질병[7] Baumol's Cost Disease 이론으로 설명되는 현상으로, 의료 서비스와 같은 노동집약적 서비스업의 생산성 향상이 제조업에 비해 상대적으로 낮음에도 불구하고 임금 상승은 같이 이루어지면서 발생하는 구조적 문제였다.

---

6) 독일의 경우 2000년 기준 연금 수급자 대 근로자 비율(pensioner per worker ratio)이 0.48로, 근로자 2.1명당 연금 수급자 1명에 해당하며, 1970년대에는 이 비율이 더 낮았음을 시사한다. 2000년 기준 선진국 전체의 노년부양비(old-age dependency ratio)는 0.25로, 근로자 4명이 연금 수급자 1명을 부양하는 구조였다. Population aging and the rising cost of public pensions (Population Council, 2002).

7) 생산성 향상이 더딘 산업(특히 서비스업)에서 비용과 가격이 빠르게 오르는 현상을 설명하는 이론. 제조업처럼 생산성이 빠르게 증가하는 산업에서는 임금 인상과 함께 생산성도 오르기 때문에 단위당 비용이 크게 오르지 않는다. 그러나 교육, 의료, 예술 등 서비스업은 기술로 노동을 대체하기 어렵고, 생산성 향상이 거의 일어나지 않지만, 노동 시장 통합으로 서비스업 종사자들도 제조업 종사자만큼 임금 인상을 요구하게 된다. 따라서 생산성은 그대로인데 인건비가 오르면서 서비스업의 가격이 상대적으로 더 빨리 상승하는 현상이 나타난다.

▪ 경제구조 변화와 복지국가 적응의 한계

1970년대 이후 서구 경제는 제조업 중심에서 서비스업 중심으로, 그리고 정보화와 세계화가 급속히 진행되는 구조적 변화를 경험했다. 이러한 변화는 전후 복지국가가 전제했던 경제적 조건들을 근본적으로 변화시켰다.

산업구조의 변화는 고용의 질과 안정성에 중대한 영향을 미쳤다. 제조업의 좋은 일자리good jobs가 감소하고 서비스업의 저임금, 불안정 일자리가 증가하면서 중산층의 몰락과 소득 불평등 심화가 나타났다. 특히 숙련 노동자와 비숙련 노동자 간의 임금 격차가 확대되면서 기존의 사회보험 체계로는 포괄하기 어려운 새로운 형태의 사회적 위험이 등장했다.

세계화의 진전은 복지국가의 자율성을 제약하는 중요한 요인이 되었다. 자본의 국제적 이동성 증가로 인해 각국 정부는 기업 투자 유치와 유지를 위해 법인세율을 낮추거나 규제를 완화해야 하는 압력에 직면했다. 이는 복지 재정의 기반을 약화하는 동시에, 높은 복지 수준을 유지하는 국가들이 국제 경쟁에서 불리해질 수 있다는 우려를 낳았다.

무역 자유화와 국제 분업의 심화는 특정 산업과 지역의 급격한 쇠퇴를 가져왔고, 이로 인한 대량 실업과 지역 격차 문제는 기존의 복지제도로는 효과적으로 대응하기 어려운 새로운 도전이었다. 전통적인 실업보험은 일시적인 실업을 전제로 설계되었기 때문에, 구조조정으로 인한 장기 실업이나 산업 전체의 쇠퇴에는 적절한 대응책을 제공하지 못했다.

▪ 사회적 변화와 복지 욕구의 다양화

복지국가 위기의 또 다른 중요한 측면은 사회구조와 가족구조의 변화로 인해 새로운 복지 욕구의 등장이었다. 전후 복지국가는 남성 생계부양자$^{male\ breadwinner}$ 모델을 전제로 설계되었는데, 1970년대 이후 여성의 경제활동 참가 증가, 이혼율 상승, 한부모 가족 증가 등으로 이러한 전제가 현실과 괴리되기 시작했다.

여성의 노동 시장 참여 증가는 보육 서비스에 대한 수요를 급격히 증가시켰지만, 기존 복지국가는 이러한 새로운 사회적 위험에 대해 충분히 준비되어 있지 않았다. 특히 남유럽 국가들처럼 가족에 의한 돌봄을 전제로 했던 복지체계는 더욱 큰 어려움에 직면했다. 한부모 가족의 증가는 기존의 사회보험 체계가 포괄하지 못하는 새로운 빈곤 집단을 창출했다. 여성 한부모 가족의 빈곤율이 높아지면서 복지제도의 성별 중립성에 대한 문제 제기가 이루어졌고, 기존의 기여 원칙 중심 사회보험으로는 대응하기 어려운 사각지대가 확대되었다.

이와 함께 개인주의적 가치관의 확산과 생활양식의 다양화는 획일적인 복지서비스 제공 방식에 대한 비판을 불러일으켰다. 복지서비스 이용자들은 더 이상 수동적인 수혜자가 아니라 자신의 욕구와 선호에 맞는 맞춤형 서비스를 요구하기 시작했고, 이는 표준화된 대량 서비스 제공을 특징으로 하는 기존 복지국가 모델에 대한 근본적 도전이었다.

신자유주의와 복지국가 재편의 실패

▪ 신자유주의적 처방의 등장

1970년대 복지국가 위기에 대한 대응으로 등장한 신자유주의는 시장의 효율성과 개인의 자유를 강조하면서 국가의 역할 축소를 주장했다. 프리드리히 하이에크Friedrich Hayek의 자유주의 철학과 밀턴 프리드먼Milton Friedman의 시카고학파 경제학을 이론적 기반으로 하는 신자유주의는 복지국가를 경제 효율성을 저해하고 개인의 자유를 억압하는 제도로 비판했다.

신자유주의자들은 복지국가의 위기가 국가개입의 과도함에서 비롯되었다고 진단했다. 그들에 따르면, 높은 세율과 과도한 규제는 경제성장을 저해하고, 관대한 복지 급여는 근로 유인을 감소시켜 경제 전체의 활력을 떨어뜨린다는 것이었다. 따라서 해결책은 시장 기능을 복원하고 국가의 역할을 최소화하는 것이라고 주장했다. 1980년대 레이건Reagan 행정부와 대처Thatcher 정부의 등장은 이러한 신자유주의 이념이 정책으로 구현되는 전환점이 되었다. 감세, 규제 완화, 민영화, 복지 축소가 주요 정책 방향으로 설정되었고, 이는 '워싱턴 컨센서스Washington Consensus'라는 이름으로 전 세계적으로 확산하였다.

▪ 복지국가 재편의 구체적 내용

신자유주의적 복지국가 재편은 여러 차원에서 동시에 진행되었다. 첫째, 복지 지출의 축소와 자격 조건의 강화가 이루어졌다. 실업급여 수

습 기간 단축, 장애급여 심사 강화, 사회부조 수급 조건 까다롭게 만들기 등이 주요 내용이었다. 이는 복지 의존성을 줄이고 근로 유인을 높인다는 명분으로 정당화되었다.

둘째, 공적 서비스의 민영화가 광범위하게 추진되었다. 공기업 민영화, 사회서비스 민간 위탁, 바우처 제도 도입 등을 통해 시장 경쟁을 도입하여 효율성을 높이려고 했다. 특히 영국의 경우 국민보건서비스^{NHS} 내부에 유사시장$^{quasi\text{-}market}$을 도입하고, 공영주택을 대량 매각하는 등 공공부문의 대대적인 구조조정이 이루어졌다.

셋째, 근로연계복지^{workfare}의 도입으로 복지와 근로의 연계를 강화했다. 미국의 TANF$^{Temporary\ Assistance\ for\ Needy\ Families}$ 프로그램처럼 복지 급여 수급을 위해 근로나 직업훈련 참여를 의무화하는 제도들이 도입되었다. 이는 '복지에서 일자리로$^{welfare\ to\ work}$'라는 슬로건으로 표현되었다.

넷째, 개인 책임의 강조와 함께 개인연금, 개인의료보험 등 사적 보장 제도의 확대가 추진되었다. 칠레의 개인연금계좌[8] 제도는 이러한 방향의 대표적 사례가 되었고, 세계은행 등 국제기구들이 이를 모범 사례로 홍보했다.

---

8) 칠레의 개인연금계좌 제도는 1981년 연금 개혁을 통해 도입된 대표적인 확정기여형(Defined Contribution, DC) 민간 주도 연금 시스템이다. 이 제도의 핵심은, *의무적 개인 계좌: 모든 근로자는 월 소득의 10%를 개인 명의의 연금계좌에 의무적으로 적립; *민간 운용: AFP(민간연금기금운용사)는 가입자의 연금 자산을 다양한 금융상품에 투자해 수익을 추구하며 관리 수수료를 부과; *연금 수령: 남성은 65세, 여성은 60세부터 적립된 금액과 투자수익을 기반으로 연금을 수령; *국가 보완: 저소득자나 충분한 연금이 없는 경우를 위해 국가가 지원하는 연대 연금제도(기초보장성 연금)도 존재. 칠레의 개인연금계좌의 특징은 기존의 분배식(pay-as-you-go) 공적연금과 달리, 각 개인의 적립금과 투자수익에 따라 연금액이 결정되므로, 연금 지급액은 확정되어 있지 않으며, 투자 위험과 수익은 전적으로 개인이 부담한다.

- 신자유주의 정책의 의도치 않은 결과

신자유주의적 복지국가 재편은 일부 긍정적 효과도 있었지만, 의도치 않은 부작용들이 더욱 심각하게 나타났다. 가장 두드러진 문제는 소득 불평등의 급격한 확대였다. 1980년대 이후 대부분의 선진국에서 지니 계수로 측정한 소득 불평등이 지속적으로 증가했으며, 특히 상위 1% 소득 집중도가 급격히 높아졌다.

복지 축소와 노동 시장 유연화는 중산층의 경제적 불안정을 증가시켰다. 정규직 일자리 감소, 비정규직 증가, 실질임금 정체 등으로 중산층 가계의 경제적 기반이 약화하였고, 이는 소비 위축과 경제성장 둔화로 이어지는 악순환을 낳았다.

사회서비스 민영화는 서비스 질의 하락과 접근성 악화를 초래하는 경우가 많았다. 수익성을 추구하는 민간 기업들이 비용 절감을 위해 서비스 질을 낮추거나, 수익성이 낮은 지역이나 계층에 대한 서비스를 꺼리는 현상이 나타났다. 특히 사회적 약자들이 필요로 하는 서비스의 경우 시장 실패가 더욱 심각하게 나타났다.

개인연금 제도의 확대는 예상과 달리 노후 소득 보장을 개선하지 못하고 오히려 악화시키는 결과를 낳았다. 금융시장의 변동성, 높은 수수료, 개인의 투자 능력 부족 등으로 인해 많은 사람의 노후 소득이 불안정해졌다. 칠레의 경우 개인연금 도입 30년 후에도 높은 노인 빈곤율을 해결하지 못해 공적연금을 부분적으로 복원해야 했다.

▪ 제3의 길과 사회투자 전략의 한계

1990년대 후반 신자유주의의 부작용이 명확해지면서 토니 블레어 Tony Blair의 신노동당과 게르하르트 슈뢰더Gerhard Schröder의 사회민주당 등이 '제3의 길Third Way'을 제시했다. 이는 전통적 사회민주주의와 신자유주의의 절충점을 찾으려는 시도였다.

제3의 길은 '사회투자 전략social investment strategy'을 핵심으로 했다. 이는 복지를 단순한 소득 보장이 아니라 인적자본 개발과 경쟁력 강화를 위한 투자로 재개념화하는 것이었다. 교육, 직업훈련, 보육 서비스 등에 대한 투자를 통해 개인의 취업 능력을 높이고, 이를 통해 복지 의존성을 줄이면서 경제성장도 달성한다는 논리였다.

사회투자 전략은 일정한 성과를 거두었지만, 근본적 한계도 드러났다. 첫째, 교육과 훈련의 효과는 장기간에 걸쳐 나타나기 때문에 단기적인 복지 욕구에는 대응하기 어려웠다. 둘째, 개인의 능력 개발에 초점을 맞추다 보니 구조적 문제인 일자리 부족이나 임금 불평등에는 충분히 대응하지 못했다. 셋째, 모든 사람이 고숙련 일자리로 이동할 수 있다는 가정 자체가 비현실적이었다.

특히 2000년대 들어 금융화financialization가 진행되면서 실물경제와 금융경제의 괴리가 심화하였고, 사회투자를 통한 생산성 향상의 과실이 노동자들에게 충분히 돌아가지 않는 문제가 나타났다. 높은 생산성에도 불구하고 실질임금이 정체되는 현상이 나타나면서 사회투자 전략의 전제 조건이 약화하였다.

2008년 금융위기 이후 새로운 모색

▪ 금융위기의 충격과 복지국가에 대한 재평가

2008년 미국의 서브프라임 모기지 사태로 시작된 글로벌 금융위기는 신자유주의에 대한 근본적 반성을 촉발했다. 30년간 시장의 자율성과 효율성을 강조했던 신자유주의 패러다임이 결국 전 세계적인 경제위기를 초래했다는 비판이 제기되었고, 국가의 역할에 대한 재검토가 이루어졌다.

금융위기 대응 과정에서 각국 정부는 대규모 재정지출과 금융기관 구제금융을 통해 경제를 안정시켜야 했다. 이는 시장 만능주의에 대한 강력한 반증이었으며, 경제 안정을 위해서는 국가의 적극적 개입이 불가피하다는 점을 재확인시켜 주었다. 특히 덴마크, 스웨덴 등 북유럽 국가들이 상대적으로 안정적으로 위기를 극복하는 모습을 보이면서, 강력한 복지국가가 오히려 경제적 안정성에 기여할 수 있다는 인식이 확산하였다.

금융위기는 또한 복지국가의 자동안정화 기능automatic stabilizer의 중요성을 부각시켰다. 실업급여, 사회부조 등 사회안전망이 제대로 작동하는 국가들에서 위기의 사회적 충격이 상대적으로 적었으며, 내수 위축도 덜 심각했다. 이는 복지제도가 단순한 비용이 아니라 경제 안정에 기여하는 투자라는 관점을 뒷받침했다.

- 긴축 정책의 실패와 복지국가 방어

금융위기 직후 일시적으로 확장적 재정정책이 시행되었지만, 곧이어 정부 부채 증가에 대한 우려로 긴축 정책$^{austerity\ measures}$이 광범위하게 도입되었다. 특히 유럽 재정위기를 겪은 그리스, 스페인, 포르투갈 등 남유럽 국가들은 트로이카$^{EU, ECB, IMF}$의 요구에 따라 대대적인 복지 삭감을 단행해야 했다.

그러나 긴축 정책은 예상과 달리 경제 회복에 도움이 되지 못했을 뿐만 아니라 오히려 경기 침체를 장기화시키는 결과를 낳았다. 폴 크루그먼$^{Paul\ Krugman}$, 조제프 스티글리츠$^{Joseph\ Stiglitz}$ 등 주류 경제학자들조차 긴축 정책의 효과에 대해 의문을 제기했고, IMF도 긴축 정책의 승수 효과를 과소평가했다는 점을 인정했다. 긴축 정책으로 인한 복지 삭감은 사회적 갈등을 증폭시켰다. 그리스의 황금새벽당, 스페인의 포데모스, 이탈리아의 오성운동 등 기존 정치체제에 대한 불만을 표출하는 정치세력들이 등장했다. 이들은 공통으로 신자유주의적 긴축 정책과 유럽통합에 대한 비판을 주요 정치적 어젠다로 내세웠다.

반면 독일, 프랑스 등 상대적으로 안정적인 복지국가를 유지한 국가들에서는 극단적 정치세력의 성장이 제한적이었다. 이는 복지국가가 사회통합과 정치적 안정에 미치는 긍정적 효과를 보여주는 사례로 해석되었다.

▪ 새로운 사회적 위험과 복지국가의 적응 과제

2008년 금융위기 이후 경제 회복 과정에서 새로운 형태의 사회적 위험들이 드러났다. 플랫폼 경제의 확산으로 인한 긱 이코노미[9] gig economy 노동자들의 사회적 보호 문제, 인공지능과 자동화로 인한 일자리 대체 위험, 기후변화로 인한 환경적 위험 등이 새로운 도전으로 등장했다. 특히 코로나19 팬데믹은 기존 복지국가 시스템의 한계를 극명하게 드러냈다. 전 세계적인 봉쇄 조치로 인해 수많은 사람이 일자리를 잃었지만, 기존의 실업보험 체계는 자영업자, 플랫폼 노동자, 비정규직 노동자들을 충분히 보호하지 못했다. 각국 정부는 긴급재난지원금, 고용유지지원금 등 임시적 조치를 도입해야 했지만, 이는 기존 복지제도의 사각지대가 얼마나 광범위한지를 보여주었다.

돌봄 위기care crisis도 중요한 이슈로 부상했다. 고령화 진행과 여성의 경제활동 참여 증가로 돌봄 서비스에 대한 수요는 급증했지만, 돌봄 노동의 저평가와 열악한 근로조건으로 인해 돌봄 서비스 제공에 어려움이 가중되었다. 코로나19 팬데믹 기간 중 돌봄 노동자들이 필수 노동자로 재평가받으면서 돌봄의 사회적 가치에 대한 인식 전환이 이루어지기 시작했다.

---

9) 긱 이코노미(Gig Economy)는 기업이나 개인이 필요에 따라 단기 계약직, 임시직, 프리랜서 등으로 인력을 고용해 일시적으로 서비스를 제공하는 경제구조를 말한다. '긱(gig)'은 1920년대 미국 재즈클럽에서 단기적으로 공연에 참여하는 연주자를 일컫던 용어에서 유래했다.

- 기본소득과 보편적 기본서비스 논의

2008년 금융위기 이후 가장 주목받은 복지제도 혁신 방안은 기본소 득^{Universal Basic Income}이었다. 핀란드, 케냐 등에서 실시된 기본소득 실험과 코로나19 대응 과정에서 각국이 도입한 긴급재난지원금의 경험을 통해 기본소득에 관해 관심이 많이 증가했다. 기본소득 지지자들은 이것이 기존 복지제도의 사각지대 문제를 해결하고, 플랫폼 경제 등 새로운 노동 형태에 적합한 사회보장 방식이라고 주장했다. 또한 자동화로 인한 일자리 감소에 대비한 미래형 복지제도라는 주장도 제기되었다. 실리콘밸리의 기업가들과 진보적 정치인들이 공통으로 기본소득을 지지하는 현상도 나타났다.

그러나 기본소득에 대한 비판도 만만치 않았다. 높은 재정 비용, 근로 유인 저하 가능성, 기존 복지제도와의 관계 설정 문제 등이 주요 쟁점이었다. 특히 기본소득이 기존의 사회보험과 사회서비스를 대체하면 오히려 복지 수준이 후퇴할 수 있다는 우려가 제기되었다. 이에 대한 대안으로 보편적 기본서비스^{Universal Basic Services} 논의가 등장했다. 이는 현금 급여보다는 교육, 의료, 주거, 교통 등 기본적인 서비스를 무상으로 제공하는 것에 중점을 두는 접근법이다. 영국의 경제학자 애나 쿠트^{Anna Coote}가 주도한 이 논의는 공공서비스의 확대를 통해 실질적인 삶의 질 향상과 불평등 완화를 동시에 달성할 수 있다고 주장했다.

- **디지털 전환과 복지국가의 새로운 가능성**

2008년 금융위기 이후 가속화된 디지털 전환은 복지국가에 새로운 기회와 도전을 동시에 제공했다. 빅데이터, 인공지능, 사물인터넷 등의 기술 발전은 더 정교하고 개인화된 복지서비스 제공을 가능하게 했다. 에스토니아의 전자정부 시스템, 덴마크의 디지털 복지 플랫폼 등은 디지털 기술을 활용한 복지 혁신의 성공 사례로 주목받았다. 그러나 디지털 격차digital divide 문제도 새로운 사회적 배제 요인으로 부상했다. 고령자, 저소득층, 농촌 지역 주민들이 디지털 복지서비스에서 소외될 가능성이 커졌고, 이는 기존의 사회적 불평등을 더욱 심화시킬 우려를 낳았다. 또한 개인정보 보호와 알고리즘의 공정성 문제도 중요한 쟁점으로 대두되었다. 코로나19 팬데믹은 디지털 기술의 중요성을 더욱 부각시켰다. 비대면 사회서비스 제공, 원격 교육, 디지털 헬스케어 등이 급속히 확산하면서 디지털 복지국가digital welfare state의 가능성과 한계가 동시에 드러났다. 이는 향후 복지국가 발전 방향에서 디지털 포용성digital inclusion이 핵심 과제가 될 것임을 시사했다.

- **생태적 전환과 복지국가의 새로운 역할**

2008년 금융위기 이후 기후변화에 대한 위기의식이 높아지면서 생태적 전환ecological transition이 새로운 정책 의제로 부상했다. 이는 복지국가에도 새로운 역할을 요구했다. 전통적인 경제성장 중심의 복지 확대 모델로는 기후변화 대응과 복지 확대를 동시에 달성하기 어렵다는 인식이 확산하였다. 녹색 뉴딜^{Green New Deal} 논의는 환경 보호와 사회적 보호를 통합하려는 시도의 대표적 사례였다. 이는 기후변화 대응을 위한 대규모 공공투자를 통해 좋은 일자리를 창출하고, 동시에 사회적 불평등을 완화한다는 구상이었다. 재생에너지 산업 육성, 건물 에너지 효율화, 친환경 교통 시스템 구축 등이 주요 내용이었다.

그러나 생태적 전환 과정에서 발생할 수 있는 사회적 비용의 공정한 분담 문제도 중요한 쟁점이 되었다. 탄소세 도입에 대한 프랑스의 '노란 조끼^{gilets jaunes}' 시위는 환경 정책이 사회적 형평성을 고려하지 않으면 정치적 반발을 불러일으킬 수 있음을 보여주었다. 이는 '정의로운 전환^{just transition}'의 중요성을 부각시켰다.

▪ 복지국가 위기 극복을 위한 새로운 패러다임의 필요성

2008년 금융위기 이후 15년간의 경험은 기존의 복지국가 모델로는 21세기의 새로운 도전들에 효과적으로 대응하기 어렵다는 점을 명확히 보여주었다. 신자유주의적 처방은 실패했고, 전통적인 사회민주주의적 접근법도 한계를 드러냈다. 제3의 길 역시 근본적인 대안이 되지 못했다.

새로운 복지국가 패러다임은 다음과 같은 조건들을 충족해야 한다는 인식이 확산하였다. 첫째, 플랫폼 경제, 인공지능, 기후변화 등 새로운 사회적 위험에 효과적으로 대응할 수 있어야 한다. 둘째, 지속 가능한 발전과 사회적 형평성을 동시에 추구할 수 있는 모델이어야 한다. 셋째, 시민들의 다양한 욕구와 선호를 반영할 수 있는 참여적이고 민주적인 제도여야 한다. 이러한 맥락에서 공생적 복지국가는 기존 복지국가의 한계를 극복하고 21세기의 새로운 도전에 대응할 수 있는 대안적 패러다임으로 주목받고 있다. 상호 의존성과 호혜성, 지속가능성과 생태적 책임, 참여와 자치의 민주주의라는 세 가지 핵심 가치를 통해 복지국가의 새로운 방향을 제시하고 있다. 특히 동양의 전통 사상에서 찾을 수 있는 공생과 상생의 철학은 서구의 개인주의적 자유주의와 집합주의적 사회주의를 모두 포괄할 수 있는 제3의 대안으로서 의미가 있다. 이는 단순히 제도적 개선을 넘어서 복지에 대한 근본적인 철학과 가치관의 전환을 요구하는 것이기도 하다.

2. 동아시아 발전모델의 특수성과 한계

서구 복지국가의 위기가 심화하는 가운데, 동아시아 국가들은 독특한 발전 경로를 통해 급속한 경제성장과 사회발전을 달성했다. 한국, 대만, 싱가포르, 홍콩 등 동아시아 신흥공업국^{NICs}들과 일본, 중국의 발전 경험은 서구와는 다른 발전모델의 가능성을 보여주었다. 그러나 이러한 동아시아 발전모델도 21세기 들어 한계가 명확해지면서 새로운 전환이 요구되고 있다. 특히 한국의 경우 압축적 근대화 과정에서 축적된 구조적 모순들이 복합적 위기로 나타나면서 발전국가 패러다임의 근본적 재검토가 필요한 상황이다.

유교 자본주의와 아시아적 가치

▪ 유교 자본주의의 개념과 특징

동아시아 발전모델을 설명하는 핵심 개념 중 하나는 '유교 자본주의 Confucian Capitalism'이다. 이는 막스 베버Max Weber가 『프로테스탄트 윤리와 자본주의 정신』에서 서구 자본주의의 문화적 기초를 프로테스탄트 윤리에서 찾은 것처럼, 동아시아 자본주의의 문화적 토대를 유교 사상에서 찾는 개념이다.

유교 자본주의의 핵심 특징은 개인의 이익 추구와 집단의 조화를 동시에 추구한다는 점이다. 서구의 개인주의적 자본주의가 개인의 자유와 경쟁을 강조하는 반면, 유교 자본주의는 개인의 성취가 가족, 기업, 국가 등 소속 집단의 발전과 연계되어 있다고 본다. 이는 유교의 핵심 개념인 '수신제가치국평천하修身齊家治國平天下'의 논리와 일치한다. 교육에 대한 강조도 유교 자본주의의 중요한 특징이다. 유교 전통에서 교육은 개인의 인격 수양뿐만 아니라 사회적 지위 상승의 핵심 통로였다. 이러한 전통은 현대 동아시아 사회에서 교육 투자에 대한 높은 열의와 인적자본 축적으로 이어졌다. 한국, 일본, 대만 등에서 나타나는 높은 교육열과 인적자본 수준은 이러한 문화적 배경과 밀접한 관련이 있다. 장기적 관점과 인내심도 유교 자본주의의 특징으로 지적된다. 유교의 '군자君子' 이념은 단기적 이익보다는 장기적 덕목을 추구하는 것을 강조한다. 이는 동아시아 기업들이 단기적 수익보다는 장기적 성장에 중점을 두는 경영 철학으로 나타났으며, 개인들도 즉각적 만족보다는 미래를 위한 투자를 선호하는 경향으로 나타났다.

▪ 아시아적 가치론의 등장과 의미

1990년대 동아시아 국가들의 급속한 경제성장과 함께 '아시아적 가치Asian Values'론이 주목받았다. 이는 싱가포르의 리콴유Lee Kuan Yew, 말레이시아의 마하티르Mahathir 등 동아시아 정치 지도자들이 서구의 개인주의적 자유민주주의와 구별되는 아시아 고유의 가치 체계를 강조한 담론이었다.

아시아적 가치론의 핵심 내용은 다음과 같다. 첫째, 개인보다는 공동체를 우선시하는 집단주의적 가치관이다. 개인의 권리와 자유도 중요하지만, 이것이 공동체의 조화와 안정을 해치지 않는 범위 내에서 행사되어야 한다는 것이다. 둘째, 권위와 질서에 대한 존중이다. 연장자, 지도자, 전문가에 대한 존경과 복종은 사회 질서 유지의 기초가 된다. 셋째, 합의를 통한 의사결정이다. 대립과 갈등보다는 대화와 타협을 통해 문제를 해결하려는 경향이 강하다.

아시아적 가치론은 서구의 보편주의적 인권관과 민주주의 모델에 대한 상대주의적 도전이기도 했다. 동아시아 국가들은 자신들의 급속한 발전이 서구식 민주주의를 그대로 모방한 것이 아니라 아시아 고유의 가치와 제도를 현대적으로 재해석한 결과라고 주장했다.

그러나 아시아적 가치론은 많은 비판도 받았다. 첫째, 권위주의 정치 체제를 정당화하는 수단으로 악용될 수 있다는 비판이다. 실제로 일부

동아시아 국가들에서는 아시아적 가치를 내세워 인권 탄압이나 민주화 요구를 억압하는 사례들이 나타났다. 둘째, 아시아 내부의 다양성을 무시한다는 비판이다. 동아시아만 해도 유교 문화권, 불교 문화권, 이슬람 문화권 등이 혼재하고 있으며, 단일한 '아시아적 가치'로 통합하기 어렵다는 것이다.

■ 동아시아 복지 체제의 특징

동아시아 국가들의 복지제도는 서구의 복지국가 유형론으로는 설명하기 어려운 독특한 특징을 보여준다. 에스핑-안데르센$^{\text{Esping-Andersen}}$의 복지국가 3 유형론(자유주의, 보수주의, 사회민주주의)에 동아시아 복지 체제를 네 번째 유형으로 추가해야 한다는 주장이 제기되는 것도 이 때문이다.

동아시아 복지 체제의 첫 번째 특징은 가족주의^{familialism}이다. 서구 복지국가가 개인을 복지의 기본 단위로 하지만, 동아시아에서는 가족이 복지의 일차적 책임을 진다. 효^{孝} 사상에 기반한 가족 부양 의무는 법적으로도 제도화되어 있으며, 공적 복지는 가족이 감당하기 어려운 경우에만 보충적으로 개입한다.

두 번째 특징은 생산주의^{productivism}이다. 복지를 소비적 지출이 아니라 경제발전에 기여하는 생산적 투자로 보는 관점이 강하다. 교육, 직업훈련, 산업재해보상 등 노동력의 질 향상과 직접적으로 연관된 영역에는 상대적으로 관대하지만, 소득 보장이나 사회서비스 등 직접적인 생산성 향상과 거리가 먼 영역에는 인색한 경향을 보인다.

세 번째 특징은 기업복지의 중요성이다. 대기업을 중심으로 한 기업복지가 공적 사회보장의 부족을 상당 부분 보완하는 역할을 한다. 일본의 종신고용제, 한국의 대기업 복리후생제도 등이 대표적 사례이다. 이는 고용 안정성과 복지 수준이 기업 규모와 밀접한 관련을 갖게 만들어 노동 시장의 이중구조와 복지 불평등을 초래하는 요인이 되기도 한다.

네 번째 특징은 발전국가의 강력한 역할이다. 국가가 경제발전을 위해 복지정책을 전략적으로 활용하며, 복지 확대도 경제발전의 필요에 따라 선택적으로 이루어진다. 이는 서구의 권리 기반 복지와는 다른 접근법이다.

▪ **유교 자본주의의 현대적 재해석**

21세기 들어 유교 자본주의에 대한 재평가가 이루어지고 있다. 전통적인 유교 사상을 현대적 맥락에서 재해석하여 지속 가능한 발전모델로 발전시키려는 시도들이 나타나고 있다.

특히 유교의 '인仁' 사상은 현대적 의미에서 사회적 책임과 배려로 해석될 수 있다. 개인의 성공이 타인과 공동체의 복지와 연결되어 있다는 인식은 기업의 사회적 책임CSR, 상생 경영, 사회적경제 등의 형태로 구현되고 있다. 또한 '중용中庸'의 철학은 극단적 경쟁보다는 균형과 조화를 추구하는 지속 가능한 발전의 원리로 해석되기도 한다.

'대동大同' 사상은 더욱 주목받고 있다. 『예기禮記』의 「예운」 편에 나오는 "대동사회"는 "천하가 공공의 것이 되어天下爲公, 현능한 사람을 선택하고 신의를 강조하며 화목하게 지낸다[10]."는 이상사회의 비전을 제시한다. 이는 현대적 의미에서 포용적이고 지속가능한 사회의 모델로 해석될 수 있으며, 공생적 복지국가의 철학적 기초를 제공한다.

압축적 근대화의 명암

▪ 압축적 근대화의 개념과 동아시아의 경험

압축적 근대화compressed modernization는 동아시아 국가들이 서구가 수백 년에 걸쳐 경험한 근대화 과정을 수십 년이라는 단기간에 집약적으로 경험한 현상을 지칭한다. 이 개념은 시간적 압축, 공간적 압축, 사회적 압축이라는 세 차원으로 구성된다.

시간적 압축은 근대화의 여러 단계가 순차적으로 진행되지 않고 동시다발적으로 일어나는 현상이다. 한국의 경우 농업사회에서 산업사회로, 다시 탈산업사회로의 전환이 겹치면서 진행되었다. 1960년대 중화학 공업화와 1990년대 정보화가 시차를 두고 일어났지만, 그 간격이 서구에 비해 현저히 짧았다.

공간적 압축은 도시화와 산업화가 동시에 급속히 진행되면서 나타나는 현상이다. 농촌 인구의 대량 이탈과 도시 집중이 단기간에 이루어지면서 메가시티mega-city가 형성되었다. 서울의 경우 1960년 245만 명에서 1990년 1,061만 명으로 30년 만에 4배 이상 증가했다.

---

10) "大道之行也, 天下爲公, 選賢與能, 講信修睦. 故人不獨親其親, 不獨子其子, 使老有所終, 壯有所用, 幼有所長, 矜寡孤獨廢疾者皆有所養."

사회적 압축은 전통과 근대, 집단주의와 개인주의, 권위주의와 민주주의 등 서로 다른 사회적 원리들이 동시에 공존하는 현상이다. 이는 사회의 복합성과 다층성을 증가시키지만, 동시에 갈등과 모순의 원인이 되기도 한다.

▪ 압축적 근대화의 성과와 동력

동아시아의 압축적 근대화는 놀라운 성과를 거두었다. 한국의 경우 1960년 1인당 GDP 158달러에서 2020년 31,631달러로 200배 이상 증가했다$^{World Bank}$. 이는 같은 기간 미국이 3배, 일본이 20배 증가한 것과 비교해도 압도적인 수치이다. 경제발전뿐만 아니라 교육 수준 향상, 평균 수명 연장, 민주주의 정착 등 다양한 영역에서 급속한 발전을 달성했다.

이러한 성과의 배경에는 여러 요인이 복합적으로 작용했다. 첫째, 강력한 발전국가의 역할이다. 정부가 경제발전을 위한 장기 전략을 수립하고, 이를 추진하기 위한 정책 수단을 효과적으로 동원했다. 박정희 정부의 경제개발 5개년계획, 중화학공업 육성정책 등이 대표적 사례이다. 둘째, 교육에 대한 사회 전체의 높은 관심과 투자이다. 유교 전통의 교육 중시 문화와 근대적 교육제도가 결합하면서 급속한 인적자본 축적이 이루어졌다. 한국의 경우 1960년 문맹률이 28%에서 1970년 12%, 1980년 7%로 급속히 감소했고, 고등교육 진학률도 지속적으로 상승했다. 셋째, 가족과 기업의 희생적 헌신이다. 가족 단위의 교육 투자와 저축, 기업의 장기적 투자와 기술 개발, 노동자들의 근면성과 희생 등이 결합하여 경제성장의 동력이 되었다. 이는 개인의 희생을 통해 집단의 발전을 추구하는 유교적 가치관과 밀접한 관련이 있다. 넷째, 국제적 기회의 적절한 활용이다. 냉전 체제하에서 미국의 전략적 지원, 일본과의 경제협력, 1990년대 이후 중국의 개방과 세계화의 물결 등을 적절히 활용했다. 수출지향 공업화 전략도 이러한 국제적 기회를 활용한 결과였다.

▪ 압축적 근대화의 부작용과 모순

그러나 압축적 근대화는 심각한 부작용도 낳았다. 가장 심각한 문제는 사회적 불평등의 심화이다. 급속한 경제성장 과정에서 수도권과 지방, 대기업과 중소기업, 정규직과 비정규직 간의 격차가 확대되었다.

노동 시장의 이중구조도 심각한 문제이다. 대기업 정규직과 중소기업 비정규직 간의 임금 격차는 2배 이상에 달하며, 복리후생, 고용 안정성 등에서도 큰 차이를 보인다. 이는 같은 능력을 갖춘 사람도 어떤 기업에 취업하느냐에 따라 생애 소득이 크게 달라지는 '취업 복권'이라는 왜곡된 현상을 낳았다.

교육 경쟁의 과열화도 압축적 근대화의 부작용 중 하나이다. 교육을 통한 사회적 지위 상승이 유일한 통로가 되면서 과도한 교육 경쟁이 나타났다. 이는 사교육비 부담 증가, 청소년 스트레스 증가, 출산율 저하 등의 문제로 이어졌다.

가족 제도의 급속한 변화도 주목할 만한 현상이다. 전통적인 대가족

제도가 핵가족으로 변화하고, 최근에는 1인 가구가 급증하고 있다. 혼인 제도도 급격히 변화하여 혼인 연령 상승, 출산율 급감, 이혼율 증가 등이 나타나고 있다. 한국의 합계출산율은 2020년 0.84로 세계 최저 수준까지 떨어졌다.

환경 파괴도 심각한 문제이다. 급속한 산업화와 도시화 과정에서 환경에 대한 고려가 부족했다. 대기오염, 수질오염, 토양오염 등이 심각한 사회 문제가 되었고, 최근에는 기후변화 대응이 새로운 과제로 부상하고 있다.

- **사회통합 위기와 새로운 도전**

압축적 근대화의 성과가 축적되면서 새로운 형태의 사회 문제들이 나타나고 있다. 가장 심각한 것은 사회통합 위기이다. 급속한 변화 과정에서 세대 간, 계층 간, 지역 간 갈등이 증폭되었고, 공동체 의식과 사회적 연대감이 약화하였다. 세대 갈등의 경우, 산업화 세대와 민주화 세대, 정보화 세대 간에 가치관과 생활양식의 차이가 크게 나타나고 있다. 특히 청년층의 상대적 박탈감과 기성세대에 대한 불신이 심화하고 있다. '헬조선', 'N포세대' 등의 신조어는 이러한 청년층의 좌절감을 상징적으로 보여준다.

계층 갈등도 심화하고 있다. 경제성장의 과실이 공정하게 분배되지 못하면서 소득 불평등과 자산 불평등이 확대되었다. 특히 부동산 가격 급등으로 인한 자산 격차는 세대 내 불평등뿐만 아니라 세대 간 불평등의 원인이 되고 있다. 지역갈등은 수도권 집중 현상과 밀접한 관련이 있다. 전체 인구의 절반이 수도권에 집중되면서 지방의 상대적 소외감이 증가하고 있다. 지방대학 위기, 지방 소멸 위험 등은 이러한 불균형 발전의 결과이다.

이러한 문제들은 기존의 발전주의 패러다임으로는 해결하기 어려운 구조적 성격을 갖고 있다. 단순한 경제성장만으로는 사회통합을 달성할 수 없으며, 질적 발전과 포용적 성장을 위한 새로운 접근이 필요하다.

한국형 발전국가의 변화 필요성

▪ 한국형 발전국가의 특징과 성과

한국의 발전국가$^{developmental\ state}$ 모델은 1960년대부터 1990년대까지 압축적 근대화를 주도한 핵심 동력이었다. 이는 시장 기능을 활용하면서도 국가가 경제발전의 방향과 속도를 전략적으로 조정하는 모델이었다.

한국형 발전국가의 첫 번째 특징은 강력한 관료 조직과 전문성이다. 경제기획원을 중심으로 한 경제 관료들은 장기적 발전전략을 수립하고, 이를 일관성 있게 추진했다. 이들은 높은 전문성과 사명감을 바탕으로 국가 발전을 위한 정책을 입안하고 실행했다. 두 번째 특징은 선택과 집중의 산업정책이다. 한정된 자원을 특정 전략 산업에 집중적으로 투자하여 국제 경쟁력을 확보하는 전략을 추진했다. 1960년대 경공업, 1970년대 중화학공업, 1980년대 전자산업, 1990년대 정보통신

산업 등으로 이어지는 산업 고도화가 체계적으로 추진되었다. 세 번째 특징은 금융을 통한 기업 통제이다. 정부가 금융기관을 통제하여 정책 자금을 전략 산업과 기업에 선별적으로 공급했다. 이는 기업들이 정부 정책에 협조하게 만드는 강력한 수단이었다. 네 번째 특징은 수출지향 공업화 전략이다. 내수 시장이 협소한 한국의 현실을 고려하여 처음부터 수출을 염두에 둔 산업 발전전략을 추진했다. 이는 기업들이 국제 경쟁력을 갖추도록 하는 압력으로 작용했다.

이러한 발전국가 모델을 통해 한국은 세계사상 유례없는 경제발전을 달성했다. 1인당 GDP 기준으로 세계 최빈국에서 선진국 대열로 진입하는 데 60년밖에 걸리지 않았다. 또한 경제발전과 민주화를 동시에 달성하여 '한강의 기적'이라 불리는 성과를 거두었다.

- ▪ 발전국가 모델의 한계와 부작용

그러나 발전국가 모델은 성과만큼이나 심각한 한계와 부작용도 낳았다. 첫째, 성장 우선주의로 인한 분배와 복지의 소홀이다. 경제성장이 모든 문제를 해결할 것이라는 '낙수효과trickle-down effect' 이론에 의존하여 사회정책을 경시했다. 그 결과 경제발전에 비해 사회보장제도의 발달이 크게 뒤처졌다. 둘째, 대기업 중심의 성장으로 인한 경제력 집중이다. 정부의 선별적 지원은 대기업의 성장을 촉진했지만, 동시에 중소기업과의 격차를 확대했다. 재벌 대기업들의 경제력 집중은 시장 지배력 남용, 중소기업 납품단가 후려치기, 골목상권 침해 등의 문제로 이어졌다. 셋째, 노동 억압적 성장 전략의 부작용이다. 국제 경쟁력 확보를 위해 저임금 정책을 유지하고 노동조합 활동을 억압했다. 이는 단기적으로는 경쟁력 향상에 기여했지만, 장기적으로는 내수 부진과 사회적 갈등의 원인이 되었다. 넷째, 환경 파괴와 지속가능성의 문제이다. 급속한 공업화 과정에서 환경에 대한 고려가 부족했다. 공해 산업의 무분별한 유치, 환경 규제의 미흡 등으로 인해 심각한 환경 문제가 발생했다. 다섯째, 사회적 자본의 훼손이다. 경쟁과 효율성을 극도로 강조하는 과정에서 신뢰, 협력, 연대 등 사회적 자본이 약화하였다. 이는 사회통합과 지속 가능한 발전에 부정적 영향을 미쳤다.

- ### 21세기 새로운 도전과 발전국가의 적응

21세기 들어 한국의 발전국가 모델은 새로운 도전에 직면하고 있다. 첫째, 세계화와 신자유주의의 확산으로 국가의 시장 개입 능력이 제약되고 있다. WTO, FTA 등 국제 통상 규범은 정부의 산업정책을 제약하는 요인이 되고 있다. 둘째, 민주화의 진전으로 정부의 일방적 정책 추진이 어려워졌다. 다양한 이익집단들의 목소리가 커지면서 사회적 합의 없이는 주요 정책을 추진하기 어려운 상황이다. 셋째, 경제발전 단계의 변화로 기존의 추격형$^{catch-up}$ 전략이 한계에 부딪혔다. 선진국 대열에 진입한 이후에는 모방과 추격보다는 혁신과 창조가 중요해졌지만, 기존의 발전국가 모델은 이에 적합하지 않다. 넷째, 저출산·고령화로 인한 인구구조 변화가 기존 성장모델의 지속가능성을 위협하고 있다. 생산가능인구 감소와 노인부양비 증가는 경제성장률 둔화와 복지 지출 증가로 이어지고 있다. 다섯째, 기후변화와 환경 위기가 새로운 제약요인으로 등장했다. 탄소중립 목표 달성을 위해서는 기존의 화석 연료 기반 성장모델에서 탈피해야 하는 상황이다.

이러한 도전들에 대응하기 위해 한국의 발전국가 모델도 변화를 시도 하고 있다. 문재인 정부의 '한국형 뉴딜'과 윤석열 정부의 '디지털 대전 환' 등이 그 예이다[11]. 그러나 이러한 시도들은 여전히 기존의 성장 중 심 사고에서 완전히 벗어나지 못하고 있다는 한계가 있다.

▪ 포용적 발전국가로의 전환 필요성

21세기 한국이 직면한 복합적 위기를 극복하기 위해서는 기존의 발 전국가 모델을 포용적 발전국가inclusive developmental state로 전환해야 한 다는 주장이 제기되고 있다. 이는 경제성장과 사회발전을 동시에 추구 하는 새로운 발전 패러다임이다.

포용적 발전국가의 첫 번째 특징은 성장과 분배의 선순환을 추구한다 는 점이다. 경제성장을 위해 분배를 희생하는 것이 아니라, 공정한 분 배를 통해 내수를 확대하고 이것이 다시 성장으로 이어지는 구조를 만 들어야 한다. 두 번째 특징은 사회투자 전략의 강화이다. 교육, 보육, 의 료, 돌봄 등 사회서비스에 대한 투자를 확대하여 인적자본을 개발하고,

---

11) 문재인 정부의 '한국형 뉴딜'은 디지털·그린·휴먼 뉴딜을 3대 축으로, 코로나 이후 시대 국가 대전환 과 미래 성장동력 확보에 중점을 두었으며, 윤석열 정부의 '디지털 대전환'은 디지털 플랫폼 정부, 초격차 전략기술, 국민 체감형 디지털 혁신 등으로 대한민국의 디지털 경쟁력과 혁신을 극대화하는 정책이었다.

이를 통해 경쟁력을 높이는 전략이다. 이는 복지를 소비가 아닌 투자로 보는 관점의 전환을 의미한다. 세 번째 특징은 혁신과 창업 생태계의 조성이다. 대기업 중심의 성장에서 벗어나 중소기업과 스타트업이 성장할 수 있는 환경을 조성해야 한다. 이를 위해서는 공정한 경쟁 환경 조성, 창업 지원, 실패에 대한 관용적 문화 조성 등이 필요하다. 네 번째 특징은 지속 가능한 발전의 추구이다. 단기적 성장보다는 장기적 지속 가능성을 고려한 발전전략이 필요하다. 환경 보호, 자원 효율성, 순환 경제 등을 고려한 녹색 성장 모델로의 전환이 요구된다. 다섯째는 사회적 대화와 참여의 확대이다. 정부의 일방적 정책 추진보다는 다양한 사회 주체들의 참여와 합의를 통한 정책 결정이 중요해졌다. 이를 위해서는 사회적 대화 기구의 활성화, 시민사회의 역량 강화 등이 필요하다.

- **공생적 발전모델의 가능성**

한국형 발전국가의 한계를 극복하기 위한 대안으로 '공생적 발전모델'이 주목받고 있다. 이는 동아시아의 전통적인 공생 사상과 현대적 발전 이론을 결합한 새로운 패러다임이다.

공생적 발전모델의 핵심은 경제발전과 사회발전, 환경 보호를 통합적으로 추구한다는 점이다. 이는 유교의 '화이부동和而不同' 사상, 즉 다양성을 인정하면서도 조화를 추구하는 철학과 맥을 같이 한다.

경제 영역에서는 경쟁과 협력의 균형을 추구한다. 무한 경쟁보다는 상생과 협력을 통한 생태계 발전을 중시한다. 대기업과 중소기업, 원

청과 하도급 간의 상생 협력, 지역 간 균형발전 등이 주요 내용이다.

사회 영역에서는 개인의 성취와 공동체의 번영을 동시에 추구한다. 개인의 자아실현 기회를 보장하면서도 사회적 연대와 통합을 강화하는 방향으로 정책을 설계한다. 이는 서구의 개인주의와 집단주의의 이분법을 극복하는 제3의 길이다.

환경 영역에서는 인간과 자연의 공생을 추구한다. 자연을 정복과 개발의 대상으로 보는 근대적 사고에서 벗어나 자연과 조화를 이루는 발전모델을 추구한다. 이는 동아시아의 전통적인 자연관과 현대적 환경사상을 결합한 것이다.

정치 영역에서는 정부, 시장, 시민사회의 협력적 거버넌스를 추구한다. 정부가 모든 것을 결정하는 국가주의도, 시장에 모든 것을 맡기는 시장주의도 아닌 다양한 주체들의 참여와 협력을 통한 문제해결을 추구한다.

▪ 공생적 복지국가의 가능성과 과제

공생적 발전모델의 연장선에서 공생적 복지국가의 가능성을 모색할 수 있다. 이는 한국의 발전국가 경험과 동아시아의 전통적 가치를 현대적으로 재해석하여 새로운 복지 패러다임을 만들어가는 것이다.

공생적 복지국가는 다음과 같은 특징을 갖는다. 첫째, 복지를 권리이자 의무로 인식한다. 복지를 받을 권리뿐만 아니라 사회에 기여할 의무도 함께 강조한다. 이는 유교의 상호부조 정신과 현대적 권리 개념을 결합한 것이다.

둘째, 생애주기별 맞춤형 복지를 제공한다. 획일적인 복지 제공보다는 개인의 생애주기와 욕구에 맞는 맞춤형 복지를 제공한다. 이는 개인의 다양성을 인정하면서도 사회적 연대를 추구하는 접근법이다.

셋째, 지역사회 중심의 복지체계를 구축한다. 중앙 정부 중심의 획일적 복지 제공보다는 지역사회의 특성과 자원을 활용한 맞춤형 복지를 추구한다. 이는 공동체의 역할을 중시하는 동아시아적 가치와 부합한다.

넷째, 예방적 복지를 강화한다. 문제가 발생한 후 대응하는 사후적 복지보다는 문제 발생을 예방하는 사전적 복지에 중점을 둔다. 이는 장기적 관점에서 비용 효과적이면서도 개인의 존엄성을 보장하는 방법이다.

다섯째, 생태적 복지를 추구한다. 인간의 복지와 환경의 건강을 동시에 고려하는 통합적 접근을 취한다. 이는 인간과 자연의 공생을 추구하는 동아시아적 자연관과 일치한다.

그러나 공생적 복지국가의 실현을 위해서는 많은 과제가 해결되어야 한다. 첫째, 재정 조달 방안의 마련이다. 복지 확대를 위한 안정적 재원 확보가 필요하다. 둘째, 사회적 합의의 형성이다. 복지 확대에 대한 사회적 공감대 형성이 중요하다. 셋째, 제도적 개선이다. 기존의 제도들을 공생적 복지국가의 이념에 맞게 개선해야 한다. 넷째, 문화적 변화이다. 개인주의와 집단주의를 넘어서는 새로운 가치관의 정착이 필요하다. 다섯째, 국제적 협력이다. 세계화 시대에 한 국가만의 노력으로는 한계가 있으므로 국제적 협력이 중요하다.

공생적 복지국가는 한국만의 독특한 경험과 동아시아의 전통적 가치를 현대적으로 재해석한 새로운 패러다임이다. 이는 서구의 복지국가 모델을 단순히 모방하는 것이 아니라, 한국의 역사적 경험과 문화적 토양에 기반한 고유의 복지 모델을 만들어가는 것이다. 이러한 시도는 동아시아뿐만 아니라 전 세계적으로도 새로운 복지 패러다임의 가능성을 제시할 수 있을 것이다.

3. 21세기 문명 전환의 시대적 요구

21세기는 인류 문명사에서 전례 없는 전환점에 서 있다. 산업혁명 이후 250여 년간 지속되어온 화석연료 기반의 성장 중심 문명이 한계에 도달하면서, 근본적인 문명 전환이 요구되고 있다. 기후변화와 생태 위기는 지구 생태계의 한계를 명확히 보여주고 있으며, 4차 산업혁명으로 대표되는 기술 혁신은 노동과 사회구조의 근본적 변화를 가져오고 있다. 여기에 코로나19 팬데믹은 기존 사회시스템의 취약성을 드러내면서 새로운 사회계약의 필요성을 부각시켰다. 이러한 복합적 위기 상황에서 공생적 복지국가는 단순한 제도 개선을 넘어서 문명 전환의 대안적 패러다임으로서 의미가 있다.

기후변화와 생태 위기

▪ 지구 온난화의 가속화와 임계점

기후변화는 이제는 미래의 가능성이 아니라 현재 진행형의 현실이 되었다. 산업혁명 이후 인간 활동으로 인한 온실가스 배출량이 급격히 증가하면서 지구 평균기온이 지속해서 상승하고 있다. 2023년 기준으로 지구 평균기온은 산업혁명 이전 대비 약 1.2도 상승했으며, 이는 파리협정에서 설정한 1.5도 목표에 위험할 정도로 근접한 수준이다.

특히 우려되는 것은 기후변화의 비선형적 특성이다. 기온 상승이 일정 수준을 넘어서면 '티핑 포인트tipping point'라 불리는 임계점에 도달하여 돌이킬 수 없는 변화가 가속화될 수 있다. 북극 해빙의 급속한 감소, 아마존 열대우림의 사막화, 그린란드와 남극 빙산의 붕괴 등은 이미 진행 중인 현상들이다. 이러한 변화들은 상호 연쇄작용을 통해 기후 시스템을 더욱 불안정하게 만들고 있다.

기후변화의 영향은 이미 전 지구적으로 나타나고 있다. 극한 기상현상의 빈도와 강도가 증가하여 폭염, 가뭄, 홍수, 태풍 등으로 인한 피해가 급증하고 있다. 2021년 캐나다 브리티시컬럼비아주의 49.6도 폭염, 2022년 파키스탄의 대홍수, 2023년 그리스와 하와이의 대형 산불 등은 기후변화의 현실을 보여주는 사례들이다.

▪ 생태계 파괴와 생물다양성 위기

기후변화와 함께 생물다양성 위기도 심각한 문제로 대두되고 있다.

인간 활동으로 인한 서식지 파괴, 오염, 남획 등으로 인해 지구상의 생물 종이 급속히 감소하고 있다. 유엔환경계획^{UNEP}에 따르면 현재의 종 멸종 속도는 자연적 멸종 속도의 100~1,000배에 달한다.

생물다양성 위기는 단순히 동식물의 문제가 아니라 인간 생존과 직결된 문제이다. 생태계 서비스^{ecosystem services}라 불리는 자연이 제공하는 각종 혜택 – 깨끗한 공기와 물, 토양의 비옥도, 기후 조절, 자연재해 완충 등 – 이 생물다양성 감소와 함께 급격히 악화하고 있다. 이는 농업 생산성 저하, 자연재해 위험 증가, 질병 발생 증가 등으로 이어져 인간 사회의 지속가능성을 위협하고 있다.

특히 주목할 점은 생태계 파괴가 새로운 전염병 출현의 위험을 높인다는 것이다. 야생동물 서식지 파괴로 인해 인간과 야생동물 간의 접촉이 증가하면서 인수공통감염병의 발생 위험이 커지고 있다. 코로나19, 에볼라, 메르스 등 최근 발생한 주요 전염병들이 모두 야생동물에서 인간으로 전파된 것은 우연이 아니다.

▪ 환경 불평등과 기후 정의

기후변화와 환경 파괴의 영향은 사회적으로 균등하게 분배되지 않는다. 일반적으로 온실가스 배출에 적게 기여한 저소득층과 개발도상국이 기후변화의 피해를 더 크게 받는 '환경 불평등^{environmental inequality}' 현상이 나타나고 있다.

국가 간 차원에서 보면, 선진국들이 산업혁명 이후 누적 온실가스 배출량 대부분을 차지하고 있음에도 불구하고, 기후변화의 직접적 피해는 아프리카, 아시아, 남미 등 개발도상국에서 더 크게 나타나고 있다. 해수면 상승으로 국토가 침수 위기에 처한 투발루, 키리바시 등 태평양 도서국들, 사막화와 가뭄으로 농업이 불가능해진 사헬 지역 국가들이 대표적 사례이다.

국가 내에서도 계층 간 환경 불평등이 심화하고 있다. 저소득층은 환경 오염이 심한 지역에 거주할 가능성이 크고, 기후변화로 인한 극한 기상현상에 대한 적응 능력도 부족하다. 2005년 허리케인 카트리나가 뉴올리언스를 강타했을 때 피해를 가장 크게 받은 것이 저소득층 흑인 지역이었던 것은 환경 불평등의 전형적 사례이다.

이러한 현실은 '기후 정의climate justice'라는 새로운 개념을 등장시켰다. 기후 정의는 기후변화 대응에서 책임과 부담을 공정하게 분담하고, 취약계층을 보호하며, 기후변화 적응과 완화 과정에서 민주적 참여를 보장해야 한다는 원칙이다. 이는 환경 문제를 단순히 기술적, 과학적 문제가 아니라 사회정의와 인권의 관점에서 접근해야 한다는 인식을 반영한다.

▪ 탄소중립과 녹색 전환의 과제

기후 위기에 대응하기 위해 전 세계적으로 탄소중립carbon neutrality 목표가 설정되고 있다. 2015년 파리협정을 통해 지구 온도 상승을 산업혁명 이전 대비 1.5도 이내로 제한하기로 합의한 이후, 주요국들이

2050년 또는 2060년까지 탄소중립을 달성하겠다고 선언했다. 한국도 2020년 2050 탄소중립을 선언하고 관련 정책을 추진하고 있다.

그러나 탄소중립 달성은 기존 경제·사회 시스템의 근본적 변화를 요구한다. 에너지 시스템의 경우 화석연료 중심에서 재생에너지 중심으로 전환해야 하며, 산업구조도 탄소 집약적 산업에서 저탄소 산업으로 변화해야 한다. 교통, 건물, 농업 등 모든 부문에서 탄소 감축이 필요하다.

이러한 녹색 전환green transition 과정에서 새로운 사회적 갈등과 불평등이 발생할 수 있다. 석탄화력발전소 폐쇄로 인한 일자리 감소, 탄소세 도입으로 인한 저소득층 부담 증가, 전기차 전환 과정에서 내연기관 관련 산업의 구조조정 등이 예상되는 문제들이다. 프랑스의 '노란 조끼gilets jaunes' 시위는 환경 정책이 사회적 형평성을 고려하지 않으면 발생할 수 있는 갈등을 보여주는 사례이다. 따라서 녹색전환은 단순히 기술적 전환만이 아니라 '정의로운 전환[12] just transition'이 되어야 한다는 인식이 확산되고 있다. 이는 환경 보호와 사회적 형평성을 동시에 추구하며, 전환 과정에서 피해를 받는 계층에 대한 적절한 보상과 지원을 제공하는 것을 의미한다.

---

12) 프랑스의 '노란 조끼(gilets jaunes)' 시위는 환경 정책, 특히 유류세(연료세) 인상이 사회적 형평성을 충분히 고려하지 않을 때 어떤 사회적 갈등이 발생할 수 있는지를 보여주는 대표적인 사례다. 2018년 말, 프랑스 정부는 기후변화 대응과 에너지 전환을 명분으로 유류세 인상을 추진했다. 하지만 이 정책은 특히 자동차가 필수적인 농촌·교외 거주자와 저소득층에게 큰 부담이 되었고, 생활비 상승과 결합해 시민들의 강한 반발을 불러일으켰다. 이 사례는 환경 정책을 설계할 때 사회적 형평성, 즉 정책의 부담과 혜택이 공정하게 분배되는지 반드시 고려해야 함을 시사한다. 그렇지 않으면 정책에 대한 사회적 지지와 실효성이 약화되고, 심각한 사회적 갈등으로 이어질 수 있다

4차 산업혁명과 노동의 미래

- 인공지능과 자동화의 확산

4차 산업혁명으로 대표되는 기술 혁신의 핵심은 인공지능^{AI}, 로봇공학, 사물인터넷^{IoT}, 빅데이터, 블록체인 등의 융합이다. 이러한 기술들은 생산성 혁신을 가져오고 있지만, 동시에 노동시장에 근본적 변화를 초래하고 있다.

특히 인공지능과 로봇공학의 발전은 자동화의 범위를 크게 확장시키고 있다. 과거 자동화가 주로 단순 반복 작업에 한정되었다면, 이제는 인지적 업무, 창조적 업무, 심지어 감정 노동까지도 자동화의 대상이 되고 있다. 체스와 바둑에서 인간을 이긴 AI는 이제 의료 진단, 법률 자문, 금융 분석, 언론 기사 작성 등 고도의 전문성을 요구하는 영역에서도 인간과 경쟁하고 있다.

맥킨지글로벌연구소는 2030년까지 전 세계적으로 3억 7,500만 개의 일자리가 자동화로 인해 사라질 것으로 예측했다. 국내에서도 한국고용정보원은 국내 주요 직업 약 400개를 대상으로 자동화 가능성을 분석한 결과, 상당수 직업이 자동화에 취약하다고 발표했다. OECD 기준을 적용해 한국의 일자리 중 43.2%가 자동화로 인해 전혀 새로운 직무수행 요구가 발생할 수 있다고 밝혔다. 특히 제조업의 단순 조립 작업, 서비스업의 계산원이나 텔레마케터, 사무직의 자료 입력 업무 등이 가장 먼저 자동화될 것으로 예상된다.

그러나 자동화가 모든 일자리를 대체하는 것은 아니다. 창조성, 복잡한 문제 해결, 대인관계, 감정적 지능 등을 요구하는 직업들은 상대적으로 자동화 위험이 낮다. 또한 자동화로 인해 새로운 유형의 일자리들도 창출되고 있다. AI 전문가, 데이터 사이언티스트, 로봇 엔지니어 등 기술 관련 직업뿐만 아니라 AI 윤리 전문가, 디지털 디톡스 상담사 등 새로운 사회적 요구에 대응하는 직업들도 등장하고 있다.

▪ 플랫폼 경제와 긱 이코노미의 확산

4차 산업혁명의 또 다른 특징은 플랫폼 경제의 확산이다. 우버, 에어비앤비, 배달의민족 같은 플랫폼 기업들은 기존의 산업 구조를 파괴하면서 새로운 비즈니스 모델을 만들어내고 있다. 이러한 플랫폼 경제는 소비자에게는 편의성을 제공하지만, 노동자에게는 새로운 형태의 불안정성을 가져다주고 있다.

플랫폼 경제에서 일하는 노동자들은 대부분 프리랜서나 독립계약자 형태로 분류되어 기존의 노동법 보호를 받지 못한다. 배달 라이더, 대리운전자, 온라인 과외 교사 등 이른바 '긱 워커gig worker'들은 고용 보험, 산재 보험, 퇴직금 등 전통적인 사회보장 혜택에서 배제되어 있다. 코로나19 팬데믹은 이러한 플랫폼 노동의 확산을 가속했다. 비대면 서비스에 대한 수요 증가로 배달, 청소, 돌봄 등 다양한 영역에서 플랫폼 기반 서비스가 확산하였다. 동시에 전통적인 정규직 일자리가 감소하면서 많은 사람이 플랫폼 노동으로 내몰리는 상황이 발생했다.

이러한 변화는 기존의 사회보장 체계에 근본적 도전이 되고 있다. 전통적인 사회보험은 정규직 임금 노동자를 전제로 설계되었기 때문에, 다양한 형태의 비정형 노동이 확산하면서 사각지대가 급격히 확대되고 있다. 이에 따라 고용 형태와 무관하게 모든 노동자를 보호할 수 있는 새로운 사회보장 체계의 필요성이 제기되고 있다.

- ■ 디지털 격차와 불평등의 심화

4차 산업혁명의 혜택은 사회적으로 균등하게 분배되지 않고 있다. 디지털 기술에 대한 접근성과 활용 능력에 따라 새로운 형태의 불평등이 발생하고 있다. 이른바 '디지털 격차digital divide'는 단순히 기술적 접근성의 문제를 넘어서 사회적 불평등을 재생산하고 확대하는 메커니즘으로 작동하고 있다.

첫째, 세대 간 디지털 격차가 심화하고 있다. 디지털 네이티브 세대와 그렇지 않은 기성세대 간에 기술 활용 능력의 차이가 크게 나타나고 있다. 이는 취업 기회, 생활 편의성, 사회적 소통 등 다양한 영역에서 불평등을 야기하고 있다. 특히 고령자의 경우 디지털 소외로 인해 금융 서비스, 의료 서비스, 행정 서비스 등에서 접근성이 제한되는 문제가 발생하고 있다.

둘째, 소득 수준에 따른 디지털 격차도 존재한다. 고성능 기기 구매 비용, 고속 인터넷 사용료, 디지털 교육비 등은 저소득층에게 큰 부담이 되고 있다. 코로나19로 인한 원격 교육 상황에서 저소득층 학생들의 학습 격차가 확대된 것은 이러한 디지털 격차의 현실을 보여주는 사례이다.

셋째, 지역 간 디지털 격차도 문제가 되고 있다. 도시와 농촌 간 디지털 인프라 격차, 수도권과 지방 간 디지털 산업 집중도 차이 등은 지역 불평등을 심화시키는 요인이 되고 있다. 5G, 초고속 인터넷 등의 첨단 인프라가 주로 대도시 중심으로 구축되면서 지역 간 격차가 더욱 벌어지고 있다.

▪ 노동의 변화와 새로운 사회보장의 필요성

4차 산업혁명으로 인한 노동의 변화는 기존의 사회보장 체계로는 대응하기 어려운 새로운 도전을 제기하고 있다. 전통적인 사회보험은 정규직 임금 노동자의 장기간 근속을 전제로 설계되었지만, 이제는 단기계약, 프로젝트 기반 노동, 복수 직업 등이 일반화되고 있다.

이러한 변화에 대응하기 위해 다양한 정책적 아이디어들이 제시되고 있다. 첫째, 기본소득$^{Universal\ Basic\ Income}$은 고용 형태와 무관하게 모든 시민에게 기본적인 소득을 보장하는 제도이다. 핀란드, 케냐 등에서 실시된 기본소득 실험은 일정한 긍정적 효과를 보여주었지만, 재정 부담과 근로 유인 저하 가능성 등의 우려도 제기되고 있다. 둘째, 보편적 기본서비스$^{Universal\ Basic\ Services}$는 현금 급여보다는 의료, 교육, 주거, 교통 등 기본적인 서비스를 무상으로 제공하는 접근법이다. 이는 실질적인 삶의 질 향상과 불평등 완화에 더 효과적일 수 있다는 주장이 제기되고 있다. 셋째, 개인별 사회계정$^{Individual\ Social\ Account}$은 개인의 생애 전반에 걸쳐 교육, 훈련, 소득보장 등에 사용할 수 있는 계정을 만드는 아이디어이다. 이는 개인이 변화하는 노동시장에 유연하게 적응할 수 있도록 지원하는 동시에 자율성을 보장하는 방식이다. 넷째, 근로시간 단축은 자동화로 인한 생산성 향상의 혜택을 사회적으로 공유하는 방법이다. 주 4일제, 하루 6시간 근무제 등을 통해 일자리를 나누고 개인의 여가 시간을 늘리는 것이다.

이러한 정책들은 각각 장단점을 가지고 있으며, 실제로는 이들을 조합한 포괄적 접근이 필요할 것으로 보인다. 중요한 것은 기술 변화에 대응하여 사회보장 체계를 근본적으로 재설계해야 한다는 점이다.

팬데믹 이후 새로운 사회계약의 필요성

코로나19의 글로벌 충격과 사회시스템의 취약성

2019년 12월 중국 우한에서 시작된 코로나19는 불과 몇 달 만에 전 세계로 확산하여 글로벌 팬데믹이 되었다. 이는 21세기 들어 인류가 경험한 가장 심각한 공중보건 위기이자 경제·사회적 위기였다. 2024년 현재까지 전 세계적으로 7억 명이 넘는 감염자와 700만 명이 넘는 사망자가 발생했으며, 경제적 피해는 수십 조 달러에 달한다.

코로나19는 기존 사회시스템의 취약성을 적나라하게 드러냈다. 첫째, 공중보건 시스템의 취약성이다. 여러 나라가 마스크, 방호복, 인공호흡기 등 기본적인 의료 물품조차 충분히 확보하지 못했으며, 의료진 부족과 병상 부족으로 인해 의료 시스템이 마비되는 상황이 발생했다.

이는 신자유주의적 효율성 논리에 따라 공공의료를 축소해온 결과였다. 둘째, 사회안전망의 사각지대가 드러났다. 팬데믹으로 인한 대량 실업과 소득 감소 상황에서 기존의 사회보장 제도는 충분한 보호를 제공하지 못했다. 특히 플랫폼 노동자, 자영업자, 비정규직 노동자 등은 고용보험이나 사업자 지원에서 배제되어 극심한 경제적 어려움을 겪었다. 셋째, 교육 시스템의 디지털 전환 준비 부족이 노출되었다. 갑작스러운 원격 교육 전환 과정에서 디지털 인프라 부족, 교사들의 디지털 역량 부족, 학생들 간 디지털 격차 등의 문제가 나타났다. 이는 교육 불평등을 심화시키는 결과를 낳았다. 넷째, 돌봄 체계의 취약성이 드러났다. 어린이집, 초등학교 휴원으로 인해 육아 부담이 가족, 특히 여성에게 집중되었다. 요양원 등 노인 돌봄 시설에서 집단 감염이 발생하면서 돌봄 서비스의 질과 안전성에 대한 문제도 제기되었다.

▪ 불평등의 심화와 사회통합의 위기

코로나19는 기존의 사회적 불평등을 심화시켰다. 팬데믹의 영향은 사회적으로 균등하게 분배되지 않았으며, 취약계층이 더 큰 피해를 받았다. 이는 '코로나 불평등'이라는 새로운 용어를 낳았다.

소득 계층별로 보면, 고소득층은 재택근무가 가능한 화이트칼라 직업에 종사하는 경우가 많아 상대적으로 안전했지만, 저소득층은 필수 노동자로서 감염 위험에 노출되면서도 소득 감소를 경험했다. 자산 측면에서도 부동산과 주식 가격 상승으로 자산 소유자는 혜택을 받았지만,

자산이 없는 계층은 오히려 상대적 박탈감이 증가했다.

나이별로도 차별적 영향이 나타났다. 고령자는 코로나19 감염 시 중증화 위험이 커 건강상 피해가 컸지만, 젊은 층은 취업난 심화와 사회활동 제약으로 인한 정신건강 문제를 겪었다. 특히 청년층의 경우 '코로나 세대'라 불릴 정도로 취업, 연애, 결혼 등 생애 과정 전반에 걸쳐 영향을 받았다.

성별 격차도 확대되었다. 학교와 어린이집 휴원으로 인한 돌봄 부담이 주로 여성에게 집중되면서 여성의 경제활동 참여율이 급격히 감소했다. 또한 서비스업 종사자가 많은 여성이 일자리 감소의 직접적 타격을 받았다. 이는 그동안 진전되어온 성평등 성과를 후퇴시키는 결과를 낳았다.

이러한 불평등 심화는 사회통합을 위협하는 요인이 되고 있다. 팬데믹 대응 과정에서 나타난 계층 간, 세대 간, 지역 간 갈등은 사회적 연대와 신뢰를 약화했다. 백신 접종 순서를 둘러싼 갈등, 방역 조치에 대한 찬반 대립, 재난지원금 대상을 둘러싼 논란 등이 그 예이다.

- **디지털 전환의 가속화와 새로운 기회**

코로나19는 디지털 전환을 급격히 가속했다. 비대면 접촉을 최소화하기 위해 재택근무, 원격 교육, 온라인 쇼핑, 비대면 의료 서비스 등이 급속히 확산하였다. 이러한 변화는 단순히 임시적 대응책을 넘어서 포스트 코로나 시대의 새로운 일상이 되고 있다. 디지털 전환은 새로운 기회를 제공하기도 했다. 지리적 제약을 극복한 원격근무는 일과 삶의 균형 개선, 지역 인재 활용 확대, 사무공간 비용 절감 등의 장점을 보여주었다. 온라인 교육의 확산은 교육의 접근성을 높이고 개인 맞춤형 학습을 가능하게 했다. 디지털 헬스케어는 의료 서비스의 접근성을 개선하고 예방적 건강관리를 강화하는 기회를 제공했다.

그러나 디지털 전환 과정에서 새로운 형태의 사회적 배제와 불평등도 나타났다. 디지털 기기와 인터넷에 대한 접근성 격차, 디지털 리터러시 격차, 온라인 서비스 이용 능력 격차 등이 새로운 사회적 분할선을 만들어내고 있다. 이는 기존의 사회적 불평등을 디지털 영역으로 확장하는 동시에 새로운 형태의 배제를 만들어내고 있다.

- ■ 새로운 사회계약의 필요성

팬데믹 경험은 기존의 사회계약이 21세기의 새로운 위험과 도전에 적절히 대응하지 못한다는 점을 명확히 보여주었다. 20세기 중반에 형성된 사회계약은 완전고용, 핵가족, 남성 생계부양자 모델을 전제로 했지만, 이러한 전제들이 이제는 현실과 맞지 않는다.

새로운 사회계약은 다음과 같은 원칙들을 포함해야 한다. 첫째, 회복탄력성^{resilience}의 강화이다. 팬데믹과 같은 예기치 못한 충격에 대비하여 사회시스템의 회복탄력성을 높여야 한다. 이는 공공의료 체계 강화, 사회안전망 확충, 위기 대응 거버넌스 개선 등을 포함한다.

둘째, 포용성^{inclusiveness}의 확대이다. 모든 사회 구성원이 사회적 보호를 받을 수 있도록 사회보장의 사각지대를 해소해야 한다. 고용 형태, 국적, 성별, 나이와 관계없이 기본적인 사회적 권리를 보장해야 한다.

셋째, 지속가능성^{sustainability}의 확보이다. 환경적 지속가능성뿐만 아니라 재정적, 사회적 지속가능성도 고려해야 한다. 미래 세대의 복지를 위해 현재의 정책 선택이 장기적 지속가능성을 고려해야 한다.

넷째, 적응성^{adaptability}의 제고이다. 급변하는 기술과 사회 환경에 대응하여 제도와 정책을 유연하게 조정할 수 있는 능력을 갖춰야 한다. 이는 평생학습 체계 구축, 유연한 노동시장 제도, 혁신적 사회정책 실험 등을 포함한다.

다섯째, 참여성^{participation}의 강화이다. 시민들이 정책 결정 과정에 적극적으로 참여할 수 있는 민주적 거버넌스를 구축해야 한다. 이는 대의민주주의의 한계를 보완하는 참여민주주의, 숙의민주주의의 활성화를 의미한다.

▪ 공생적 복지국가의 시대적 적합성

21세기의 복합적 위기 상황에서 공생적 복지국가는 새로운 사회계약의 토대가 될 수 있는 대안적 패러다임이다. 공생적 복지국가의 핵심 가치인 상호의존성과 호혜성, 지속가능성과 생태적 책임, 참여와 자치의 민주주의는 팬데믹이 드러낸 사회시스템의 취약성을 극복하는 방향을 제시한다.

상호의존성과 호혜성의 원칙은 개인의 안전과 복지가 타인과 공동체의 안전과 복지와 불가분의 관계에 있다는 팬데믹의 교훈과 일치한다. 팬데믹 대응에서 보여준 사회적 연대와 협력의 중요성은 공생적 복지국가의 철학적 기초를 뒷받침한다.

지속가능성과 생태적 책임의 원칙은 기후 위기와 환경 파괴에 대응하는 녹색 전환의 필요성과 부합한다. 또한 팬데믹과 같은 생태학적 위기가 사회경제적 위기로 확산하는 것을 방지하기 위해서도 생태적 관점의 복지 정책이 필요하다.

참여와 자치의 민주주의 원칙은 복잡하고 불확실한 21세기의 도전에 대응하기 위해 시민들의 집단지성과 창의성을 활용하는 방향과 일치한다. 팬데믹 대응 과정에서 나타난 시민사회의 역할과 지역사회의 자발적 협력은 참여적 거버넌스의 가능성을 보여주었다.

특히 동아시아의 팬데믹 대응 경험은 공생적 복지국가의 가능성을 보여주는 사례이다. 한국, 대만, 베트남 등 동아시아 국가들이 보여준 효과적인 방역 성과는 국가의 역할과 시민의 참여, 과학적 전문성과 사회적 연대가 결합한 결과였다. 이는 서구의 개인주의적 자유주의와는 다른 동양적 공동체주의의 현대적 가능성을 시사한다.

▪ 문명 전환의 대안으로서 공생적 복지국가

기후 위기, 4차 산업혁명, 팬데믹으로 대표되는 21세기의 복합적 위기는 산업혁명 이후 250년간 지속되어온 근대 문명의 한계를 보여준다. 화석연료 기반의 성장 중심 문명, 개인주의와 경쟁을 강조하는 문화, 인간 중심의 자연관은 이제는 지속 가능하지 않다.

새로운 문명 패러다임은 성장보다는 발전을, 경쟁보다는 협력을, 정복보다는 공생을 추구해야 한다. 이는 단순히 제도적 개선을 넘어서 가치관과 생활양식의 근본적 전환을 요구한다. 공생적 복지국가는 이러한 문명 전환의 구체적 대안을 제시한다. 경제성장과 환경보호를 대립적으로 보는 기존 관점을 넘어서 '생태적 복지'라는 통합적 접근을 추구한다. 개인의 자유와 공동체의 연대를 조화시키는 새로운 '사회적 균형'을 모색한다. 기술 발전의 혜택을 사회 전체가 공유할 수 있는 '포용적 혁신'을 추구한다. 특히 동아시아의 전통적인 공생 사상은 서구 근대 문명의 한계를 극복하는 대안적 가치를 제공한다. 유교의 '인仁'과 '화和', 불교의 '연기緣起'와 '자비慈悲', 도교의 '무위자연無爲自然'과 '음양조화陰陽調和' 등의 사상은 현대적으로 재해석될 때 21세기 문명 전환의 철학적 기초가 될 수 있다.

이러한 관점에서 공생적 복지국가는 단순한 복지제도의 개선을 넘어서 새로운 문명 패러다임의 실현체로서 의미가 있다. 이는 동아시아가 서구 문명의 수동적 추종자가 아니라 21세기 인류 문명의 새로운 대안을 제시하는 능동적 주체가 될 가능성을 시사한다.

제 3장

공생적 복지국가의
철학적 기반

제 3장

공생적 복지국가의
철학적 기반

1. 동양사상의 철학적 토대

공생적 복지국가의 철학적 기반을 탐구하기 위해서는 동양사상이 제
공하는 풍부한 지혜의 전통을 검토해야 한다. 서구의 이원론적 사고와
달리, 동양사상은 근본적으로 관계성과 상호의존성을 강조하는 유기
체적 세계관을 바탕으로 한다. 천인합일天人合一 사상은 인간과 자연, 개
체와 전체의 조화로운 관계를 추구하며, 삼재三才 철학은 하늘·땅·사람
의 유기적 연관성 속에서 경제와 사회를 이해하는 통합적 관점을 제
시한다. 중화中和와 조화의 원리는 대립과 갈등을 넘어서는 균형과 통
합의 지혜를 담고 있다. 이러한 동양사상의 핵심 개념들은 21세기 복
지국가가 직면한 생태위기, 사회분열, 불평등 문제를 해결하는 철학적
토대를 제공한다.

천인합일天人合一 사상과 유기체적 세계관

▪ 천인합일 사상의 역사적 전개와 의미

천인합일 사상은 중국 고대철학의 핵심을 이루는 개념으로, 인간人과 하늘天이 본질적으로 하나라는 철학적 명제이다. 여기서 천天은 단순히 물리적 하늘을 의미하는 것이 아니라, 자연 전체, 우주의 원리, 도덕적 질서를 포괄하는 형이상학적 개념이다. 이 사상은 선진시대부터 형성되기 시작하여 한대漢代의 동중서董仲舒에 의해 체계화되었고, 송대 성리학을 거쳐 현대에 이르기까지 동아시아 문화의 근본 세계관으로 자리잡았다.

『주역周易』에서는 "하늘과 땅이 변화하니 성인이 이를 따른다[13] 天地變化 聖人效之"고 하여 인간이 자연의 변화 원리를 따라야 함을 강조했다. 이는 인간을 자연과 분리된 존재로 보는 서구의 주객이분법적 사고와 근본적으로 다른 관점이다. 천인합일 사상에서 인간은 자연의 일부이자 자연과 조화를 이루며 살아가야 하는 존재로 이해된다.

맹자孟子는 "만물이 모두 나에게 갖추어져 있으니, 자기 자신을 반성하여 성실하면 즐거움이 이보다 클 것이 없다[14] 萬物皆備於我矣 反身而誠 樂莫大焉"라고 하여 인간 내면에 우주의 원리가 내재되어 있음을 역설했다. 이는 인간과 우주가 본질적으로 동일한 원리로 구성되어 있다는 형이상학적 통찰을 담고 있다.

송대의 장재張載는 "하늘이 나의 아버지이고 땅이 나의 어머니이며,

---

13) 『주역』, 「계사전」 상.

14) 『맹자』, 「진심장구(盡心章句)」 상, 제4장.

나와 같은 작은 존재도 그 가운데 혼연히 거처한다乾稱父 坤稱母 予玆藐焉 乃混然中處"는 『서명[15] 西銘』을 통해 인간과 자연의 혈연적 일체감을 표현했다. 이러한 관점에서 모든 존재는 하나의 큰 가족이며, 상호부조와 돌봄의 관계에 있다.

▪ 유기체적 세계관과 관계성의 철학

천인합일 사상의 바탕에는 세계를 하나의 유기체로 보는 세계관이 있다. 이는 기계론적 세계관과 대비되는 개념으로, 세계를 서로 분리된 부분들의 기계적 결합이 아니라 유기적으로 연결된 전체로 이해한다. 『주역』의 "일음일양지위도[16] 一陰一陽之謂道"는 음양의 상호작용을 통해 우주가 끊임없이 변화하고 발전한다는 동적 균형의 원리를 보여준다.

이러한 유기체적 세계관에서 개체는 전체와 분리될 수 없는 존재이다. 개체의 존재와 의미는 전체와의 관계 속에서 규정되며, 전체의 조화와 균형이 개체의 번영을 가능하게 한다. 이는 개체주의적 사고를 바탕으로 하는 서구의 자유주의와는 다른 관점을 제시한다.

불교의 연기론緣起論은 이러한 관계성의 철학을 더욱 정교하게 발전시켰다. "이것이 있으므로 저것이 있고, 이것이 생기므로 저것이 생긴다

---

15) 『서명』은 북송(北宋) 시대 대표적 성리학자인 장재가 지은 짧은 철학 산문으로 인간과 만물, 천지의 관계를 논하며 유가적 우주관을 함축적으로 드러낸 글이다.

16) 『주역』, 「계사전」 상.

此有故彼有 此生故彼生"는 연기의 원리는 모든 존재가 상호의존적 관계 속에서만 존재할 수 있음을 보여준다. 독립적이고 자존적인 존재는 없으며, 모든 것은 조건에 의존하여 생멸변화한다.

도가사상 또한 유기체적 세계관을 제시한다. 노자의 『도덕경』에서 "도는 하나를 낳고, 하나는 둘을 낳고, 둘은 셋을 낳고, 셋은 만물을 낳는다[18] 道生一 一生二 二生三 三生萬物"고 한 것은 모든 존재가 하나의 근원에서 나와 유기적으로 연결되어 있음을 의미한다. 또한 "만물은 음을 등지고 양을 안으며, 충기로써 화를 이룬다[19]萬物負陰而抱陽 沖氣以爲和"는 구절은 대립하는 요소들이 조화를 이루어 새로운 생명력을 창조한다는 변증법적 사고를 보여준다.

■ 생태철학적 함의와 현대적 의미

천인합일 사상의 유기체적 세계관은 현대의 생태위기에 대한 중요한 철학적 성찰을 제공한다. 근대 서구문명의 기계론적 자연관은 자연을 정복과 개발의 대상으로 보았지만, 천인합일 사상은 인간과 자연의 공생을 추구한다. 이러한 관점에서 경제 활동도 자연의 순환 법칙을 따라야 한다. 무한성장을 추구하는 선형경제가 아니라 자연의 순환과 재

---

17) 『잡아함경(雜阿含經)』 등 초기불교 경전에 나오는 대표적인 연기(緣起)법의 정의. 이 구절은 "이것이 있으므로 저것이 있고(此有故彼有), 이것이 생기므로 저것이 생긴다(此生故彼生), 이것이 없으면 저것이 없고(此無故彼無), 이것이 멸하면 저것이 멸한다(此滅故彼滅)"와 함께 연기의 기본 원리를 설명하는데, 특히 『잡아함경』 권15 등에서 명확하게 제시되어 있다.

18) 『도덕경』 제42장.

19) 『도덕경』 제42장.

생을 모방하는 순환경제가 바람직하다. 자원의 채취, 생산, 소비, 폐기가 자연의 수용능력 범위 내에서 이루어져야 하며, 경제 시스템 자체가 생태계의 일부로 기능해야 한다.

복지 개념도 인간 중심적 관점을 넘어서 생태적 복지로 확장되어야 한다. 깨끗한 공기와 물, 건강한 토양, 생물다양성 등은 모든 생명체의 복지를 위한 기본 조건이다. 따라서 환경보호는 복지정책의 핵심 영역이 되어야 하며, 생태계의 건강성이 인간 복지의 전제 조건임을 인식해야 한다. 또한 천인합일 사상은 개인과 공동체의 관계에 대한 새로운 관점을 제시한다. 개인의 복지와 공동체의 복지, 현재 세대의 복지와 미래 세대의 복지가 상호의존적 관계에 있다는 인식은 지속가능한 복지 정책의 철학적 기초가 된다.

▪ 공생적 복지와 천인합일의 만남

공생적 복지국가의 철학적 토대로서 천인합일 사상은 다음과 같은 원리들을 제공한다. 첫째, 상호의존성의 원리이다. 개인의 복지는 다른 사람들과 자연환경의 복지와 분리될 수 없다. 따라서 복지정책은 개별적 욕구 충족을 넘어서 전체적 조화를 추구해야 한다. 둘째, 통합성의 원리이다. 경제, 사회, 환경 정책이 분리된 영역이 아니라 유기적으로 연결된 전체로 이해되어야 한다. 복지정책도 경제정책, 환경정책과 통합적으로 설계되어야 한다. 셋째, 지속가능성의 원리이다. 현재의 복지가 미래의 복지 가능성을 훼손해서는 안 된다. 이는 환경적 지속가능성뿐만 아니라 사회적, 경제적 지속가능성을 포함한다. 넷째, 조화의 원리이다. 서로 다른 이익과 가치들이 대립할 때, 이를 제로섬 게임으로 보지 않고 상생과 조화의 관점에서 해결책을 모색해야 한다.

하늘·땅·사람 삼재^{三才}의 경제철학

▪ 삼재 사상의 기원과 발전

삼재^{三才} 사상은 하늘^天, 땅^地, 사람^人을 우주의 세 가지 기본 요소로 보는 동양의 전통 철학이다. 『주역』에서 "역에 삼재가 있으니 하늘과 땅과 사람이다[20] 易有三才 天地人"라고 한 것이 이 사상의 출발점이다. 여기서 하늘은 시간과 정신의 원리를, 땅은 공간과 물질의 원리를, 사람은 하늘과 땅을 매개하는 창조적 존재를 의미한다. 삼재 사상에서 중요한 것은 이 세 요소가 위계적 관계가 아니라 상호보완적 관계에 있다는 점이다. 하늘만으로는 구체적 현실이 될 수 없고, 땅만으로는 변화와 발전이 불가능하며, 사람만으로는 초월적 가치와 물질적 기반을 결여하게 된다. 세 요소가 조화롭게 결합할 때 완전한 세계가 형성된다.

이러한 삼재 사상은 동아시아의 정치, 경제, 사회 사상에 깊은 영향을 미쳤다. 특히 경제 사상에서는 하늘의 시기^{時機}, 땅의 이익^{地利}, 사람의 화합^{人和}이 모두 갖추어져야 번영이 가능하다고 보았다. 맹자가 "하늘의 시기는 땅의 이익만 못하고, 땅의 이익은 사람의 화합만 못하다[21] 天

---

20) 『주역』, 「계사전」 상.

21) 『맹자』, 「공손추(公孫丑)」 하, 제1장.

^{時不如地利 地利不如人和}"고 한 것은 이러한 통합적 관점을 보여준다.

▪ 하늘^天의 원리와 시간 경제학

삼재 사상에서 하늘^天은 시간, 변화, 생명력의 원리를 나타낸다. 경제학적 관점에서 보면, 하늘의 원리는 경제 활동의 시간성과 순환성을 강조한다. 자연의 사계절 순환처럼, 경제 활동도 적절한 시기와 리듬을 가져야 한다.

『주역』의 괘상^{卦象} 중 건괘^{乾卦}는 "하늘의 운행은 건실하니, 군자는 이를 본받아 쉬지 않고 자강한다[22] ^{天行健 君子以自强不息}"고 하여 지속적인 노력과 발전의 중요성을 강조한다. 그러나 이는 무모한 확장이 아니라 자연의 리듬에 맞는 건전한 발전을 의미한다.

또한 하늘의 원리는 경제 활동에서 도덕성과 정당성을 요구한다. 『서경^{書經}』의 "하늘이 보는 것은 백성이 보는 것이고, 하늘이 듣는 것은 백성이 듣는 것이다[23] ^{天視自我民視 天聽自我民聽}"는 구절은 경제 활동이 공공선과 일치해야 함을 보여준다.

현대적 관점에서 하늘의 원리는 경제의 장기적 비전과 지속가능성을 강조한다. 단기적 이익을 위해 장기적 가치를 훼손하는 것은 하늘의 원리에 어긋난다. 또한 경제 활동이 사회적 책임과 윤리적 가치를 바탕으로 해야 한다는 것도 하늘의 원리에 포함된다.

---

22) 『주역』 건괘(乾卦), 「상전(象傳)」.

23) 『서경(書經)』, 「주서(周書)」, 「태서(泰誓)」 중편.

▪ 땅地의 원리와 공간 경제학

땅地의 원리는 물질적 기반, 자원, 공간의 중요성을 나타낸다. 경제학적으로는 생산의 기반이 되는 토지, 자원, 인프라의 의미를 갖는다. 『주역』의 곤괘坤卦는 "땅의 세는 곤순하니, 군자는 이를 본받아 덕으로써 물건을 실어 나른다[24] 地勢坤 君子以厚德載物"고 하여 포용성과 지지력의 중요성을 강조한다.

땅의 원리에서 중요한 것은 자원의 유한성과 보존의 필요성이다. 땅이 무한정 생산할 수 있는 것이 아니므로, 적절한 휴식과 재생의 시간이 필요하다. 농업에서 윤작이나 휴경의 개념이 이를 보여준다. 또한 땅의 원리는 공간의 공공성을 강조한다. 토지는 사적 소유의 대상이면서도 공공적 성격을 갖는다. 토지로부터 발생하는 이익은 개인의 노력만이 아니라 사회 전체의 발전에서 비롯되므로, 적절한 사회적 환원이 필요하다.

현대의 공간 경제학 관점에서 보면, 땅의 원리는 균형발전과 지역간 형평성을 추구한다. 특정 지역에 경제활동이 과도하게 집중되는 것보다는 각 지역의 특성을 살린 분산적 발전이 바람직하다. 또한 도시와 농촌, 중앙과 지방의 상생 관계를 모색해야 한다.

▪ 사람人의 원리와 관계 경제학

사람人의 원리는 하늘과 땅을 매개하는 창조적 존재로서 인간의 역할

---

24) 『주역』, 곤괘(坤卦), 「상전(象傳)」.

을 강조한다. 경제학적으로는 인적자본, 사회적 자본, 창의성의 중요성을 나타낸다. 인간은 단순히 생산과 소비의 주체가 아니라 가치를 창조하고 의미를 부여하는 존재이다. 사람의 원리에서 가장 중요한 것은 관계성이다. 이러한 관점에서 시장은 단순한 거래의 장이 아니라 사회적 관계가 형성되고 유지되는 공간이다. 신뢰, 상호부조, 공정성 등의 사회적 가치가 시장의 효율적 작동을 위한 전제 조건이 된다. 또한 사람의 원리는 노동의 의미와 가치를 강조한다. 노동은 단순히 생계 수단이 아니라 자아실현과 사회 기여의 수단이다. 따라서 경제 시스템은 모든 사람이 의미 있는 노동에 참여할 수 있는 기회를 제공해야 한다.

▪ 삼재의 통합과 순환경제

삼재 사상의 핵심은 세 요소의 조화로운 통합에 있다. '하늘의 시간성', '땅의 공간성', '사람의 관계성'이 유기적으로 결합할 때 지속가능한 경제 발전이 가능하다. 이는 현대의 순환경제^{circular economy} 개념과 일치한다. 선형경제가 '채취-생산-폐기'의 일방향적 흐름이라면, 순환경제는 자연의 순환 법칙을 모방하여 폐기물을 최소화하고 자원을 순환 이용한다. 이는 하늘의 순환 원리, 땅의 재생 원리, 사람의 창조 원리가 통합된 결과이다.

삼재 사상에 기반한 경제 모델의 특징은 '시간을 고려한 지속가능한 발전'이다. 단기적 이익보다는 장기적 가치를 추구하며, 미래 세대를 고려한 의사결정을 한다. 또한 '공간을 고려한 균형발전'이다. 지역 간 불균형을 해소하고, 각 지역의 특성과 자원을 살린 발전을 추구한다. 그리고 '관계를 고려한 포용적 성장'이다. 모든 사회구성원이 경제 발전의 혜택을 공유할 수 있도록 하며, 사회적 배제를 최소화한다.

중화中和와 조화의 원리

▪ 중화 사상의 형성과 발전

중화中和 사상은 『중용中庸』에서 체계화된 유교의 핵심 철학 개념이다. "희노애락이 아직 발현되지 않은 것을 중中이라 하고, 발현되어 모두 절도에 맞는 것을 화라 한다. 중은 천하의 큰 근본이고, 화는 천하의 달성해야 할 도이다[25] 喜怒哀樂之未發謂之中 發而皆中節謂之和 中也者天下之大本也 和也者天下之達道也"는 구절에서 중화의 의미가 명확히 드러난다.

중中은 치우치지 않는 상태, 균형과 절제의 원리를 의미한다. 이는 단순한 중간지점이나 타협을 의미하는 것이 아니라, 상황에 따라 적절한 조처를 취하는 동적 균형을 의미한다. 공자가 "과유불급過猶不及"이라고 한 것도 지나침과 부족함을 모두 경계하는 중의 정신을 보여준다.

화和는 조화, 통합, 평화의 원리를 의미한다. 서로 다른 요소들이 갈등하지 않고 조화롭게 어우러지는 상태이다. 이는 획일성이나 동일성을 의미하는 것이 아니라, 다양성을 인정하면서도 전체적 통합을 이루는 것이다. 공자는 "군자는 화이부동和而不同하고, 소인은 동이불화[26] 同而不和한다"

---

25) 『중용』 제1장.

26) 『논어』, 「자로(子路)」 제23장.

고 하여 진정한 조화의 의미를 밝혔다. 화이부동은 서로 다름을 인정하면서도 조화를 이루는 것이고, 동이불화는 겉으로는 같아 보이지만 내적 갈등이 있는 상태이다.

- **대립 통합의 변증법적 사고**

중화 사상의 바탕에는 대립하는 요소들을 통합하는 변증법적 사고가 있다. 이는 『주역』의 음양론에서 잘 드러난다. 음과 양은 대립하지만 동시에 상호의존적이며, 끊임없는 상호작용을 통해 새로운 변화를 창조한다. 이러한 변증법적 사고는 갈등을 부정적으로만 보지 않는다. 적절한 갈등과 긴장은 발전의 동력이 될 수 있으며, 문제는 갈등 자체가 아니라 갈등을 어떻게 건설적으로 해결하느냐에 있다.

불교의 중도中道 사상도 이와 유사한 관점을 제시한다. 중도는 극단적 고행과 극단적 쾌락을 모두 피하고 중간 길을 가는 것이다. 그러나 이는 소극적 절충이 아니라 양극단을 초월하는 적극적 지혜이다.

도가의 음양 조화 사상도 중화의 원리와 통한다. 노자의 "만물은 음을 등지고 양을 안으며, 충기로써 화를 이룬다[27) 萬物負陰而抱陽 , 沖氣以爲和"는 구절은 대립하는 요소들이 조화를 이루어 새로운 창조를 이룬다는 것을 보여준다.

---

27) 『도덕경』 제42장.

▪ 사회통합과 갈등해결의 원리

중화 사상은 사회갈등 해결과 사회통합을 위한 중요한 원리를 제시한다. 현대 사회의 다양한 갈등들 - 계층 갈등, 세대 갈등, 지역 갈등, 이념 갈등 등 - 을 해결하는 데 중화의 지혜가 필요하다.

첫째, 중화의 원리는 극단을 피하고 균형을 추구한다. 어느 한쪽의 이익만을 추구하거나 특정 집단만을 위한 정책은 전체의 조화를 해친다. 대신 모든 이해관계자의 목소리를 듣고 균형 잡힌 해결책을 모색해야 한다.

둘째, 중화의 원리는 다양성을 인정한다. 화이부동의 정신에 따라 서로 다른 의견과 이익을 가진 집단들이 공존할 수 있는 방법을 찾는다. 획일적 통합보다는 다원적 통합을 추구한다.

셋째, 중화의 원리는 과정을 중시한다. 결과만이 아니라 그 결과에 이르는 과정이 공정하고 투명해야 한다. 모든 이해당사자가 의사결정 과정에 참여할 수 있어야 한다.

넷째, 중화의 원리는 상황적 적절성을 강조한다. 추상적 원리보다는 구체적 상황에 맞는 해결책을 찾는다. 같은 문제라도 시간과 장소에 따라 다른 접근이 필요할 수 있다.

▪ 복지정책에서의 중화 원리 적용

중화 사상은 복지정책 설계와 운영에 다음과 같은 중요한 지침을 제공한다. 복지국가는 다양한 가치와 이익이 경합하는 영역이므로, 이들 간의 균형과 조화가 특히 중요하다.

첫째, 효율성과 형평성의 조화이다. 전통적으로 효율성과 형평성은 상충관계^{trade-off}에 있다고 여겨졌지만, 중화의 관점에서는 이 둘을 조화시킬 수 있는 방법을 모색한다. 사회투자 전략, 예방적 복지, 참여적 복지 등이 그 예이다.

둘째, 권리와 의무의 조화이다. 복지를 권리로만 보는 것도, 의무로만 보는 것도 일면적이다. 복지 수급권과 사회 기여 의무를 균형 있게 설계하여 상호책임의 복지 시스템을 만들어야 한다.

셋째, 개인과 공동체의 조화이다. 개인의 자율성과 공동체의 연대를 대립적으로 보지 않고, 개인의 자유로운 발전이 공동체의 번영으로 이어지고, 공동체의 지원이 개인의 성장을 가능하게 하는 선순환 구조를 만들어야 한다.

넷째, 현재와 미래의 조화이다. 현재 세대의 복지 욕구를 충족하면서도 미래 세대의 복지 가능성을 훼손하지 않는 지속가능한 복지 시스템을 구축해야 한다. 이는 재정적 지속가능성뿐만 아니라 환경적, 사회적 지속가능성을 포괄한다.

다섯째, 중앙과 지방의 조화이다. 중앙정부의 정책 일관성과 지방정부의 지역적 특성을 조화시켜, 전국적 표준을 유지하면서도 지역별 다양성을 인정하는 복지 체계를 만들어야 한다.

- **조화의 원리와 참여적 거버넌스**

중화 사상의 조화 원리는 참여적 거버넌스의 철학적 기초를 제공한다. 전통적인 위계적 거버넌스가 하향식 의사결정을 특징으로 한다면, 참여적 거버넌스는 다양한 이해관계자들의 참여와 협력을 통한 상향식 의사결정을 추구한다. 조화의 원리에 기반한 참여적 거버넌스는 다음과 같은 특징을 갖는다. 첫째, 포용적 참여이다. 사회의 모든 구성원, 특히 소외되기 쉬운 취약계층의 목소리가 정책 과정에 반영되어야 한다. 이는 단순한 의견 수렴을 넘어서 실질적인 영향력 행사를 의미한다. 둘째, 대화와 소통의 중시이다. 서로 다른 입장을 가진 사람들이 만나 대화하고 토론하는 과정에서 상호 이해가 깊어지고 창조적 해결책이 나올 수 있다. 이는 민주적 숙의democratic deliberation의 과정이다. 셋째, 합의 형성의 추구이다. 다수결 원리도 중요하지만, 가능한 한 모든 이해당사자가 수용할 수 있는 합의점을 찾으려고 노력해야 한다. 이는 소수의 의견도 존중하고 보호하는 민주주의의 발전된 형태이다. 넷째, 지속적 조정과 개선이다. 한 번 결정된 정책도 상황 변화에 따라 지속적으로 점검하고 조정해야 한다. 이는 정책의 유연성과 적응성을 높이는 방법이다.

- **중화사상과 현대 복지국가의 과제**

현대 복지국가가 직면한 여러 과제들을 중화사상의 관점에서 재해석해보면 새로운 해결 방향을 모색할 수 있다. 저출산·고령화 문제의 경우, 이를 단순히 부담으로만 보지 않고 새로운 기회로 전환하는 중화적 접근이 필요하다. 고령자의 경험과 지혜를 사회발전에 활용하고, 세대 간 상호부조의 새로운 모델을 만들어야 한다.

기술혁신과 일자리 변화 문제도 마찬가지이다. 자동화와 인공지능을 일자리를 빼앗는 위협으로만 보지 않고, 인간의 창조성과 기술의 효율성이 조화를 이루는 방향을 모색해야 한다. 기본소득, 근로시간 단축, 평생학습 등이 그 방법이 될 수 있다.

환경 보호와 경제발전의 갈등도 중화의 관점에서 접근할 수 있다. 녹색성장, 순환경제, 사회적경제 등을 통해 환경 보호가 경제 발전의 새로운 동력이 되도록 하는 것이다.

사회적 불평등 문제 역시 중화적 접근이 유효하다. 결과의 평등과 기회의 평등, 개인의 노력과 사회적 지원, 성장과 분배를 대립적으로 보지 않고 조화시키는 방법을 찾아야 한다.

■ **동양사상과 공생적 복지국가의 철학적 연결**

천인합일, 삼재, 중화로 대표되는 동양사상의 핵심 개념들은 공생적 복지국가의 철학적 토대를 이룬다. 이들 사상이 제시하는 유기체적 세계관, 통합적 사고, 조화의 원리는 21세기 복지국가가 추구해야 할 방향과 일치한다.

천인합일 사상이 제시하는 상호의존성과 통합성의 원리는 공생적 복지국가의 첫 번째 핵심 가치인 '상호의존성과 호혜성'과 직접적으로 연결된다. 개인과 공동체, 인간과 자연이 분리될 수 없는 관계에 있다는 인식은 복지를 개별적 욕구 충족을 넘어서 전체적 조화의 관점에서 접근하게 한다.

삼재 사상이 제시하는 시간, 공간, 관계의 통합적 고려는 공생적 복지국가의 두 번째 핵심 가치인 '지속가능성과 생태적 책임'의 철학적 근거가 된다. 장기적 관점, 균형발전, 포용적 성장을 추구하는 것은 삼재의 조화로운 통합과 같은 맥락이다.

중화사상이 제시하는 조화와 균형의 원리는 공생적 복지국가의 세 번째 핵심 가치인 '참여와 자치의 민주주의'와 연결된다. 다양한 이해관계자들의 참여와 협력을 통해 갈등을 해결하고 합의를 형성하는 것은 중화의 실천적 구현이다.

이처럼 동양사상의 전통적 지혜는 현대 복지국가의 새로운 패러다임을 위한 풍부한 철학적 자원을 제공한다. 이는 서구 중심의 복지국가 이론을 단순히 모방하는 것이 아니라, 동양의 고유한 사상적 전통을 바탕으로 한 독창적인 복지 모델을 만들어갈 수 있는 가능성을 보여준다. 동시에 이러한 전통 사상들이 현대적 의미를 갖기 위해서는 적절한 재해석과 창조적 변형이 필요하다. 전통의 정신을 계승하면서도 21세기의 새로운 도전에 대응할 수 있는 혁신적 사고가 요구된다. 공생적 복지국가는 이러한 전통과 현대, 동양과 서양, 이상과 현실을 조화시키는 창조적 종합의 결과물이라 할 수 있다.

2. 『주역』의 변통變通 사상과 시중時中의 지혜

『주역』은 동양철학의 정수를 담은 경전으로, 변화와 조화의 원리를 통해 우주와 인간사의 본질을 탐구한다. 특히 변통變通 사상과 시중時中의 지혜는 급변하는 21세기 사회에서 공생적 복지국가의 운영 원리를 제시하는 중요한 철학적 자원이다. '궁변통구窮變通久'의 원리는 위기를 기회로 전환하는 적응적 거버넌스의 지혜를 담고 있으며, '시중'의 개념은 시대적 상황에 맞는 유연한 정책 설계의 방향을 제시한다. 음양 조화의 변증법적 사고는 대립하는 가치들을 통합하는 균형의 정치경제학을 가능하게 한다. 이러한 『주역』의 핵심 사상들은 복잡성과 불확실성이 증대하는 현대 사회에서 지속할 수 있고 적응력 있는 복지국가 모델을 구축하는 데 필수적인 철학적 토대를 제공한다.

궁변통구窮變通久의 원리와 적응적 거버넌스

- **궁변통구의 철학적 의미와 구조**

궁변통구窮變通久는 『주역』 계사전에 나오는 핵심 개념으로, "궁하면 변하고, 변하면 통하며, 통하면 오래간다[28] 窮則變 變則通 通則久"는 변화의 원리를 나타낸다. 이는 단순한 순환론이 아니라 위기와 전환의 변증법적 관계를 보여주는 심층적 철학이다.

---

28) 『주역』, 「계사전」 하.

'궁窮'은 막힘, 한계, 위기의 상황을 의미한다. 기존의 방식이 이제는 작동하지 않고, 모순이 극에 달한 상태이다. 그러나 궁지는 절망적 종말이 아니라 새로운 변화의 출발점이다. 『주역』에서 "복復" 괘가 보여주듯이, 극도의 어둠은 새로운 빛의 시작을 예고한다.

'변變'은 기존 질서의 해체와 새로운 질서의 모색을 의미한다. 이는 수동적 적응이 아니라 능동적 창조의 과정이다. 변화는 불가피하지만, 어떻게 변화하느냐는 인간의 의지와 지혜에 달려 있다. '통通'은 소통, 유통, 관통을 의미한다. 막혔던 것이 뚫리고, 단절되었던 것이 연결되며, 대립하던 것이 조화를 이루는 상태이다. 통은 단순한 문제 해결을 넘어서 새로운 차원의 통합을 의미한다. '구久'는 지속, 항구, 영원을 의미한다. 그러나 이는 정적인 불변성이 아니라 변화를 통한 동적 안정성이다. 끊임없는 변화와 적응을 통해 본질을 유지하는 것이 진정한 지속가능성이다.

■ 위기를 기회로 전환하는 변화의 지혜

궁변통구의 원리는 위기 상황에서 특히 빛을 발한다. 위기는 기존 시스템의 한계를 드러내지만, 동시에 혁신과 발전의 기회를 제공한다. 중요한 것은 위기를 수동적으로 받아들이는 것이 아니라 능동적으로 활용하는 지혜이다.

2008년 글로벌 금융위기나 2020년 코로나19 팬데믹 같은 전 지구적 위기들은 기존 경제·사회 시스템의 취약성을 적나라하게 드러냈다. 그러나 동시에 이러한 위기들은 새로운 패러다임으로의 전환을 위한 기회의 창$^{\text{window of opportunity}}$을 열어주었다. 디지털 전환의 가속화, 녹색 경제로의 전환, 사회적 연대의 중요성 재인식 등이 그 예이다.

궁변통구의 지혜에 따르면, 위기에 대한 대응은 단순히 원상복구를 목표로 해서는 안 된다. 'Build Back Better[29]'라는 개념처럼, 위기 이전보다 더 나은 시스템을 구축하는 것이 진정한 위기 극복이다. 이는 창조적 파괴$^{\text{creative destruction}}$의 과정을 거쳐 더 높은 차원의 균형을 달성하는 것이다.

복지국가의 관점에서 보면, 경제위기나 사회적 위기는 복지제도의 한계를 드러내지만, 동시에 제도 혁신의 기회를 제공한다. 1930년대 대공황이 뉴딜 정책과 케인즈주의 복지국가의 탄생으로 이어진 것, 1970년대 석유 위기가 북유럽 사회민주주의 모델의 발전으로 이어진 것이 그 예이다.

- ■ 적응적 거버넌스의 원리와 특징

궁변통구의 원리는 현대의 적응적 거버넌스$^{\text{adaptive governance}}$ 이론과 많은 공통점을 갖는다. 적응적 거버넌스는 복잡하고 불확실한 환경에서 지속적인 학습과 조정을 통해 효과적인 정책을 추진하는 접근법으

---

29) 'Build Back Better'는 조 바이든 미국 대통령이 내세운 대표적 정책 슬로건이자, 코로나19 팬데믹 이후 경제 회복과 사회구조의 재편을 목표로 한 대규모 투자 및 개혁 계획이다. 또한, 2021년 G7 정상회의에서 '더 나은 세계 재건(Build Back Better World)'이라는 이름으로 글로벌 협력 프로젝트로 확장되어, 개발도상국의 지속 가능한 인프라 구축과 기후변화 대응, 디지털 전환, 성평등 증진 등 국제적 차원의 포괄적 발전을 지원하는 목표로도 사용되고 있다.

로 다음과 같은 특징을 가진다.

첫째, 적응적 거버넌스는 불확실성을 인정한다. 미래를 완벽하게 예측할 수 없다는 전제하에, 상황 변화에 따라 정책을 유연하게 조정할 수 있는 시스템을 구축한다. 이는 궁변통구의 '변' 개념과 일치한다.

둘째, 적응적 거버넌스는 실험과 학습을 중시한다. 작은 규모의 시범사업을 통해 정책 효과를 검증하고, 그 결과를 바탕으로 정책을 개선해나간다. 실패를 두려워하지 않고 오히려 학습의 기회로 활용한다.

셋째, 적응적 거버넌스는 다양한 이해관계자의 참여를 강조한다. 정부, 시민사회, 기업, 학계 등 다양한 주체들의 지식과 경험을 결합하여 더 나은 해결책을 찾는다. 이는 궁변통구의 '통' 개념과 연결된다.

넷째, 적응적 거버넌스는 제도적 유연성을 추구한다. 고정된 규칙보다는 상황에 맞게 조정될 수 있는 유연한 제도를 선호한다. 이는 궁변통구의 '구' 개념, 즉 변화를 통한 지속가능성과 일치한다.

▪ 복지국가에서의 적응적 거버넌스 적용

공생적 복지국가는 궁변통구의 원리에 따른 적응적 거버넌스를 핵심 운영 원리로 삼아야 한다. 이는 다음과 같은 구체적 방식으로 구현될 수 있다.

첫째, 정책 실험과 시범사업의 활성화이다. 새로운 복지제도나 서비스를 전국적으로 시행하기 전에 특정 지역이나 집단을 대상으로 시범사업을 벌이고, 그 결과를 바탕으로 정책을 개선해나간다. 핀란드의 기본소득 실험, 한국의 청년수당 시범사업 등이 그 예이다.

둘째, 정책 평가와 환류 체계의 강화이다. 정책의 효과를 지속해서 모니터링하고 평가하여, 문제점이 발견되면 즉시 개선 조처한다. 이를 위해서는 실시간 데이터 수집과 분석 시스템이 필요하다.

셋째, 참여적 정책 결정 과정의 확대이다. 복지 서비스의 직접적 당사자인 시민들이 정책 설계와 평가 과정에 적극적으로 참여할 수 있는 제도적 장치를 마련한다. 시민배심원제, 참여예산제, 정책 실험 참여단 등이 그 방법이다.

넷째, 부처 간 협력과 통합적 접근의 강화이다. 복지 문제는 보건, 교육, 고용, 주거 등 다양한 영역과 연관되어 있으므로, 부처 간 칸막이를 넘어서는 통합적 접근이 필요하다.

다섯째, 지방정부와 민간의 역할 확대이다. 중앙정부의 일률적 정책보다는 지역 특성에 맞는 다양한 접근을 허용하고, 민간의 창의적 아이디어를 적극적으로 활용한다.

시중時中: 때에 맞는 정책 설계

▪ 시중 사상의 철학적 배경과 의미

시중時中은 『주역』과 유교 철학의 핵심 개념 중 하나로, "때에 맞는 중도"를 의미한다. 이는 고정불변의 원칙을 고집하는 것이 아니라, 상황과 시대에 따라 적절한 판단과 행동을 하는 실천적 지혜이다.

『중용』에서는 "군자는 시중한다[30] 君子而時中"고 하여 진정한 군자의 덕목으로 시중을 강조했다. 여기서 중中은 앞서 살펴본 『중용』의 중과 같은 개념으로, 치우치지 않는 균형을 의미한다. 그러나 시중의 중은 고정된 중점이 아니라 시간과 상황에 따라 변화하는 동적 균형점이다.

맹자는 "성인은 인륜의 도리에 있어서 때를 얻은 자이다[31] 聖人者 人倫之至也 時也"라고 하여 성인의 위대함이 때를 아는 데 있다고 보았다. 또한 "남녀가 수수하지 않는 것이 예이지만, 형수가 물에 빠졌을 때는 손으로 건져내야 한다[32] 男女授受不親 禮也 嫂溺援之以手 權也"는 예를 통해 원칙과 상황적 판단의 조화를 강조했다.

주희朱熹는 시중을 "때에 따라 중을 잡는 것[33] 隨時而中"이라고 해석했다. 즉, 절대적 기준이 있는 것이 아니라 구체적 상황에서 가장 적절한 지점을 찾는 것이 시중의 본질이다.

- ▪ 상황적 합리성과 맥락적 정책 설계

시중 사상은 현대 정책학의 상황적 합리성contextual rationality 개념과 연결된다. 추상적 원리보다는 구체적 상황의 특수성을 고려한 정책 설계

---

30) 『중용』 제2장, 君子之中庸也, 君子而時中; 小人之中庸也, 小人而無忌憚也.

31) 『맹자』, 「이루장구(離婁章句)」 상 제2장.

32) 『맹자』, 「이루장구(離婁章句)」 상 제17장.

33) 주희의 『중용장구(中庸章句)』 제2장 주석. 여기서 주희는 "중(中)은 일정한 체(體)가 없어 때에 따라 있는 것이다(中無一定之體 隨時而中)"라고 설명하며, 시중의 의미를 "때에 맞게 중을 실현하는 것"으로 풀이한다.

가 더 효과적이라는 인식이다. 복지정책의 경우, 보편적 원칙은 중요하지만 각 사회의 역사적 배경, 문화적 특성, 경제적 조건 등을 고려한 맞춤형 접근이 필요하다. 스웨덴의 복지 모델이 성공적이라고 해서 그것을 다른 나라에 그대로 이식하는 것은 시중의 지혜에 어긋난다.

시중의 관점에서 볼 때, 정책 설계에서 고려해야 할 "때"의 차원은 다음과 같다.

첫째, 역사적 시간이다. 각 사회가 처한 발전 단계와 역사적 경험을 고려해야 한다. 산업화 초기 단계에 있는 사회와 후기 산업사회에서는 복지정책의 우선순위와 방식이 달라야 한다.

둘째, 생애 시간이다. 개인의 생애주기에 따라 필요한 복지 서비스가 다르므로, 생애주기별 맞춤형 정책이 필요하다. 아동기의 교육과 보육, 청년기의 일자리와 주거, 중년기의 건강과 돌봄, 노년기의 소득보장과 의료 등이 그 예이다.

셋째, 경제적 시간이다. 경기 순환에 따라 복지정책의 강도와 방향을 조정해야 한다. 경기 호황기에는 사회투자를 확대하고, 경기 침체기에는 사회안전망을 강화하는 것이 바람직하다.

넷째, 정치적 시간이다. 정치적 기회의 창이 열렸을 때 중요한 제도 개혁을 추진하고, 정치적 갈등이 심할 때는 사회적 합의를 우선 모색하는 전략적 사고가 필요하다.

- 점진적 개혁과 급진적 개혁의 시중

시중 사상은 점진적 개혁과 급진적 개혁 사이의 적절한 균형점을 찾는 지혜를 제공한다. 어떨 때는 점진적 개선이 바람직하고, 어떨 때는 과감한 변화가 필요하다. 점진적 개혁이 적절한 경우는 다음과 같다. 첫째, 사회적 합의가 부족한 상황에서는 급진적 변화보다는 점진적 개선을 통해 신뢰를 쌓아가는 것이 바람직하다. 둘째, 기존 제도가 어느 정도 기능하고 있는 상황에서는 전면적 개편보다는 부분적 개선이 효과적이다. 셋째, 변화의 부작용을 최소화해야 할 때는 단계적 접근이 필요하다.

급진적 개혁이 필요한 때도 있는데 기존 제도가 완전히 기능을 상실한 위기 상황에서는 근본적 변화가 불가피하다. 또한 사회적 요구가 임계점에 달해 이제는 미룰 수 없는 상황에서는 과감한 결단이 필요하다. 그리고 기술이나 환경 변화가 워낙 급격해서 점진적 적응으로는 대응할 수 없는 경우에는 선제 대응이 필요하다.

한국의 복지제도 발전 과정을 보면 시중의 지혜가 어떻게 적용되었는지 알 수 있다. 1987년 민주화 이후 의료보험 통합, 국민연금 도입 등은 급진적 개혁의 성격을 가졌다. 반면 2000년대 이후 기초연금 도입, 아동수당 확대 등은 점진적 개선의 방식을 택했다.

- 지역적 맥락과 글로벌 표준의 조화

시중 사상은 또한 지역적 특수성과 글로벌 표준 사이의 균형을 추구하는 지혜를 제공한다. 글로벌화 시대에 완전히 고립된 정책은 불가능하지만, 그렇다고 해서 획일적 표준을 강요하는 것도 바람직하지 않다. 시중 사상을 바탕으로 하는 공생적 복지국가는 다음과 같은 방식으로 이러한 균형을 추구할 수 있다.

첫째, 보편적 가치와 지역적 실현 방식의 구분이다. 인간 존엄성, 사회적 연대, 지속가능성 등은 보편적 가치이지만, 이를 실현하는 구체적 방식은 각 사회의 조건에 맞게 다양할 수 있다.

둘째, 국제적 학습과 창조적 적용이다. 다른 나라의 성공 사례를 참고하되, 자국의 상황에 맞게 창조적으로 변형하여 적용한다. 단순한 모방이 아니라 창조적 응용이 중요하다.

셋째, 실험적 접근과 점진적 확산이다. 새로운 정책을 전국적으로 시행하기 전에 특정 지역에서 시범적으로 벌이고, 그 결과를 바탕으로 다른 지역으로 확산해나간다.

넷째, 네트워크를 통한 상호 학습이다. 비슷한 조건에 있는 다른 지역이나 국가와 정책 네트워크를 구축하여 상호 학습하고 협력한다.

음양 조화와 균형의 정치경제학

▪ 음양론의 철학적 기초와 변증법적 사고

음양陰陽론은 『주역』의 핵심 사상으로, 우주의 모든 현상을 음과 양의 상호작용으로 설명하는 철학 체계이다. 음양은 대립하면서도 상호보완적이며, 끊임없는 상호작용을 통해 변화와 발전을 만들어낸다. 음양론의 기본 원리는 다음과 같다.

첫째, 대립성이다. 음과 양은 서로 반대되는 성질을 갖는다. 음은 수동적, 내향적, 보존적 특성을, 양은 능동적, 외향적, 창조적 특성을 나타낸다. 그러나 이러한 대립은 적대적 대립이 아니라 상호보완적 대립이다.

둘째, 상호의존성이다. 음과 양은 서로 없이는 존재할 수 없다. 음이 있어야 양이 의미를 갖고, 양이 있어야 음이 드러난다. "고독음불생 독양불장孤陰不生 獨陽不長"이라는 말이 이를 잘 표현한다.

셋째, 상호전화성이다. 음과 양은 고정불변한 것이 아니라 끊임없이 변화한다. 극음극양極陰極陽에 이르면 반대편으로 전화한다. "일음일양지위도一陰一陽之謂道"는 이러한 역동적 균형을 표현한 것이다.

넷째, 균형성이다. 건강한 상태는 음과 양이 적절히 균형을 이루는 상태이다. 어느 한쪽이 지나치게 강하거나 약하면 병적 상태가 된다.

이러한 음양론은 서구의 변증법적 사고와 유사한 면이 있지만, 보다 조화와 균형을 강조하는 특징을 갖는다. 헤겔의 변증법이 정(正)-반(反)-합(合)의 과정을 통한 발전을 강조한다면, 음양론은 대립하는 요소들의 조화로운 공존을 추구한다.

■ 정치경제학에서의 이원론적 갈등과 조화로운 해결

현대 정치경제학의 많은 쟁점은 이원론적 대립의 형태로 나타난다. 효율성 대 형평성, 성장 대 분배, 자유 대 평등, 개인 대 공동체, 시장 대 정부 등이 그 예이다. 전통적으로 이러한 대립은 제로섬 게임으로 인식됐다. 음양론의 관점에서 보면, 이러한 대립들은 적대적 관계가 아니라 상호보완적 관계로 이해될 수 있다. 효율성과 형평성은 서로 배제하는 것이 아니라 상호 강화하는 관계에 있을 수 있다. 적절한 사회적 형평성은 사회 안정과 인적자본 개발을 통해 장기적 효율성을 높일 수 있다.

성장과 분배의 관계도 마찬가지이다. 과도한 불평등은 사회적 갈등을 야기하고 내수 기반을 약화해 지속 가능한 성장을 저해한다. 반대로 적절한 분배는 인적자본 투자를 늘리고 사회적 신뢰를 높여 성장의 기반을 강화할 수 있다. 시장과 정부의 관계도 대립적으로만 볼 필요가 없다. 시장의 효율성과 정부의 조정 기능이 적절히 결합할 때 더 나은 성과를 거둘 수 있다. 시장 실패를 보완하는 정부 개입과 정부 실패를 견제하는 시장 기능이 상호보완적으로 작동해야 한다.

▪ 복지국가에서의 음양 조화 원리 적용

공생적 복지국가는 음양 조화의 원리를 다양한 영역에서 적용할 수 있다.

첫째, 권리와 의무의 조화이다. 복지권을 강조하되 사회적 의무도 함께 강조하는 것이다. 복지 수급자의 권리를 보장하면서도 사회 기여에 대한 책임을 함께 부여한다. 이는 일방적 시혜가 아니라 상호부조의 관계를 만들어간다.

둘째, 보편성과 선별성의 조화이다. 보편적 복지의 장점과 선별적 복지의 장점을 결합하여 효과적인 복지 시스템을 만든다. 기본적 서비스는 보편적으로 제공하되, 추가적 지원은 필요에 따라 선별적으로 제공하는 방식이다.

셋째, 예방과 치료의 조화이다. 문제가 발생한 후 대응하는 치료적 접근과 문제 발생을 예방하는 예방적 접근을 균형 있게 결합한다. 장기적으로는 예방이 더 효과적이지만, 당면한 문제에 대한 즉각적 대응도 필요하다.

넷째, 중앙과 지방의 조화이다. 중앙정부의 조정 기능과 지방정부의 자율성을 적절히 결합한다. 전국적 표준을 유지하면서도 지역적 특성을 반영할 수 있는 유연한 시스템을 만든다.

다섯째, 공공과 민간의 조화이다. 공공부문의 공익성과 민간부문의 효율성을 결합하여 더 나은 복지 서비스를 제공한다. 공공-민간 파트너십, 사회적 경제 등이 그 방법이다.

- **동적 균형과 지속 가능한 발전**

음양론에서 중요한 것은 정적 균형이 아니라 동적 균형이다. 고정된 균형점을 유지하는 것이 아니라 끊임없는 조정을 통해 역동적 안정성을 추구한다. 복지국가의 지속가능성도 이러한 동적 균형의 관점에서 접근해야 한다. 복지 지출과 경제 성장, 현재 세대와 미래세대, 사회적 욕구와 재정적 제약 등 다양한 요소들 사이의 균형을 지속해서 조정해나가야 한다.

이를 위해서는 다음과 같은 원칙들이 필요하다. 첫째, 유연성이다. 고정된 공식이나 규칙에 매몰되지 않고 상황 변화에 따라 유연하게 대응한다. 둘째, 점진성이다. 급격한 변화보다는 점진적 조정을 통해 사회적 충격을 최소화한다. 셋째, 실험성이다. 새로운 시도를 두려워하지 않고 실험을 통해 학습하며 개선해나간다. 넷째, 참여성이다. 다양한 이해관계자들의 참여를 통해 사회적 합의를 형성하고 정책의 정당성을 확보한다. 다섯째, 순환성이다. 선형적 발전보다는 순환적 발전을 추구하여 지속가능성을 확보한다.

▪ 변증법적 복지정책과 창조적 종합

음양 조화의 원리에 기반한 복지정책은 변증법적 사고를 통해 대립하는 가치들의 창조적 종합을 추구한다. 이는 단순한 절충이나 타협이 아니라 더 높은 차원의 통합을 의미한다.

예를 들어, 복지와 근로의 관계에서 전통적으로는 복지 확대가 근로유인을 저해한다고 보았다. 그러나 창조적 종합의 관점에서는 적절한 복지가 오히려 근로 능력을 향상시키고 생산성을 높일 수 있다고 본다. 북유럽 국가들의 '유연안정성flexicurity' 모델이 그 예이다. 또한 개인과 공동체의 관계에서도 개인의 자유로운 발전이 공동체의 번영으로 이어지고, 공동체의 지원이 개인의 자아실현을 가능하게 하는 선순환 구조를 만들 수 있다. 이는 개인주의와 집단주의를 넘어서는 '관계적 개인주의'의 철학이다. 환경과 경제의 관계에서도 환경 보호가 경제발전의 새로운 동력이 되는 녹색성장 모델을 통해 창조적 종합이 가능하다.

이러한 변증법적 접근은 복지정책의 혁신과 발전을 위한 중요한 방법론이다. 기존의 이분법적 사고를 넘어서 새로운 가능성을 탐색하고, 다양한 가치들의 조화로운 통합을 통해 더 나은 복지 시스템을 만들어갈 수 있다.

▪ 글로벌 거버넌스와 음양 조화

21세기 복지국가는 글로벌 차원에서도 음양 조화의 원리를 적용해야 한다. 세계화와 지역화, 경쟁과 협력, 다양성과 통합 등 글로벌 거버넌스의 핵심 이슈들이 다음과 같이 모두 음양 관계에 있다.

국가 주권과 국제 협력의 조화이다. 국가의 자율성을 존중하면서도 글로벌 이슈에 대한 공동 대응을 추진해야 한다. 기후변화, 팬데믹, 국제적 불평등 등은 한 국가만의 노력으로는 해결할 수 없는 문제들이다.

경제적 통합과 사회적 보호의 조화이다. 자유무역과 경제통합의 혜택을 누리면서도 그 과정에서 피해를 받는 계층에 대한 사회적 보호를 강화해야 한다. 이는 '정의로운 세계화'의 핵심 과제이다.

문화적 다양성과 보편적 가치의 조화이다. 각 문화의 고유성을 존중하면서도 인권, 민주주의, 지속가능성 등 인류 공통의 가치를 추구해야 한다.

공생적 복지국가는 이러한 글로벌 거버넌스의 과제들에 대해 음양 조화의 지혜를 바탕으로 균형 잡힌 접근을 할 수 있다. 국제적 협력과 국내적 자율성, 글로벌 표준과 지역적 특성, 경제적 효율성과 사회적 정의를 조화시키는 모델을 제시할 수 있다.

▪ 『주역』 사상과 21세기 복지국가의 미래

『주역』의 변통 사상과 시중의 지혜, 음양 조화의 원리는 21세기 복지국가가 직면한 복잡한 도전들에 대한 해법을 제시한다. 급변하는 시대에 필요한 것은 고정된 답이 아니라 변화하는 상황에 적절히 대응할 수 있는 지혜이다. 궁변통구의 원리는 위기를 기회로 전환하는 적응적 거버넌스의 철학적 기초를 제공한다. 코로나19 팬데믹, 기후 위기, 4차 산업혁명 등의 도전에 직면한 현재, 기존 시스템의 한계를 인정하고 새로운 패러다임으로의 전환을 모색해야 한다.

시중의 지혜는 획일적 정책이 아니라 상황에 맞는 맞춤형 정책의 중요성을 강조한다. 각 사회의 역사적 배경, 문화적 특성, 경제적 조건을 고려한 정책 설계가 필요하다. 음양 조화의 원리는 이분법적 대립을 넘어서는 통합적 사고의 중요성을 보여준다. 효율성과 형평성, 성장과 분배, 개인과 공동체, 현재와 미래 등 다양한 가치들의 조화로운 통합을 통해 지속 가능한 복지국가를 만들어갈 수 있다.

이러한 『주역』의 지혜는 동양의 전통 사상이 21세기 인류의 공통 과제 해결에 기여할 가능성을 보여준다. 공생적 복지국가는 이러한 동양적 지혜와 현대적 제도가 만나는 지점에서 새로운 문명 패러다임의 가능성을 제시한다.

3. 서구철학과의 만남: 화이트헤드 과정철학

알프레드 노스 화이트헤드(Alfred North Whitehead, 1861-1947)의 과정철학process philosophy은 20세기 서구철학사에서 가장 혁신적이고 포괄적인 철학 체계 중 하나이다. 그의 유기체철학philosophy of organism은 근대 서구의 기계론적 세계관을 넘어서 동양사상과 유사한 유기체적 세계관을 제시한다. 과정과 관계의 존재론은 불교의 연기론이나 유교의 관계철학과 깊은 공명을 이루며, 창조성과 새로움의 철학은 『주역』의 변화철학과 맥을 같이 한다. 화이트헤드의 과정철학은 동서양 철학의 만남을 통해 공생적 복지국가의 철학적 기반을 더욱 풍부하게 하며, 21세기 복잡성과 불확실성의 시대에 적합한 새로운 존재론적 토대를 제공한다. 이는 단순히 동양사상의 현대적 재해석을 넘어서 동서양 지혜의 창조적 종합을 통한 새로운 문명 패러다임의 가능성을 보여준다.

유기체철학과 동양사상의 접점

▪ 화이트헤드 과정철학의 배경과 형성

화이트헤드의 과정철학은 19세기 말과 20세기 초 서구 지성사의 대전환기에 형성되었다. 뉴턴의 기계론적 세계관이 지배하던 시대에 양자역학, 상대성이론, 진화론 등 새로운 과학적 발견들이 기존의 패러다임을 근본적으로 흔들고 있었다. 화이트헤드는 수학자이자 자연철학자로서 이러한 과학 혁명을 철학적으로 해석하고 통합하려 했다.

그는 1925년부터 하버드 대학에서 철학 교수로 활동하면서 본격적인 형이상학 체계를 구축했다. 주요 저작인 『과정과 실재(Process and Reality, 1929)』에서 그는 "모든 실재는 과정이다All reality is process"라는 명제를 중심으로 새로운 존재론을 제시했다. 화이트헤드 철학의 핵심은 실체substance 중심의 전통적 서구 형이상학을 과정process 중심의 새로운 형이상학으로 전환하는 것이었다. 아리스토텔레스 이래 서구철학의 주류는 변하지 않는 실체가 우선하고 변화는 부차적인 것으로 보았다. 그러나 화이트헤드는 변화와 과정이야말로 실재의 근본이라고 주장했다.

이러한 관점에서 우주는 고정된 물질들의 기계적 결합이 아니라 끊임없이 생성하고 소멸하는 사건들events의 네트워크이다. 모든 존재는 다른 존재들과의 관계 속에서만 의미가 있으며, 이러한 관계들은 정적인 것이 아니라 역동적인 과정에서 끊임없이 재구성된다.

■ **기계론적 세계관의 한계와 유기체적 대안**

근대 서구 문명을 지배한 기계론적 세계관은 뉴턴-데카르트 패러다임으로 대표된다. 이 세계관은 세계를 시계와 같은 정밀한 기계로 보며, 모든 현상을 물질과 운동의 법칙으로 환원하여 설명하려 했다. 정신과 물질, 주체와 객체, 인간과 자연을 명확히 분리하는 이원론적 사고가 그 특징이다. 이러한 기계론적 세계관은 근대 과학기술의 발전에 크게 이바지했지만, 동시에 심각한 한계도 드러냈다. 그 한계는 질적 차이를 양적 차이로 환원함으로써 생명, 의식, 가치 등의 본질적 특성을 설명할 수 없었다. 또한 부분과 전체를 기계적으로 분리함으로써 복잡한 시스템의 창발적emergent 특성을 이해하지 못했다. 그리고 인간과 자연을 대립적으로 설정함으로써 생태 위기와 같은 문제를 초래했다.

화이트헤드는 이러한 기계론적 세계관의 한계를 극복하기 위해 유기체 철학을 제시했다. 유기체 철학에서 세계는 기계가 아니라 살아있는 유기체와 같다. 모든 존재는 다른 존재들과 내적으로 연결되어 있으며, 전체는 부분의 단순한 합이 아니라 부분들의 관계가 만들어내는 창발적 질서이다. 이러한 유기체적 세계관은 동양사상, 특히 불교의 연기론이나 유교의 천인합일 사상과 놀라운 유사성을 보인다. 실제로 화이트헤드는 동양사상에 대한 직접적 언급은 많지 않았지만, 그의 철학은 동양적 사유와 깊은 공명을 이룬다.

- **상호관련성과 연기론의 철학적 만남**

화이트헤드 철학의 핵심 개념 중 하나는 '상호관련성^{interrelatedness}'이다. 그는 모든 실제적 존재는 다른 모든 실제적 존재와 관련되어 있다고 주장했다. 이는 불교의 연기론^{緣起論}과 놀라울 정도로 유사하다[34]. 불교의 연기론에서 "이것이 있으므로 저것이 있고, 이것이 생기므로 저것이 생긴다^{此有故彼有 此生故彼生}"는 원리는 모든 존재의 상호의존성을 강조한다. 독립적이고 자존적인 존재는 없으며, 모든 것은 인연^{因緣}에 의해 생멸 변화한다. 화이트헤드의 '현실적 존재^{actual entity}' 개념도 이와 유사하다. 현실적 존재는 다른 존재들을 '파악^{prehension}'하는 과정에서 성립한다. 파악은 단순한 인식이 아니라 존재론적 관계이다. 모든 존재는 다른 존재들을 내적으로 파악함으로써 자신이 된다. 예를 들어, 한

---

34) 화이트헤드 철학과 불교 연기론의 유사성을 논한 주요 논문은 다음과 같다. Thomas J. McFarlane, "Process and Emptiness: A Comparison of Alfred North Whitehead's Process Philosophy and Mahayana Buddhist Philosophy", 2000./John B. Cobb, Jr. "Whitehead and Buddhism", 2002.

개인의 정체성은 그가 맺는 사회적 관계들 – 가족, 친구, 동료, 지역사회 등 – 을 내적으로 파악하는 과정에서 형성된다. 개인은 관계에 앞서 존재하는 것이 아니라 관계 속에서 끊임없이 생성된다.

이러한 관점은 복지정책에 중요한 시사점을 제공한다. 개인의 복지는 그가 속한 관계들의 질에 의해 좌우된다. 따라서 복지정책은 개인에게 단순히 급여를 지급하는 것을 넘어서 건강한 관계망을 구축하고 사회적 연대를 강화하는 방향으로 설계되어야 한다.

- ▪ 창조성과 새로움의 우주론

화이트헤드 철학에서 우주는 끊임없이 새로운 것을 창조하는 과정이다. 그는 창조성^{creativity}을 우주의 궁극적 원리로 보았다. "우주는 한 번 하고 마는 것이 아니라 항상 새로워진다[35](The universe is not once and for all, but always becoming)"는 그의 유명한 말은 이를 잘 표현한다. 이러한 창조성의 철학은 『주역』의 변화철학과 깊은 공명을 이룬다. 『주역』에서 "생생지위역[36]生生之謂易"이라고 한 것처럼, 역易의 본질은 끊임없는 생성과 변화에 있다. 건괘乾卦의 "천행건 군자이자강불식[37]天行健 君子以自强不息"도 하늘의 창조적 운행을 강조한 것이다.

---

35) Alfred North Whitehead, 『Process and Reality, Corrected Edition』, ed. by David Ray Griffin & Donald W. Sherburne, Free Press, 1978, pp. 21-40.

36) 『주역』, 「계사전」 상.

37) 『주역』, 「건괘」, 「象傳」, 象曰 天行健 君子以自强不息. 상전에서 말하길, 하늘의 운행이 굳세니 군자는 이를 본받아 스스로 힘써 쉬지 않는다.

화이트헤드는 모든 현실적 존재가 창조적 주체라고 보았다. 인간만이 아니라 모든 존재가 자신만의 독특한 방식으로 세계를 파악하고 새로운 가능성을 실현한다. 이는 만물이 모두 생명을 가진다는 동양의 만물유정^{萬物有情} 사상과 일치한다.

복지정책의 관점에서 보면, 모든 개인이 잠재적 창조성을 가진 존재라는 인식이 중요하다. 복지 수급자를 수동적 대상으로 보는 것이 아니라 자신의 삶을 능동적으로 창조할 수 있는 주체로 인식해야 한다. 복지정책의 목표는 이러한 창조적 잠재력을 실현할 수 있는 조건을 만들어주는 것이다.

▪ 전체성과 부분의 변증법적 관계

유기체 철학에서 전체와 부분의 관계는 기계론적 관계가 아니라 변증법적 관계이다. 부분이 모여서 전체를 만드는 것이 아니라, 전체와 부분이 상호 규정하며 공진화한다. 화이트헤드는 이를 '구체적 보편[38] concrete universal' 개념으로 설명했다. 보편은 추상적 개념이 아니라 구체적 개별들의 관계 속에서 실현되는 구체적 현실이다. 개별들은 보편과 분리된 것이 아니라 보편을 구체적으로 체현하는 존재들이다. 이는 유교의 이기론^{理氣論}과 유사한 구조를 갖는다. 리^理는 기^氣와 분리된 추상적 원리가 아니라 기의 구체적 운동 속에서 실현되는 형이상학적 구조이

---

38) Alfred North Whitehead, 『Process and Reality』, Corrected Edition, ed. by David Ray Griffin & Donald W. Sherburne, Free Press, 1978, pp.100~130.

다. 주희^{朱熹}가 "이기불리불잡^{39) 理氣不離不雜}"이라고 한 것은 이러한 변증법적 관계를 표현한 것이다.

사회정책의 관점에서 보면, 개인과 사회의 관계도 이러한 변증법적 관계로 이해되어야 한다. 개인의 복지와 사회의 복지는 별개가 아니라 상호 규정하는 관계에 있다. 개인의 자아실현이 사회의 발전으로 이어지고, 사회의 번영이 개인의 복지를 가능하게 한다.

과정과 관계의 존재론

▪ 실체에서 과정으로의 존재론적 전환

전통적 서구 형이상학은 실체^{substance} 개념을 중심으로 구축되었다. 아리스토텔레스의 우시아^{40) ousia}에서 스피노자의 실체, 라이프니츠의 모나드에 이르기까지 서구철학은 변하지 않는 실체가 변화하는 속성의 기반이라고 보았다. 이러한 실체 중심 사고는 근대 과학의 원자론과 결합하여 기계론적 세계관의 토대가 되었다. 화이트헤드는 이러한 실체 형이상학을 근본적으로 전환했다. 그에 따르면 실재의 근본은 실체가 아니라 과정이다. "어떤 것이 된다^{becoming}"라는 과정이 '어떤 것이다^{being}'라는 상태보다 우선한다. 존재는 과정의 결과이지 과정의 전제가 아니다.

---

39) 『주자대전(朱子大全)』, 권46, 「답유숙문(答劉叔文)」. 理氣不相離, 理氣不相雜.

40) 아리스토텔레스의 우시아(ousia)는 그의 철학에서 '실체' 또는 '본질', '존재'를 의미하는 핵심 개념이다. 우시아는 한 사물이 "무엇인가(what it is)"를 규정하는 근본적 실재로, 플라톤이 보편적 이데아를 강조한 것과 달리, 아리스토텔레스는 개별적이고 구체적인 사물(개체)이 바로 우시아라고 보았다.

이러한 과정 존재론은 현대 과학의 발견들과 일치한다. 양자역학에서 입자는 고정된 실체가 아니라 확률적 과정이며, 진화생물학에서 종種은 불변의 본질이 아니라 진화하는 과정이다. 생태학에서 생태계는 평형상태가 아니라 동적 균형을 유지하는 과정이다.

복지국가의 관점에서 과정 존재론은 중요한 의미가 있다. 복지국가 자체가 완성된 실체가 아니라 끊임없이 변화하고 발전하는 과정이다. 복지제도도 고정된 틀이 아니라 사회 변화에 따라 지속해 조정되고 개선되어야 하는 과정이다.

▪ 현실적 존재와 사회적 현실

화이트헤드의 과정철학에서 가장 기본적인 존재론적 단위는 '현실적 존재actual entity' 또는 '현실적 기회actual occasion'이다. 현실적 존재는 물리적 입자나 정신적 실체가 아니라 경험의 한 방울drop of experience이다. 모든 현실적 존재는 세 가지 국면을 갖는다. 첫째, 물리적 극physical pole으로서 과거의 현실적 존재들을 물리적으로 파악한다. 둘째, 정신적 극mental pole으로서 영원한 객체들eternal objects을 개념적으로 파악한다. 셋째, 이 두 극의 통합을 통해 자신만의 독특한 주관적 형식subjective form을 창조한다.

이러한 구조는 개별 존재가 단순한 물질 덩어리나 순수한 정신이 아니라 물질성과 정신성을 동시에 갖는 심신 통합체임을 보여준다. 이는 동양철학의 심물일원론心物一元論과 유사한 관점이다.

현실적 존재들이 복합적으로 결합하여 '사회society'를 형성한다. 여기서 사회는 인간 사회만이 아니라 원자, 분자, 세포, 생명체, 생태계 등 모든 복합체를 지칭한다. 사회는 단순한 집합이 아니라 공통의 특성을 공유하면서 상호작용하는 현실적 존재들의 질서이다. 인간 사회도 이러한 관점에서 이해될 수 있다. 사회는 개인들의 단순한 집합이 아니라 개인들 간의 관계가 만들어내는 창발적 질서이다. 개인의 정체성은 사회적 관계를 통해 형성되고, 사회의 성격은 개인들의 상호작용을 통해 결정된다.

- **파악과 관계의 존재론**

화이트헤드 철학에서 관계는 외적이고 우연적인 것이 아니라 내적이고 본질적이다. 모든 현실적 존재는 다른 존재들을 '파악prehension'함으로써 자신이 된다. 파악은 주체가 객체를 인식하는 것이 아니라 객체를 자신의 내적 구성 요소로 받아들이는 존재론적 과정이다. 파악에는 두 종류가 있다. '물리적 파악physical prehension'은 과거의 현실적 존재들을 그 자체로 받아들이는 것이고, '개념적 파악conceptual prehension'은 영원한 객체들을 가능성으로 받아들이는 것이다. 모든 현실적 존재는 이 두 종류의 파악을 통해 과거를 계승하면서 새로운 가능성을 실현한다. 이러한 파악 이론은 불교의 연기론과 깊은 유사성을 갖는다. 연기론에서 모든 존재는 인因과 연緣의 관계 속에서만 존재할 수 있다. 독립적이고 고립된 존재는 없으며, 모든 것은 상호의존적 관계망 속에서 생멸 변화한다.

복지정책의 관점에서 파악 이론은 중요한 시사점을 제공한다. 개인의 복지는 그가 파악하는 사회적 관계들의 질에 의해 좌우된다. 건강한 가족관계, 신뢰할 수 있는 친구 관계, 협력적인 동료관계, 포용적인 지역사회 관계 등이 개인의 삶의 질을 결정한다. 따라서 복지정책은 개인에게 물질적 지원을 제공하는 것을 넘어서 건강한 관계망을 구축할 수 있도록 도와야 한다. 사회적 자본의 형성, 공동체 네트워크의 강화, 사회적 연대의 확산 등이 복지정책의 중요한 목표가 되어야 한다.

▪ 시간성과 역사성의 존재론

과정철학에서 시간은 공간과 함께 주어진 외적 틀이 아니라 존재의 내적 구조이다. 모든 현실적 존재는 시간적 존재이며, 시간성을 떠나서는 이해될 수 없다. 화이트헤드는 시간을 세 차원으로 구분했다. 과거는 이미 결정된 객관적 불멸성^{objective immortality}의 영역이다. 현재는 과거를 계승하면서 새로운 가능성을 선택하는 주관적 즉시성^{subjective immediacy}의 순간이다. 미래는 아직 결정되지 않은 잠재성^{potentiality}의 영역이다. 이러한 시간 구조는 존재의 역사성을 강조한다. 모든 존재는 자신의 역사가 있으며, 그 역사는 현재의 정체성을 구성하는 내적 요소이다. 과거는 단순히 지나간 것이 아니라 현재 속에 살아있는 기억이며, 미래는 현재의 창조적 활동을 통해 열리는 가능성이다.

복지국가의 발전도 이러한 역사성의 관점에서 이해되어야 한다. 각 나라의 복지제도는 그 나라의 독특한 역사적 경험을 통해 형성되었으며, 현

재의 개혁도 과거의 유산을 계승하면서 새로운 가능성을 모색하는 과정
이다. 한국의 사회보장제도 발전과정을 보면, 압축적 근대화의 경험, 민
주화의 과정, 경제위기의 충격 등이 모두 현재의 복지제도에 녹아있다. 미
래의 복지국가 비전도 이러한 역사적 맥락을 고려하여 설계되어야 한다.

창조성과 새로움의 철학

창조성의 형이상학적 지위

화이트헤드 철학에서 창조성^{creativity}은 우주의 궁극적 원리이다. 그는
창조성을 '범주들의 범주$^{category\ of\ categories}$'라고 불렀으며, 모든 존재와
과정의 근본 원리로 보았다. 창조성은 "다수로부터 하나로, 하나로부터
다수로$^{the\ many\ become\ one,\ and\ are\ increased\ by\ one}$"라는 공식으로 표현된다.

이는 우주가 끊임없이 새로운 통합을 창조하는 과정임을 의미한다.
과거의 다양한 요소들이 현재의 한순간에 통합되어 새로운 존재를 창
조하고, 그 새로운 존재는 다시 미래의 창조를 위한 조건이 된다. 이러
한 창조적 과정은 절대 멈추지 않으며, 우주 전체가 하나의 거대한 창
조적 작품이다.

창조성은 무에서 유를 창조하는 것이 아니라 기존의 요소들을 새로운
방식으로 통합하는 것이다. 모든 창조적 행위는 과거의 유산을 바탕으
로 하면서도 그것을 새로운 차원으로 끌어올린다. 이는 "온고지신^{溫故知新}"의 지혜와 일치한다.

복지정책의 관점에서 창조성의 원리는 혁신의 필요성을 강조한다. 사

회 문제는 기존의 방식으로만 해결할 수 없으며, 끊임없는 창조적 사고와 실험이 필요하다. 복지국가 자체가 인류의 창조적 발명품이며, 지속적인 혁신을 통해 발전해 나가야 한다.

▪ 새로움과 신규성의 출현

화이트헤드는 우주에서 진정으로 새로운 것이 출현할 수 있다고 보았다. 이는 기계론적 세계관에서 모든 것이 기존 법칙의 필연적 결과라고 보는 것과 대조된다. 과정철학에서 미래는 과거에 의해 완전히 결정되지 않으며, 각 순간에 새로운 가능성이 실현될 수 있다.

이러한 새로움의 출현을 '창발^{emergence}'이라고 한다. 창발은 부분들의 단순한 합으로는 예측할 수 없는 전체의 새로운 특성이 나타나는 현상이다. 생명체에서 의식이 출현하고, 개인들에서 사회가 출현하며, 사회들에서 문명이 출현하는 것이 그 예이다.

복지국가의 발전도 창발적 과정으로 이해될 수 있다. 19세기 말 독일에서 시작된 사회보험제도는 당시로서는 혁신적인 아이디어였다. 이후 다양한 나라에서 각자의 조건에 맞게 발전시켜 오늘날의 다양한 복지국가 모델들이 창발했다.

미래의 복지국가도 현재의 연장선에서 예측할 수 있는 것이 아니라 창발적 과정을 통해 나타날 것이다. 기본소득, 로봇세, 디지털 복지 등 새로운 아이디어들이 미래 복지국가의 창발적 특성이 될 수 있다.

- 가능성과 현실성의 변증법

화이트헤드 철학에서 현실은 가능성과 현실성의 변증법적 관계에서 나타난다. '영원한 객체eternal objects'는 순수한 가능성이고, '현실적 존재actual entities'는 그 가능성을 선택하여 실현한 현실들이다. 모든 창조적 과정은 가능성의 영역에서 특정한 가능성을 선택하여 현실화하는 과정이다. 그러나 실현되지 않을 가능성이 사라지는 것은 아니다. 그들은 미래의 창조를 위한 잠재적 자원으로 남아있다. 이러한 관점은 복지정책에서 대안적 가능성을 탐색하는 것의 중요성을 보여준다. 현재 실현되지 않은 복지 모델들도 미래의 가능성으로 남아있으며, 조건이 변화하면 현실화할 수 있다. 유토피아적 상상도 단순한 환상이 아니라 미래 실현을 위한 가능성의 탐색이다.

사회혁신의 과정도 이러한 가능성-현실성의 변증법으로 이해될 수 있다. 사회적기업, 협동조합, 공유경제 등은 모두 기존에는 주변적이었던 가능성이 현실화한 것이다. 이들의 성공은 새로운 복지 패러다임의 가능성을 보여준다.

- 목적성과 지향성의 철학

화이트헤드는 모든 현실적 존재가 '주관적 지향subjective aim'을 갖는다고 보았다. 이는 각 존재가 자신만의 목적과 가치를 추구한다는 것을 의미한다. 우주는 무 목적적인 기계가 아니라 무수한 목적들이 경합하고 조화하는 살아있는 체계이다. 주관적 지향은 외부에서 주입되는 것이 아니라 각 존재의 내적 창조성에서 나온다. 동시에 그것은 완전히 자의적인 것도 아니다. 과거의 조건들과 미래의 가능성을 고려하여 가장 적절한 목적을 선택하는 과정이다. 이러한 목적성의 철학은 복지정책에서 인간의 존엄성과 자율성을 강조하는 철학적 근거를 제공한다. 모든 개인은 자신만의 삶의 목적이 있으며, 복지정책은 이러한 개별적 목적들의 실현을 지원해야 한다. 그러나 개별적 목적들이 항상 조화로운 것은 아니다. 서로 갈등하고 경합하는 목적들을 어떻게 조화시킬 것인가가 정치와 정책의 과제이다. 화이트헤드는 이를 '아름다움$(^{\text{beauty}})$'의 실현으로 보았다. 아름다움은 다양성의 통일이며, 갈등하는 요소들의 조화로운 통합이다.

- **진보와 발전의 새로운 개념**

전통적인 진보 개념은 직선적이고 누적적인 발전을 전제했다. 과거보다 현재가, 현재보다 미래가 더 나을 것이라는 낙관적 믿음이었다. 그러나 20세기의 경험은 진보가 항상 긍정적인 것은 아님을 보여주었다. 화이트헤드의 진보 개념은 더 복합적이다. 진보는 단순히 양적 증가가 아니라 질적 향상이며, 단순히 복잡성의 증가가 아니라 아름다움의 실현이다. 때로는 퇴보나 단순화도 진보의 한 형태가 될 수 있다.

복지국가의 발전도 이러한 관점에서 재고될 필요가 있다. 복지 지출의 양적 확대가 항상 진보는 아니다. 중요한 것은 복지의 질적 향상이며, 개인과 사회의 조화로운 발전이다. 지속 가능한 발전 개념도 이러한 맥락에서 이해될 수 있다. 무한 성장이 아니라 적정 성장, 양적 발전이 아니라 질적 발전을 추구하는 것이다. 이는 화이트헤드의 아름다움 실현과 일치하는 개념이다.

과정철학과 공생적 복지국가의 만남

화이트헤드의 과정철학은 공생적 복지국가의 철학적 기초를 더욱 풍부하게 한다. 과정철학의 다음 핵심 개념들은 공생적 복지국가의 운영 원리와 깊이 공명한다.

첫째, 상호관련성의 원리이다. 과정철학에서 모든 존재는 다른 존재들과 내적으로 연결되어 있다. 이는 공생적 복지국가의 '상호의존성과 호혜성' 가치와 일치한다. 개인의 복지와 사회의 복지, 현재 세대와 미래 세대, 인간과 자연이 모두 내적으로 연결되어 있다.

둘째, 창조성과 혁신의 원리이다. 과정철학에서 우주는 끊임없이 새로운 것을 창조한다. 복지국가도 고정된 제도가 아니라 지속해 혁신하고 발전하는 과정이어야 한다. 새로운 사회 문제에 대응하여 새로운 해결책을 창조해 나가야 한다.

셋째, 적응과 학습의 원리이다. 과정철학에서 모든 존재는 환경 변화에 적응하면서 학습한다. 복지국가도 사회 변화에 유연하게 적응하고 지속해 학습하는 시스템이어야 한다. 이는 『주역』의 변통 사상과도 일치한다.

넷째, 참여와 민주주의의 원리이다. 과정철학에서 모든 존재는 창조적 주체이다. 복지국가에서도 모든 시민이 정책 과정에 참여할 수 있는 창조적 주체로 인정되어야 한다. 이는 공생적 복지국가의 '참여와 자치의 민주주의' 가치와 일치한다.

다섯째, 지속가능성과 아름다움의 원리이다. 과정철학에서 진정한 발전은 아름다움의 실현이다. 복지국가의 목표도 단순한 물질적 풍요가 아니라 개인과 사회, 인간과 자연의 조화로운 발전이어야 한다.

▪ 동서양 철학의 창조적 종합

화이트헤드의 과정철학은 동양사상과 서구철학의 창조적 만남을 보여주는 대표적 사례이다. 그의 철학은 서구철학의 엄밀한 논리적 구조를 유지하면서도 동양적 직관과 지혜를 깊이 포용한다. 특히 화이트헤드의 유기체적 세계관은 불교의 연기론, 유교의 천인합일 사상, 도교의 자연철학과 놀라운 유사성을 보인다. 이는 우연한 일치가 아니라 인류의 보편적 지혜가 동서양에서 각각 다른 형태로 표현된 것으로 볼 수 있다.

21세기 인류가 직면한 복합적 위기를 해결하기 위해서는 이러한 동서양 지혜의 창조적 종합이 필요하다. 서구의 분석적 사고와 동양의 통합적 사고, 서구의 개인주의와 동양의 공동체주의, 서구의 진보 정신과 동양의 조화 정신이 만날 때 새로운 문명 패러다임이 가능하다.

공생적 복지국가는 이러한 동서양 철학의 창조적 종합을 구체적 제도로 실현하려는 시도이다. 화이트헤드의 과정철학은 이러한 시도에 풍부한 철학적 자원과 이론적 토대를 제공한다.

- 미래 문명과 과정 사고

화이트헤드는 철학의 역할을 "문명의 합리적 계획에 기여하는 것"이라고 보았다. 그의 과정철학은 미래 문명의 설계도를 제시하는 것이 아니라 문명을 사고하는 새로운 방식을 제공한다.

과정 사고는 고정된 목표를 설정하고 그것을 달성하는 직선적 사고가 아니라, 변화하는 상황에 적응하면서 지속해 목표를 조정하는 순환적 사고이다. 이는 복잡성과 불확실성이 증대하는 21세기에 더욱 적합한 사고방식이다.

미래의 복지국가도 이러한 과정 사고를 바탕으로 설계되어야 한다. 완벽한 청사진을 그리고 그것을 실현하려는 것이 아니라, 지속적인 실험과 학습을 통해 진화하는 시스템을 만들어야 한다. 이는 화이트헤드가 말한 '모험adventure' 정신이다. 미래는 예측할 수 없지만 만들어갈 수 있다. 과거의 지혜를 계승하면서도 새로운 가능성에 열려있는 모험적 정신이 필요하다.

공생적 복지국가는 이러한 모험적 정신을 제도화하려는 시도이다. 안전과 모험, 안정과 변화, 전통과 혁신을 조화시키는 새로운 문명 실험이다. 화이트헤드의 과정철학은 이러한 실험을 위한 철학적 나침반을 제공한다.

제 4장

한국 사회보장제도의 전개와
구조적 문제

제 4장

한국 사회보장제도의 전개와
구조적 문제

1. 한국 사회보장제도의 역사적 전개

한국의 사회보장제도는 서구 복지국가들이 수백 년에 걸쳐 경험한 제도화 과정을 압축적으로 경험하면서 형성되었다. 일제강점기의 왜곡된 출발에서 해방 후 혼란기를 거쳐, 산업화 시기의 선별적 복지를 지나 민주화 이후 본격적인 제도 확대에 이르기까지, 한국의 사회보장제도는 독특한 발전 경로를 보여준다. 이러한 역사적 전개 과정은 현재한국 복지제도의 특징과 한계를 이해하는 열쇠이며, 동시에 공생적 복지국가로의 전환을 위한 역사적 토대를 제공한다. 특히 압축적 근대화과정에서 나타난 국가 주도의 급속한 제도화, 경제발전 우선주의, 가족주의적 복지 문화 등은 한국 복지제도의 고유한 특성을 형성했으며, 이는 미래 복지국가 발전 방향을 모색하는 데 중요한 시사점을 제공한다.

일제강점기와 해방 후 혼란기

▪ 일제강점기 사회보장제도의 왜곡된 출발

한국의 사회보장제도는 불행히도 일제강점기라는 특수한 역사적 조건에서 시작되었다. 일본은 1910년 한국을 강제 병합한 후 식민지 통치의 효율성을 높이고 노동력을 안정적으로 확보하기 위해 제한적이고 차별적인 사회보장제도를 도입했다. 1920년대 들어 일본은 조선에 일부 사회보장제도를 이식하기 시작했다. 1922년 「조선건강보험법」이 제정되었으나, 이는 주로 일본인과 일부 조선인 관리들을 대상으로 한 매우 제한적인 제도였다. 조선인 일반 민중은 이러한 혜택에서 철저히 배제되었다. 1936년에는 「조선공업재해보상법」이 제정되어 산업재해에 대한 최소한의 보상 제도가 마련되었다. 그러나 이 역시 일본의 전쟁 경제 체제 구축과 연관된 것으로, 조선인 노동자들의 복지 향상보다는 노동력의 효율적 관리에 목적이 있었다. 특히 1940년대 태평양전쟁이 격화되면서 일본은 조선의 인적·물적 자원을 전쟁 수행에 총동원하기 위한 체제를 구축했다. 1942년 「국민건강보험법」이 조선에도 적용되었지만, 이는 전쟁 수행을 위한 노동력 관리의 일환이었을 뿐 진정한 사회보장제도라고 보기 어려웠다. 1944년에는 일본에서 시행하던 구호법을 조선에 도입해 '조선구호령'을 제정했다. 이는 징병·징용에 따른 민심 동요를 막기 위한 목적이 강했다. 일제강점기에는 근대적 사회보험 외에도 구빈정책(빈민 구호사업)이 주로 시행되었다. 이는 전통사회에서 이어진 구황 사업의 연장선이었다.

일제강점기 사회보장제도의 특징은 첫째, 철저한 차별성이다. 일본인과 조선인, 도시와 농촌, 관리직과 일반 노동자 간에 명확한 차별이 존재했다. 둘째, 제한성이다. 인구의 극소수만이 혜택을 받을 수 있는 매우 제한적인 제도였다. 셋째, 도구성이다. 식민지 통치와 전쟁 수행을 위한 수단으로 활용되었을 뿐, 주민의 복지 향상이 목적이 아니었다. 이러한 일제강점기의 경험은 해방 후 한국 사회보장제도 발전에 부정적 영향을 미쳤다. 사회보장에 대한 국민의 인식이 부족했고, 제도 운용 경험과 전문 인력이 절대적으로 부족했다. 또한 사회보장을 국가 통제의 수단으로 보는 인식이 남아 있어 진정한 사회권 개념의 형성을 저해했다.

■ 해방 후 혼란과 제도 재건의 시련

1945년 해방 직후 한국 사회는 일제강점기 제도의 붕괴, 귀환 동포·월남자 급증, 식량난, 실업 등으로 극심한 사회·경제적 혼란을 겪었다. 실제로 1945~1949년 사이 남한 인구는 약 430만 명 이상 폭발적으로 증가했으며, 이는 주로 만주·일본 등 해외에서 귀환한 동포와 북한에서 내려온 월남자 때문이었다. 이에 따라 식량부족과 실업 문제가 심각해졌고, 생산시설의 파괴와 일본인 철수로 인한 경제적 공백도 혼란을 가중했다.

미군정(1945~1948)은 일제의 사회보장 관련 제도(특히 1944년 제정된 '조선구호령' 등)를 일부 유지하면서도, 월남민·귀환 동포 등 이재민 구호에 주력했다. 미군정의 사회복지정책은 주로 기아 방지, 최저생계 유지, 의료보호 등 응급적·임시방편적 성격이 강했다. 구호 행정은 일제의 법령과 미군정의 처무준칙에 따라 이루어졌고, 구호대상자의 수가 워낙 많아 재정적·행정적 제약이 컸다. 1948년 기준 이재민과 빈궁민 이 약 415만 명으로, 전체 인구의 20%에 달했다. 1948년 대한민국 정 부 수립 이후에도 국가 재건과 경제 복구가 최우선 과제로, 사회보장제 도 구축은 매우 더디게 진행되었다. 미군정은 사회보장제도의 본격적 도입보다는, 근로자 사고 보상 등 제한적 제도 도입에 우선순위를 두었 고, 의료보장체계 확립은 장기과제로 인식했다. 또한, 미군정은 조선인 의 행정 역량 부족을 이유로 미국인 전문가의 참여를 강조했다.

1950년 한국전쟁 발발은 사회제도 건설을 중단시켰고, 대규모 인명· 물적 피해로 국가 재정이 고갈되어 전후 복구가 정책의 최우선이 되었 다. 전쟁고아, 미망인, 상이군인 등 전쟁피해자 구호가 주요 사회정책이 었으나, 이 역시 잔여적 구빈정책 수준에 머물렀다. 전쟁고아만 해도 약 10만 명에 달했고, 이들을 위한 보호시설과 해외 입양이 활성화되었다. 전쟁 직후 사회복지사업은 주로 응급구호와 기초적 보호에 집중되었다.

- **1950~60년대 사회보장제도 도입과 그 한계**

1953년 제정된 「근로기준법」은 노동자의 기본권과 근로조건의 최저 기준을 명시하여 근로시간, 임금, 휴게시간, 여성과 소년 근로자 보호 등 근로조건의 기본 틀을 마련하였다. 이는 근로자의 생활 보장과 국민경 제 발전을 목적으로 한 법률로, 1953년 5월 10일 공포되어 시행되었다.

1960년 1월 1일 「공무원연금법」이 공포·시행되어 공무원 대상의 연금제도가 도입되었다. 공무원연금은 공무원의 퇴직, 사망, 질병, 부상 등에 대해 국가가 적절한 급여를 지급함으로써 생활안전과 복리 향상을 도모하는 제도이다. 이 법은 1959년 국무원 사무국에서 제정되었으며, 정부와 공무원이 공동으로 기금을 조성하는 기여제 방식이었다.

1963년에는 「군인연금법」이 제정되어 군인에 대한 독립적인 연금제도가 시작되었다. 군인연금은 군 복무 기간에 따른 퇴역연금, 상이연금, 유족연금 등 다양한 급여를 포함하며, 1973년부터는 기금 고갈로 국가 세금으로 지급하는 구조가 되었다.

1960년대 초반부터 산업재해보상보험, 의료보험, 연금보험 등 사회보험제도가 단편적으로 도입되기 시작했으며, 1962년 「사회보장제도 심의위원회 규정」이 제정되어 사회보장제도의 확립과 발전을 도모했다. 1963년에는 「사회보장에 관한 법률」이 제정되어 사회보장제도의 기본 원칙과 기준을 설정하려 하였다.

1950~60년대 사회보장제도는 매우 제한적이고 선별적이었으며, 주로 군인, 공무원, 교원 등 특수직역을 중심으로 제도화되었다. 일반 국민을 대상으로 하는 보편적 사회보장제도는 거의 없었고, 급여 수준도 낮아 실질적인 사회보장 기능 수행에 한계가 많았다. 당시 사회보장정책은 전쟁피해자 구호, 빈곤층 대상 공적부조, 산업재해보상 등 특정 집단이나 상황에 대한 선별적 지원에 머물렀고, 보편적 복지국가 모델과는 거리가 있었다. 「생활보호법」(1962년 제정) 등을 통해 저소득층에 대한 최소한의 생계 지원이 이루어졌으나, 지원 규모와 범위는 매

우 제한적이었다.

1960년대 박정희 군사정부 시기에는 사회복지정책이 경제개발과 노동력 통제의 수단으로 활용되었으며, 사회보장은 주로 특수직역과 산업재해보상 중심으로 선별적·잔여적 방식으로 운영되었다. 이 시기 복지 체제는 국가-시장-가족-원조(미국)의 네 주체로 구성되었고, 미국 원조에 크게 의존하였으며, 국민 대다수는 절대빈곤 상태에 있었다. 근로기준법은 노동자 보호를 위한 기본법이었으나, 공무원·사립학교교원 등은 별도의 특별법 적용을 받았고, 노동조합법과 노동쟁의조정법도 1953년에 제정되어 노동권 보호의 기초를 마련하였다.

1950년대 후반부터 1960년대 초반까지 사회복지법 제정과 사회보장제도 도입은 경제적 어려움과 행정적 미비로 인해 실질적인 효과가 제한적이었으며, 사회복지 인프라와 전문 인력도 부족했다. 군인연금과 공무원연금은 기여금과 국가 부담이 혼합된 기금제 방식으로 운영되었으나, 1970년대 이후 재정적 부담이 커져 국가 세금으로 보전하는 구조로 전환되었다. 1960년대 사회보장제도는 산업화 초기 단계의 노동시장 이중구조와 맞물려 특정 계층에 선별적으로 제공되었고, 보편적 복지국가로의 발전은 이후 1970년대 이후 본격화되었다.

▪ 1960년대 경제개발 우선주의와 복지 지연

1961년 5.16 군사쿠데타 이후 박정희 정권은 경제개발을 국가의 최우선 과제로 설정했다. 경제개발 5개년계획을 통한 급속한 산업화가 추진되면서, 사회보장제도 발전은 뒷순위로 밀려났다. '선성장 후분배' 논리에 따라 경제성장이 이루어지면 자연스럽게 사회문제가 해결될 것이라는 낙수효과^{trickle-down effect} 이론이 지배적이었다.

1963년 「산업재해보상보험법」이 제정되고 1964년 7월 1일부터 시행하면서 한국 최초의 사회보험제도가 도입되었다. 이는 산업화 과정에서 증가하는 산업재해에 대응하고, 경제개발에 필요한 노동력을 안정적으로 확보하려는 목적이 강했다. 초기에는 상시근로자 500인 이상을 고용하는 광업·제조업 사업장에만 적용되어 매우 제한적이었다. 같은 해 「사회보장에관한법률」이 제정되어 사회보장제도의 기본 틀이 마련되었다. 그러나 이 법은 사회보장제도의 방향성과 기본 원칙을 제시한 선언적 성격이 강했고, 구체적이고 실질적인 제도 운용은 이루어지지 못했다.

1963년에는 「의료보험법」이 제정되었지만, 실제 시행은 되지 않았다. 당시 경제적 여건과 사회적 합의 부족이 시행 지연의 주요 원인이었으며, 실제 의료보험제도는 1977년에서야 본격적으로 시행된다. 이는 한국 사회보장제도 발전에서 법 제정과 실제 시행 사이의 시차가 매우 큰 특징을 보여준다.

1960년대 사회보장제도 법 제정과 실제 시행 사이에 큰 시차가 존재했는데, 이는 경제적 기반 부족, 사회적 준비 미흡, 정책 우선순위의 차이 등에서 기인했다. 1960년대 사회보장제도의 특징을 들자면, 첫째, 경제개발 종속성; 사회보장제도는 경제개발계획에 종속되어 독자적으로 발전하지 못했고, 사회정책보다 경제성장이 우선시되었다. 둘째,

노동력 관리 수단으로서의 성격; 사회보험은 노동자의 권리 보장보다는 산업화에 필요한 노동력의 안정적 확보와 관리 수단으로 인식되었다. 사회보장제도의 적용 범위도 산업재해에 노출된 일부 대규모 사업장 노동자로 제한되었다. 셋째, 국가복지의 미흡인; 국가 주도의 보편적 복지보다는 대기업 중심의 기업복지와 유교적 가족주의에 기반한 가족 부양이 주요 복지 공급원이었으며, 국가의 복지 책임은 제한적이었다. 국가-시장-가족-원조(미국)라는 네 주체가 복지 체제를 구성했고, 국가의 역할은 미미했다.

산업화 시기의 선별적 복지

- ### 1970년대 중화학 공업화와 복지제도의 제한적 확대

1970년대 한국은 정부 주도의 중화학공업 육성 정책을 본격적으로 추진했다. 이에 따라 산업구조가 경공업 중심에서 중화학공업 중심으로 전환되었고, 대기업 중심의 경제성장과 노동력의 고도화가 이루어졌다. 그러나 이러한 산업화 과정에서 임금 격차, 노동강도 증가, 농촌 붕괴 등 사회적 부작용이 심화했고, 도시 빈곤, 산업재해, 직업병 등 새로운 사회적 위험이 대두되었다. 이 과정에서 사회보장제도도 제한적이나마 확대되기 시작했지만, 여전히 경제개발이 최우선 과제였고, 복지는 경제성장에 도움이 되는 범위 내에서만 허용되었다.

1973년 「국민복지연금법」이 제정되어 한국 최초의 공적연금제도가

도입될 예정이었으나, 1973년 말 1차 석유파동으로 인한 경제위기와 기업 부담, 사회적 준비 미흡 등으로 시행이 무기한 연기되었다. 이는 한국 사회보장제도 발전에서 경제적 요인이 얼마나 결정적인지를 보여주는 사례이다.

대신 1977년 「의료보험법」이 500인 이상 사업장 근로자를 대상으로 시행되기 시작했다. 이는 한국 최초의 의료보험제도로, 사회보장제도사에서 중요한 의미가 있다. 그러나 이는 사회보장제도사에서 중요한 전환점이었으나, 적용 대상은 대규모 사업장 근로자에 국한됐고, 농민·자영업자·비정규직 등은 배제되었다. 1977년 1월에는 영세민과 생활보호대상자를 위한 공적부조 성격의 의료보호제도도 함께 도입되었다.

1970년대 사회보장제도 확대의 배경에는 여러 요인이 작용했다. 첫째, 산업화 과정에서 나타난 새로운 사회적 위험에 대한 대응 필요성이다. 산업재해, 직업병, 도시 빈곤 등이 사회문제로 대두되면서 이에 대한 제도적 대응이 요구되었다. 둘째, 정치적 정당성 확보의 필요성이다. 권위주의 정권이 정치적 정당성 확보와 민심 안정 차원에서 제한적이나마 복지정책을 도입했다. 셋째, 국제적 압력이다. 국제사회(특히 차관 도입 등 경제협력의 조건)로부터 최소한의 노동기준과 사회보장제도 도입을 요구하였다.

그러나 1970년대 복지제도는 여전히 매우 제한적이었다. 대상은 주로 도시 대기업 정규직 노동자 등 일부 계층에만 적용되는 매우 제한적·선별적 제도였다. 농민, 자영업자, 비정규직 노동자들은 배제되었고. 급여 수준이 낮아 실질적인 소득 보장 기능은 미약했다.

- ▪ 1980년대 사회보장제도 확대의 배경과 경과 –
  정치적 정당성과 복지제도 도입

1980년 5.17 비상계엄 확대와 광주민주화운동 진압 이후 전두환 정권은 심각한 정치적 정당성 위기에 직면하였고, 이를 완화하기 위해 경제 안정화와 더불어 복지정책의 점진적 확대를 추진했다.

1973년 제정된 「국민복지연금법」은 1차 석유파동 등으로 시행이 무기한 연기됐고, 1986년 「국민연금법」으로 전면 개정되어 1988년 1월부터 10인 이상 사업장 근로자를 대상으로 시행되었다. 「공무원연금법」은 이미 1960년에 제정되어 시행 중이었으며, 1981년에는 「공무원연금특별회계법」이 제정되어 연금기금 관리체계가 정비되었다. 「사립학교교직원연금법」은 1973년 제정, 1978년 시행, 1980년 1월 1일 전면 시행되었다.

의료보험제도는 점진적으로 확대되었다. 1977년 500인 이상 사업장 근로자 대상 의료보험이 도입된 이후, 1979년 공무원 및 사립학교 교직원 의료보험이 도입되었고, 1981~1982년에는 농어촌 지역에서 의료보험 시범사업이 실시되었고, 1988년 1월 농어촌 지역, 1989년 7월 도시 자영업자까지 확대되어 전 국민 의료보험이 완성되었다.

1982년 「생활보호법」이 전면 개정되어 교육보호, 자활보호 등 복지 범위가 확대되었다. 1980년대 초 사회복지서비스 관련 법률로 「노인복지법」(1981), 「심신장애자복지법」(1981, 이후 장애인복지법으로 개정) 등이 제정되어 복지서비스의 기초가 마련되었다. 「사회보장에관한법률」은 1963년 제정 이후 1995년 「사회보장기본법」이 제정되기 전까지 기본법 역할을 했다.

1980년대 사회보장제도 확대의 특징은 다음과 같다. 첫째, 정치적 정당성 확보 수단으로서의 성격으로서 권위주의 정권이 국민의 지지를 얻기 위한 수단으로 복지제도를 활용했다. 둘째, 한 번에 전 국민을 대상으로 하지 않고 특정 집단부터 시작하여 점진적으로 확대하는 점진적 확대 전략방식을 택했다. 셋째, 국민 부담을 최소화하고 제도 도입의 상징적 효과에 집중한 '저부담-저급여' 구조가 유지되었다.

- ## ▪ 1980년대 후반 올림픽과 복지제도의 구체적 성과

1988년 서울올림픽은 한국 사회보장제도 발전에 중요한 전환점이 되었다. 국제적 위상 제고와 함께 선진국 수준의 사회보장제도 구축에 대한 사회적 요구가 높아졌다.

1988년 1월 1일 「국민연금법」이 시행되어 한국 최초의 공적연금제도가 출범했다. 초기 적용 대상은 10인 이상 사업장 근로자(18~60세) 및 사업주로 한정되었다. 국민연금은 노후소득보장의 핵심 제도로써 복지국가 건설의 상징적 의미가 있다. 1987년 9월 국민연금관리공단이 설립되어 제도 운용을 담당했으며, 1992년 1월 1일부터는 5인 이상 사업장으로 적용 범위가 확대되었다. 1995년 7월 1일 농어촌 지역, 1999년 4월 1일 도시 지역까지 확대되어 '전 국민연금 시대'가 열렸다.

1988년 1월 1일 농어촌 지역 의료보험이 전국적으로 실시되어 자영자 계층까지 사회보험이 확대되었다. 1988년 7월에는 5인 이상 사업장까지 직장의료보험이 확대 적용되었으며, 1989년 7월 1일부터 도시 지역 자영업자에게도 의료보험이 적용되어, 1977년 직장의료보험 도입 후 12년 만에 전 국민 의료보험이 완성되었다.

1987년 민주화 이후 사회보장제도 확대에 대한 사회적 요구가 급증했다. 노동운동의 활성화와 함께 노동자들의 복지 요구가 표출되었고, 시민사회의 성장과 함께 사회권에 대한 인식이 확산하였다. 그러나 1980년대 사회보장제도는 여전히 많은 한계를 가지고 있었다. 급여 수준이 낮아 실질적인 소득보장 기능이 미흡했고, 제도 간 연계성이 부족했다. 또한 의료보험의 경우 조합 중심의 분산적 운영으로 형평성 문제가 발생했다. 조합 간 재정 불균형, 보험료 부과의 형평성, 서비스의 지역적 차별 등 구조적 한계가 지적되었다.

민주화 이후 복지제도의 확대

▪ 1990년대 민주화와 복지국가 담론의 등장

1987년 6월 민주항쟁을 통한 민주화는 한국 사회보장제도 발전에 새로운 전기를 마련했다. 민주화와 함께 사회권에 대한 인식이 확산하고, 복지국가 건설에 대한 사회적 요구가 본격적으로 제기되기 시작했다. 이 시기 국민연금법(1986년 제정, 1988년 시행), 최저임금법(1986년 제정, 1988년 시행), 의료보험법의 확대 등 복지제도의 본격적 도입이 이루어졌다.

1990년대 들어 한국 사회는 급속한 변화를 경험했다. 저출산·고령화가 시작되었고, 핵가족화와 1~2인 가구 증가, 가족해체 등으로 전통적 가족부양 기능이 급격히 약화하였다. 여성의 경제활동 참가율이 꾸준히 증가하며, 보육 및 돌봄 서비스에 대한 사회적 수요가 확대되었다. 1987년 「남녀고용평등법」, 1990년 「영유아보육법」 제정 등 관련 제도도 도입·확대되었다.

1993년 김영삼 문민정부 출범 이후 복지국가 건설이 국정과제로 제시되었으나, 전반기에는 경제 활성화에 더 중점을 두어 사회복지 예산 비중은 오히려 감소하는 경향을 보였다. 1995년 12월 30일 「사회보장기본법」이 제정되어 사회보장제도의 기본 철학(모든 국민의 인간다운 생활 보장, 사회통합 도모)과 운영 원칙이 명확히 규정되었다. 이 법은 사회보험, 공공부조, 사회복지서비스 등 사회보장제도의 공통사항과 국가·지방자치단체의 책임을 명시했다.

국민연금제도는 1988년 10인 이상 사업장 근로자에서 1992년 5인 이상 사업장, 1995년 7월 1일 농어촌 지역, 1999년 4월 1일 도시 지역 자영업자까지 단계적으로 확대되어 '전 국민연금 시대'가 실현되었다. 의료보험제도는 1989년 도시 자영업자까지 적용되어 전 국민 의료보험이 완성되었고, 2000년 7월 「국민건강보험법」 시행으로 직장·지역 의료보험이 완전히 통합되어 국민건강보험공단이 설립되었다.

- 1997년 외환위기와 사회안전망 구축

1997년 외환위기는 한국 사회보장제도 발전에 결정적 계기가 되었다. 경제위기로 인한 대량 실업과 빈곤 증가는 기존의 선별적이고 제한적인 복지제도의 한계를 적나라하게 드러냈다. 1997년 말 외환위기 직전까지 한국의 공식 실업률은 2~3%대로 매우 낮은 수준이었으나, 위기 이후 대규모 구조조정과 기업 도산으로 실업률이 1998년 한때 6.8~7%까지 급등했고, 실업자 수는 1997년 말 45만 명에서 1998년 3월 137만 명으로 불과 5개월 만에 3배 이상 증가했다. 이에 따라 대량 실업과 빈곤 문제가 사회적 쟁점으로 부상했고, 기존의 선별적·잔여적 복지제도의 한계가 명확히 드러났다.

「고용보험법」은 1993년 12월 제정되어 1995년 7월 1일부터 30인 이상 사업장에 우선 시행되었다. 실업급여(실업보험)는 1996년 7월 1일부터 시행되었으나, 초기에는 적용 범위가 제한적이었다.

1999년 「국민기초생활보장법」이 제정되어 2000년 10월 1일부터 시행되었다. 이 법은 기존 「생활보호법」(1961년 제정)의 시혜적·잔여적 공공부조를 대체하여, 근로 능력 및 나이와 관계없이 최저생계비 이하의 모든 빈곤층을 보호 대상으로 하는 권리로서의 공공부조제도를 도입했다. 국민기초생활보장제도는 국민의 기본적 생활을 국가가 보장해야 할 의무로 명시하며, 수급자의 법적 권리성을 크게 강화하였다.

외환위기 대응 과정에서 사회보장제도의 확대는 다음과 같은 특징을 보였다. 첫째, 위기 대응적 성격이다. 경제위기로 인한 사회문제에 대응하기 위한 긴급 처방의 성격이 강했다. 둘째, 제도적 포괄성 확대이다. 고용보험, 국민연금, 건강보험 등 사회보험의 적용 대상이 전 국민으로 확대되고, 공공부조의 포괄성도 크게 강화되면서 기존에 배제되었던 계층들을 사회보장제도에 포함하려는 노력이 이루어졌다. 셋째, 권리 중심 접근의 강화이다. 국민기초생활보장제도는 시혜가 아닌 권리로서의 사회보장 개념을 확립하였으며, 국가의 책임과 수급자의 법적 권리가 명확히 규정되었다.

▪ 2000년대 참여정부와 사회투자 전략

2003년 출범한 참여정부는 는 '사회투자국가'를 국정 비전으로 제시했다. 이는 복지를 단순한 소비가 아니라 인적자본 개발과 사회통합을 위한 투자로 보고, 성장과 복지의 선순환을 추구하는 접근법이었다. 이러한 전략은 경제성장과 복지 향상을 동시에 달성하려는 '동반성장전략'으로 구체화했다.

2005년 기초연금제도 도입이 논의됐으나, 정부의 재정 부담과 국민연금과의 관계 등으로 인해 실제 도입에는 이르지 못했다.

보육 분야에서는 2004년 「영유아보육법」이 전면 개정되어 보육의 공공성과 보편성이 크게 강화되었다. 모든 영유아를 보육대상으로 확대하고, 국가와 지방자치단체의 책임을 명확히 했으며, 보육시설 평가인증제 등 보육 서비스 질 관리체계가 도입되었다. 2006년부터 만 5세아 무상보육이 시범적으로 시행되어 보편적 복지의 토대가 마련됐다. 다만, 완전한 보편적 무상보육은 이후 정부에서 단계적으로 확대되었다.

장애인복지 분야에서도 큰 진전이 있었다. 2007년 「장애인차별금지 및 권리구제 등에 관한 법률」이 제정되어 2008년 4월부터 시행되었다. 이 법은 장애를 이유로 한 모든 차별을 금지하고, 장애인의 인권과 권리 보장을 강화하는 내용을 담고 있다.

참여정부 시기 사회보장제도 발전의 특징은 다음과 같다. 첫째, 사회투자 접근법의 도입으로 교육, 보육, 직업훈련 등 인적자본 개발에 대한 투자가 확대되었다. 둘째, 보편적 복지로의 지향이다. 선별적 복지에서 보편적 복지로의 패러다임 전환이 시도되었으며, 기초노령연금, 무상보육 등 보편적 제도가 확대되었다.

셋째, 사회적 배제 계층에 관한 관심 증대이다. 장애인, 이주민 등 사회적 소수자에 대한 정책적 관심과 권리 보장이 강화되었다.

- 2010년대 복지 확대와 보편복지 논쟁

2008년 글로벌 금융위기 이후 복지국가의 중요성이 재인식되며 복지 확대에 대한 사회적 요구가 커졌다. 2010년 지방선거에서 무상급식 논쟁이 전국적으로 부상하면서 '보편복지' 대 '선별복지' 논쟁이 본격화되었다. 무상급식은 이후 보편복지의 상징적 정책으로 자리를 잡았다.

2008년 출범한 이명박 정부는 초기에는 '능동적 복지'(맞춤형·예방형 복지)를 표방하며, 선별적 복지를 강조했다. 이는 어려움이 닥쳤을 때 돕기보다는 인적 역량 개발에 초점을 맞추는 방식이었다. 그러나 사회적 압력과 복지 확대 요구에 따라 무상보육, 기초노령연금 인상 등 복지정책이 점진적으로 확대되었다.

2013년 출범한 박근혜 정부는 '국민 행복 시대'를 국정 비전으로 내세우고 복지 확대를 약속했다. 2014년 7월 '기초연금제도'가 도입되어 만 65세 이상 소득 하위 70% 노인에게 월 최대 20만 원의 기초연금이 지급되기 시작했다. '누리과정' 도입으로 만 3~5세 무상보육·교육이 확대되었고, 2013년부터 0~2세 무상보육도 시행되어 취학 전 모든 영유아(0~5세)에게 무상보육이 실현되었다.

2017년 출범한 문재인 정부는 '포용국가'를 국정 비전으로 제시하며 복지 확대를 적극적으로 추진했다. 2018년 아동수당이 도입되어 만 6세 미만 아동에게 지급되기 시작했고, 기초연금 인상, 건강보험 보장성 강화('문재인 케어') 등 복지정책이 확대되었다.

■ 한국 사회보장제도의 발전: 주요성과

① 제도적 포괄성의 확대

1989년 전 국민 의료보험, 1999년 전 국민연금, 1995년 고용보험, 2000년 국민기초생활보장 등 4대 사회보험과 공공부조 제도를 단기간에 전 국민 대상으로 확대한 것은 국제적으로도 드문 사례이다. 국민연금은 1988년 10인 이상 사업장 근로자에서 1992년 5인 이상, 1995년 농어촌, 1999년 도시 지역까지 단계적으로 확대되어 전 국민연금 시대가 실현되었다. 의료보험 역시 1989년 도시 지역 자영업자까지 적용되어 전 국민 의료보장이 달성되었다.

② 급여 수준의 점진적 개선

초기에는 급여 수준이 매우 낮았으나, 국민연금·건강보험 등 사회보험의 급여 수준과 보장 범위가 점진적으로 개선되었다. 그러나 여전히 OECD 평균과 비교하면 급여 수준이 낮은 편이다.

③ 권리로서의 사회보장 확립

2000년 「국민기초생활보장법」 시행 이후, 사회보장은 시혜가 아닌 국민의 권리로 인식되는 방향으로 전환되었다. 국민기초생활보장제도는 근로 능력 보유 여부와 관계없이 최저생계비 이하 모든 빈곤층을 보호 대상으로 하여 사회권적 성격을 명확히 했다.

- **남은 과제와 한계**

① 급여 수준의 적절성

한국의 사회보장 급여 수준은 OECD 평균에 비해 여전히 낮아 실질적인 소득 보장 기능이 미흡하다. 2022년 기준 GDP 대비 공공사회지출 비율은 14.8%로, OECD 평균(21.1%)보다 크게 낮으며, 이는 아일랜드를 제외하면 최하위 수준이다.

② 제도 간 연계성 부족

사회보험, 공공부조, 사회서비스 등 각 제도가 분절적으로 운영되어 효율성과 형평성에 한계가 있다. 제도 간 연계와 통합이 미흡해 복합적 위험에 대한 일관된 대응이 어렵고, 사각지대가 여전히 존재한다.

③ 새로운 사회적 위험에 대한 대응 부족

플랫폼 노동, 돌봄 위기, 기후변화, 고령화, 저출산 등 새로운 사회적 위험에 대한 제도적 대응이 충분하지 않다. 기존 제도는 주로 전통적 위험(실업, 질병, 노령)에 초점을 맞추고 있어, 불안정 고용, 가족구조 변화, 환경위기 등에는 한계가 있다.

▪ 한국 사회보장제도 발전의 특징과 교훈

한국 사회보장제도의 역사적 전개 과정을 통해 다음과 같은 특징과 교훈을 도출할 수 있다.

첫째, 압축적 발전의 특성이다. 서구가 수백 년에 걸쳐 경험한 제도화 과정을 수십 년에 압축하여 경험했다. 이는 빠른 제도 구축이라는 장점과 함께 제도의 성숙도 부족이라는 단점을 동시에 가져왔다.

둘째, 국가 주도의 하향식 발전이다. 시민사회의 요구보다는 국가의 필요 때문에 제도가 도입되는 경우가 많았다. 이는 제도 도입의 신속성을 가져왔지만, 시민 참여와 사회적 합의 부족이라는 문제도 초래했다.

셋째, 경제발전과의 밀접한 연관성이다. 경제 상황이 사회보장제도 발전을 크게 좌우했다. 경제위기 시기에는 제도 확대가 지연되거나 축소되었고, 경제 호황기에는 제도 확대가 추진되었다.

넷째, 단계적·점진적 확대 전략이다. 한 번에 전 국민을 대상으로 하지 않고 특정 집단부터 시작하여 점진적으로 확대하는 방식을 택했다. 이는 사회적 갈등을 최소화하는 장점이 있었지만, 제도 간 형평성 문제를 일으키기도 했다.

다섯째, 가족주의적 복지 문화의 지속이다. 유교적 전통에 기반한 가족 중심의 복지 문화가 지속되어 공적 복지의 발전을 제약하는 요인으로 작용했다.

여섯째, 정치적 변동과의 연관성이다. 정권 교체와 함께 복지정책의 방향과 강도가 크게 변화했다. 이는 정책의 연속성과 일관성을 저해하는 요인이 되었다.

이러한 특징들은 한국 사회보장제도의 현재 모습을 이해하고 미래 발전 방향을 모색하는 데 중요한 시사점을 제공한다. 특히 공생적 복지국가로의 전환을 위해서는 이러한 역사적 경험과 교훈을 바탕으로 새로운 발전 전략을 모색해야 할 것이다.

한국은 해방 이후 단기간에 전 국민 대상 사회보험과 공공부조 제도를 구축하는 등 제도적 포괄성과 권리성 측면에서 세계적으로 주목받을 만한 발전을 이루었다. 그러나 급여 수준의 적절성, 제도 간 연계성, 새로운 사회적 위험 대응 등 질적 발전과 실질적 보장성 측면에서는 여전히 많은 과제가 남아 있다.

- **한국 사회보장제도 발전 단계별 구분과 특징**

한국 사회보장제도의 역사적 전개 과정은 다음과 같이 단계별로 구분할 수 있다.

제1단계: 도입기 (1945~1970년대 초)

• 시기적 배경: 해방과 6·25전쟁, 전후 복구 등으로 사회·경제적 혼란이 극심했던 시기.

• 제도적 특징:

- 국가 주도의 체계적 사회보장제도는 미비했으며, 민간 및 외원단체 중심의 구호·자선사업이 주류를 이룸.

- 1960년대 초 군사정부 출범 이후 공공부조(1961년 생활보호법), 군인연금(1963), 공무원연금(1960), 산업재해보상보험(1963) 등 특수직역 중심의 사회보험이 도입됨.

- 사회복지서비스 관련 법(아동복지법, 윤락행위방지법 등)도 이 시기에 마련됨.

• 한계: 제도적 기반이 취약하고, 복지의 대상과 급여가 극히 제한적.

제2단계: 확산기 (1970년대 후반~1980년대)

• 시기적 배경: 중화학 공업화와 경제성장, 도시화, 사회구조 변화.

• 제도적 특징:

- 1977년 의료보험법 시행(500인 이상 사업장), 1979년 공무원· 사립학교 교직원 의료보험, 1981~82년 농어촌 시범 의료보험, 1988~89년 전 국민 의료보험 완성.

- 1988년 국민연금제도 도입(10인 이상 사업장 근로자 대상), 1992년 5인 이상 사업장, 1995년 농어촌, 1999년 도시 지역까지

단계적 확대.

- 경제개발 우선주의하에 복지제도는 제한적·선별적으로 확대됨.

• 한계: 복지제도 적용 범위가 도시·정규직 중심에 머물렀고, 급여 수준도 낮았음.

제3단계: 성숙기 (1990년대~2000년대 초)

• 시기적 배경: 1987년 민주화, 사회권 의식 확산, 경제위기(1997년 외환위기).

• 제도적 특징:

- 1989년 전 국민 의료보험, 1999년 전 국민연금 달성.

- 1995년 고용보험 도입, 1998년 실업급여 확대.

- 1999년 국민기초생활보장법 제정(2000년 시행)으로 공공부조가 권리적 성격으로 전환.

- 사회복지서비스 법률 정비(노인복지법, 장애인복지법 등).

• 의의: 4대 사회보험(국민연금, 건강보험, 고용보험, 산재보험)과 공공부조의 전 국민 적용 기반 구축, 복지제도의 권리성 강화.

제4단계: 발전기 (2000년대 중반~현재)

• 시기적 배경: 저출산·고령화, 가족구조 변화, 사회적 다양성 확대, 복지국가 담론 심화.

• 제도적 특징:

- 사회투자 전략 도입(참여정부), 인적자본 개발과 사회통합 지향.
- 기초노령연금(2008년), 기초연금(2014년), 아동수당(2018년), 노인장기요양보험(2008년) 등 새로운 복지제도 도입과 보편적 복지 확대.
- 2000년 국민건강보험공단 출범으로 건강보험 단일보험자 체계 완성, 사회복지서비스의 지방분권화 및 다양화.
- 복지 사각지대 해소, 급여 적절성·형평성 개선 노력, 사회적 소수자(장애인, 이주민 등) 권리 강화.
• 과제: 급여 수준의 적절성, 제도 간 연계성, 플랫폼 노동·돌봄·기후 위기 등 새로운 사회 적 위험 대응 미흡.

각 발전 단계는 경제성장, 정치체제 변화(민주화), 사회구조 변화, 국제적 압력 등 국내외 환경에 따라 특징이 달라졌다. 한국은 단기간에 전 국민 사회보험 및 공공부조 체계를 구축했으나, 급여 수준, 제도 간 연계, 신 사회적 위험 대응 등 질적 성숙에는 여전히 개선 여지가 크다. 최근에는 복지국가의 지속가능성과 포용성, 사회적 신뢰 및 사회통합의 강화가 중요한 과제로 부상하고 있다.

■ **국제 비교를 통한 한국 경험의 특수성**

한국의 사회보장제도 발전 경험을 국제적으로 비교해보면 다음과 같은 특수성을 발견할 수 있다.

① 발전 속도의 특수성

서구 복지국가들이 100~150년에 걸쳐 점진적으로 사회보장제도를 확립했지만, 한국은 1970년대 후반 이후 불과 30~40년 만에 전 국민 의료보험(1989), 전 국민연금(1999), 고용보험(1995), 국민기초생활 보장(2000) 등 4대 사회보험과 공공부조 체계를 구축했다. 이러한 압축적 발전은 후발 산업화국가로서 선진국의 제도와 경험을 벤치마킹 하고, 단기간 내 제도적 포괄성을 크게 확대한 결과이다.

② 발전 순서의 특수성

서구 복지국가에서는 일반적으로 산업재해보험 → 건강보험 → 실업 보험 → 연금보험 순으로 제도가 도입되었다. 한국은 1964년 산재보 험(산업재해보상보험법), 1977년 건강보험(의료보험법), 1988년 국민 연금, 1995년 고용보험 순으로 도입되어, 특히 건강보험과 국민연금 이 거의 동시에 전 국민 대상으로 확대된 점이 독특하다. 실업보험(고 용보험) 도입이 연금보다 늦었고, 의료보험과 연금이 비슷한 시기에 전 국민화된 점은 서구와 다른 발전 경로이다.

③ 발전 동력의 특수성

서구에서는 노동운동, 좌파 정당, 시민사회의 압력 등 '사회적 합의'에 의해 복지국가가 발전한 경우가 많았다. 한국에서는 권위주의 정부의 정치적 필요(정치적 정당성 확보, 사회통제), 경제위기(외환위기 등) 대 응, 국제적 압력(차관 조건, OECD 가입 등) 등 '국가 주도'의 동기가 강하게 작용했다. 민주화 이후에는 시민사회와 노동운동의 영향도 점차 커졌으나, 제도 도입 초기에는 국가 주도적·정치적 동기가 핵심이었다.

④ 제도 설계의 특수성

한국 사회보장제도는 독일식 사회보험 모델(직장 중심, 기여 방식)을 기본으로 하면서도, 미국식 자유주의(민간의료기관 활용, 가족·기업 복지의 역할), 북유럽식 보편주의(전 국민 적용 확대) 요소가 혼합된 '혼합형' 제도이다. 예를 들어, 의료보험은 민간의료기관을 활용하는 미국식 요소와 전 국민 강제가입의 북유럽식 보편주의가 결합하여 있다. 최근에는 저출산·고령화, 사회적 다양성 등 한국 사회의 변화에 맞춘 '한국형 복지모형' 논의도 활발하다.

⑤ 보충: 재정 규모와 복지국가 단계

한국은 복지지출 증가 속도는 OECD 회원국 중 가장 빠르지만, GDP 대비 공공사회지출 비율은 2020년 기준 약 14~15%로, 여전히 서유럽 복지국가(20~25%)보다 낮은 수준이다. 복지국가의 '초기 단계'에서 '성숙한 단계'로 이행 중이며, 앞으로는 급여 수준, 제도 간 연계, 신 사회적 위험 대응 등이 중요한 과제가 되고 있다.

한국 사회보장제도는 압축적 발전, 독특한 도입 순서, 국가 주도적 동력, 혼합형 설계라는 국제적으로 유례없는 특수성을 보여준다. 이는 한국 복지 체제의 고유한 성격을 형성하는 동시에, 미래 복지정책 설계에도 중요한 시사점을 제공한다.

2. 현행 사회보장체계의 구조적 문제점

제도 간 연계성 부족과 사각지대의 지속

한국의 현행 사회보장체계는 개별 제도들이 각각 다른 시기에 서로 다른 목적과 논리로 도입되면서 형성된 복합적 구조로 되어 있다. 이러한 역사적 형성 과정은 필연적으로 제도 간 연계성 부족이라는 구조적 한계를 낳았다. 국민연금, 건강보험, 고용보험, 산재보험이라는 4대 사회보험은 각각 별도의 법률과 관리기관을 두고 독립적으로 운영되고 있으며, 이들 사회보험과 국민기초생활보장제도로 대표되는 공공부조 간의 연계 역시 매우 제한적이다.

이러한 분절성의 가장 심각한 문제는 복합적 위험에 직면한 개인이나 가구에 대한 통합적 대응이 어렵다는 점이다. 예를 들어, 중장년층 비정규직 노동자가 산업재해로 인해 장애를 입고 실업 상태가 되면서 동시에 가족의 병간호 부담까지 져야 하는 상황을 가정해보자. 이 경우 산재보험, 고용보험, 장애인복지서비스, 그리고 필요에 따라 국민기초생활보장 급여까지 여러 제도를 동시에 이용해야 하지만, 각 제도의 자격 요건, 급여 수준, 신청 절차가 서로 다르고 때로는 상충하기도한다. 더 나아가 한 제도의 급여를 받으면 다른 제도의 수급 자격에서 제외되는 경우도 발생한다.

특히 공공부조와 사회보험 간의 관계에서 이러한 문제가 두드러진다. 국민기초생활보장제도는 소득인정액이 최저생계비 이하인 경우에만 수급이 가능하도록 설계되어 있는데, 이때 각종 사회보험 급여도 소득으로 산정된다. 그 결과 사회보험 급여를 받게 되면 기초생활보장 수급 자격을 잃는 경우가 발생하고, 이는 수급자가 사회보험 가입을 꺼리게 만드는 역설적 상황을 초래한다. 이른바 '복지의 덫$^{welfare\ trap}$' 현상이 나타나는 것이다.

고용보험의 사각지대 문제는 이러한 제도 간 연계성 부족의 대표적 사례이다. 2024년 기준 전체 자영업자 중 고용보험 가입률은 1% 미만(0.9%)에 불과하며, 플랫폼 노동자, 특수고용직, 초단시간 노동자 등은 고용보험의 보호를 받지 못하는 경우가 많다. 이들은 실업 시 고용보험의 보호를 받을 수 없어 곧바로 국민기초생활보장제도에 의존해야 하는 상황에 놓인다. 그러나 기초생활보장제도의 부양의무자 기준과 재산 기준으로 인해 이들조차 제대로 보호받지 못하는 경우가 많다.

국민연금의 사각지대 역시 심각한 수준이다. 2024년 기준 국민연금 전체 체납자 수는 111만 7,338명으로, 전체 가입자 대비 약 20% 내외로 추정된다. 특히 20대 이하 장기체납자 비중이 증가하고 있으며, 체납 및 납부 예외자 비율이 높다. 여성, 비정규직, 자영업자 등 취약계층은 가입 기간 부족과 낮은 소득으로 인해 실질적인 노후소득보장이 어렵다. 이들은 65세가 되어도 충분한 연금급여를 받을 수 없다. 특히 여성, 비정규직, 자영업자의 경우 가입 기간 부족과 낮은 소득으로 인해 실질적인 노후소득보장을 받기 어려운 상황이다. 2022년 기준 국민연금 신규 수급자의 평균 급여액은 월 71.5만 원 수준으로 노후 기본생활을 영위하기에는 턱없이 부족한 수준이다.

2022년도 건강보험 보장률은 65.7%로 소폭 상승했으나, 여전히 국민 의료비 부담이 높다. 특히 비급여 항목이 많아 중증질환이나 장기치료가 필요한 경우 개인이 부담해야 할 의료비가 과도하게 커지는 문제가 지속되고 있다. 이는 건강보험이 있음에도 불구하고 의료비 때문에 가계가 파탄에 이르는 이른바 '의료 파산'을 야기하고 있다.

급여 수준의 적절성 문제

한국 사회보장제도의 또 다른 구조적 문제는 급여 수준의 적절성이다. OECD 통계에 따르면, 2022년 기준 한국의 GDP 대비 공공사회지출 비율은 14.8%로 OECD 평균인 21.1%에 크게 못 미치고 있다. 이는 아일랜드를 제외하면 OECD 회원국 중 최하위 수준이다. 더욱 문제가 되는 것은 한국의 1인당 GDP가 OECD 평균의 85% 수준까지 올라왔음에도 불구하고 사회보장 지출 수준은 여전히 현저히 낮다는 점이다.

국민연금의 소득대체율은 현재 40% 수준으로 설계되어 있어 OECD 평균인 62.9%에 크게 못 미친다. 더구나 이는 40년 완전 가입을 전제로 한 것으로, 실제로는 대부분 수급자가 이보다 훨씬 낮은 급여를 받게 된다. 특히 여성의 경우 경력 단절과 낮은 소득으로 인해 평균 급여액이 남성의 60% 수준에 불과하다. 이는 노후 빈곤의 여성화 현상을 심화시키고 있다.

고용보험의 실업급여 역시 OECD 평균에 비해 낮은 수준이다. 실업급여의 소득대체율은 60%로 상향 조정되어 OECD 평균 소득대체율(약 63%)과 비교해 유사하나, 지급 기간이 최대 270일로 제한되어 있어 장기실업자에 대한 보호가 부족하다. 특히 중장년층의 경우 재취업까지 걸리는 시간이 길어지고 있는데, 현행 실업급여 지급 기간으로는 이들의 생계를 충분히 보장하기 어렵다.

국민기초생활보장제도의 급여 수준도 문제가 되고 있다. 2023년 기준 4인 가구 생계급여 지급액은 약 162만 원으로 최저임금 소득자 가구 소득의 40% 수준에 불과하고 빈곤선(중위소득 50%)에도 미치지 못해 실질적 빈곤 탈출이 어렵다. 더구나 기초생활보장제도는 부양의무자 기준과 재산 기준 등으로 인해 실제 빈곤층 중 상당수가 수급 대상에서 제외되는 문제도 있다.

주거급여도 마찬가지다. 전월세 가격이 급등하고 있는 현실에서 주거급여 지급액은 실제 주거비 부담을 충분히 완화하지 못하고 있다. 특히 서울 등 수도권 지역의 경우 주거급여만으로는 최소한의 주거 기준을 충족하는 주택을 구하기 어려운 상황이다.

의료급여 역시 급여 대상자가 전체 인구의 3% 내외에 불과해 의료 취약계층에 대한 보호가 제한적이다. 또한 의료급여 대상자라 하더라도 비급여 항목에 대한 본인 부담이 여전히 존재해 중증질환의 경우 과도한 의료비 부담을 지게 되는 경우가 많다.

전달체계의 분절성과 비효율성

한국 사회보장제도의 전달체계는 중앙집권적이면서도 동시에 분절적인 특성을 보인다. 각 사회보험과 공공부조가 서로 다른 중앙부처와 산하기관에서 관리되고 있어, 국민 처지에서는 복잡하고 이해하기 어려운 구조가 되어 있다. 국민연금은 국민연금공단, 건강보험은 국민건강보험공단, 고용보험과 산재보험은 근로복지공단, 국민기초생활보장제도는 지방자치단체에서 각각 관리하고 있다.

이러한 분절적 구조는 여러 가지 비효율성을 낳고 있다. 우선 국민으로서는 각기 다른 기관에 별도로 신청하고 관리받아야 하는 불편함이 있다. 예를 들어, 실업자가 실업급여를 신청하기 위해서는 고용센터를 방문해야 하고, 생계가 어려워 기초생활보장급여를 신청하려면 주민센터를 방문해야 하며, 의료비 지원이 필요하면 또 다른 절차를 거쳐야 한다. 기관마다 요구하는 서류와 절차가 다르고, 때로는 중복되는 경우도 많아 국민의 행정 부담이 가중되고 있다.

또한 각 제도의 관리기관 간의 정보 공유와 연계가 충분하지 않아 중복 급여나 부정 수급을 방지하는 데 한계가 있다. 물론 최근 들어 정부는 복지 전산망 구축과 정보 연계를 강화하고 있지만, 여전히 각 기관의 정보 시스템이 완전히 통합되지는 못한 상황이다.

지방자치단체 차원에서도 복지 전달체계의 문제가 나타나고 있다. 읍면동 주민센터의 복지 담당 공무원들은 대부분 순환보직으로 근무하기 때문에 복지 업무에 대한 전문성이 부족한 경우가 많다. 또한 업무량이 과도하여 단순히 자격 요건을 확인하고 급여를 지급하는 역할에 머물고 있어, 진정한 의미의 사례관리나 맞춤형 서비스 제공에는 한계가 있다.

특히 복합적 문제를 가진 가구에 대한 통합적 사례관리가 부족하다는 점이 문제이다. 예를 들어, 한부모 가정에서 가장이 정신질환을 앓고 있고 자녀가 학습 부진을 보이는 경우, 소득보장, 의료서비스, 돌봄 서비스, 교육지원 등이 종합적으로 제공되어야 하지만, 현재의 분절적 전달체계로는 이러한 통합적 접근이 어렵다.

민간 복지기관과의 연계도 체계적이지 못하다. 정부는 공공과 민간의 역할 분담을 통해 복지서비스의 효율성을 높이려 하고 있지만, 실제로는 각자의 영역에서 개별적으로 서비스를 제공하는 경우가 많아 시너지 효과를 거두지 못하고 있다. 또한 민간 복지기관에 대한 정부의 재정 지원과 관리·감독 체계도 일관성이 부족하다.

최근 정부는 '찾아가는 복지'와 '맞춤형 복지'를 강조하고 있지만, 여전히 대부분의 복지서비스는 신청주의 원칙에 따라 운영되고 있어 정작 도움이 필요한 사람들이 제도를 몰라서 혜택을 받지 못하는 경우가 많다. 특히 노인, 장애인, 다문화가정 등 정보 접근에 취약한 계층의 경우 이러한 문제가 더욱 심각하다.

3. 사회 변화와 복지 수요의 다변화

가족구조 변화와 돌봄 위기의 심화

한국 사회는 지난 수십 년간 급격한 가족구조 변화를 경험해왔다. 전통적인 확대가족에서 핵가족으로, 그리고 다시 1인 가구와 다양한 형태의 가족으로 변화하면서 복지 수요의 양상도 근본적으로 달라지고 있다. 2023년 현재 1인 가구가 전체 가구의 34.5%를 차지하고 있으며, 2040년에는 37.3%까지 증가할 것으로 전망된다. 이는 전통적으로 가족이 담당해왔던 돌봄과 부양 기능이 급속히 약화하고 있음을 의미한다.

혼인 제도의 변화도 주목할 만하다. 조혼인율(인구 1천 명당 혼인 건수)은 1980년 10.6건에서 2022년 4.7건으로 지속해 감소하고 있으며, 평균 초혼 나이는 남성 33.7세, 여성 31.3세로 계속 늦어지고 있다. 반면 조이혼율은 2.1건으로 여전히 높은 수준을 유지하고 있어, 한부모 가정의 증가 추세가 지속되고 있다. 또한 혼인신고를 하지 않은 동거 커플, 동성 커플 등 다양한 형태의 가족이 증가하고 있지만, 현행 사회보장제도는 여전히 법적 혼인 관계를 전제로 설계되어 있어 이들의 복지 수요를 적절히 반영하지 못하고 있다.

이러한 가족구조 변화는 무엇보다 돌봄 위기를 심화시키고 있다. 전통적으로 한국 사회에서 아동 돌봄, 노인 부양, 장애인 돌봄은 주로 가족, 특히 여성의 몫이었다. 그러나 핵가족화와 여성의 경제활동 참여 증가로 인해 가족의 돌봄 기능이 급격히 약화하고 있다. 2023년 여성의 경제활동참가율은 53.8%로 지속해 증가하고 있지만, 여전히 출산과 육아로 인한 경력 단절 문제가 심각하다. 특히 30대 여성의 고용률은 OECD 평균보다 10%포인트 이상 낮은 수준이다.

아동 돌봄의 경우 맞벌이 가구의 증가로 인해 사회적 돌봄에 대한 수요가 급증하고 있다. 정부는 2013년부터 0~5세 무상보육을 시행하고 있지만, 여전히 보육 서비스의 질적 격차가 크고, 야간이나 주말 돌봄, 긴급돌봄 등에 대한 수요는 충분히 충족되지 못하고 있다. 특히 방과후 돌봄의 경우 초등학교 저학년에 집중되어 있어 고학년이나 중학생에 대한 돌봄 공백이 발생하고 있다.

노인 돌봄의 문제는 더욱 심각하다. 2008년 노인장기요양보험이 도입되었지만, 등급 판정 기준이 까다로워 실제 돌봄이 필요한 노인 중 상당수가 서비스받지 못하고 있다. 2023년 현재 65세 이상 노인 중 장기요양보험 인정자는 약 9.2%에 불과하다. 더구나 치매나 중풍 등으로 돌봄이 필요한 노인이 급증하고 있지만, 이들을 돌보는 가족의 부담은 여전히 과중하다. 특히 노인 돌봄의 책임이 며느리에게 집중되는 전통적 관념이 여전히 강해, 여성의 사회활동을 제약하는 주요 요인이 되고 있다.

장애인 돌봄 역시 가족에게 과도하게 의존하고 있다. 발달장애인의 경우 성인이 되어도 지속적인 돌봄이 필요하지만, 이들을 위한 사회적 돌봄 체계는 매우 부족하다. 그 결과 장애인의 부모들은 자신이 늙거나 사망한 후 자녀를 누가 돌볼 것인가에 대한 깊은 불안을 가지고 있으며, 이는 사회 전체의 문제가 되고 있다.

특히 주목해야 할 것은 '샌드위치 세대'의 등장이다. 30~40대가 동시에 어린 자녀의 양육과 고령 부모의 부양을 책임져야 하는 상황이 일반화되고 있다. 평균 초혼 나이의 상승으로 자녀 출산 시기가 늦어지고, 평균수명 연장으로 부모 부양 기간이 길어지면서 이러한 현상이 더욱 심화하고 있다. 그러나 현행 복지제도는 이러한 복합적 돌봄 부담을 체계적으로 지원하는 제도가 부족하다.

돌봄 위기는 단순히 개별 가정의 문제를 넘어 사회 전체의 지속가능성을 위협하는 요인이 되고 있다. 돌봄 부담으로 인한 출산 기피는 저출산 문제를 악화시키고 있으며, 여성의 경력 단절은 인적자원의 낭비와 성별 임금 격차 확대로 이어지고 있다. 또한 가족 갈등과 스트레스 증가는 정신건강 문제와 가정폭력 등의 사회문제를 야기하고 있다.

고용 불안정과 새로운 사회적 위험의 등장

21세기 들어 한국의 고용 구조는 급격한 변화를 겪고 있다. 전통적인 정규직 종신고용 모델이 무너지고, 비정규직, 플랫폼 노동, 특수고용 등 다양한 형태의 비전형 노동이 확산하고 있다. 2023년 현재 비정규직 비율은 전체 임금근로자의 41.3%[41]에 달하고 있으며, 이들은 고용 불안정과 낮은 임금, 사회보험 사각지대 등의 문제에 노출되어 있다. 비정규직 노동자는 정규직에 비해 임금이 낮고, 사회보험 가입률도 낮

---

41) 통계청 경제활동인구조사 부가조사 기준으로, 기간제·시간제·비전형 근로자를 모두 포함한 수치.

으며, 고용 불안정에 더 크게 노출되어 있다. 2023년 비정규직의 국민연금 가입률은 41.8%, 건강보험 50.9%, 고용보험 52.7%로, 정규직 대비 현저히 낮은 수준이다.

특히 4차 산업혁명과 디지털 전환이 가속화되면서 플랫폼 경제가 급속히 확산하고 있다. 배달 라이더, 대리기사, 온라인 강사, 웹 디자이너 등 플랫폼을 통해 일하는 노동자들이 급증하고 있지만, 이들은 법적으로는 자영업자로 분류되어 노동법과 사회보험의 보호를 받지 못하고 있다. 통계청에 따르면 2023년 기준 플랫폼 노동자는 약 220만 명으로 추정되며, 이는 전체 취업자의 8% 수준에 해당한다.

플랫폼 노동의 문제는 단순히 고용 형태의 변화를 넘어 새로운 사회적 위험을 창출하고 있다. 2023년 기준 플랫폼 종사자는 약 88만 3천 명으로, 전체 취업자(15~69세)의 약 3.3%에 해당한다. 이는 고용노동부와 한국고용정보원의 공식 실태조사 결과이며, '광의의 플랫폼 노동자'(앱·웹 중개 프리랜서까지 포함)는 약 292만 명으로 추정된다. 플랫폼 노동자들은 일감의 불규칙성으로 인한 소득 불안정, 산업재해에 대한 보호 부재, 사회보험 사각지대, 집단적 노사관계에서의 배제 등 다중적 위험에 노출되어 있다. 플랫폼 노동자는 대부분 자영업자로 분류되어 근로기준법·사회보험 등 노동법의 보호를 받지 못하는 경우가 많다. 특히 일감의 불규칙성, 소득 불안정, 산업재해 보호 부재, 노사관계 배제 등 다중적 위험에 노출되어 있다. 특히 코로나19 팬데믹 기간 중 배달 수요 급증으로 플랫폼 노동자들의 과로와 산업재해가 급증했지만,

이들에 대한 과로와 산업재해에 대한 사회적 보호는 여전히 미흡하다.

인공지능과 자동화 기술의 발전도 새로운 형태의 기술적 실업을 야기하고 있다. 단순 반복적인 업무뿐만 아니라 일부 전문직까지도 인공지능으로 대체될 가능성이 커지고 있어, 기존 직업의 소멸과 새로운 직업의 창출이라는 구조적 변화가 진행되고 있다. 그러나 현행 고용보험은 단기적 실업에 대한 소득 보장에 중점을 두고 있어, 장기간의 직업 전환과 재교육이 필요한 기술적 실업에는 적절히 대응하지 못하고 있다.

청년층의 고용 문제도 새로운 양상을 보인다. 청년실업률은 2023년 청년층(15~29세) 실업률은 5.9%로, 전체 실업률(2.7%)의 약 2.2배 수준이다. 체감실업률은 이보다 더 높다는 지적이다. 더 심각한 것은 청년들의 구직 포기 현상이다. 이른바 'NEET^{Not in Education, Employment or Training}' 청년이 증가하고 있으며, 이들은 공식 통계에서는 비경제활동인구로 분류되어 실업 정책의 대상에서도 제외되고 있다.

청년층의 주거 문제도 심각하다. 전월세 가격 급등으로 청년들의 주거비 부담이 2023년 기준 청년층의 평균 월세는 63만 원, 평균 월 소득의 35% 수준을 주거비로 지출하고 있다. 이는 국제 기준(소득 대비 30% 이하 권장)을 초과하는 부담이다. 그러나 현행 주거복지제도는 주로 저소득층과 고령층을 대상으로 하고 있어, 소득은 있지만 주거비 부담이 과중한 청년층에 대한 지원은 부족하다.

학자금 대출 문제도 청년층의 새로운 사회적 위험으로 부상하고 있다. 2023년 현재 한국장학재단 학자금 대출 잔액은 약 15조 원에 달하며, 대학생 2명 중 1명이 학자금 대출을 받고 있다. 그러나 청년 취업난과 임금 정체로 인해 대출 상환에 어려움을 겪는 청년들이 증가하고 있으며, 이는 청년들의 소비와 결혼, 출산 등 생애 계획에 부정적 영향을 미치고 있다.

중장년층의 고용 문제도 심각하다. 한국의 법정 정년은 60세이지만 실제로는 평균 49.3~55세에 주된 일자리를 그만두는 것으로 나타났다. 정년까지 근속하는 비율은 14.5%에 불과하다. 조기 퇴직한 중장년층은 재취업이 어렵고, 재취업 시 임금·복지 수준이 크게 하락한다. 50세 이상 자영업자 중 절반 가까이가 최저임금 미만의 소득을 얻고 있으며, 2023년 자영업 폐업자의 46%가 50세 이상이었다. 더구나 이들은 국민연금 수급 개시 나이(63~65세)와 실제 은퇴 나이 간의 틈새로 인해 소득 공백 기간이 길어지는 문제가 심각하다.

세대 간 갈등과 지속가능성 문제

한국 사회는 급속한 사회 변화로 인해 세대 간 갈등이 심화하고 있다. 이러한 갈등은 단순한 문화적 차이를 넘어 복지정책과 사회보장제도의 설계와 운영에도 영향을 미치고 있다. 특히 저출산·고령화로 인한 인구구조 변화는 세대 간 복지 부담과 수혜의 불균형을 심화시키고 있다.

현재 한국의 복지지출 구조를 보면 노인층에 대한 지출 비중이 압도적으로 높다. 2022년 기준 한국의 사회복지 예산에서 65세 이상 노인 대상 지출 비중은 약 43% 수준이었으며, 2023년에는 45.9%, 2024년 47.5%로 상승했고 2025년에는 50.6%로 절반을 넘어섰다. 이는 고령화의 가속화와 공적연금, 기초연금 등 노령 분야 지출의 급증에 따른 결과이다. 반면, 청년층과 아동을 대상으로 한 지출은 상대적으로 낮다. 이는 고령화 사회로의 급속한 진입과 함께 노인 복지에 대한 사회적 관심이 집중된 결과이지만, 동시에 세대 간 형평성 문제를 제기하고 있다.

국민연금제도의 세대 간 형평성 문제가 대표적이다. 현재의 국민연금제도는 초기 세대일수록 기여 대비 급여 비율(수익비)이 높고, 후기 세대일수록 낮아지는 구조적 불형평성을 갖고 있다. 1988년 제도 도입 당시 가입한 베이비붐 세대의 경우 상대적으로 짧은 가입 기간에도 불구하고 충분한 급여를 받을 수 있지만, 현재의 20~30대는 40년간 보험료를 납부해도 적절한 수준의 연금을 받기 어려운 상황이다. 최근 세대일수록 보험료율은 높아지고 소득대체율은 낮아져 수익비가 점차 하락하는 구조적 불형평성이 존재한다[42].

더욱 심각한 것은 국민연금 기금 고갈 문제이다. 현재 추계로는 국회예산정책처 등 공식 전망에 따르면 국민연금 기금은 2039년 정점을 찍은 뒤 2040년부터 적자로 전환, 2057년 완전히 고갈될 것으로 예측된다. 이는 현재 청년세대가 은퇴할 시기와 겹쳐 세대 간 불안과 갈등을 심화시키고 있다. 그 결과 현재의 청년세대는 국민연금 보험료는 평생

---

42) 1976년생(2026년 기준 50세)의 평생 수익비는 2.6배, 2006년생(20세)은 1.68배로 추산된다. 제도 개혁이 없으면 2057년 기금 소진 이후에는 수익비가 1.38배까지 떨어질 수 있다.

납부하면서도 정작 자신들이 노인이 되었을 때는 충분한 연금을 받지 못할 가능성이 높다. 이러한 상황은 청년들 사이에서 '세대 갈등'과 '사회계약 파기' 논란을 불러일으키고 있다.

건강보험 역시 유사한 문제를 안고 있다. 고령화로 인해 의료비 지출이 급증하고 있는데, 65세 이상 노인의 1인당 의료비는 전체 평균의 3배 이상이다. 그러나 건강보험은 주로 경제활동 인구(청년·중장년층)가 보험료를 부담하고, 고령층이 더 많은 급여를 받는 구조이다. 65세 이상 노인의 1인당 의료비는 전체 평균의 3배 이상이며, 고령화로 인한 의료비 지출 증가가 청년세대의 부담 가중으로 이어지고 있어서 상대적으로 젊은 세대가 고령 세대의 의료비를 부담하는 구조가 되고 있다. 현재의 저출산 추세가 지속되면 미래에는 더 적은 수의 경제활동 인구가 더 많은 노인의 의료비를 부담해야 하는 상황이 될 것이다.

기초연금 제도도 세대 간 형평성 논란의 대상이다. 2014년 도입된 기초연금은 소득 하위 70%의 노인에게 월 최대 32만 원(2023년 기준)을 지급하고 있다. 이는 전액 세금으로 조달되는 급여로서 결국 현재의 경제활동 세대가 부담하는 것이다. 그러나 현재의 청년세대가 노인이 되었을 때도 같은 수준의 기초연금을 받을 수 있을지는 불확실하다. 특히 일정 수준 이상의 소득·자산을 가진 노인도 수급 대상이 되는 등, 제도 본래의 취지와 형평성 논란이 지속되고 있다.

주거 문제에서도 세대 간 격차가 뚜렷하다. 기성세대는 상대적으로 저렴했던 부동산 가격 시기에 내 집을 마련할 수 있었지만, 현재의 청년세대는 급등한 부동산 가격으로 인해 내 집 마련이 거의 불가능한 상황에 놓여 있다. 통계청 자료에 따르면 2023년 기준 30대 가구주의 자가 보유율은 42.7%로 10년 전 46.8%에 비해 오히려 하락했다. 반면 60대 이상의 자가 보유율은 75%를 넘어서고 있어 세대 간 주거자산 격차가 뚜렷하다.

이러한 세대 간 불평등은 청년층의 정치적 소외와 사회에 대한 불신으로 이어지고 있다. 청년들은 자신들이 기성세대보다 더 많은 사회보장 기여금을 부담하면서도 더 적은 혜택을 받게 될 것이라는 박탈감을 느끼고 있다. 이는 복지제도에 대한 신뢰 저하, 정치적 소외, 공정·형평성 논란으로 이어지고 있다. 복지제도에 대한 청년층의 지지도 하락으로 이어지고 있다.

한편 고령층과 청년층 간의 복지 우선순위에 대한 인식 차이도 갈등의 원인이 되고 있다. 고령층은 노후소득보장과 의료보장 확대를 우선시하는 반면, 청년층은 주거지원, 일자리 창출, 교육비 부담 완화 등을 우선시한다. 한정된 복지 재원을 둘러싼 세대 간 경쟁이 심화하고 있다.

새로운 사회적 위험과 기존 제도의 한계

21세기 들어 한국 사회는 기존의 사회보장제도가 예상하지 못했던 새로운 형태의 사회적 위험에 직면하고 있다. 이러한 새로운 위험들은 기존의 전통적 위험(실업, 질병, 노령, 산업재해)과는 성격이 다르며, 기존 사회보장제도의 틀로는 적절히 대응하기 어려운 특성이 있다.

기후변화로 인한 위험이 가장 대표적이다. 폭염, 한파, 집중호우, 태풍 등 극한 기후 현상이 빈발하면서 이로 인한 건강 피해와 경제적 손실이 증가하고 있다. 특히 폭염으로 인한 온열질환, 심혈관·호흡기 질환 등 건강 피해가 매년 증가하고 있으며, 주로 고령층과 야외 근로자에게 집중되고 있다. 그러나 현행 건강보험은 이러한 환경성 질병에 대한 별도의 보장 체계를 갖고 있지 않다.

미세먼지 문제도 새로운 사회적 위험이 되고 있다. 미세먼지로 인한 호흡기 질환, 심혈관 질환이 증가하고 있다. 일부 민간 보험사에서 기후 건강 보장상품을 출시하고 있으나, 공적 건강보험의 보장 확대는 아직 미흡한 실정이고 이에 대한 사회적 대응은 개인의 예방 차원에 머물고 있다. 기후변화 취약계층(저소득층, 고령자, 야외노동자 등) 실태조사, 무더위 휴식 시간제, 계절 관리제 등 맞춤형 지원을 강화하고 있지만, 건강보험 차원의 구조적 대응은 초기 단계이다. 특히 야외 작업자나 배달 노동자들은 미세먼지에 더 많이 노출되지만, 정부는 계절 관리제, 실내공기 질 관리, 옥외근로자 맞춤형 관리 컨설팅 등 다양한 대책을 시행하고 있으나, 실질적 보호(예: 산업재해 인정, 건강보험 특례 등)는 아직 충분하지 않다.

디지털 격차도 새로운 형태의 사회적 배제를 만들어내고 있다. 코로나19 팬데믹을 거치면서 교육, 의료, 금융, 행정 서비스 등이 디지털화되었지만, 고령층, 저소득층, 장애인 등은 디지털 기술에 접근하거나 활용하는 데 어려움을 겪고 있다. 고령층(65세 이상)의 인터넷 이용률은 50% 미만, 저소득층의 스마트폰 보유율은 70% 이하로 전체 평균(90% 이상)에 크게 못 미치고 있다. 장애인, 농어촌 거주자 역시 디지털 접근성이 낮은 편이다. 복지급여 신청, 공공서비스 이용이 온라인 중심으로 전환되면서 디지털 기술을 활용할 수 없는 디지털 문해력이 낮은 고령층·저소득층·장애인 등이 서비스에서 배제되거나 불이익을 받게 되는 '디지털 소외' 현상이 나타나고 있다. 복지급여 신청 과정이 온라인 중심으로 바뀌면서 정작 복지가 필요한 계층이 서비스에서 배제되는 역설적 상황이 발생하고 있다. 정부는 디지털 배움터, 1:1 도움 창구 등 디지털 역량 강화 정책을 추진 중이나, 예산 삭감 등으로 실효성에 대한 우려가 있다.

정신건강 문제도 새로운 사회적 위험으로 부상하고 있다. 경쟁 심화, 고용 불안정, 사회적 고립 등으로 인해 우울증, 불안장애 등 정신질환이 급증하고 있다. 특히 청년층과 중장년층에서 자살률이 높게 나타나고 있어 사회적 문제가 되고 있다. 2025년부터 우울증, 불안장애 등 경증 정신질환 치료비와 전문 심리상담 서비스까지 건강보험 적용이 확대되고 있다. 그러나 여전히 사회적 편견과 서비스 접근성 한계가 남아 있다.

가족 형태의 다양화로 인해 새로운 복지 수요도 나타나고 있다. 한부모 가정, 조손 가정, 다문화가정, 1인 가구 등이 증가하면서 이들의 특수한 욕구에 맞는 복지서비스에 대한 수요가 커지고 있다. 그러나 현행 복지제도는 여전히 전통적인 핵가족 모델을 전제로 설계되어 있어 다양한 가족 형태의 필요를 충분히 반영하지 못하고 있다.

특히 1인 가구의 사회적 고립, 우울증, 치매 등 건강 위험 문제가 심각하다. 1인 가구는 질병이나 사고 시 돌봄을 받을 가족이 없어 더 큰 위험에 노출되지만, 현행 복지제도는 주로 가족 단위로 설계되어 있어 1인 가구의 특수성을 고려하지 못하고 있다. 특히 고령 1인 가구의 경우 사회적 고립으로 인한 우울증, 치매 등의 위험이 크지만 이에 대한 체계적 대응은 부족하다. 서울시 등 일부 지자체는 1인 가구 지원센터, 병원 동행 서비스, 사회적 관계망 강화 등 맞춤형 정책을 추진 중이나, 전국적·구조적 대책은 여전히 부족하다.

돌봄 공백 문제도 새로운 위험으로 부상하고 있다. 가족의 돌봄 기능 약화와 사회적 돌봄 체계의 부족으로 인해 긴급 상황이나 야간, 주말 등에 돌봄 공백이 발생하는 경우가 증가하고 있다. 특히 발달장애인이나 치매 노인의 경우 24시간 돌봄이 필요하지만, 현행 제도로는 이를 충분히 보장하지 못하고 있다. 2025년부터 보건복지부 주관으로 '긴급돌봄 지원사업'이 시행되어, 아동·중증장애인·고령자 등에게 단기 돌봄 서비스를 제공하지만, 일회성·단기 지원에 그쳐 구조적 돌봄 공백 해소에는 한계가 있다.

이러한 신종 사회적 위험들의 공통적 특징은 기존의 개별 제도로는 대응하기 어렵다는 점이다. 이들은 복합적이고 다차원적인 성격을 갖고 있어 통합적이고 예방적인 접근이 필요하다. 또한 개인의 책임보다는 사회구조적 요인에 기인하는 경우가 많아 사회적 대응이 필요하다.

■ 패러다임 전환의 시급성

이상에서 살펴본 바와 같이, 한국의 현행 사회보장체계는 급변하는 사회에 적절히 대응하지 못하는 구조적 한계를 드러내고 있다. 제도 간 분절성과 사각지대 문제, 급여 수준의 적절성 부족, 전달체계의 비효율성 등 기존의 문제에 더해, 가족구조 변화, 고용 불안정, 세대 간 갈등, 신종 사회적 위험 등 새로운 도전이 중첩되면서 복지제도의 근본적 재검토가 불가피한 상황이다.

특히 20세기 산업사회를 전제로 설계된 기존 복지제도가 21세기 위험 사회의 새로운 도전에 적절히 대응하지 못하고 있다는 점이 핵심 문제이다. 정규직 임금노동자 중심의 사회보험 체계는 플랫폼 노동, 특수고용 등 새로운 고용 형태를 포괄하지 못하고 있으며, 전통적 핵가족 모델에 기반한 복지제도는 다양해진 가족 형태의 욕구를 반영하지 못하고 있다.

또한 사후적 구제 중심의 복지제도는 예방과 투자의 관점이 부족하여 사회문제의 근본적 해결보다는 임시방편적 대응에 머물고 있다. 개별 제도 중심의 분절적 접근은 복합적 위험에 대한 통합적 대응을 어렵게 하고 있으며, 중앙집권적 하향식 전달체계는 지역별, 개별적 특성을 반영한 맞춤형 서비스 제공에 한계를 보인다.

이러한 현실은 단순한 제도 개선을 넘어 복지국가 패러다임의 근본적 전환이 필요함을 시사한다. 기존의 서구식 복지국가 모델을 그대로 답습하는 것이 아니라, 한국 사회의 특수성과 21세기의 새로운 도전을 고려한 혁신적인 복지 모델이 요구되는 시점이다. 이것이 바로 '공생적 복지국가'라는 새로운 패러다임이 필요한 이유이며, 제6장에서 이러한 공생적 복지국가의 구체적 모델과 실현 방안을 제시하고자 한다.

제 5장

세계화 이후
자본주의의 변화와 전망

제 5장

세계화 이후 자본주의의
변화와 전망

1. 신자유주의 세계화의 전개와 위기

▪ 신자유주의의 역사적 등장과 이념적 배경

신자유주의는 1970년대 중반 이후 서구 복지국가가 직면한 구조적 위기에 대한 대응으로 등장한 경제이념이자 정책 패러다임이다. 이는 1920~1930년대에 최초로 형성된 이론적 기반을 갖추고 있지만, 본격적인 정책이념으로 부상한 것은 1970년대 스태그플레이션^{stagflation} 위기를 계기로 하였다. 당시 케인즈주의적 경제정책의 한계가 드러나면서, 프리드리히 하이에크$^{Friedrich\ Hayek}$와 밀턴 프리드먼$^{Milton\ Friedman}$으로 대표되는 시카고학파의 자유시장 이론이 새로운 대안으로 주목받기 시작했다.

신자유주의의 핵심 원리는 시장 기능의 극대화와 정부 개입의 최소화에 있다. 이는 고전적 자유주의와 구별되는 특징을 가지는데, 고전적

자유주의가 국가개입의 전면적 철폐를 주장하는 데 비해, 신자유주의는 강한 정부를 배후로 시장 경쟁의 질서를 권력적으로 확정하는 방법을 취한다는 점이다. 즉, 신자유주의는 "시장을 위한 국가$^{\text{state for market}}$"라는 개념으로 요약할 수 있다.

신자유주의의 정책적 실현은 1979년 영국의 마거릿 대처^{Margaret} ^{Thatcher} 정부와 1980년 미국의 로널드 레이건$^{\text{Ronald Reagan}}$ 정부에서 시작되었다. 이들은 규제철폐, 공기업의 민영화, 노동시장의 유연화, 금융 자유화 등을 핵심으로 하는 신자유주의적 개혁을 추진했다. 특히 대처는 부르주아 전위의 진정한 화신으로서, 영국 자본주의 발전과정에서 대체 불가능한 임무를 수행했다. 레이건 역시 카리스마 있는 지도자였지만, 집권기 정책을 실제로 좌지우지한 신보수의 이데올로그들과 기업 대표들로 구성된 집단적 지도력을 표상하는 인물이었다.

이러한 신자유주의적 전환의 배경에는 몇 가지 중요한 요인들이 작용했다. 첫째, 1970년대 석유파동과 스태그플레이션으로 인한 케인즈주의의 정책적 실패였다. 둘째, 정부의 비대화로 인한 국가 실패에 대한 비판과 반성이었다. 셋째, 소련의 몰락 후 유일한 초강대국이 된 미국의 영향력 강화였다. 넷째, 선후진국을 막론하고 형성된 정부에 대한 실망과 불신이었다.

금융자본주의의 확산과 세계화

신자유주의의 전개 과정에서 중요한 변화 중 하나는 금융자본주의의 확산이었다. 1980년대 이후 미국과 유럽에 집중되어 있던 중화학 공업 공장들이 대거 아시아 신진 공업국으로 이전하면서, 기존 선진국들의 산업은 제조업 대신 본격적인 금융업 중심으로 재편성되었다. 이는 상품자본주의의 종말과 본격적인 금융자본주의 시대의 개막을 의미했다. 이 과정에서 MBA가 본격적인 유망 코스로 자리 잡게 되었고, 공부를 좀 한다 싶은 사람들이 전부 통계학을 기반으로 한 금융공학에 몰방하며 월 스트리트로 진출하는 것이 일반화되었다. 국가 경제에 대한 패러다임 자체가 변화한 것이다.

금융시장의 세계화는 신자유주의적 변환의 또 다른 중요한 요소였다. 1997년 한국의 외환위기 이후 대한민국에서 일어났던 외국 자본에 의한 국내 기업의 대거 인수합병과 유사한 현상이 세계적 차원에서는 1980년대부터 일어나고 있었다. 미국 모기지 시장의 팽창(1990년대 GDP의 46%→2008년 73%)은 금융화의 대표적 사례이다. 전 세계의 돈이 미국 모기지 시장에 몰리면서 1990년대 미국 GDP의 46%를 차지하던 미국 모기지 시장은 2008년에 73%로 커져 그 규모가 10조 5,000억 달러에 이르렀다.

브레턴우즈 체제의 붕괴(1971년 닉슨 대통령의 달러 금 태환 중지, 1973년 변동환율제 도입)는 이러한 금융 자유화의 제도적 기반을 마련했다. 그러나 금융 자유화가 국제경제 관계에서 본격적인 쟁점이 되기 시작한 것은 1980년대 중반 이후의 일이며, 특히 그것이 실제로 범지구적 차원에서 실현된 것은 냉전체제가 해체되고 IT 혁명이 본격화한 1990년대 들어서였다.

▪ 신자유주의 세계화의 모순과 한계

신자유주의는 자유무역과 세계화를 통해 세계의 경제적 파이를 크게 키웠다고 주장한다. 실제로 신자유주의적 세계화는 경쟁의 격화를 통해 생산성 향상을 가져왔고, 이는 인플레이션 억제와 이자율 하락으로 이어져 투자와 소비의 동반 증가라는 선순환을 만들어냈다는 평가를 받는다.

그러나 신자유주의화의 본질적인 성과는 부와 소득의 창출보다는 불평등한 재분배에 있었다는 비판이 제기되고 있다. 신자유주의는 자유무역·세계화를 통해 생산성 향상, 인플레이션 억제, 투자·소비 증가 등 긍정적 효과를 주장하지만, 실제로는 부와 소득의 불평등 재분배, 공공자원의 사유화, 사회적 안전망의 후퇴 등 심각한 부작용을 초래했다. 그 내용을 살펴보면 첫째, 공공자원의 사유화가 광범위하게 진행되었다. 토지의 상품화와 소농민의 추방, 공유지의 민영화, 노동력의 완전한 상품화 등이 대표적이다. 둘째, 식민지적·신식민적 구조가 재생산되며 자원과 부의 독점이 심화하였다. 토지 강탈, 조세의 화폐화, 고리대금, 심지어 인신매매까지 포함된 '탈취에 의한 축적'이 일반화되었다. 빈익빈 부익부, 국가 간 불평등 심화, 사회적 불안정 등도 신자유주의의 구조적 한계로 지적된다.

또한 사회적 안전망의 후퇴도 두드러졌다. 특허권과 지식재산권을 통한 지대 추출이 활성화되었지만, 국가 연금, 유급휴가, 공교육, 공공의료 등 사회복지 제도는 약화하거나 사라졌다. 이처럼 신자유주의는 시장의 확대를 명분으로 내세웠지만, 실제로는 기존의 부와 권력을 소수에게 집중시키는 재분배 메커니즘으로 작동했다.

실제 경제성장률 측면에서도 신자유주의의 성과는 제한적이었다. 1960년대 세계 경제성장률은 3.5% 정도였으며, 어려웠던 1970년대도 2.4%로 떨어진 정도였다. 그러나 신자유주의화가 본격적으로 진행된 1980년대 및 1990년대의 성장률은 각각 1.4%와 1.1%로, 신자유주의가 세계적인 성장을 촉진하는 데 전반적으로 실패했음을 보여준다. 노동생산성, 자본축적률 등도 신자유주의 시기 오히려 둔화한 것으로 나타났는데, 신자유주의적 세계화가 전 세계적 경제성장에 기여했다는 주장과 달리, 실질적으로는 불평등 심화와 사회적 안전망 약화, 금융 불안정성 증가, 성장률 둔화 등 부정적 결과가 더 두드러졌다.

불평등 심화와 사회적 결속 약화

신자유주의 세계화의 심각한 부작용 중 하나는 급격한 불평등의 심화였다. 1980년 이후 소득 불평등이 북미와 아시아에서 급속히 증가하고 유럽에서는 완만하게 증가했으며, 중동, 사하라 사막 이남 아프리카, 브라질에서는 높은 수준으로 안정화되었다. 아시아의 높은 성장으로 인해 세계 인구 중 소득 기준 하위 50%는 소득이 증가했다. 2021년 기준, 세계 상위 1%는 전체 소득의 약 19%를 차지하고, 상위 10%는 52%를 차지한다. 부^{wealth} 기준으로는 상위 1%가 전체 부의 38%를, 상위 10%가 76%를 차지한다. 하위 50%는 전체 소득의 8.5%, 전체 부의 2%만을 보유한다. 즉, 소득이 아니라 부의 집중에서 상위 1%와 하위 50%의 격차가 극심하다는 점이 더 정확하다.

한국의 경우 김낙년 교수의 연구에 따르면, 상위 10%가 소득의 45%를 점유하고 있고 상위 1%가 12~13%를 점유한다. 세계가 1980년대를 기점으로 양극화가 급상승하는 영미형과 이전 수준을 유지하고 있는 유럽-일본형으로 분화되었으며, 한국은 1990년대 중후반부터 영미형으로 빠르게 변화하고 있다.

이러한 불평등 심화는 사회 자본의 붕괴를 가져왔다. 세계은행의 브랑코 밀라노비치$^{Branko\ Milanovic}$ 수석 경제학자는 "소득 격차가 크게 벌어지면 사회 안정성과 사회구조가 무너진다"라고 경고했다. 영국의 전염병학자 리처드 G 윌킨슨$^{Richard\ G.\ Wilkinson}$과 케이트 피켓$^{Kate\ Pickett}$은 불평등이 증가하면 사회 자본이 무너진다는 결론을 실증적으로 뒷받침했다. 사회 자본은 사회의 결속력과 신뢰 수준으로 정의되며, 사회 자본이 감소하면 사회가 불안과 분쟁에 취약해진다.

지배계급에 의해 통제된 대중매체들은 국가들이 경쟁적이지 않기 때문에 경제적으로 실패했고, 이에 따라 신자유주의적 개혁이 필요하다는 주장을 전파했다. 이에 따라 사회적 불평등의 증가는 기업가적 모험과 혁신을 고취해 경쟁력을 부여하고 성장을 촉진하기 위해서는 필연적인 현상이라고 주장되었다. 하위 계급들이 처한 빈곤은 개인적·문화적 이유로 인해 그들 스스로가 교육받거나 청교도적 노동 윤리를 고취하고, 노동의 유연성에 순응하는 등의 인적자본을 향상하지 못했기 때문이라고 설명되었다.

국가 역할의 변화와 거버넌스 위기

신자유주의 세계화는 국가의 역할과 기능에 근본적인 변화를 가져왔다. 전통적으로 국가는 경제적 조정자이자 사회보장의 제공자 구실을 해왔지만, 세계화와 함께 이러한 역할이 급격히 축소되었다. 몇몇 초국적 기업 외에는 거의 모두가 국제 시장 안에서 크기 비교를 하면 전후 시기의 중소기업 같은 처지가 되었다. 경쟁이 세계적 차원에서 이루어지면서, 세계화 과정은 대기업과 은행들에서 경쟁 압력을 급등시켰다.

기업들은 여전히 자국 국가가 나서서 기본적인 역할들을 해주기를 원했지만, 점점 더 국가의 역할이 달라져야 한다고 주문하기 시작했다. 신자유주의적 세계화는 기업이 무슨 수를 써서라도 세금 부담을 줄이고 규제 장벽을 낮추는 것, 그들을 자유롭게 만들고 그들의 국제 경쟁자들에 맞서 더 효과적으로 경쟁할 수 있게 해주는 조치들에 지지를 보내게끔 했다.

이러한 변화는 국가의 전통적인 거버넌스 능력을 심각하게 약화했다.

현재 세계금융시장에서의 투기를 혼자서 제어할 수 있는 개별정부는 하나도 없다. 자본은 전 세계를 무대로 자유롭게 활동하게 되었지만, 이를 제어할 수 있는 정부는 존재하지 않기 때문에 자본주의가 별로 구속받지 않고 본연의 모습을 적나라하게 나타내고 있다. 1990년대 이후 여러 금융위기(멕시코, 아시아, 러시아, 아르헨티나 등)와 2008년 글로벌 금융위기는 국가의 통제력 약화와 글로벌 거버넌스의 한계를 보여주는 대표적 사례다.

세계화 현상은 정치·경제·사회·문화적으로 한 국가의 기능과 역할을 뛰어넘는 국가 간 관계 증진과 정보네트워크의 확산에 따라 국가의 경계를 초월한 다국적·초국가적 현상으로 표출되고 있다. 한편에서는 국가의 주권과 국경 개념을 벗어난 초국가적 현상들이 확대되어 국제기구나 시민단체, 다국적 기업의 역할이 증대되고 있으며, 또 다른 한편에서는 세계화 시대에 발맞춰 국가경쟁력 강화, 산업정책, 사회적 안전망 구축 등 국가의 새로운 역할이 강조되고 있다. 일부 국가(특히 중국, 싱가포르 등)는 신자유주의적 세계화 속에서도 국가의 경제개입·산업정책을 적극적으로 유지하며 성장에 성공했다.

그러나 이러한 변화는 동시에 거버넌스의 공백과 위기를 만들어내고 있다. 과거 개별국가 차원의 위기가 점차 글로벌 시스템 위기로 진화하고 있으며, 이에 대한 적절한 대응 메커니즘이 부재한 상황이다. 글로벌 경제위기 등은 개별국가 차원에서 대응할 수 없는 문제로, 글로벌 거버넌스의 부재·한계가 드러난 대표적 사례다. 2008년 글로벌 금융위기는 이러한 거버넌스 위기의 대표적 사례로, 개별국가 차원에서는 해결할 수 없는 구조적 문제가 세계적 차원에서 폭발한 것이었다. 최근에는 기후변화, 팬데믹, 디지털 경제 등 초국가적 위기에 대응하기 위한 새로운 글로벌 거버넌스 논의가 활발히 진행되고 있다.

2008년 글로벌 금융위기: 신자유주의의 구조적 한계 노출

2008년 글로벌 금융위기는 신자유주의 세계화의 구조적 모순이 집약적으로 드러난 사건이었다. 이 위기는 미국의 서브프라임 모기지 subprime mortgage 부실에서 시작되어 전 세계로 확산하였으며, 1929년 대공황에 버금가는 세계적 수준의 경제적 혼란을 초래했다.

위기의 직접적 원인은 미국 부동산 시장의 거품 붕괴와 이에 따른 모기지론의 부실화, 그리고 모기지론의 증권화MBS, CDO 등가 결합하여 발생했다. 신용등급이 낮은 대출자들에게까지 광범위하게 발행된 서브프라임 모기지가 핵심적인 원인이었다. 여기에 소유는 민간이지만 미국 연방정부가 보증하는 패니 메이Fannie Mae와 프레디 맥Freddie Mac의 도덕적 해이Moral Hazard까지 겹쳤다. 두 기관은 결국 2008년 9월 정부에 의해 사실상 국유화되었고, 구제금융 규모는 124~2,260억 달러에 달했다.

그러나 이러한 표면적 원인 이면에는 신자유주의 체제의 구조적 문제들이 자리 잡고 있었다. 첫째, 금융기관의 규제 완화였다. 1980~2000년대 신자유주의적 규제 완화(특히 파생상품·투자은행·모기지 시장 등)는 금융기관들이 심각한 후폭풍에 대한 별다른 걱정 없이 리스크성 행동을 할 수 있었다. 둘째, 은행이나 투자자들의 과도한 리스크 감수였다. 저신용자에 대한 담보상품인 서브프라임 모기지의 집약체인 모기지 담보증권에 막대한 투자를 하는 등, 수많은 은행이 고위험성 결정을 내렸다. 금융감독의 실패, 파생상품의 무분별한 확장, 신용평가사의 부실 평가 등도 위기의 구조적 배경으로 지목된다.

이 위기는 세계 경제에 광범위한 영향을 미쳤다. 2008년 9월 리먼 브러더스의 파산을 계기로 미국 금융시장이 얼어붙었고, 그 충격은 유럽, 아시아로 확산하였다. IMF의 추산에 따르면, 2007년 1월부터 2009년 9월까지 미국과 유럽 은행들이 악성 자산에서 날린 돈이 1조 달러에 이르렀고, 세계 경제가 위축된 규모는 2조 달러에 달했다. 금융시장과 기업의 자율규제에 대한 신뢰, 즉 시장이 스스로 균형을 찾아간다는 "효율적 시장 가설EMH"은 실제 위기 상황에서 작동하지 않았으며, 이론적 한계가 드러났다.

한국의 경우 2008년 9월 리먼 브러더스의 파산 충격은 급격한 자본유출, 주가 폭락과 환율급증을 통해 직접적인 타격을 주었다. 9-12월 사이에는 무려 462억 달러가 밖으로 유출되면서 심각한 외화유동성 부족을 초래했고, 위기 직전 1,400선을 넘은 주가는 2008년 10월 말 900대로 폭락했으며, 달러당 1,100원 수준이던 원·달러 환율은 1,400원대까지 폭등했다. 여기에 외화유동성 위기, CDS 프리미엄 폭등 등도 동반되었다.

이 위기는 신자유주의가 표방해온 시장 만능주의와 자율규제의 허구성을 적나라하게 드러냈다. 주류 경제학자들이 믿었던 효율적 시장 가설Efficient-market hypothesis은 현실에서 작동하지 않았으며, 시장이 스스로 균형을 찾아간다는 믿음은 산산조각이 났다. 그 결과 위기 극복을 위해 미국 등 각국 정부는 천문학적 구제금융(미국 TARP 7,000억 달러, Fannie/Freddie 구제금융 최대 2,260억 달러 등)을 투입했다. 이는 신자유주의가 그토록 비판했던 정부 개입의 필요성을 역설적으로 입증하는 결과를 낳았다.

■ 신자유주의 세계화의 딜레마

신자유주의 세계화는 지난 40여 년간 세계 경제의 지배적 패러다임으로 작동해왔지만, 그 과정에서 수많은 구조적 모순과 한계를 드러내왔다. 경제적 효율성 증대라는 명분에 따라 추진된 신자유주의적 개혁들은 실제로는 불평등 심화, 사회적 결속 약화, 국가 거버넌스 능력 저하, 그리고 주기적인 금융위기라는 결과를 낳았다.

특히 2008년 글로벌 금융위기는 신자유주의 체제의 구조적 취약성을 극명하게 드러냈다. 시장의 자율적 조정 능력에 대한 맹신, 금융규제의 완화, 그리고 단기적 이윤 추구를 우선시하는 금융자본주의의 확산은 결국 시스템 전체의 붕괴 위험을 초래했다.

이러한 상황에서 기존의 신자유주의적 접근법만으로는 21세기가 직면한 복합적 위기들 - 기후변화, 불평등 심화, 기술혁명으로 인한 사회 변화, 팬데믹과 같은 글로벌 위험 등 - 에 적절히 대응하기 어렵다는 인식이 확산하고 있다. 이는 자본주의 자체의 근본적 변화와 새로운 대안적 발전모델의 필요성을 제기하고 있으며, 이것이 바로 공생적 복지국가와 같은 새로운 패러다임이 요구되는 배경이 되고 있다.

2. 4차 산업혁명과 미래 경제의 변화

인공지능과 자동화의 사회적 영향

21세기 들어 가장 주목받는 기술 변화는 4차 산업혁명으로 지칭되는 정보통신기술^{ICT}의 융합이다. 이는 빅데이터 분석, 인공지능, 로봇공학, 사물인터넷, 무인 운송 수단, 3D 프린팅, 나노 기술 등 7대 분야에서의 새로운 기술 혁신을 특징으로 한다. 특히 인공지능^{AI}은 이러한 변화의 핵심에 위치하며, 물리적, 생물학적, 디지털적 세계를 빅데이터에 근거해서 통합시키고 경제 및 산업 등 모든 분야에 영향을 미치는 변화해오고 있다.

4차 산업혁명의 핵심인 인공지능은 기계가 인간과 같은 지능을 갖도록 능력을 부여하는 기술로 정의된다. 기계가 스스로 학습하고, 추론하고, 언어를 이해하며 창의적인 활동을 수행하는 머신러닝^{Machine} ^{Learning}, 딥러닝$^{Deep\ Learning}$ 기술의 등장은 인간 없이도 스스로 데이터를 분석하거나 지능 활동을 하게 되었다. 2023년 6월 오픈 AI CEO 샘

알트먼은 서울에서 열린 세계지식포럼^{World Knowledge Forum} 기조연설 및 이후 여러 언론 인터뷰에서 "인공지능이 창의적 분야에서도 인간의 예상을 뛰어넘는 성과를 내고 있다"라고 밝힌 것처럼 인공지능의 능력은 이미 인간의 예상을 뛰어넘고 있다.

이러한 기술 발전은 노동시장에 근본적인 변화해오고 있다. 세계경제포럼(WEF)의 '일자리의 미래 2023 보고서(The Future of Jobs Report 2023)'에 따르면, 인공지능, 디지털화, 재생에너지, 공급망 리쇼어링 등이 빠르게 증가하는 추세로 WEF는 2023~2027년 동안 전 세계 노동시장의 약 23%가 변화할 것으로 전망했다. 이는 전체 직업의 4분의 1이 변화된다는 의미이다. 인공지능, 디지털화, 재생에너지(녹색전환), 공급망 리쇼어링(현지화) 등 첨단 신기술과 글로벌 트렌드가 노동시장 변동을 주도할 것이다. 인공기술의 채택과 디지털화의 증가는 노동시장에 변동을 일으킬 것으로 전망된다. 인공지능 및 기계학습 전문가, 지속가능성 전문가, 데이터 분석가, 정보보안 전문가 등 기술 관련 직업은 빠르게 성장하는 반면, 계산원, 매표원, 컴퓨터 프로그래머, 기록 보관 및 관리 직책 등 최대 2,600만 개의 일자리가 사라질 것으로 예측된다.

국내 연구에서도 유사한 전망이 제시되고 있다. 산업연구원의 '인공지능 시대 본격화에 대비한 산업인력양성 과제' 보고서에 따르면, 인공지능이 급속히 발전하면서 앞으로 국내에서 인공지능이 대체할 수 있는 일자리가 전체 일자리의 13% 수준인 327만 개에 달할 것이라는 전망을 내놓았다. 특히 인공지능 대체 일자리의 60%(59.9%, 196만 개)가 전문 업종에 집중되어 있어 전문직 붕괴 위험이 큰 것으로 나타났다. 산업별 대체 위험을 보면, 제조업(93만 개), 건설업(51만 개), 전문·과학·기술서비스업(46만 개), 정보통신업(41만 개) 등의 순으로 인공지능 대체 가능 일자리가 많다. 또한 직종별 세부 내용은 공학 전문가, 정보통신 전문가 등 전문직 일자리의 대체 위험이 특히 크며, 금융업의 경우 일자리 소멸 위험군의 99.1%가 경영·금융전문가 직종에 몰려 있다.

2022년에는 34%가 기계에 의해 수행되고 66%는 인간에 의해 수행되던 것이 2027년에는 기계가 43%, 인간이 57% 수행하며 자동화는 더욱 촉진될 것으로 예측된다. 자동화로 인한 반복적인 노동에서의 해방이라는 긍정적 측면도 있지만, 글쓰기, 코딩, 음악 만들기와 같은 창의적인 작업으로까지 인공지능이 스며들고 있어 전통적으로 인간의 고유 영역으로 여겨졌던 분야까지도 변화를 겪고 있다.

하지만 인공지능과 자동화가 가져올 변화에 대해서는 신중한 접근이 필요하다. 많은 전문가는 인공지능 로봇이 인간 노동을 완전히 대체할 것이라는 전망이 과장된 측면이 있다고 지적한다. 예를 들어 자율 주행 자동차는 현재 운전 소프트웨어가 아직 악천후나 수신호가 필요한 복잡한 교통 상황에 대처할 수준이 되지 못하며, 화물차 운전자의 경우 단순히 차를 운전하는 것뿐만 아니라 화물을 특정 장소에 옮기는 복합적인 업무를 수행한다. 또한 독일의 지능형 공장 조사 결과, 로봇 사용이 생산성 향상을 보장하지 못하고 있으며 노동자들은 로봇이 잘 작동하는지 계속 모니터링하느라 더 강도 높은 노동에 놓여 있었다.

그런데도 4차 산업혁명이 가져오는 변화는 단순히 기술적 차원을 넘어 사회 전반에 걸친 구조적 변화를 의미한다. 디지털 기술 발전으로 제조업과 비제조업에서 IT 기술이 접목되어 산업과 고용에 큰 영향을 미치고 있다. 인공지능, 사물인터넷 등이 작업장과 일상생활에까지 침투하고 있으며, 이는 과거 산업화 시기 한 공간에 모아 놓고 일을 시키는 생산과 작업방식에서 새로운 작업과 통제방식으로의 변화를 의미한다.

플랫폼 경제와 긱 이코노미^{Gig Economy}의 확산

4차 산업혁명의 또 다른 중요한 변화는 플랫폼 경제와 긱 이코노미^{Gig Economy}의 확산이다. 디지털 플랫폼을 통해 일하는 새로운 형태의 노동이 급속히 증가하고 있으며, 이는 전통적인 고용 관계와 노동시장 구조에 근본적인 변화해오고 있다.

플랫폼 노동은 배달 라이더, 대리기사, 온라인 강사, 웹 디자이너 등 다양한 분야에서 확산하고 있다. 통계청에 따르면 2023년 기준 한국의 플랫폼 노동자는 약 220만 명으로 추정되며, 이는 전체 취업자의 8% 수준에 해당한다. 이들은 법적으로는 자영업자로 분류되지만, 실질적으로는 플랫폼 기업에 종속되어 있어, 기존의 근로자 또는 자영업자 이분법으로는 포괄하기 어려운 회색지대를 형성하고 있다.

플랫폼 노동의 문제는 단순히 고용 형태의 변화를 넘어 새로운 사회적 위험을 창출하고 있다. 플랫폼 노동자들은 일감의 불규칙성으로 인한 소득 불안정, 산업재해에 대한 보호 부재, 사회보험 사각지대, 집단적 노사관계에서의 배제 등 다중적 위험에 노출되어 있다. 특히 코로나19 팬데믹 기간 중 배달 수요 급증으로 플랫폼 노동자들의 과로와 산업재해가 급증했지만, 이들에 대한 사회적 보호는 매우 제한적이었다.

긱 이코노미의 확산은 노동의 개념 자체를 변화시키고 있다. 전통적인 정규직 종신고용 모델이 무너지고, 프로젝트 기반의 단기 계약, 임시직, 프리랜서 등 다양한 형태의 비전형 노동이 일반화되고 있다. 이는 노동자들에게 유연성과 자율성을 제공한다는 긍정적 측면이 있지만, 동시에 고용 불안정과 사회보장에서의 배제라는 문제를 야기하고 있다.

플랫폼 경제는 또한 새로운 형태의 디지털 격차를 만들어내고 있다. 디지털 기술에 접근하거나 활용하는 데 어려움을 겪는 고령층, 저소득층, 장애인 등은 플랫폼 경제의 혜택에서 배제될 가능성이 높다. 더 나아가 플랫폼을 통한 각종 서비스가 일반화되면서, 디지털 기술을 활용할 수 없는 사람들은 일상생활에서도 불편을 겪게 되는 '디지털 소외' 현상이 심화하고 있다.

이러한 문제들에 대응하기 위해 여러 국가에서 플랫폼 노동자를 위한 새로운 법적 보호 장치를 마련하고 있다. 유럽연합은 플랫폼 노동자의 고용 지위를 명확히 하고 사회적 보호를 강화하는 지침을 채택했으며, 한국에서도 플랫폼 노동자를 위한 산재보험 적용 확대와 고용보험 가입 방안 등이 논의되고 있다.

기본소득 논쟁과 노동의 미래

기술 발전으로 인한 일자리 변화와 플랫폼 경제의 확산은 기본소득에 대한 논쟁을 촉발하고 있다. 많은 학자와 정책입안자들이 기술적 실업과 불안정 노동의 증가에 대응하는 방안으로 기본소득을 제시하고 있다. 『노동의 종말』의 저자인 제러미 리프킨도 "자동화로 인한 실업을 두려워하지 말고, 다음 단계를 준비하자"라면서 새로운 기술의 혜택이 우리 모두에게 분배되어야 한다고 주장하고 있다.

기본소득 논의의 핵심은 로봇과 인공지능이 창출하는 부가가치를 사회 전체가 공유해야 한다는 것이다. 로봇세나 플랫폼세 등을 통해 기술 발전의 수익을 사회적으로 환원하고, 이를 기본소득의 재원으로 활용하자는 제안들이 제기되고 있다. 이는 기존의 노동 중심적 복지체계에서 시민권 중심적 복지체계로의 전환을 의미한다.

실리콘밸리의 일부 기업가들도 기본소득을 지지하고 있다. 테슬라의 일론 머스크는 "자동화로 인해 기본소득이 필요할 것"이라고 언급했으며, 페이스북의 마크 저커버그도 "모든 사람이 새로운 아이디어를 시도할 자유를 갖기 위해서는 기본소득과 같은 쿠션이 필요하다"라고 주장했다. 이들의 주장은 기술 발전이 새로운 형태의 사회계약이 필요하다는 인식에 기반하고 있다.

하지만 기본소득을 둘러싼 논쟁은 여전히 진행 중이다. 찬성론자들은 기본소득이 기술적 실업에 대한 대응책이 될 수 있으며, 노동자들의 협상력을 강화하고 창의적 활동을 촉진할 수 있다고 주장한다. 또한 기본소득이 관료적 복지 행정을 간소화하고 개인의 자유를 확대할 수 있다는 장점도 제시한다.

반면 반대론자들은 기본소득이 노동 의욕을 저하할 수 있으며, 막대한 재정 부담과 인플레이션을 초래할 수 있다고 우려한다. 또한 기본소득이 기존 복지제도를 대체하면서 오히려 사회적 약자에게 불리할 수 있다는 지적도 있다. 특히 기본소득의 액수가 충분하지 않으면 기존 복지제도의 축소만 가져올 위험성이 있다는 비판이 제기되고 있다.

이러한 논쟁 속에서 일부 국가들은 기본소득 실험을 시행하고 있다. 핀란드는 2017~2018년 2년간 실업자 2,000명을 대상으로 기본소득 실험했으며[43], 케냐에서는 GiveDirectly가 장기간 기본소득 실험을 진행하고 있다[44]. 한국에서도 경기도 청년기본소득, 서울시 청년수당 등 부분적 기본소득 정책들이 시행되고 있다.

4차 산업혁명 시대의 노동 변화에서 중요한 것은 새로운 기술에 맞서 새로운 직업이 창출된다는 점이다. 18세기 1차 산업혁명에는 증기기관을 제작할 엔지니어가, 19세기 2차 산업혁명에는 전기기사가, 20세기 3차 산업혁명에는 마이크로칩을 관리할 컴퓨터 운영자가 필요했듯이, 4

---

43) 실업자 2,000명을 대상으로 월 560유로를 지급했는데, 삶의 질 개선, 행정 효율성 증대는 확인됐으나 고용 증가 효과는 미미했다.

44) 케냐에서 진행 중인 GiveDirectly의 장기 기본소득(Universal Basic Income, UBI) 실험은 세계 최대·최장 기간의 UBI 연구로, 2017년부터 시작해 12년간 약 23,000명(195개 마을)을 대상으로 매월 조건 없는 현금 지급하는 프로젝트이다. 이 실험은 MIT, 프린스턴, UCSD 등 주요 대학 연구진과 협력하여 설계되었으며, 일부 그룹은 12년간, 일부는 2년간, 또 다른 그룹은 일시금으로 받고, 대조군도 포함되어 있다. 공식 UBI 홈페이지 https://www.givedirectly.org/ubi/

차 산업혁명에서는 인공지능을 작동할 수 있는 새로운 직종들이 필요할 것이다. 머신러닝 엔지니어, 인공지능 윤리 전문가, 데이터 사이언티스트 등이 그 예이다.

따라서 4차 산업혁명에 대한 대응은 단순히 기술적 실업을 우려하는 것을 넘어, 변화하는 노동 환경에 적응할 수 있는 교육과 훈련 시스템을 구축하고, 새로운 형태의 노동에 적합한 사회보장제도를 마련하는 것이 중요하다. 평생학습 체계의 구축, 직업 재교육 프로그램의 확충, 그리고 플랫폼 노동자를 포함한 모든 형태의 노동에 대한 사회적 보호의 확대가 필요하다.

3. 탈성장과 생태적 전환의 필요성

생태 문명으로의 패러다임 전환

21세기 인류가 직면한 심각한 도전 중 하나는 기후변화와 생태 위기이다. 이는 단순한 환경 문제를 넘어 기존 산업문명의 성장 패러다임 자체에 대한 근본적 재검토를 요구하고 있다. 화석연료 기반의 대량 생산-대량소비-대량폐기로 특징지어지는 20세기 산업문명 모델은 이제 지구의 생태적 한계에 부딪히고 있으며, 이는 새로운 문명 패러다임으로의 전환 필요성을 제기하고 있다.

생태 문명으로의 전환은 단순히 기술적 해결책을 찾는 것을 넘어, 경제성장 중심의 사고방식 자체를 바꾸는 것을 의미한다. 무한 성장을 전제로 한 기존 경제모델은 유한한 지구 생태계와 근본적으로 양립할 수 없다. 따라서 양적 성장에서 질적 발전으로, 물질적 풍요에서 정신적·사회적 풍요로 가치관의 전환이 필요하다.

이러한 전환은 이미 여러 분야에서 시작되고 있다. 유럽연합^{EU}의 그린딜$^{Green \ Deal}$, 각국의 탄소중립 선언, 기업들의 ESG(환경·사회·지배구조) 경영 확산 등이 그 예이다. 하지만 이러한 변화들이 진정한 생태적 전환으로 이어지기 위해서는 더욱 근본적인 경제·사회 시스템의 변화가 필요하다.

생태 문명은 인간과 자연의 조화로운 공존을 추구하는 새로운 문명 패러다임이다. 이는 동양사상의 천인합일^{天人合一} 사상과도 일맥상통하는 것으로, 인간이 자연을 지배하고 착취하는 것이 아니라 자연 일부로서 상생하는 관계를 지향한다. 이러한 관점에서 경제활동은 생태계의 재생 능력 범위 내에서 이루어져야 하며, 기술 발전도 생태적 지속가능성을 전제로 해야 한다.

순환경제와 지속 가능한 발전

생태적 전환의 구체적 실현 방안 중 하나는 순환경제$^{Circular \ Economy}$이다. 기존의 선형경제$^{take-make-dispose}$ 모델에서 벗어나 자원의 순환 이용을 통해 폐기물을 최소화하고 자원 효율성을 극대화하는 경제모델이다. 순환경제는 디자인 단계에서부터 재활용과 재사용을 고려하고, 제품의 생명주기 전체에 걸쳐 환경 영향을 최소화하려는 접근법이다.

순환경제의 핵심 원리는 3R(Reduce, Reuse, Recycle)에서 더 나아가 6R(Reduce, Reuse, Recycle, Redesign, Remanufacture, Recover)로 확장된다. 이는 단순히 폐기물을 재활용하는 것을 넘어, 제품 설계부터 생산, 사용, 폐기에 이르는 전 과정에서 순환성을 고려하는 것을 의미한다.

순환경제의 발전은 새로운 비즈니스 모델과 일자리를 창출하고 있다. 공유경제, 서비스화^{servitization}, 제품 서비스 시스템$^{Product\ Service\ System}$ 등 이 그 예이다. 소유에서 이용으로, 판매에서 서비스로 비즈니스 모델이 변화하면서 자원 이용의 효율성이 높아지고 있다.

지속가능한 발전$^{Sustainable\ Development}$은 "미래 세대의 필요를 충족시킬 능력을 훼손하지 않으면서 현재 세대의 필요를 충족시키는 발전"으로 정의된다. 이는 경제적 성장, 사회적 포용, 환경적 지속가능성을 동시에 추구하는 통합적 접근법이다. 유엔의 지속가능발전목표^{SDGs}는 이러한 관점을 구체화한 것으로, 2030년까지 달성해야 할 17개 목표를 제시하고 있다.

지속 가능한 발전을 위해서는 기존의 GDP 중심적 성장 지표를 넘어서는 새로운 발전지표가 필요하다. 국민총행복^{GNH}, 진정한 발전지표 ^{GPI}, 포용적 부 지수^{IWI} 등이 대안적 지표로 제시되고 있다. 이러한 지표들은 경제적 성과뿐만 아니라 사회적 웰빙, 환경적 건강성, 미래 세대에 대한 배려 등을 종합적으로 평가한다.

사회적경제와 대안적 경제모델

생태적 전환과 함께 주목받고 있는 것이 사회적경제이다. 사회적경제는 이윤 극대화보다는 사회적 가치 창출을 우선시하는 경제 부문으로, 협동조합, 사회적기업, 비영리단체 등이 이에 포함된다. 사회적경제는 시장 실패와 정부 실패를 보완하는 제3의 영역으로서 기능하며, 공생적 복지국가의 중요한 구성 요소가 된다.

협동조합은 사회적경제의 대표적 조직 형태이다. 협동조합은 구성원들의 공동 소유와 민주적 운영을 특징으로 하며, 이윤 추구보다는 구성원의 필요 충족을 목적으로 한다. 의료생협, 돌봄협동조합, 주택협동조합, 에너지협동조합 등 다양한 분야에서 협동조합이 활성화되고 있으며, 이는 시장경제의 한계를 보완하는 역할을 하고 있다.

사회적기업은 사회문제 해결과 수익 창출을 동시에 추구하는 하이브리드 조직이다. 취약계층 일자리 창출, 환경 보호, 교육, 보건의료 등 다양한 사회적 목적을 추구하면서도 경제적 지속가능성을 확보하려고 노력하고 있다. 사회적기업의 성장은 임팩트 투자의 확산과도 연결되어 있으며, 이는 재무적 수익과 사회적 효과를 동시에 추구하는 새로운 투자 패러다임을 만들어내고 있다.

지역화폐와 공동체 금융도 대안적 경제모델의 중요한 요소이다. 지역화폐는 지역 내 경제 순환을 촉진하고 지역사회의 유대감을 강화하는 역할을 한다. 한국의 경우 2019년부터 지방자치단체 차원에서 지역사랑상품권이 대대적으로 도입되어 지역경제 활성화에 기여하고 있다.

공동체 금융은 마을금고, 품앗이은행 등 전통적 상호부조 방식의 현대적 계승으로, 금융소외계층의 금융 접근성을 높이고 지역사회의 사회적 자본을 강화하는 역할을 한다.

공유경제는 소유에서 공유로의 전환을 통해 자원 이용의 효율성을 높이는 경제모델이다. 차량 공유, 공간 공유, 도구 공유 등이 대표적인 예이며, 이는 과소비 문화를 줄이고 지속 가능한 소비 패턴을 촉진한다. 다만 공유경제가 진정한 대안이 되기 위해서는 플랫폼의 소유구조와 운영방식에 대한 고민이 필요하다. 소수 플랫폼 기업의 독점이 아닌, 사용자들이 공동으로 소유하고 운영하는 협동조합형 플랫폼의 확산이 중요하다.

▪ 새로운 경제 패러다임의 필요성

4차 산업혁명과 생태적 전환은 기존 자본주의 경제 시스템에 근본적인 변화를 요구하고 있다. 기술 발전은 새로운 기회를 제공하지만 동시에 일자리 변화와 불평등 심화라는 도전을 제기한다. 생태 위기는 무한 성장을 전제로 한 기존 경제모델의 한계를 드러내며 지속 가능한 발전 모델로의 전환을 촉구하고 있다.

이러한 맥락에서 신자유주의적 시장 만능주의를 넘어서는 새로운 경제 패러다임이 필요하다. 이는 기술 발전의 혜택을 사회 전체가 공유하고, 생태적 지속가능성을 보장하며, 사회적 연대와 협력을 강화하는 방향이어야 한다. 공생적 복지국가는 이러한 새로운 경제 패러다임의 정치적·제도적 실현 방안으로서, 시장·국가·시민사회의 균형 잡힌 역할 분담을 통해 포용적이고 지속 가능한 발전을 추구하는 모델이라 할 수 있다.

제 6장

공생적 복지국가의
제도 설계

제 6장

공생적 복지국가의 제도 설계

1. 삼재^{三才} 경제관에 기반한 복지 철학

▪ 삼재 사상의 철학적 토대와 현대적 의미

21세기 복지국가의 새로운 패러다임을 모색하는 과정에서 동아시아 전통 사상의 지혜를 재발견하는 것은 단순한 복고가 아닌 창조적 계승의 의미가 있다. 특히 『주역』에서 유래한 삼재^{三才} 사상은 하늘^天, 땅^地, 사람^人의 유기적 조화를 통해 우주와 인간 사회의 이상적 질서를 추구하는 철학적 체계로서, 현대 복지국가 설계에 새로운 관점을 제공한다.

전통적인 삼재 사상에서 하늘은 초월적 질서와 보편적 원리를, 땅은 구체적 현실과 물질적 기반을, 사람은 능동적 주체이자 매개자 역할을 상징한다. 이러한 삼원적 구조는 단순한 이분법적 사고를 넘어서 복합적이고 역동적인 관계성을 강조한다는 점에서 현대 복지국가가 직면한 복잡한 과제들을 해결하는 데 유용한 틀을 제공한다.

특히 서구 복지국가 이론이 주로 시장과 국가의 이분법적 관계에 기반해 왔다면, 삼재 경제관은 시장·정부·공동체의 삼원적 균형을 통해 더욱 조화로운 사회 시스템을 구상할 수 있게 한다. 이는 현대 복지국가가 직면한 재정위기, 민주주의 적자, 사회적 분열 등의 문제를 극복하는 데 중요한 실마리를 제공한다.

하늘^天: 공평성과 보편적 권리의 원리

복지국가 설계에서 하늘^{天}의 원리는 공평성^{公平性}과 보편적 권리의 차원으로 구현된다. 전통 사상에서 하늘이 만물을 차별 없이 덮는다는 천무사부[45] ^{天無私覆}의 원리는 현대적으로 해석하면 모든 시민이 출생, 계층, 지역과 관계없이 동등한 복지권을 누려야 한다는 보편주의 원칙으로 연결된다.

이러한 관점에서 공생적 복지국가의 하늘 차원은 다음과 같은 핵심 요소들로 구성된다. 첫째, 보편적 시민권에 기반한 사회권 보장이다. 모든 시민은 국적, 취업 여부, 기여 정도와 무관하게 기본적인 생존권과 발전권을 보장받아야 한다. 이는 기존의 기여 기반 사회보험 체계를 넘어서 시민권 자체에 근거한 보편적 보장을 의미한다.

둘째, 세대 간 공평성의 실현이다. 하늘의 항상성과 지속성은 현세대만이 아닌 미래 세대까지 고려하는 세대 간 정의의 관점으로 해석될 수

---

45) 『공자가어(孔子家語)』, 논예편(論禮篇); 孔子曰: 天無私覆, 地無私載, 日月無私照. 奉斯三者以勞天下, 此之謂三無私. (공자가 말하기를, "하늘은 사사로이 덮어줌이 없고, 땅은 사사로이 실어줌이 없으며, 해와 달은 사사로이 비춰줌이 없다. 이 세 가지를 받들어 세상을 위해 일하는 것을 삼무사(三無私)라 한다.)

있다. 따라서 공생적 복지국가는 현재의 복지 확대가 미래 세대에 과도한 부담을 지우지 않도록 지속 가능한 재정 설계를 추구해야 한다.

셋째, 지역 간 균형발전과 공간적 정의이다. 하늘이 지역을 차별하지 않듯이, 복지국가는 수도권과 지방, 도시와 농촌 간의 복지 격차를 해소하고 공간적 평등을 실현해야 한다. 이는 단순한 재분배를 넘어서 각 지역의 특성을 살린 맞춤형 복지 체계 구축을 의미한다.

땅地: 포용성과 생태적 지속가능성의 기반

땅地의 원리는 포용성과 생태적 지속가능성으로 구현되며, 이는 복지국가의 물질적·환경적 기반을 의미한다. 전통 사상에서 땅이 모든 생명을 품고 기르는 모성적 원리로 이해되듯이, 현대 복지국가에서 땅의 차원은 사회적 약자를 포용하고 생태적 한계 내에서 지속 가능한 발전을 추구하는 원리로 해석된다.

포용성의 차원에서 보면, 공생적 복지국가는 기존 복지국가가 상대적으로 소홀히 했던 다양한 취약계층을 포괄해야 한다. 여기에는 전통적인 노인, 장애인, 저소득층뿐만 아니라 플랫폼 노동자, 돌봄 종사자, 이주민, 성소수자 등 새로운 사회적 약자들도 포함된다. 땅이 씨앗의 종류를 가리지 않고 모두 받아들이듯이, 복지국가는 다양성을 인정하고 차이를 존중하는 포용적 시스템이어야 한다.

생태적 지속가능성의 차원에서는 복지국가의 발전이 자연환경의 파괴를 대가로 해서는 안 된다는 원칙이 강조된다. 이는 단순히 환경 보호 정책을 추가하는 수준을 넘어서, 복지국가의 근본적 작동 방식을 생태적 한계 내에서 재설계하는 것을 의미한다. 순환 경제 원리에 기반한 자원 이용, 탄소중립을 고려한 복지서비스 제공, 기후변화 적응을 위한 사회안전망 구축 등이 핵심 과제가 된다.

또한 땅의 원리는 지역성과 근접성의 중요성을 강조한다. 땅이 각 지역의 고유한 특성을 갖듯이, 복지서비스도 지역의 특성과 주민의 요구에 맞게 차별화되어야 한다. 이는 중앙집권적 복지 공급 방식에서 벗어나 지역사회 중심의 분권적 복지 거버넌스로의 전환을 의미한다.

사람ᄉ: 주체성과 참여적 거버넌스의 구현

사람ᄉ의 원리는 복지국가에서 시민의 주체성과 참여적 거버넌스로 구현된다. 전통 사상에서 사람이 하늘과 땅을 매개하는 능동적 존재로 이해되듯이, 공생적 복지국가에서 시민은 단순한 복지 수급자가 아닌 복지정책의 기획, 결정, 평가 과정에 적극 참여하는 주체가 되어야 한다.

시민의 주체성 강화는 여러 차원에서 구현된다. 첫째, 복지 수급권의 권리성 강화이다. 복지는 국가의 시혜가 아닌 시민의 당연한 권리라는 인식 전환이 필요하다. 이를 위해 복지 신청 과정의 간소화, 권리 구제 절차의 실효성 제고, 복지 정보의 투명한 공개 등이 이루어져야 한다.

둘째, 복지서비스 선택권의 확대이다. 획일적인 복지 공급 방식에서 벗어나 개인의 선호와 필요에 따라 서비스를 선택할 수 있는 시스템을 구축해야 한다. 이는 바우처 제도의 확대, 개인예산제 도입, 서비스 제공기관의 다양화 등을 통해 실현될 수 있다.

참여적 거버넌스의 구축은 복지정책의 민주적 정당성을 높이는 핵심 요소이다. 이는 단순한 의견 수렴을 넘어서 실질적인 의사결정 권한을 시민과 공유하는 것을 의미한다. 구체적으로는 복지정책 기획 단계에서의 시민참여예산제 도입, 복지서비스 평가에서의 당사자 평가제 확대, 지역복지계획 수립 과정에서의 주민자치 강화 등이 포함된다.

또한 사회적 연대와 상호부조의 문화 확산도 중요하다. 개인주의와 경쟁이 강화된 현대 사회에서 공동체적 가치와 연대 의식을 회복하는 것은 복지국가의 지속가능성을 위해 필수적이다. 이는 제도적 장치만으로는 불가능하고, 교육과 문화를 통한 의식 변화가 수반되어야 한다.

시장·정부·공동체의 삼원적 균형과 상호 보완성

전통적인 복지국가 이론이 시장 실패에 대한 정부의 개입이라는 이분법적 구조에 기반했다면, 삼재 경제관은 시장·정부·공동체의 삼원적 균형을 통해 더욱더 안정적이고 지속할 수 있는 복지체계를 구상한다.

시장의 역할은 효율성과 혁신성을 통해 복지 자원의 생산과 배분에 기여하는 것이다. 그러나 시장만으로는 형평성과 보편성을 보장할 수 없으므로, 시장 기능의 장점을 활용하면서도 그 한계를 보완하는 제도적 장치가 필요하다. 이는 공공-민간 파트너십의 확대, 사회적기업과 협동조합의 육성, 시장 경쟁을 통한 복지서비스 품질 향상 등을 통해 실현될 수 있다.

정부의 역할은 공공성과 형평성을 담보하는 것이다. 특히 보편적 서비스의 제공, 소득재분배, 사회적 약자 보호 등에서 정부의 역할은 불가 대체적이다. 그러나 정부 중심의 복지 공급이 갖는 관료주의, 비효율성, 획일성 등의 문제를 해결하기 위해 거버넌스의 혁신이 필요하다.

공동체의 역할은 상호부조와 사회적 돌봄을 통해 시장과 정부가 담당하기 어려운 영역을 보완하는 것이다. 가족, 지역사회, 시민사회조직 등을 통한 비공식적 돌봄과 사회적 지지는 복지국가의 지속가능성을 위해 필수적이다. 특히 고령화와 가족구조 변화로 인해 전통적인 가족 돌봄 기능이 약화하고 있는 상황에서, 새로운 형태의 공동체적 돌봄 체계 구축이 중요한 과제가 되고 있다.

이러한 삼원적 균형에서 중요한 것은 각 영역이 독립적으로 작동하는 것이 아니라 상호보완적 관계를 형성하는 것이다. 예를 들어, 정부가 제공하는 기본적인 사회안전망 위에 시장이 제공하는 다양한 서비스가 더해지고, 공동체의 상호부조가 이를 보완하는 방식으로 통합적인 복지 생태계가 구축되어야 한다.

공생적 사회보장의 핵심 가치: 상호부조, 생태순환, 세대연대

공생적 복지국가의 철학적 토대 위에서 구체적인 제도 설계 원리로 상호부조, 생태순환, 세대연대라는 세 가지 핵심 가치가 도출된다.

상호부조는 개인과 집단 간의 수평적 연대를 의미한다. 이는 일방적인 시혜나 의존관계가 아닌, 서로의 필요에 따라 도움을 주고받는 호혜적 관계를 강조한다. 상호부조의 원리는 사회보험의 위험 공유 메커니즘을 넘어서 다양한 형태의 사회적 교환과 협력을 포함한다. 예를 들어, 시간은행을 통한 돌봄 서비스 교환, 지역화폐를 통한 공동체 내 상호부조, 협동조합을 통한 위험 분산 등이 이에 해당한다.

생태순환은 자연생태계의 순환 원리를 사회 시스템에 적용하는 것이다. 이는 단순히 환경 보호를 의미하는 것이 아니라, 자원의 효율적 이용, 폐기물의 최소화, 재생할 수 있는 에너지 활용 등을 통해 지속할 수 있는 복지체계를 구축하는 것을 의미한다. 또한 사회적 자원의 순환도 포함한다. 예를 들어, 은퇴한 전문가가 자기 경험과 지식을 사회에 환원하고, 이를 통해 사회적 인정과 보상을 받는 시스템 등이 이에 해당한다.

세대연대는 현세대와 미래 세대, 그리고 세대 내 다양한 집단 간의 연대를 의미한다. 전통적인 세대 갈등 구조를 넘어서 세대 간 상호 이해와 협력을 통해 지속할 수 있는 사회 발전을 추구하는 것이다. 이는 연금제도의 세대 간 형평성 제고, 환경보전을 통한 미래 세대에 대한 책임, 청년과 노인 간의 상호부조 등을 통해 구현될 수 있다.

동서양 철학의 융합과 창조적 종합

공생적 복지국가의 철학적 기반은 동양의 삼재 사상과 서구의 복지국가 이론을 창조적으로 종합하는 과정에서 형성된다. 이는 단순한 절충이나 혼합이 아닌, 양쪽의 장점을 살리면서 새로운 가치를 창출하는 융합적 접근이다.

서구 복지국가 이론의 장점인 제도적 정교함, 권리 중심적 사고, 보편주의 원칙을 유지하면서도, 동양사상의 유기체적 세계관, 조화와 균형의 원리, 공동체적 가치를 접목함으로써 더 포괄적이고 지속할 수 있는 복지 모델을 구상할 수 있다.

　특히 서구의 개인주의적 권리 개념과 동양의 관계 중심적 사고를 결합하여, 개인의 자율성을 존중하면서도 사회적 연대를 강화하는 관계적 개인주의의 관점을 제시할 수 있다. 이는 복지 수급자를 고립된 개체가 아닌 다양한 관계망 속의 존재로 이해하고, 복지정책도 개인에 대한 직접적 지원과 함께 관계의 회복과 강화를 동시에 추구하는 것을 의미한다.

　또한 서구의 선형적 발전 관념과 동양의 순환적 시간관념을 결합하여, 복지국가의 적응적 진화 모델을 제시할 수 있다. 이는 고정된 목표를 향한 직선적 발전이 아니라, 변화하는 환경에 유연하게 적응하면서 지속해 발전하는 복지체계를 의미한다.

　이러한 철학적 토대 위에서 구축되는 공생적 복지국가는 기존 복지국가 모델들이 직면한 한계를 극복하고, 21세기의 새로운 도전에 대응할 수 있는 혁신적 대안을 제시할 수 있을 것이다. 다음 절에서는 이러한 철학적 원리들이 구체적인 제도 설계에서 어떻게 구현되는지를 살펴보겠다.

2. 전통적 사회적 위험의 공생적 재구성

2-1. 사회보험제도의 패러다임 전환:
개별 급여에서 생애주기 통합 보장으로

현행 사회보험제도의 구조적 한계와 개편 필요성

한국의 4대 사회보험제도는 1988년 국민연금 도입을 기점으로 지난 30여 년간 단계적으로 확대됐으나, 그 근본적 설계 철학과 운영방식에 있어서 21세기 한국 사회가 직면한 복합적 사회적 위험에 효과적으로 대응하지 못하는 구조적 한계를 드러내고 있다. 현행 제도는 산업화 시대의 전통적 사회적 위험인 노령, 질병, 실업, 산업재해에 각각 대응하는 개별적 급여 중심의 분절적 구조로 설계되어 있어, 현대 사회의 복합적이고 연속적인 사회적 위험의 성격을 제대로 반영하지 못하고 있다.

2024년 기준으로 한국의 4대 보험료율 구성을 살펴보면, 국민연금은 기준소득월액의 9%로 근로자와 사업주가 각각 4.5%씩 부담하고 있으며, 건강보험은 보수월액의 7.09%로 역시 각각 3.545%씩 분담하고 있다. 여기에 장기요양보험료는 건강보험료의 0.9455%에 해당하는 별도 부담이 추가되고, 고용보험은 실업급여 부분에서 근로자와 사업주가 각각 0.9%씩, 고용안정 및 직업능력개발사업 부분에서는 사업주만이 기업 규모에 따라 0.25%에서 0.85%까지 차등 부담하는 복잡한 구조로 되어 있다. 이러한 개별 제도들은 보험료 부과 기준부터 급여 산정 방식, 관리기관에 이르기까지 모든 면에서 다른 체계를 유지하고 있어, 제도 간 연계성이 부족할 뿐만 아니라 사각지대와 중복 급여 문제가 지속해 발생하는 근본적 원인이 되고 있다.

특히 생애주기 관점에서 현행 제도의 한계를 살펴보면, 개인이 생애 전반에 걸쳐 경험하게 되는 청년기의 취업 준비와 불안정 고용, 중년기의 육아 및 가족 돌봄으로 인한 경력 단절과 실업, 노년기의 질병과 장기요양 등 복합적이고 연속적인 사회적 위험에 직면할 때 현행 제도는 각각을 별개의 독립적 문제로만 접근하여 파편적 대응만을 제공할 뿐이다. 대표적인 예로 경력 단절 여성의 경우를 들 수 있는데, 이들은 육아로 인한 소득 중단 기간 동안 사회보험 가입 이력이 단절되고, 재취업 시에는 불안정한 고용 형태로 인해 낮은 보험료를 납부하게 되며, 결과적으로 노년기에는 현저히 낮은 연금 수급권을 갖게 되는 악순환 구조에 노출되지만, 현행 제도는 이러한 생애주기적 연관성을 충분히 고려하지 못하고 각 단계의 문제를 개별적으로만 다루고 있다.

사회보험 사각지대 해소를 위한 '두루누리 사회보험료 지원' 등 정책이 시행되고 있으나, 여전히 근본적 한계가 남아 있다. 고용보험의 경우, 자영업자·특수고용직 등 취약계층의 가입 확대와 개인별 소득 기반 관리체계로의 전환 논의가 진행 중이지만, 재정 부담과 행정적 한계로 실질적 성과는 제한적이다. 국민연금 경우에도 보험료 미납 등으로 인한 무연금자 비율이 2030년 30~40%에 이를 것으로 전망되어, 생애주기별 복합 위험에 대한 제도적 대응이 시급하다.

4대 보험의 급여 통합과 생애주기별 맞춤형 보장 설계의 정책 방향

공생적 복지국가에서는 이러한 개별 급여 중심의 분절적 사회보험제도를 근본적으로 전환하여 완전한 '생애주기 통합 보장 체계'로 재구성해야 한다. 이는 단순히 기존 제도들을 물리적으로 통합하는 것이 아니라, 삼재 사상의 핵심 원리인 시중의 지혜, 즉 때와 상황에 맞는 적절한 대응을 사회보험제도의 근본 철학으로 구현하는 것을 의미한다. 시중의 원리에 따르면 하늘의 때와 땅의 상황, 그리고 사람의 처지를 종합적으로 고려하여 가장 적절하고 조화로운 대응을 찾아야 하는데, 이를 사회보험제도에 적용하면 개인의 생애주기별 특성과 각 시기에 직면하는 고유한 사회적 위험의 성격을 깊이 이해하고, 이에 맞는 통합적이고 연속적인 보장을 제공하는 것이다.

정부는 2013년 개정 사회보장기본법 시행을 통해 "생애주기별 평생 사회안전망 구축"과 "사회보장정책 간 통합·조정"을 국가 정책 방향으로 명시하고 있다. 이 법에 따라 5년마다 중장기 사회보장 기본계획을 수립하고, 부처 간 칸막이 해소와 정보 연계 강화, 맞춤형 통합복지 실현을 추진하고 있다. 2024년 제3차 사회보장기본계획(2024~2028)에서도 전 생애 맞춤형 사회서비스, 사회보장제도 통합관리, 지속 가능한 사회보험 개혁 등이 핵심 전략으로 제시되어 있다. 그러나 생애주기별 맞춤형 보장 설계는 이미 국가 정책의 핵심 방향이지만, 실질적 급여 통합과 연계, 사각지대 해소, 서비스 전달체계 혁신 등은 여전히 해결해야 할 과제이다.

청년기에 해당하는 20세에서 34세 연령층은 교육에서 노동 시장으로의 이행이라는 중요한 생애 전환기를 경험하면서 동시에 경제적 독립, 주거 안정, 경력 형성이라는 복합적 과제에 직면한다. 따라서 이 시기의 통합 보장 패키지는 교육과 취업을 연계하는 소득보장 체계를 구축하여 구직급여와 직업훈련급여를 유기적으로 통합해야 한다. 현재 '사회보험 크레딧' 제도(경력단절, 군복무 등 특정 사유에 국민연금 가입 기간을 인정해주는 제도)는 일부 도입되어 있으나, 청년들의 주거 안정을 위해 주택 구매나 임대 지원과 연계된 사회보험 크레딧은 아직 논의 단계이며, 인턴십이나 창업 등 다양한 경력 형성 경로에 대해서도 사회보험 적용을 확대하여 미래의 사회보험 수급권 형성에 기여할 수 있도록 해야 한다. 특히 청년층이 경험하는 불안정 고용의 문제를 해결하기 위해서는 단기간 근로나 프리랜서 활동에 대해서도 사회보험 가입이 가능하도록 제도를 유연화하고, 경력 초기의 낮은 소득으로 인한 보험료 부담을 완화하기 위한 소득 연계 보험료 지원 제도를 확대해야 한다.

중장년기에 해당하는 35세에서 59세 연령층은 가정과 직장에서의 역할이 가장 집중되는 시기로서 일과 가정의 양립, 경력 발전과 전환, 건강관리 등 다차원적인 사회적 위험에 노출된다. 이 시기의 통합 보장 패키지는 육아휴직급여, 돌봄휴직급여, 탄력근무 지원을 통합적으로 제공하여 일과 가정의 양립을 실질적으로 지원해야 한다. 현재 육아·돌봄휴직 급여, 탄력근무 지원, 재교육 및 전직 지원, 만성질환 예방·관리, 부모 돌봄 등은 현재 정책 추진 중이거나 중점 과제로 선정되어 있기는 하다.

급속한 기술 변화와 산업 구조 전환에 따른 경력전환 필요에 대비하여 재교육과 전직 지원을 소득 보장과 연계하여 제공하며, 만성질환 발생률이 높아지는 시기의 특성을 반영하여 예방적 건강관리와 만성질환 관리를 통합한 건강보장 체계를 구축해야 한다. 특히 이 시기는 자녀 교육비와 부모 부양비가 동시에 발생하는 이중 부담을 경험하는 경우가 많으므로, 교육비 지원과 부모 돌봄 지원을 사회보험 체계 내에서 통합적으로 제공하는 방안을 구체적으로 제도화하고 사회서비스(공공 돌봄 등)와의 연계 강화 방안을 수립해야 한다.

60세 이상의 노년기는 연금 수급과 함께 건강 악화와 돌봄 필요가 증가하는 시기로서 연금, 의료, 돌봄이 통합적으로 제공되어야 하는 특성을 갖는다. 따라서 이 시기의 통합 보장 패키지는 국민연금, 건강보험, 장기요양보험 간의 연계를 대폭 강화하여 개별적으로 분절된 급여가 아닌 통합적 노후보장 서비스를 제공하고, 건강한 노인의 경우 계속 근로나 사회참여 활동을 통해 생산적 노후를 영위할 수 있도록 인센티브를 제공하며, 생애 마지막 단계에서는 호스피스 케어와 장례 지원까지 포함하는 존엄한 생애 마무리를 지원하는 체계를 구축해야 한다. 특히 노년기의 소득보장에 있어서는 국민연금만으로는 적정한 생활수준을 유지하기 어려운 현실을 고려하여 기초연금과의 연계를 강화하고, 건강보험에서는 노인성 질환에 대한 급여 범위를 확대하며, 장기요양보험에서는 재가 돌봄 서비스를 대폭 확충하여 가능한 한 지역사회에서 노후를 보낼 수 있도록 지원해야 한다.

4대 사회보험의 '보험료 징수'는 2011년부터 건강보험공단으로 일원화되어 있으나, 자격관리와 급여 지급은 여전히 기관별로 분리 운영되고 있다. 급여 통합 및 생애주기별 맞춤형 설계는 정책 방향으로 명시되어 있으나, 실제 제도적 통합은 아직 미흡하며, 제도 간 연계 및 정보 공유, 중복·누락 방지 등 행정적 통합이 점진적으로 확대되고 있다.

보험료 부과 체계의 통합과 소득-자산-기여 연계 강화

현행 4대 보험제도가 각각 다른 보험료 부과 기준을 적용하고 있는 것은 제도 운용의 비효율성을 초래할 뿐만 아니라 소득계층 간, 고용형태 간 형평성 문제를 심화시키는 근본적 원인이 되고 있다. 국민연금은 기준소득월액을 기준으로 하되 상한선과 하한선을 설정하여 실제 소득과 괴리가 발생할 수 있으며, 건강보험은 직장가입자와 지역가입자 간에 보험료 부과방식[46]이 근본적으로 다르고[47], 고용보험과 산재보험은 또 다른 기준을 적용하고 있어 같은 소득을 가진 개인이라도 고용 형태나 가입 제도에 따라 서로 다른 보험료를 부담하게 되는 불합리한 상황이 발생하고 있다.

---

46) 현재 건강보험 지역가입자만 재산(부동산, 자동차 등)이 보험료 산정에 반영되고 있으나, 직장가입자는 소득 중심으로만 부과되어 형평성 논란이 있다.

47) 2022년 건강보험료 부과 체계 2단계 개편을 통해 직장·지역 가입자 간 부과방식의 일원화, 보수 외 소득(임대·금융·사업소득 등) 반영, 피부양자 인정기준 강화 등을 추진했다.

공생적 복지국가에서는 이러한 문제를 해결하기 위해 통합적 보험료 부과 체계를 구축해야 하며, 이는 단순히 부과 기준을 통일하는 것을 넘어서 소득과 자산, 그리고 기여 실적을 종합적으로 고려하는 더욱 정교하고 공정한 체계로 발전시켜야 한다. 우선 소득 중심의 통합 부과 원칙을 확립하여 근로소득, 사업소득, 재산소득, 기타 소득을 모두 포괄하는 통합소득 개념을 도입하고, 이를 기준으로 모든 사회보험의 보험료를 산정하도록 해야 한다. 이는 현재 소득 종류별로 다른 사회보험 적용과 보험료 부과가 이루어지고 있는 불합리함을 해소하고, 소득의 종류나 원천과 관계없이 같은 소득에[48]는 같은 보험료를 부과하는 수평적 형평성을 실현하는 기초가 될 것이다. 소득 중심 단일 부과 체계 도입 시, 소득 파악이 어려운 집단(자영업자, 프리랜서 등)에 대한 과세·부과 체계 정비가 선결과제이다.

동시에 자산 연계를 강화하여 고액 자산을 보유한 개인에 대해서는 보험료를 할증하고 급여를 조정하는 방안을 도입해야 한다. 현재 기초생활보장제도에서 적용하고 있는 재산의 소득환산 방식을 참조하되, 사회보험의 특성에 맞게 조정하여 일정 수준 이상의 자산을 보유하면 이를 소득으로 환산[49]하여 보험료 부과 기준에 반영하는 것이다[50]. 이

---

48) 소득 중심 단일체계는 근로소득, 사업소득, 재산소득, 기타 소득 등 모든 소득을 포괄하는 '통합소득' 개념을 도입해 동일 소득에는 동일 보험료를 부과하는 수평적 형평성을 실현하는 방향으로 논의하고 있다.

49) 자산의 소득환산 방식은 기초생활보장제도 등에서 이미 활용되고 있으나, 사회보험 전반에 도입하는 방안은 여전히 논의 단계에 머물고 있다.

50) 해외 사례(영국, 호주 등)처럼 자산 보유액이 일정 수준 이상일 때 급여액을 조정하거나, 실거주 주택과 투자용 부동산을 구분해 환산율을 차등 적용하는 방안도 있다.

는 소득은 낮지만, 고액 자산을 보유한 개인이 상대적으로 낮은 보험료를 부담하면서 동일한 급여를 받는 불공정을 해소하고, 사회보험의 재분배 기능을 강화하는 효과를 가져올 것이다. 특히 부동산 자산의 경우 실거주 주택을 제외한 투자용 부동산에 대해서는 보다 높은 환산율을 적용하여 자산 보유에 따른 사회적 책임을 강화하는 방향으로 제도를 설계해야 한다[51]. 자산 연계 강화는 형평성 제고에 효과적일 수 있으나, 실거주 주택 등 기본자산의 공제 확대, 자산 기준의 주기적 조정 등 세부 설계가 중요하다.

 기여 연계 원칙의 강화도 중요한 개편 방향이다.[52] 현행 제도에서는 보험료 납부 기간과 금액이 급여에 미치는 영향이 제한적이어서 성실한 기여자와 그렇지 않은 자 간의 차이가 충분히 반영되지 않고 있다. 공생적 복지국가에서는 보험료 납부 실적에 따른 급여 수준의 차등화를 더욱 명확하게 하되, 이것이 저소득층에게 불리하게 작용하지 않도록 최저 보장 수준은 확실히 보장하는 방향으로 제도를 개선해야 한다. 이를 위해 기여 기간이 길고 보험료를 많이 납부하였으면 급여율을 높이는 인센티브를 제공하고, 반대로 기여 회피나 보험료 체납이 있는 경우에는 그에 상응하는 급여 조정을 하되, 최저생활 보장 차원에서의 기본 급여는 보장하는 이원적 구조를 도입하는 것을 검토해야 한다.

---

51) 최근 건강보험 부과체계 개편에서 재산 공제 확대(5천만→1억 원), 자동차 보험료 폐지 등 자산 연계의 역진성 완화 노력이 있었으나, 자산 자체를 소득으로 환산해 단일기준으로 적용 문제는 논란이 있다.

52) 기여 연계 강화는 국민연금 등에서 이미 부분적으로 시행 중이나, 건강보험 등 다른 사회보험으로 확대 적용은 추가 논의가 필요하다.

급여 수준의 적정성 확보와 세대 간 형평성 제고

한국 사회보험제도가 직면한 가장 심각하고 복잡한 과제 중 하나는 바로 '세대 간 형평성 문제'이다. 이는 단순히 현재 세대와 미래 세대 간의 부담과 급여의 차이만을 의미하는 것이 아니라, 제도 도입 시기와 성숙도, 인구 구조 변화, 경제성장률과 임금 상승률의 변화 등이 복합적으로 작용하여 나타나는 구조적 불평등을 의미한다. 2024년 정부가 발표한 국민연금 개혁안은 이러한 문제에 대한 인식을 바탕으로 보험료율을 현행 9%에서 13%로 4%포인트 인상하고, 소득대체율을 40%에서 42%~43%(정부안 기준)로 2%~3%포인트 상향 조정하는 동시에 세대별로 보험료율 인상 속도에 차등을 두어 청년세대의 부담을 상대적으로 완화하려는 방안을 제시했다. 그러나 이러한 개혁안도 근본적인 세대 간 형평성 문제를 완전히 해결하기에는 한계가 있으며, 보다 포괄적이고 장기적인 관점에서의 제도 개편이 필요하다.

세대 간 형평성 제고를 위한 구체적 방안으로는 우선 점진적이고 차별적인 보험료 인상 방식을 도입해야 한다. 정부안에 따르면 50대는 연간 1%포인트씩 4년에 걸쳐 13%에 도달하고, 40대는 0.5%포인트씩 8년, 30대는 0.33%포인트씩 12년, 20대는 0.25%포인트씩 16년에 걸쳐 목표 보험료율에 도달하도록 하여 잔여 납부 기간이 긴 젊은 세대일수록 보험료 인상의 충격을 완화하려고 하고 있다. 이는 기존에 상대적으로 낮은 보험료로 오랜 기간 가입할 수 있었던 기성세대와 달리 높은 보험료를 오랜 기간 부담해야 하는 청년세대의 상대적 불이익을 인정하고 이를 완화하려는 취지로 이해할 수 있으나, 여전히 전체적인 부담 구조에서는 청년세대가 더 많은 보험료를 납부하게 된다는 근본적 한계는 남아 있다.

이와 함께 크레딧 제도의 대폭적인 확대를 통해 사회적 가치가 있는 활동에 대한 보상을 강화하고 청년들이 경험하는 소득 공백 기간을 보상해야 한다. 현행 제도에서는 출산이나 군 복무 기간 중 보험료를 납부하지 않아도 해당 기간 중 일부를 연금액 산정 시 가입 기간으로 인정하고 있는데, 출산 크레딧의 경우 현재 둘째 애부터 인정하고 있는 것을 첫째 애부터 인정하도록 확대하고, 군 복무 크레딧의 경우에도 현재 6개월인 인정 기간을 실제 군 복무 기간을 고려하여 18개월까지[53] 확대하는 방안을 검토해야 한다. 더 나아가 대학원 진학, 해외 연수, 창업 준비 등 청년기에 경험하는 다양한 형태의 인적 자본 투자 기간에 대해서도 사회적 가치를 인정하여 크레딧을 부여하는 방안을 검토할 필요가 있다.[54]

미래 세대에 대한 제도적 신뢰를 제고하기 위해서는 국가의 연금 지급보장을 법률에 더욱 명확하게 규정해야 한다. 현행 국민연금법은 연금 급여가 안정적이고 지속해 지급되도록 필요한 시책을 수립할 국가의 의무를 규정하고 있으나, 젊은 층을 중심으로 미래에 연금을 받지

---

53) 2025년 개정 국민연금법에 따라 출산 크레딧이 첫째 애부터 적용되고, 군복무 크레딧도 복무 기간 전체(최대 12개월)로 확대되었다.

54) 해외 주요국은 양육, 직업훈련 등 다양한 활동에 대해 크레딧을 부여하는 사례가 많으며, 한국도 청년기의 인적자본 투자(학업, 직업훈련 등)에 대한 크레딧 도입 논의가 필요하다.

못할 수도 있다는 우려가 지속되고 있어 제도에 대한 신뢰 제고를 위해 지급보장 근거를 보다 명확히 할 필요가 있다. 이를 위해 국민연금법 제3조의2[55]를 개정하여 단순한 시책 수립 의무에서 실질적인 지급보장 의무로 격상하고, 기금 고갈 시에도 국가가 최종적으로 연금 지급을 보장한다는 내용을 명문화하는 것을 검토해야 한다. 연금 지급보장의 명문화는 연금제도에 대한 신뢰를 높이고, 미래 세대의 불안감을 완화하는 효과를 기대할 수 있다.

급여 적정성 확보를 위해서는 다층 연금 체계의 균형적 발전을 통한 종합적 접근이 필요하다. 현재 한국의 노후소득보장체계는 국민연금을 중심으로 한 공적연금이 핵심 역할을 담당하고 있으나, 국민연금만으로는 은퇴 전 소득 수준을 유지하기 어려운 상황이다. 따라서 국민연금의 소득대체율을 현행 40%에서 42% 수준으로 상향 조정하되, 퇴직연금과 개인연금을 통해 추가로 각각 20%와 10% 수준의 소득대체율을 확보하여 총 70% 수준의 적정한 노후소득보장을 달성하는 것을 목표로 해야 한다. 이를 위해서는 퇴직연금의 의무 가입과 적립률 제고, 개인연금의 세제 혜택 확대 등이 국민연금 개혁과 함께 추진되어야 한다.

급여의 실질 가치 보전을 위해서는 물가 연동 조정 장치의 도입이 필수적이다. 현재 국민연금 급여는 물가상승률과 임금 상승률을 고려하여 조정되고 있으나, 자동조정 장치가 없어 정치적 결정에 의존하고 있

---

55) 국민연금법 제3조의2 (국가의 책무) 국가는 이 법에 따른 연금 급여가 안정적·지속해 지급되도록 필요한 시책을 수립·시행하여야 한다.

어 급여의 실질 가치가 침식될 위험이 있다. 따라서 OECD 38개국 중 24개국이 운영하는 자동조정 장치를 도입하여 인구 구조 변화와 경제 상황 등과 연동해 연금액 등을 자동으로 조정하는 시스템을 구축해야 한다. 이는 정치적 영향을 최소화하고 제도의 객관성과 투명성을 제고하는 효과를 가져올 것이다.

저소득층의 최소한의 생활보장을 위해서는 최저연금제 도입을 적극적으로 검토해야 한다. 현재 기초연금이 저소득 노인의 최저소득보장 역할을 일정 부분 담당하고 있으나,[56] 국민연금과의 연계 부족과 급여 수준의 한계로 인해 노인빈곤 해소에는 한계가 있다. 따라서 일정 기간 이상 국민연금에 가입한 모든 가입자에게 최소한의 연금액을 보장하는 최저연금제를 도입하고, 이를 기초연금과 통합하여 더 체계적이고 효율적인 노후소득보장체계를 구축하는 방안을 검토해야 한다.

새로운 사회적 위험에 대한 제도적 대응

21세기 한국 사회는 전통적 사회보험제도가 설계 당시 상정했던 표준적 생애과정, 즉 학교 졸업 후 안정적 취업, 결혼과 출산, 그리고 정년 은퇴로 이어지는 선형적 생애과정이 급속히 해체되고 있으며, 그 자리를 다양하고 복잡한 생애경로가 대체하고 있다. 이러한 변화는 기존 사회보험제도가 예상하지 못했던 새로운 형태의 사회적 위험을 양산

---

56) 기초연금도 2024년 최대 40만 원까지 인상, 기초생활보장과 연계해 저소득 노인의 소득보장 기능을 강화하고 있다.

하고 있으며, 이에 대한 체계적이고 선제 대응이 없다면 사회보험제도의 보장 기능은 급속히 약화할 수밖에 없다.

가장 대표적인 새로운 사회적 위험은 플랫폼 노동자와 특수형태근로종사자 등 비전형 노동자의 급속한 증가로 인한 사회보험 사각지대 확대이다. 통계청의 경제활동인구 부가 조사에 따르면 플랫폼 노동자는 2022년 기준 약 220만 명에 달하며, 이 중 상당수가 기존 사회보험제도의 적용을 받지 못하고 있다. 이들은 고용 관계가 명확하지 않아 사업주의 보험료 부담 없이 개인이 모든 보험료를 부담해야 하는 부담과 함께, 불규칙한 소득으로 인해 지속적인 보험료 납부가 어려운 이중고에 직면하고 있다. 또한 기존의 근로 시간이나 근로일수 기준의 사회보험 적용 기준으로는 이들의 노동 실태를 제대로 포착할 수 없어 제도적 사각지대가 구조적으로 발생하고 있다.[57)]

1인 가구의 급속한 증가도 기존 사회보험제도가 상정한 가족 기반 돌봄 체계에 근본적 도전이 되고 있다. 2024년 기준 전체 가구의 약 35%가 1인 가구로 추정되며, 이는 2040년에는 40%를 넘어설 것으로 전망된다. 1인 가구는 질병이나 사고 시 가족의 돌봄을 받기 어려워 사회적 돌봄 서비스에 대한 의존도가 높으나, 현행 사회보험제도는 여전히 가족 돌봄을 전제로 설계되어 있어 이들의 돌봄 욕구를 충분히 충족하

---

57) 정부는 2021년 이후 고용보험법과 국민연금법 개정을 통해 특수형태근로종사자(특고)와 플랫폼 노동자에 대한 사회보험 적용을 단계적으로 확대하고 있다. 예를 들어, 2021년 7월부터 12개 특수고용직이 고용보험 적용 대상에 포함됐으며, 플랫폼 사업자가 소득 정보를 실시간으로 신고하고 보험료를 징수하는 디지털 기반의 행정 시스템이 도입되었다. 그러나 실질적 가입률은 여전히 낮으며, 보험료 부담 분담 구조, 소득 파악의 어려움, 불규칙 근로 형태 등으로 인해 사각지대가 완전히 해소되지 못하고 있다.

지 못하고 있다. 특히 중년기 1인 가구의 경우 질병이나 실업 시 가족의 지원 없이 혼자 모든 것을 감당해야 하는 상황에 놓이게 되어, 기존보다 훨씬 강화된 사회적 안전망이 필요하다.[58]

기후변화로 인해 새로운 건강 위험의 등장도 기존 건강보험제도가 대응해야 할 새로운 과제이다. 폭염, 한파, 미세먼지, 감염병 등 기후변화와 관련된 건강 위험이 증가하고 있으며, 이로 인한 의료비 증가와 새로운 형태의 질병 발생이 예상된다. 또한 기후변화로 인한 정신건강 문제도 새로운 사회적 위험으로 부상하고 있는데, 기존 건강보험의 정신건강 서비스 범위로는 이러한 새로운 위험에 충분히 대응하기 어려운 상황이다.[59]

디지털 전환이 가속화되면서 디지털 격차로 인한 사회적 배제도 새로운 형태의 사회적 위험으로 등장하고 있다. 사회보험 신청과 급여 수급 과정이 점차 디지털화되고 있으나, 디지털 기기 사용에 익숙하지 않거나 접근이 어려운 계층은 사회보험 혜택에서 배제될 위험이 증가하고 있다. 특히 고령층과 저소득층의 경우 이러한 디지털 격차가 사회보험 신청, 급여 수급 등 사회보험 접근성을 크게 제약하는 요인이 되고 있다.

이러한 새로운 사회적 위험에 대응하기 위해서는 기존 사회보험제도의 근본적 개편이 필요하다. 우선 전국민 고용보험제도를 도입하여 플

---

58) 정부는 지역사회 통합돌봄(커뮤니티 케어), 방문 건강관리, 재가 돌봄 서비스 확대 등 다양한 정책을 추진 중이나, 전 생애를 포괄하는 통합적 돌봄보험제도 신설은 아직 기초 논의 단계에 머물러 있다.

59) 기후변화로 인한 정신건강 문제(기후불안 등)도 사회적 위험으로 부상했으나, 현재 한국의 건강보험은 기후 관련 질병 및 정신건강 서비스에 대한 급여 범위가 제한적이다. 국가 기후변화 적응계획에서 정신건강 이슈가 논의되고 있지만, 구체적 정책이나 급여 확대는 여전히 미흡한 상태이다.

랫폼 노동자와 특수형태근로종사자까지 포괄하는 포용적 고용안전망
을 구축해야 한다. 이를 위해서는 기존의 고용 관계 중심 적용 기준을
소득 중심을 기준으로 전환하고, 근로 시간이나 근로일수와 관계없이
일정 수준 이상의 소득이 있는 모든 개인을 고용보험 적용 대상에 포함
해야 한다. 또한 불규칙한 소득을 가진 플랫폼 노동자의 특성을 고려
하여 월 단위가 아닌 연 단위 소득을 기준으로 보험료를 부과하고 급여
를 산정하는 방안을 도입해야 한다.

1인 가구 증가에 대응하기 위해서는 독립적인 돌봄보험제도의 신설
을 적극적으로 검토해야 한다. 현재 아동, 노인, 장애인 돌봄이 각각
별도의 제도와 기관에서 분절적으로 제공되고 있으나, 1인 가구의 포
괄적 돌봄 욕구에 효과적으로 대응하기 위해서는 전 생애에 걸친 통합
적 돌봄보험제도가 필요하다. 이는 기존 장기요양보험을 확대 개편하
여 아동과 장애인 돌봄까지 포괄하는 포괄적 돌봄보험으로 발전시키
는 방안을 중심으로 검토할 수 있을 것이다.

기후변화와 관련된 새로운 건강 위험에 대응하기 위해서는 건강보험
의 급여 범위를 대폭 확대해야 한다. 기후변화 관련 질병에 대한 예방
과 치료 서비스를 건강보험 급여에 포함시키고, 정신건강 서비스의 범
위와 수준을 획기적으로 확대하여 기후변화로 인한 정신건강 문제에
도 체계적으로 대응할 수 있도록 해야 한다. 또한 대기오염이나 폭염
등으로 인한 응급의료 서비스 수요 증가에 대비하여 응급의료체계와
건강보험의 연계를 강화하는 방안도 필요하다.

디지털 격차 문제를 해결하기 위해서는 사회보험 서비스의 디지털 접근성을 대폭 개선하는 한편, 디지털 격차로 인해 배제되는 계층을 위한 대안적 서비스 제공 방식을 마련해야 한다. 사회보험 관련 온라인 서비스의 사용자 인터페이스를 개선하고 다국어 서비스를 확대하는 것과 함께, 디지털 기기 사용이 어려운 계층을 위한 대면 서비스와 전화 상담 서비스를 지속해 유지하고 강화해야 한다. 또한 지역사회의 복지관이나 주민센터를 통해 사회보험 신청과 상담을 지원하는 서비스를 확대하여 디지털 격차로 인한 사회보험 접근성 제약을 최소화해야 한다.

[60]이러한 새로운 사회적 위험에 대한 제도적 대응은 단순히 기존 제도의 부분적 개선을 통해서는 한계가 있으며, 사회보험제도의 근본적 패러다임 전환을 통해서만 가능하다. 이는 개별 급여 중심의 분절적 접근에서 생애주기 통합 보장 중심의 포괄적 접근으로의 전환을 의미하며, 동시에 전통적 고용 관계를 전제로 한 제도 설계에서 다양한 노동 형태와 생활 방식을 포괄할 수 있는 유연하고 포용적인 제도 설계로의 전환을 의미한다. 이러한 사회보험제도의 패러다임 전환은 삼재 사상의 조화와 균형 원리에 기반한 공생적 사회보장 체계의 핵심 토대가 될 것이며, 21세기 한국 사회가 직면한 복합적 사회적 위험에 효과적으로 대응할 수 있는 제도적 기반을 제공할 것이다.

---

60) 정부는 온라인 서비스의 사용자 인터페이스 개선, 다국어 서비스 확대, 대면·전화상담 서비스 유지, 지역 복지관·주민센터를 통한 지원 강화 등 디지털 격차 해소를 위한 노력을 병행하고 있지만, 디지털 전환 속도가 빠른 만큼 오프라인 접근성 보장과 정보격차 해소를 위한 지속적 정책이 요구된다.

2-2. 사회보험 관리기관의 통합적 거버넌스 구축

국민사회보험공단 설립을 통한 4대 보험 징수-급여 일원화

현행 한국의 4대 사회보험제도는 국민연금공단, 국민건강보험공단, 근로복지공단이라는 별도의 관리기관이 각각 독립적으로 운영하고 있어 제도 간 연계성 부족과 행정 비효율성이 지속적으로 문제가 되어 왔다. 2011년부터 사회보험 징수업무 일원화가 건강보험공단을 중심으로 부분적으로 시행되고 있으나, 여전히 자격관리와 급여 업무는 각 공단에서 분산 처리되고 있어 근본적인 통합 효과를 달성하지 못하고 있는 상황이다. 사회보험 징수업무(고지, 수납, 체납) 통합 이후에도 보험료 부과와 징수는 건강보험공단에서 담당하지만, 자격관리는 여전히 각 공단이 개별적으로 수행하고 있으며, 급여 지급 업무 역시 각각의 고유 영역으로 남아 있어 국민들이 체감하는 통합 서비스의 효과는 제한적이다.

공생적 복지국가에서는 이러한 분절적 구조를 근본적으로 개선하기 위해 '국민사회보험공단'의 설립을 통한 4대 보험의 완전한 일원화를 추진해야 한다. 이는 단순히 기존 기관들을 물리적으로 통합하는 것을 넘어서, 삼재 사상의 조화와 균형 원리에 기반하여 하늘의 공평성, 땅의 포용성, 사람의 주체성을 모두 실현할 수 있는 새로운 형태의 사회보험 거버넌스를 구축하는 것을 의미한다. 국민사회보험공단은 기존의 개별 공단들이 담당하던 모든 기능을 통합하되, 각 사회보험의 고유한 특성과 전문성은 유지하면서도 제도 간 시너지 효과를 극대화할 수 있는 조직 구조로 설계되어야 한다.

이러한 통합은 여러 차원에서 진행되어야 한다. 첫째, 조직적 통합으로서 기존의 국민연금공단, 건강보험공단, 근로복지공단의 인력과 자산을 하나의 기관으로 통합하되, 각 보험 영역별로 전문화된 부서를 유지하여 전문성을 확보해야 한다. 둘째, 기능적 통합으로서 보험료 부과, 징수, 자격관리, 급여 지급, 사후관리 등 모든 업무 프로세스를 표준화하고 통합하여 중복 업무를 제거하고 효율성을 제고해야 한다. 셋째, 시스템적 통합으로서 각 공단이 개별적으로 운영하던 정보시스템을 통합하여 데이터의 일관성과 정확성을 확보하고, 실시간 정보 공유가 가능한 통합 플랫폼을 구축해야 한다.

국민사회보험공단의 설립을 통해 기대할 수 있는 효과는 다면적이다. 우선 행정 효율성 측면에서는 중복 업무의 제거와 표준화된 프로세스 도입을 통해 연간 수조원 규모의 행정비용 절감이 가능할 것으로 예상된다. 현재 각 공단이 개별적으로 운영하고 있는 전국 지사 네트워크를 통합 운영함으로써 임대료, 인건비, 시설 운영비 등에서 상당한 절감 효과를 얻을 수 있으며, 이렇게 절약된 자원을 국민 서비스 개선과 급여 확대에 투입할 수 있을 것이다. 또한 서비스 품질 측면에서는 원스톱 서비스 제공을 통해 국민들이 여러 기관을 방문하거나 중복 서류를 제출하는 불편함을 해소할 수 있고, 통합된 정보시스템을 통해 보다 정확하고 신속한 서비스 제공이 가능해질 것이다.

특히 중요한 것은 정책 일관성과 형평성의 제고이다. 현재 각 공단이 개별적으로 정책을 수립하고 집행하는 과정에서 발생하는 정책 간 불일치나 형평성 문제를 해결할 수 있으며, 통합된 관점에서 사회보험 정책의 우선순위를 설정하고 자원을 배분할 수 있게 될 것이다. 또한 각 보험 간의 연계성을 강화하여 국민들이 생애주기에 따라 경험하는 다양한 사회적 위험에 대해 보다 체계적이고 종합적인 대응이 가능해질 것이다. 예를 들어, 실업과 질병이 동시에 발생한 경우나 육아휴직과 건강 문제가 복합적으로 나타나는 경우 등에 대해 개별 보험의 급여를 단순히 병행 제공하는 것이 아니라 통합적 관점에서 최적의 보장 패키지를 설계하여 제공할 수 있게 될 것이다.

보험료 징수의 통합 플랫폼과 원스톱 서비스 체계

보험료 징수 업무의 통합은 2011년부터 건강보험공단을 중심으로 시행되고 있으나, 현재의 사회보험 통합징수포털은 여전히 각 보험별로 분리된 시스템의 단순한 연결에 불과하여 진정한 의미의 통합 서비스를 제공하지 못하고 있다. 현행 시스템에서는 사업주가 4대 보험료를 하나의 고지서로 납부할 수 있다는 편의성은 확보되었으나, 보험료 산정 기준이 여전히 상이하고 각 보험별로 별도의 신고와 정정 절차를 거쳐야 하는 등 근본적인 불편함이 남아 있다. 또한 개별 가입자 입장에서는 여전히 각 보험의 가입 내역과 납부 현황을 별도로 확인해야 하고, 각종 증명서 발급도 보험별로 개별 신청해야 하는 번거로움이 있다.

공생적 복지국가에서는 이러한 한계를 극복하기 위해 완전히 통합된 보험료 징수 플랫폼을 구축해야 한다.[61] 이는 기술적 통합을 넘어서 제도적 통합을 기반으로 하는 것으로, 앞서 논의한 통합 보험료 부과 체계와 연계하여 모든 사회보험료를 하나의 통합된 기준으로 산정하고 징수하는 시스템이다. 통합 플랫폼은 개인과 사업장의 모든 소득과 자산 정보를 실시간으로 연계하여 정확하고 공정한 보험료를 자동 산정하며, 납부자는 하나의 통합 보험료만을 납부하면 되도록 설계되어야 한다.

이러한 통합 플랫폼의 핵심은 실시간 정보 연계와 자동화된 업무 처리이다. 국세청의 소득 정보, 고용노동부의 근로 정보, 법무부의 체류 정보 등 모든 관련 기관의 정보를 실시간으로 연계하여 보험료 산정에 필요한 모든 데이터를 자동으로 수집하고 갱신하는 시스템을 구축해야 한다. 이를 통해 소득 변동이나 고용 형태 변화 등이 발생할 때마다 즉시 보험료가 재산정되고, 별도의 신고나 정정 절차 없이도 정확한 보험료 부과가 가능해질 것이다. 또한 인공지능과 머신러닝 기술을 활용하여 보험료 체납 위험을 사전에 예측하고, 개인별 특성에 맞는 맞춤형 납부 안내와 상담 서비스를 제공할 수 있도록 해야 한다.

원스톱 서비스 체계의 구축은 단순히 여러 서비스를 한 곳에서 제공하는 것을 넘어서, 국민의 생애주기와 상황에 맞는 맞춤형 서비스를 능

---

61) 2025년 기준 '4대보험 통합징수포털'은 보험료 납부, 조회, 자격 취득·상실 신고, 납부내역 증명서 발급 등 주요 기능을 한 곳에서 제공하며, 사업자와 가입자의 행정적 편의성을 크게 높였다. 그러나 실제로는 보험료 산정 기준, 자격관리, 급여 신청·정정 등은 여전히 각 보험별로 분리되어 있어, 진정한 의미의 통합 서비스(원스톱 서비스)로 보기는 어렵다. 예를 들어, 보험료 정정이나 자격 변경, 각종 증명서 발급 등은 보험별로 별도 절차를 거쳐야 하며, 가입자도 각 보험의 내역을 각각 확인해야 하는 번거로움이 남아 있다. 또한 통합징수포털은 보험료 납부와 일부 행정처리의 '창구 통합'에 머물러 있고, 보험료 산정 기준은 각 보험별로 상이하며, 실질적 데이터·업무 통합은 미흡하다.

동적으로 제공하는 것을 의미한다.[62] 예를 들어, 신생아가 출생하면 자동으로 건강보험 피부양자 등록과 함께 각종 육아 관련 급여 신청이 안내되고, 필요시 원클릭으로 신청이 완료되도록 하는 것이다. 또한 실업이나 질병 등의 사건이 발생했을 때도 관련된 모든 급여와 서비스를 통합적으로 안내하고 신청할 수 있도록 하여, 국민들이 복잡한 제도를 일일이 파악하고 개별 신청하는 부담을 덜어주어야 한다.

이러한 원스톱 서비스는 온라인뿐만 아니라 오프라인에서도 동일하게 제공되어야 한다. 전국의 사회보험 서비스센터에서는 모든 사회보험 관련 업무를 한 번에 처리할 수 있도록 하고, 상담 직원들도 모든 보험에 대한 전문 지식을 갖추어 종합적인 상담과 안내가 가능하도록 해야 한다. 특히 디지털 접근이 어려운 고령층이나 장애인, 외국인 등을 위해서는 대면 서비스의 품질을 더욱 강화하고, 다국어 서비스와 장애인 편의 시설을 확충하여 모든 국민이 동등하게 사회보험 서비스를 이용할 수 있도록 해야 한다.

---

62) 현재 일부 영역(예: 자영업자 고용보험 가입과 보험료 지원 동시 신청 등)에서 원스톱 서비스가 시범적으로 도입되고 있다.

빅데이터 기반 통합 위험관리와 예측적 급여 설계

21세기 정보사회에서 빅데이터의 활용은 사회보험 관리의 패러다임을 근본적으로 변화시킬 수 있는 핵심 도구이다.[63] 현재 각 사회보험공단이 보유하고 있는 방대한 데이터는 개별적으로 관리되고 있어 그 잠재적 가치를 충분히 활용하지 못하고 있는 상황이다. 국민연금공단의 가입자 소득과 경력 정보, 건강보험공단의 의료 이용과 건강 정보, 근로복지공단의 산업재해와 직업훈련 정보 등이 통합적으로 분석된다면 개인의 생애주기별 위험 패턴을 예측하고, 이에 기반한 선제적이고 맞춤형 사회보험 서비스를 제공할 수 있을 것이다.

통합 빅데이터 시스템의 구축은 여러 단계로 진행되어야 한다. 첫 번째 단계는 데이터 표준화와 통합 저장소 구축이다. 현재 각 공단이 서로 다른 기준과 형식으로 관리하고 있는 데이터를 표준화된 형식으로 변환하고, 이를 통합적으로 저장하고 관리할 수 있는 데이터 레이크를 구축해야 한다. 이 과정에서는 개인정보보호와 데이터 보안을 최우선으로 고려하여 암호화, 접근 권한 관리, 감사 체계 등을 철저히 구축해야 한다. 두 번째 단계는 데이터 분석 역량의 구축이다. 머신러닝, 인공지능, 통계 분석 등 최신 기술을 활용하여 데이터에서 의미 있는 패턴과 인사이트를 도출할 수 있는 분석 시스템을 구축하고, 이를 운영할

---

63) 국민건강보험공단은 2025년 '국민건강보험 글로벌 포럼'에서 "보건의료 빅데이터는 단순 행정 자료를 넘어 과학적이고 지속가능한 건강보험 제도 설계의 핵심 자산"임을 강조하며, 데이터 기반 정책결정, 위험 예측, 맞춤형 서비스 제공의 중요성을 공식적으로 천명했다.

수 있는 전문 인력을 확보해야 한다.

통합 위험관리 시스템은 개인과 집단 차원에서 사회적 위험을 예측하고 관리하는 도구로 활용되어야 한다. 개인 차원에서는 가입자의 소득, 건강, 고용 이력 등을 종합적으로 분석하여 미래에 발생할 수 있는 실업, 질병, 사고 등의 위험을 예측하고, 이에 대한 선제적 대응 방안을 제공할 수 있다. 예를 들어, 특정 업종에서 오랜 기간 근무한 근로자가 직업병 발생 위험이 높다고 예측되면 사전에 건강검진을 권유하거나 예방 교육을 제공하고, 고용 불안정이 예상되는 경우에는 직업훈련이나 재취업 프로그램을 미리 안내할 수 있을 것이다. 집단 차원에서는 특정 지역이나 업종, 연령대별로 사회적 위험의 발생 패턴을 분석하여 정책적 대응 방안을 수립할 수 있다.

예측적 급여 설계는 빅데이터 분석을 통해 개인의 특성과 상황에 맞는 최적의 급여 수준과 형태를 결정하는 것이다. 현재의 획일적인 급여 체계에서 벗어나 개인의 위험 수준, 기여 실적, 가족 상황 등을 종합적으로 고려하여 맞춤형 급여를 제공하는 것이다. 이는 보험의 기본 원리인 위험과 보험료의 연계를 더욱 정교하게 구현하는 것이며, 동시에 사회적 연대의 원칙 하에서 취약계층에 대한 보호를 강화하는 방향으로 설계되어야 한다. 또한 급여의 효과성을 지속적으로 모니터링하고 평가하여 정책의 개선점을 도출하고, 이를 바탕으로 급여 설계를 지속적으로 업데이트하는 선순환 체계를 구축해야 한다.

이러한 빅데이터 활용은 사회보험 재정의 지속가능성 확보에도 크게 기여할 수 있다. 소득기반 체계 전환, 실시간 소득정보 연계, 맞춤형 급여 설계 등을 통해 보험료 체납 위험의 사전 예측과 맞춤형 관리, 부정수급의 탐지와 예방, 급여 지급의 정확성 제고 등을 통해 사회보험 재정의 효율성을 대폭 개선할 수 있을 것이다. 특히 국민건강보험의 경우 의료 이용 패턴 분석을 통해 과다 진료나 불필요한 의료 이용을 사전에 방지하고, 예방적 건강관리를 통해 장기적으로 의료비를 절감하는 효과를 기대할 수 있다. 빅데이터 기반의 위험관리와 급여 설계는 정보비대칭을 줄여 보험요율의 개별화, 위험의 역선택 완화 등 긍정적 효과가 있으나, 고위험군의 보험 배제, 개인정보 보호 등 새로운 법적·윤리적 쟁점도 동반한다. 따라서 데이터 활용의 투명성, 개인정보 보호, 사회적 연대 원칙 하에서의 취약계층 보호 등 균형 잡힌 정책 설계가 필수적이다.

지역별 통합 사회보험 서비스센터 운영

지역사회 중심의 사회보험 서비스 제공은 공생적 복지국가의 핵심 가치인 근접성과 접근성을 실현하는 중요한 방안이다. 현재 각 사회보험공단이 개별적으로 운영하는 지역 사무소들은 같은 지역 내에서도 서로 다른 위치에 분산되어 있어 국민이 여러 곳을 방문해야 하는 불편함이 있으며, 사무소마다 제공하는 서비스의 범위와 수준이 다르다는 문제점이 있다. 공생적 복지국가에서는 이러한 분산적 구조를 통합하여 지역별로 모든 사회보험 서비스를 원스톱으로 제공하는 통합 서비스센터를 운영해야 한다.

지역별 통합 사회보험 서비스센터는 해당 지역 주민들의 모든 사회보험 관련 업무를 처리할 수 있는 종합적인 기능을 갖추어야 한다. 이는 단순히 기존 사무소들을 물리적으로 한 건물에 모아 놓는 것이 아니라, 업무 프로세스와 서비스 제공 방식을 근본적으로 재설계하는 것을 의미한다. 센터의 직원들은 특정 보험만이 아닌 모든 사회보험에 대한 전문 지식을 갖추어야 하며, 국민이 어떤 문의나 신청을 하더라도 한 번의 방문으로 모든 업무를 완료할 수 있도록 해야 한다. 이를 위해서는 직원들에 대한 종합적인 교육과 훈련이 필요하며, 업무 매뉴얼과 시스템도 통합적 관점에서 재정비되어야 한다.

서비스센터의 운영은 지역의 특성과 주민들의 요구를 반영한 맞춤형 방식으로 이루어져야 한다. 도시 지역의 경우 대규모 종합센터를 운영하여 다양하고 전문적인 서비스를 제공하고, 농어촌 지역의 경우에는 소규모 지소나 순회 서비스를 통해 접근성을 높이는 방식을 채택할 수 있다. 또한 지역의 인구 구성과 산업 특성을 고려하여 특화된 서비스를 제공하는 것도 필요하다. 예를 들어, 고령인구가 많은 지역에서는 노인 대상 서비스를 강화하고, 외국인 근로자가 많은 지역에서는 다국어 서비스와 문화적 차이를 고려한 상담을 제공하는 것이다.

특히 중요한 것은 지역사회와의 연계와 협력이다. 통합 서비스센터는 지방자치단체, 지역 의료기관, 사회복지기관, 시민사회단체 등과 긴밀한 협력 네트워크를 구축하여 사회보험 서비스가 지역의 다른 복지서비스와 유기적으로 연계될 수 있도록 해야 한다. 이를 통해 사회보험이 단순히 급여를 지급하는 기능을 넘어서 지역사회의 사회적 안전망을 강화하고 공동체 발전에 기여하는 역할을 할 수 있을 것이다. 또한 지역 주민들의 의견을 정기적으로 수렴하고 서비스 개선에 반영하는 참여적 거버넌스를 구축하여 주민 중심의 서비스가 제공될 수 있도록 해야 한다.

서비스센터는 미래 지향적 기술을 적극 활용하여 서비스의 효율성과 편의성을 높여야 한다. 인공지능 기반 상담 시스템을 도입하여 기본적인 문의는 자동으로 처리하고, 복잡한 상담은 전문 상담사에게 연결하는 스마트 상담 체계를 구축할 수 있다. 또한 모바일 앱과 온라인 플랫폼을 통해 방문 예약, 서류 사전 제출, 처리 현황 확인 등이 가능하게 하여 실제 방문 시간을 최소화하고 대기 시간을 줄일 수 있도록 해야 한다. 나아가 가상현실이나 증강현실 기술을 활용한 교육 프로그램을 제공하여 국민이 사회보험 제도를 더욱 쉽게 이해하고 활용할 수 있도록 하는 혁신적 서비스도 검토할 수 있을 것이다.

2-3. 공공부조의 공생적 개편:
잔여적 구제에서 참여적 사회투자로

기초생활보장제도의 자산조사 합리화와
부양의무자 기준 단계적 완화

한국의 공공부조제도인 국민기초생활보장제도는 2000년 도입 이후 지속적인 개편을 통해 사회안전망의 핵심 역할을 수행해 왔으나, 여전히 엄격한 자산조사와 부양의무자 기준으로 인해 실질적으로 도움이 필요한 계층이 제도의 보호를 받지 못하는 사각지대 문제가 지속되고 있다. 특히 부양의무자 기준은 1961년 생활보호법 제정 당시부터 60여 년간 유지되어 온 제도로서, 현대 사회의 변화된 가족 구조와 부양 현실을 제대로 반영하지 못한다는 비판을 받아왔다. 2024년 기준으로 기초생활보장 수급자는 전체 인구의 약 5%에 해당하는 255만 명에 이르고 있으나, 여전히 소득인정액이 선정기준 이하임에도 불구하고 부양의무자 기준 등으로 인해 보호받지 못하는 비수급 빈곤층이 상당수 존재하는 것으로 추정되고 있다.

부양의무자 기준의 단계적 완화는 문재인 정부의 핵심 국정과제로 추진되어 2017년부터 체계적으로 진행되어 왔다. 2017년 11월 수급자 및 부양의무자 가구에 노인 또는 중증장애인이 모두 포함된 경우를 시작으로, 2018년 10월 주거급여 부양의무자 기준 폐지, 2019년 1월 부양의무자 가구에 중증장애인이나 노인이 포함된 경우 생계급여 부양의무자 기준 완화, 2020년 1월 중증장애인 수급권자 부양의무자 기준 폐지, 2021년 1월 노인과 한부모 수급자 부양의무자 기준 폐지, 그리고 2021년 10월 생계급여 부양의무자 기준의 대폭 완화가 이루어졌다. 이러한 일련의 개편을 통해 지난 4년간 생계급여 28.3만 명, 의료급여 8.8만 명, 주거급여 72.2만 명 등 총 77.8만 명이 새롭게 기초생활보장의 혜택을 받게 되었다.

그러나 현재의 부양의무자 기준 완화는 여전히 제한적이다. 생계급여의 경우 부양의무자 기준이 폐지되었다고 표현하고 있으나, 실제로는 부양의무자 중 1가구라도 연소득 1억 원(2024년 기준 1.3억 원) 또는 재산 9억~12억 원(연도별 상이) 초과 시 수급이 제한되는 예외가 남아있다.[64] 의료급여의 경우에는 부양의무자 기준이 더욱 엄격하게 적용되고 있어, 소득과 재산이 전혀 없는 상황에서도 부양의무자의 경제력으로 인해 의료급여를 받지 못하는 경우가 발생하고 있다. 특히 의료급여 신청을 위해서는 따로 사는 부모, 자녀, 사위, 며느리로부터 금융정보 제공 동의서 서명을 받아와야 하는 부담이 있어, 가족 관계의 단절이나 갈등이 있는 경우 실질적으로 신청 자체가 불가능한 상황이 발생하고 있다.

공생적 복지국가에서는 이러한 부양의무자 기준을 보다 근본적으로 개편해야 한다. 전통적인 가족 중심의 부양 책임에서 국가 중심의 사회적 책임으로 패러다임을 전환하되, 이 과정에서 삼재 사상의 조화 원리를 적용하여 개인과 가족, 사회가 각각의 역할을 적절히 분담할 수 있

---

64) 생계급여의 부양의무자 기준은 2021년 10월 공식적으로 '폐지'됐으나, 고소득·고자산 예외 조항이 남아있어 완전 폐지는 아니다.

는 체계를 구축해야 한다. 구체적으로는 의료급여 부양의무자 기준의 단계적 폐지를 가속화하고, 생계급여의 부양의무자 예외 규정도 더욱 완화하여 실질적인 부양의무자 기준 폐지를 달성해야 한다. 동시에 고소득·고자산 부양의무자에 대한 기준은 유지하되, 그 수준을 보다 현실적으로 조정하고 부양 의무의 범위도 명확히 제한하여 가족 간의 갈등을 최소화해야 한다.

자산조사의 합리화는 부양의무자 기준 완화와 함께 추진되어야 할 중요한 과제이다. 2024년부터 자동차 재산 기준이 완화되어 배기량 2000cc 미만·차량가액 500만 원 미만 승용차에 대해 일반재산 환산율 (4.17%)을 적용하여 자동차 보유로 인한 탈락 사례를 줄이고 있으나, 여전히 자동차 소유로 인한 수급 탈락 사례가 빈발하고 있다. 특히 장애인의 이동권 보장이나 도서·벽지 거주자의 생활 필수품으로서의 자동차 소유가 빈곤 탈출을 가로막는 역설적 상황이 지속되고 있다. 따라서 자동차 재산 기준을 더욱 현실화하고, 주거용 부동산의 경우에도 실거주 목적의 주택에 대해서는 자산 산정에서 제외하거나 대폭 완화하는 방안을 검토해야 한다.[65] 또한 금융재산의 경우에도 일정 수준의 비상자금 보유를 인정하여 수급자들이 예상치 못한 위기 상황에 대비할 수 있도록 해야 한다.[66]

---

65) 현재 주거용 부동산의 경우, 실거주 주택은 일반재산보다 낮은 환산율(1.04%)을 적용하고, 지역별로 기본재산액(서울 9,900만 원, 경기 8,000만 원 등)을 공제하고 있다.

66) 금융재산의 경우, 수급자 본인 및 가구의 금융재산(예적금, 주식, 보험 등)은 6.26% 환산율을 적용하며, 일정 수준의 비상자금 보유를 일부 인정하고 있다.

근로능력자 대상 참여형 소득보장과 자산형성 지원 확대

전통적인 공공부조가 단순히 최저생활을 보장하는 잔여적 구제에 초점을 맞췄다면, 공생적 복지국가의 공공부조는 참여적 사회투자의 관점에서 근로능력자의 자활과 자립을 적극적으로 지원하는 방향으로 전환되어야 한다. 현행 자활사업은 근로능력이 있는 기초생활수급자와 차상위계층을 대상으로 자활근로, 자활기업, 자활사례관리 등을 통해 탈빈곤과 자립을 지원하고 있으나, 여전히 임시방편적이고 단순반복적인 일자리 제공에 머물러 있어 실질적인 자활 효과가 제한적이라는 평가를 받고 있다. 2024년 기준 자활사업 참여자는 약 10만 명 수준이며 근로능력이 있는 수급자 중 실제 참여 비율은 20% 내외에 불과하다. 이 중 상당수가 근로유지형이나 사회서비스형 등 비교적 단순한 형태의 자활근로에 참여하고 있어 시장경쟁력 있는 기술 습득이나 안정적 일자리로의 이행에는 한계가 있다.

공생적 복지국가에서는 자활사업을 근본적으로 재설계하여 참여형 소득보장 체계로 발전시켜야 한다. 이는 단순히 근로 기회를 제공하는 것을 넘어서, 개인의 역량과 적성에 맞는 맞춤형 자활 경로를 설계하고 이를 체계적으로 지원하는 종합적 접근이다.[67] 구체적으로는 자활사업 참여자에 대한 개별 역량 진단을 강화하고, 이를 바탕으로 직업

---

67) 자활사례관리 등에서 이미 개인별 자립계획 수립, 역량 진단, 경로 설정, 직무·소양 교육, 취·창업 알선 등 맞춤형 지원이 일부 도입되어 있으나, 보다 체계적이고 실질적인 지원으로 확대해야 한다는 지적이 많다.

훈련, 창업 지원, 사회적기업 연계, 일반 노동시장 진입 등 다양한 경로를 제시해야 한다. 또한 자활근로의 급여 수준을 현실화하여 최저임금 수준으로 상향 조정하고, 자활 성과에 따른 인센티브 제도를 확대하여 참여 동기를 높여야 한다.

특히 중요한 것은 자산형성 지원의 확대이다. 빈곤의 근본적 해결을 위해서는 소득 보장뿐만 아니라 자산 형성을 통한 경제적 안정성 확보가 필수적이다. 현재 운영 중인 희망저축계좌(Ⅰ, Ⅱ)와 청년내일저축계좌는 이러한 취지에서 도입된 대표적인 자산형성 지원 제도이다. 희망저축계좌는 생계급여나 의료급여 수급자 중 근로소득이나 사업소득이 있는 가구를 대상으로 본인이 월 10만원을 저축하면 정부가 30만원을 매칭 지원하여 3년간 최대 1,440만원의 자산 형성을 지원하는 제도이며, 청년내일저축계좌[68]는 만 15세 이상 34세 이하의 청년 수급자를 대상으로 동일한 방식으로 자산형성을 지원하되 가입 조건을 완화하고 조기 탈수급 시에도 정부지원금을 지속 지원하는 등 청년층의 특성을 반영한 제도이다.

이러한 자산형성 지원제도[69]를 더욱 확대하고 발전시켜야 한다. 우선 대상자 범위를 차상위계층까지 확대하고, 매칭 비율도 개인의 소득 수준과 자활 의지에 따라 차등화하여 보다 많은 저소득층이 혜택을 받을

---

68) 2025년부터는 청년내일저축계좌의 지원 대상이 월 소득 250만원 이하 청년까지 확대되는 등, 소득 기준 완화와 지원 범위 확장이 이루어지고 있다.

69) 자산형성 지원제도는 저축액 매칭분 아니라, 탈수급 장려금, 내일키움장려금 등 추가 인센티브도 포함하고 있다.

수 있도록 해야 한다. 또한 자산 형성의 목적도 단순한 적립에서 주택 구입, 창업 자금, 교육비 등 구체적인 자활 목표와 연계하여 보다 전략적으로 활용할 수 있도록 해야 한다. 특히 청년층의 경우에는 학자금 대출 상환 지원이나 주거비 지원 등과 연계하여 안정적인 사회 진입을 도울 수 있는 종합적 패키지로 발전시켜야 한다.

근로소득 공제 제도의 확대도 중요한 과제이다. 현재 기초생활수급자가 근로소득을 얻으면 그 소득만큼 급여가 삭감되어 근로 유인이 떨어지는 문제가 있다. 이를 해결하기 위해 근로소득의 일정 부분을 공제하는 제도가 운영되고 있으나, 공제율과 공제액이 충분하지 않아 실효성이 제한적이다.[70] 공생적 복지국가에서는 근로소득 공제를 대폭 확대하여 근로를 통한 소득 증가가 실질적인 생활 개선으로 이어질 수 있도록 해야 한다.[71] 특히 청년층의 경우에는 더욱 높은 공제율을 적용하여 교육과 취업 활동을 적극 장려해야 한다.

빈곤 예방 중심의 선제적 사회안전망 구축과 지역사회 연계 강화

기존 공공부조제도가 이미 빈곤 상태에 빠진 이후에 최소한의 생활

---

70) 국민기초생활보장제도는 2020년부터 근로연령대 수급자에 대해 근로·사업소득의 30%를 공제(장애인 등은 선공제 20만원+30~50% 추가공제)하고 있으나, 실질적으로는 근로소득의 70%가 급여 산정에 반영되어 근로 유인이 충분하지 않다.

71) 근로소득 공제 확대(예: 50% 이상)와 구간별 차등 공제율 도입이 빈곤 감소와 근로 유인 제고에 효과적이라는 연구 결과가 있다. 고혜진 외 저, 「기초생활보장제도 근로·사업소득 공제 효과성 연구」, 2023. 한국보건사회연구원. 참조.

을 보장하는 사후적 대응에 초점을 맞춰왔다면, 공생적 복지국가의 공공부조는 빈곤 위험을 사전에 감지하고 예방하는 선제적 사회안전망으로 발전해야 한다. 이는 삼재 사상의 시중 원리, 즉 때에 맞는 적절한 대응을 사회정책에 구현하는 것으로, 위기가 발생한 후에 대응하는 것보다 위기 발생 가능성을 미리 파악하고 선제적으로 개입하는 것이 훨씬 효과적이고 비용 효율적이라는 인식에 기반한다.

빈곤 예방을 위한 선제적 개입은 여러 차원에서 이루어져야 한다. 첫째, 위험 신호의 조기 감지 시스템을 구축해야 한다. 현재 운영 중인 사회보장정보시스템을 고도화하여 소득 급감, 고용 상실, 의료비 급증, 주거 불안정 등 빈곤 위험 요인들을 실시간으로 모니터링하고, 이러한 신호가 감지되면 자동으로 관련 부서와 기관에 알림이 전달되는 체계를 구축해야 한다. 이를 위해서는 국세청, 고용노동부, 건강보험공단 등 관련 기관의 데이터를 실시간으로 연계하고, 빅데이터 분석 기법을 활용하여 빈곤 위험도를 예측하는 알고리즘을 개발해야 한다.

둘째, 위험 신호가 감지된 가구에 대한 신속한 개입 체계를 마련해야 한다. 현재의 긴급복지지원제도를 확대하고 강화하여 위기 상황에 처한 가구가 즉시 필요한 지원을 받을 수 있도록 해야 한다. 특히 소득 급감이나 실업 발생 시 3개월 이내에 기초생활보장제도 신청을 안내하고, 신청 절차를 간소화하여 신속한 보호가 이루어질 수 있도록 해야 한다. 또한 일시적 위기 상황에 대해서는 별도의 긴급 지원금을 신속하게 지급하여 위기가 만성적 빈곤으로 이어지지 않도록 차단해야 한다.

셋째, 사례관리를 통한 맞춤형 지원을 강화해야 한다. 빈곤의 원인과 양상이 개인과 가구마다 다르므로 획일적인 급여 지급보다는 개별 상황에 맞는 맞춤형 서비스가 더 효과적이다. 현재 시범적으로 운영되고 있는 통합사례관리를 전국적으로 확대하고, 사례관리 담당 인력을 대폭 확충하여 수급자 한 명 한 명에게 충분한 관심과 지원을 제공할 수 있도록 해야 한다. 사례관리는 단순히 급여와 서비스를 연계하는 것을 넘어서, 교육, 취업, 주거, 건강, 가족관계 등 빈곤과 관련된 모든 영역을 종합적으로 지원하는 포괄적 접근이어야 한다.

지역사회와의 연계 강화는 선제적 사회안전망 구축의 핵심 요소이다. 빈곤 예방과 해결은 정부의 제도적 지원만으로는 한계가 있으며, 지역사회의 다양한 자원과 네트워크를 활용할 때 더욱 효과적일 수 있다. 현재 전국 228개 시군구로 확대 운영 중인 재가 의료급여 사업이 좋은 사례이다.[72] 이 사업은 입원 필요도가 낮은 의료급여 수급권자에게 의료, 돌봄, 식사, 주거 등을 통합적으로 제공하여 불필요한 입원을 방지하고 지역사회에서의 안정적 생활을 지원하는 것으로, 의료비 절감과 삶의 질 향상이라는 두 마리 토끼를 잡는 성과를 거두고 있다.

이러한 지역사회 연계 모델을 다른 영역으로 확산해야 한다. 지역의 사회복지관, 노인복지관, 장애인복지관, 건강가정·다문화가족지원센터 등과 연계하여 예방적 서비스를 제공하고, 지역의 의료기관, 교육

---

72) 재가 의료급여 사업 등은 의료급여 수급권자의 퇴원 후 지역사회 정착을 지원하며, 의료·돌봄·식사·주거 등 통합서비스를 제공하는 지역사회 연계 모델로 평가받고 있다.

기관, 종교기관, 시민사회단체 등과도 협력 네트워크를 구축[73]하여 포괄적 지원체계를 더욱 견고하게 만들어야 한다. 특히 1인 가구의 증가와 사회적 고립 문제가 심각해지고 있는 상황에서, 고독사 예방을 위한 지역사회 차원의 돌봄 네트워크 구축이 시급하다. 2021년 고독사 사망자 중 44.3%가 기초생활수급자였다는 통계는 사회안전망이 단순히 경제적 지원에만 머물러서는 안 되며, 사회적 관계 형성과 정서적 지원까지 포함하는 포괄적 접근이 필요함을 보여준다.

마지막으로, 빈곤 예방을 위한 사회투자 확대가 필요하다.[74] 교육, 직업훈련, 건강증진, 주거개선 등에 대한 선제적 투자를 통해 빈곤 발생 가능성을 근본적으로 줄여야 한다. 특히 아동과 청년에 대한 투자는 미래의 빈곤을 예방하는 가장 효과적인 방법이다. 아동수당과 교육급여의 확대, 청년 주거지원과 취업지원 프로그램의 강화, 평생교육과 직업 재교육 기회의 확대 등을 통해 모든 국민이 자기 잠재력을 충분히 발휘할 기회를 제공해야 한다. 이러한 사회투자는 단기적으로는 비용이 들지만, 장기적으로는 빈곤 감소와 사회 전체의 생산성 향상을 통해 더 큰 사회적 수익을 창출할 수 있을 것이다.

이러한 공공부조의 공생적 개편을 통해 한국의 사회안전망은 단순히 최저생활을 보장하는 잔여적 제도에서 모든 국민의 인간다운 삶과 사

---

73) 2019년부터 시행된 지역사회 통합돌봄 선도사업은 노인, 장애인, 정신질환자 등 다양한 취약계층이 지역에서 자립할 수 있도록 주거, 보건의료, 요양, 돌봄 서비스를 통합 제공하며, 지역 특성에 맞춘 맞춤형 지원체계 구축에 기여했다.

74) 빈곤 예방의 핵심 전략으로 아동수당, 교육급여, 청년 주거지원, 취업지원, 평생교육 및 직업 재교육 등 사회투자 정책을 더 확대해야 한다.

회참여를 적극적으로 지원하는 참여적 사회투자 체계로 발전할 수 있을 것이다. 이는 삼재 사상의 조화와 균형 원리에 기반하여 개인의 자율성과 사회적 연대, 국가의 책임과 지역사회의 역할이 유기적으로 결합한 새로운 형태의 복지 거버넌스를 구현하는 것이며, 21세기 한국 사회가 추구해야 할 공생적 복지국가의 핵심 토대가 될 것이다.

2-4. 공공부조 전달체계의 혁신적 재편

공공부조 전달체계의 혁신적 재편은 공생적 복지국가 실현을 위한 핵심 과제이다. 전통적 사회적 위험에 대한 공생적 재구성 과정에서 공공부조 제도는 단순한 최저생활 보장을 넘어서 개인과 공동체가 상호 의존하며 성장할 수 있는 생태적 기반을 제공해야 한다. 이를 위해서는 중앙정부와 지방정부 간 역할 재정립, 전문기관을 통한 서비스 품질 향상, 통합적 사례관리 체계 구축, 그리고 민관 협력 네트워크 강화가 유기적으로 결합한 전달체계 혁신이 필요하다.

현재 한국의 공공부조 전달체계는 구조적 한계에 직면해 있다. 「제3차 사회보장 기본계획(2024~2028년)」에서 정부는 '약자부터 촉촉하게, 지속 가능한 복지국가'를 비전으로 설정하고 공공부조 보장성 확대를 주요 정책 과제로 제시했다 그러나 현행 체계는 업무 분산으로 인한 전문성 부족, 지역 간 서비스 격차, 사각지대 지속, 그리고 분절적 서비스 제공 등의 문제를 안고 있다. 이러한 문제들은 단순한 제도 개선으로는 해결되지 않으며, 전달체계 전반의 패러다임 전환이 요구된다.

중앙정부–지방자치단체 간 역할 재정립과 국가 책임 강화

공생적 복지국가에서 중앙정부와 지방정부의 역할 재정립은 국가 책임의 명확화와 지역 특성을 반영한 서비스 제공의 조화를 추구한다. 공공부조는 국가와 지방자치단체의 책임으로 생활 유지 능력이 없거나 어려운 국민의 최저생활을 보장하고 자립을 지원하는 제도 오류로 정의되지만, 현실에서는 중앙정부와 지방정부 간 역할 분담이 명확하지 않아 책임 회피와 서비스 공백이 발생하고 있다.

중앙정부의 역할은 공공부조의 기본 원칙과 급여 기준을 설정하고, 전국적으로 균등한 서비스 품질을 보장하는 데 집중되어야 한다. 특히 급여 수준의 적정성 확보가 핵심 과제이다. 생계급여 선정 기준을 중위소득 32%에서 35%로, 주거급여 선정 기준을 47%에서 50%까지 상향하는 정책은 중앙정부의 국가 책임 강화를 보여주는 사례이다. 그러나 단순한 급여 기준 상향을 넘어서 급여 체계 전반의 재설계가 필요하다.

중앙정부는 또한 공공부조 재정의 안정적 확보와 지역 간 재정 격차 해소에 대한 책임을 져야 한다. 현재 기초생활보장제도의 국고보조율은 생계급여와 의료급여가 80%, 주거급여가 60~80%, 교육급여가 80%로 설정되어 있지만, 지방자치단체의 재정 여건에 따라 실질적인 서비스 수준에 차이가 발생하고 있다. 공생적 복지국가에서는 이러한 지역 격차를 해소하기 위해 중앙정부의 재정 책임을 확대하고, 지역별 재정 형평화 메커니즘을 강화해야 한다.

지방정부의 역할은 지역 특성에 맞는 서비스 제공과 지역사회 자원의 효과적 활용에 집중되어야 한다. 지방정부는 중앙정부에서 설정한 기본 급여 위에 지역 여건을 고려한 추가 지원을 제공하고, 지역사회의 다양한 자원을 연계하여 통합적 서비스를 제공하는 역할을 담당한다. 전국 읍면동 3,426개소에 설치된 찾아가는 보건복지팀은 지방정부의 이러한 역할을 구현하는 대표적 사례이다.

특히 지방정부는 지역사회의 사회적 자본을 활용한 공생적 접근에서 핵심적 역할을 한다. 단순히 개별 가구에 급여를 지급하는 것을 넘어서 지역사회 전체의 상호부조 역량을 강화하고, 취약계층이 지역사회의 일원으로서 자립할 수 있는 환경을 조성하는 것이 지방정부의 중요한 책임이다. 이를 위해서는 지역의 사회적경제 조직, 시민사회단체, 종교기관, 주민자치조직 등과의 협력 체계 구축이 필수적이다.

역할 재정립에서 중요한 것은 중앙정부와 지방정부 간의 수직적 협력뿐만 아니라 지방정부 간의 수평적 협력 체계 구축이다. 특히 광역시도와 시·군·구 간의 역할 분담을 명확히 하고, 시군구 간 서비스 격차를 줄이기 위한 공동 대응 체계를 마련해야 한다. 현재 일부 지역에서 시행되고 있는 광역 단위 통합서비스센터나 시·군·구 간 공동 서비스 제공 사례를 확산시킬 필요가 있다. 또한 중앙과 지방 간 재정 관계 재정립, 기능 이양 시 재정 이양 병행, 포괄보조금 비중 확대 등 지방정부의 재정 자율성 강화를 위한 재정 분권이 필요하다.

국가 책임 강화는 단순한 재정 지원 확대를 의미하지 않는다. 공생적 복지국가에서 국가 책임은 모든 국민이 인간다운 삶을 영위할 권리를 보장하고, 개인의 역량 개발과 사회참여를 지원하는 포괄적 개념이다. 이는 급여 제공을 넘어서 교육, 훈련, 일자리 창출, 사회적 관계 형성 등을 포괄하는 통합적 접근을 요구한다. 사회보장제도 신설·변경 시 중앙-지방 협의조정제도의 실효성 제고, 지방정부의 참여 확대와 같은 협의조정제도 시행 중요한 과제다. 국가 책임 강화를 위해서는 복지-고용-성장 선순환을 위한 사회서비스 고도화, 사회보장 전달체계의 효율화, 민관 협력 기반 강화 등 복지 전달체계의 효율화가 핵심이다.

사회보장급여관리원 신설을 통한 공공부조 전문성 제고

사회보장급여관리원 신설은 공공부조 전달체계 혁신의 핵심 과제이다. 현재 공공부조 업무는 지방자치단체에서 분산되어 처리되고 있어 전문성 부족, 업무 효율성 저하, 서비스 품질의 지역 간 편차 등의 문제가 지속되고 있다. 「2024년 사회보장급여 공통업무 안내」가 체계화된 것은 이러한 문제 해결을 위한 초기 단계이지만, 근본적 해결을 위해서는 전문기관의 설립이 필요하다.

사회보장급여관리원은 국민연금공단이나 건강보험공단과 같은 방식으로 공공부조 업무의 전문성을 높이고, 전국적으로 통일된 서비스 품질을 보장하는 역할을 담당해야 한다. 이 기관은 단순히 급여 지급 업무만을 담당하는 것이 아니라, 수급권자의 발굴부터 사후관리까지 전 과정을 포괄하는 통합적 서비스를 제공해야 한다.

사회보장급여관리원의 주요 기능은 다음과 같다. 첫째, 공공부조 신청 접수와 자격 심사 업무의 전문화이다. 현재 지방자치단체마다 다르게 적용되고 있는 신청 절차와 심사 기준을 표준화하고, 전문 인력을 통한 정확하고 신속한 심사 체계를 구축한다. 이를 통해 수급권자의 접근성을 높이고 행정 오류를 최소화할 수 있다.

둘째, 급여 지급과 사후관리의 체계화이다. 생계급여, 의료급여, 주거급여, 교육급여 등 분산된 급여 체계를 통합관리하고, 수급자의 변동 사항을 실시간으로 모니터링하여 적정한 급여를 지급한다. 특히 부정수급 방지와 적정급여 보장의 균형을 유지하면서, 수급자의 권익을 보호하는 것이 중요하다.

셋째, 데이터 기반의 예측적 서비스 제공이다. 빅데이터와 인공지능 기술을 활용하여 위기 가구를 선제적으로 발굴하고, 개별 가구의 특성에 맞는 맞춤형 서비스를 제공한다. 이는 기존의 사후적 대응에서 예방적 대응으로의 패러다임 전환을 의미한다.

넷째, 전문 인력의 양성과 관리이다. 공공부조 업무에 대한 전문성을 갖춘 인력을 체계적으로 양성하고, 지속적인 교육과 훈련을 통해 서비스 품질을 향상시킨다. 특히 사례관리, 상담, 자원 연계 등의 전문 역량을 갖춘 인력을 확보하는 것이 중요하다.

사회보장급여관리원의 조직 구조는 중앙 본부와 지역 사무소로 구성된다. 중앙 본부는 정책 기획, 시스템 운영, 인력 관리, 품질 관리 등의 기능을 담당하고, 지역 사무소는 실제 서비스 제공과 지역사회와의 연계 기능을 담당한다. 지역 사무소는 기존의 시군구 단위를 기본으로 하되, 인구 규모와 업무량을 고려하여 효율적으로 배치한다.

사회보장급여관리원 설립을 위해서는 단계적 접근이 필요하다. 1단계에서는 현재 지방자치단체에서 수행하고 있는 급여 지급 업무를 점진적으로 이관하고, 2단계에서는 사례관리와 통합서비스 기능을 확대하며, 3단계에서는 예방적 서비스와 혁신적 프로그램을 도입한다. 이 과정에서 기존 지방자치단체 인력의 고용안정과 전문성 향상을 위한 지원책이 마련되어야 한다.

무엇보다 사회보장급여관리원은 공생적 가치를 구현하는 기관이어야 한다. 이는 단순히 급여를 지급하는 기관이 아니라, 수급자와 지역사회가 상호 의존하며 성장할 수 있도록 지원하는 플랫폼 역할을 해야 한다는 의미이다. 수급자를 수동적 수혜자로 보는 것이 아니라 지역사회의 적극적 구성원으로 인식하고, 이들의 역량 개발과 사회참여를 지원하는 것이 중요하다. 사회보장급여관리원은 국민연금공단, 건강보험공단처럼 전국적으로 통일된 서비스 품질을 보장하고, 신청·심사·지급·사후관리 등 전 과정을 포괄하는 통합적 서비스 제공이 가능해질 것이다. 이는 현행 지방자치단체 중심의 분산 구조의 한계를 보완하는 방향이다.

사례관리와 통합서비스 중심의 전달체계 혁신

사례관리와 통합서비스 중심의 전달체계 혁신은 공생적 복지국가의 핵심 특징을 구현하는 과정이다. 전통적인 급여 중심의 접근에서 벗어나 개별 가구의 복합적 욕구에 대응하는 통합적 접근은 단순한 서비스 제공을 넘어서 지역사회 전체의 상호부조 역량을 강화하는 방향으로 발전해야 한다.

현재 전국 229개 시군구에 운영되고 있는 희망복지지원단은 복합적 욕구를 가진 대상자에게 통합사례관리를 제공하고, 지역 내 자원 및 방문형 서비스 사업 등을 연계하여 지역단위 통합서비스 제공의 중추적 역할을 수행하고 있다. 그러나 현행 통합사례관리는 여전히 개별 가구 중심의 접근에 머물러 있어, 공동체 전체의 역량 강화로 확장될 필요가 있다.

통합서비스의 핵심은 개별 서비스의 단순한 연계를 넘어서 서비스 간의 시너지 효과를 창출하는 것이다. 예를 들어, 생계급여를 받는 가구에 대해 단순히 현금을 지급하는 것이 아니라, 교육훈련, 일자리 연계, 건강관리, 자녀 돌봄, 주거 환경 개선 등을 통합적으로 제공하여 근본적인 자립 기반을 구축해야 한다. 이 과정에서 수급자의 개별적 특성과 욕구를 정확히 파악하고, 이에 맞는 맞춤형 서비스 계획을 수립하는 것이 중요하다.

「2024년 공공부문 사례관리 연계·협력 업무안내」에서 제시된 바와 같이, 통합사례관리사 1인당 적정 사례관리 건수를 15가구 내외로 설정하여 서비스의 질을 보장하고 있다. 그러나 단순히 사례 수를 제한하는 것보다는 사례관리의 질적 개선과 효과성 향상에 초점을 맞춰야 한다.

사례관리의 공생적 접근은 개별 가구의 문제 해결을 넘어서 지역사회 전체의 상호부조 역량을 강화하는 방향으로 발전해야 한다. 이는 수급자를 단순한 서비스 대상자로 보는 것이 아니라, 지역사회의 자원이자 동반자로 인식하는 관점의 전환을 요구한다. 예를 들어, 육아 경험이 풍부한 수급자가 다른 가족의 돌봄을 지원하거나, 특정 기술을 가진 수급자가 지역사회 청소년들에게 교육을 제공하는 등의 상호부조 활동을 통해 지역사회 전체의 복지 역량을 높일 수 있다.

통합서비스 전달체계의 혁신은 물리적 통합과 기능적 통합을 모두 포괄한다. 물리적 통합은 원스톱 서비스센터나 통합사무소 설치를 통해 수급자의 접근성을 높이는 것이고, 기능적 통합은 서로 다른 기관과 부문의 서비스를 유기적으로 연계하여 시너지 효과를 창출하는 것이다.

정보시스템의 통합은 효과적인 사례관리를 위한 필수 기반이다. 현재 사회보장정보시스템을 통해 어느 정도의 정보 연계가 이루어지고 있지만, 여전히 부처별, 기관별로 분산된 정보시스템으로 인해 완전한 통합서비스 제공에 한계가 있다. 공생적 복지국가에서는 개인정보 보호를 전제로 하면서도 필요한 정보의 실시간 공유가 가능한 통합 플랫폼을 구축해야 한다.

사례관리의 전문성 강화도 중요한 과제이다. 현재 사례관리는 주로 사회복지사 자격을 가진 인력이 담당하고 있지만, 복잡하고 다양한 욕구에 대응하기 위해서는 다학제적 접근이 필요하다. 사회복지사뿐만 아니라 상담사, 간호사, 직업상담사, 교육전문가 등이 팀을 이루어 통합적 서비스를 제공하는 체계를 구축해야 한다.

사례관리의 효과성 평가와 지속적 개선도 필수적이다. 단순히 서비스를 제공하는 것에서 그치지 않고, 서비스의 효과를 체계적으로 평가하고 이를 바탕으로 서비스를 개선하는 환류 체계를 구축해야 한다. 이를 위해서는 명확한 성과 지표 설정과 정기적인 평가가 필요하다.

민관 협력 네트워크와 지역사회 파트너십 강화

민관 협력 네트워크와 지역사회 파트너십 강화는 공생적 복지국가의 핵심 가치인 상호 의존성과 호혜성을 구현하는 핵심 메커니즘이다. 공공부조가 단순히 국가에서 개인에게 일방적으로 제공하는 급여가 아니라, 지역사회 전체가 참여하는 상호부조 체계로 발전하기 위해서는 다양한 주체 간의 유기적 협력이 필수적이다.

지역사회보장협의체는 민관 복지관계자 및 학계 전문가, 주민대표, 공무원 등이 참여하여 지역의 사회보장 관련 사안 등을 심의·자문하는 민관협의기구로서 전국 시·군·구에 구성운영 중이며 대표협의체, 실무협의체, 실무분과로 구성·운영되고 있다. 이러한 기존 협력 체계를 기반으로 하되, 보다 실질적이고 효과적인 파트너십으로 발전시켜야 한다.

민관 협력의 핵심은 각 주체의 고유한 역할과 강점을 인정하면서도 공동의 목표를 향해 협력하는 것이다. 공공부문은 제도적 안정성과 보편성을 제공하고, 민간부문은 유연성과 혁신성을 통해 다양한 욕구에 대응한다. 시민사회는 당사자의 목소리를 반영하고 사회적 연대를 강화하는 역할을 한다.

특히 사회적경제 조직의 역할이 중요하다. 협동조합, 사회적기업, 마을기업 등 사회적경제 조직은 시장과 정부의 중간 영역에서 공공부조 수급자들에게 일자리와 사회참여 기회를 제공할 수 있다. 2024년 민간과 지역이 손잡고 지역특화 발전을 이끄는 민관협력 지역상생협약에 9곳이 최종 선정되어 3년간 최대 50억 원을 지원받게 되었다는 사례[75]는 민관 협력이 단순한 복지 전달을 넘어서 지역 발전과 연계된 종합적 접근으로 확장되고 있음을 보여준다.

종교기관의 역할도 간과할 수 없다. 한국 사회에서 종교기관은 오랫동안 지역사회의 복지 기능을 담당해왔으며, 특히 정서적 지원과 사회적 관계 형성에서 중요한 역할을 하고 있다. 공생적 복지국가에서는 종교기관의 이러한 강점을 활용하면서도 종교의 자유와 정교분리 원칙을 지키는 협력 방안을 모색해야 한다.

기업의 사회적 책임[CSR] 활동도 민관 협력의 중요한 요소이다. 단순한 기부나 자선 활동을 넘어서 기업의 본업과 연계된 사회적 가치 창출 활동을 통해 공공부조 수급자들에게 실질적인 도움을 제공할 수 있다. 예를 들어, IT 기업은 디지털 리터러시 교육을, 식품기업은 영양 교육과 건강한 식품 제공을, 건설업체는 주거 환경 개선을 지원하는 방식이다.

지역사회 파트너십에서 주민 참여는 핵심 요소이다. 복지통(이)장,

---

75) 뉴시스(2023. 6. 21 자 보도) https://www.newsis.com/view/NISX20240620_0002780935

읍면동 지역사회보장협의체 위원, 복지기관 등과 협력하여 지역자원을 발굴하고, 발굴자원을 적극 연계하는 현재의 주민 참여 체계를 더욱 활성화해야 한다. 특히 공공부조 수급 경험자들이 동료 지원가[peer supporter]로 활동할 기회를 확대하여, 당사자의 경험과 지혜를 공유하는 상호부조 체계를 구축하는 것이 중요하다.

디지털 기술을 활용한 민관 협력 플랫폼 구축도 필요하다. 지역의 다양한 자원과 서비스를 연결하고, 실시간으로 정보를 공유할 수 있는 디지털 플랫폼을 통해 협력의 효율성을 높일 수 있다. 특히 코로나19 경험을 통해 비대면 서비스의 중요성이 드러난 만큼, 온라인과 오프라인을 결합한 하이브리드 협력 체계를 구축해야 한다.

민관 협력의 지속가능성을 위해서는 적절한 거버넌스 체계가 필요하다. 단순한 용역이나 위탁 관계가 아니라 진정한 파트너십을 구축하기 위해서는 의사결정 과정에서의 민주적 참여, 투명한 정보 공개, 공정한 성과 평가 등이 보장되어야 한다. 또한 협력의 성과와 책임을 공유하는 위험 분담 체계도 마련되어야 한다.

민관 협력에서 중요한 것은 각 주체의 자율성과 독립성을 보장하면서도 공동의 목표를 추구하는 것이다. 정부가 민간의 활동을 과도하게 통제하거나, 민간이 정부의 책임을 대신하는 것이 아니라, 각자의 강점을 살려 상호 보완적 관계를 구축해야 한다.

지역 특성을 반영한 맞춤형 협력 모델 개발도 중요하다. 도시와 농촌, 대도시와 중소도시의 여건이 다른 만큼, 지역별 특성에 맞는 민관 협력 모델을 개발하고 확산시켜야 한다. 특히 인구 감소와 고령화가 심각한 농촌 지역에서는 마을 공동체 중심의 협력 모델이, 다문화 인구가 많은 도시 지역에서는 다양성을 고려한 협력 모델이 필요하다.

공공부조 전달체계의 혁신적 재편은 단순한 행정 체계의 개선을 넘어서 한국 사회의 상호부조 문화를 재구축하는 과정이다. 중앙정부와 지방정부의 역할 재정립을 통한 국가 책임 강화, 사회보장급여관리원 신설을 통한 전문성 제고, 사례관리와 통합서비스 중심의 서비스 혁신, 그리고 민관 협력 네트워크 강화가 유기적으로 결합할 때, 진정한 공생적 복지국가의 토대가 마련될 수 있다.

이러한 전달체계 혁신은 궁극적으로 공공부조를 받는 사람들이 단순한 수혜자가 아니라 지역사회의 능동적 구성원으로 자리매김할 수 있도록 지원하는 것을 목표로 한다. 개인의 존엄성과 자율성을 존중하면서도 사회적 연대와 상호부조를 강화하는 것, 이것이 공생적 복지국가가 추구하는 공공부조 전달체계의 비전이다.

2-5. 노동-돌봄-생태의 통합적 사회보장 체계

공생적 복지국가의 실현을 위해서는 전통적 임금노동 중심의 사회보장 체계를 근본적으로 재구성해야 한다. 4차 산업혁명과 기후 위기, 그리고 돌봄 위기가 동시에 진행되는 현재의 상황에서 노동, 돌봄, 생태를 분리된 영역으로 보는 기존의 접근은 더 이상 유효하지 않다. 노동-돌봄-생태의 통합적 사회보장 체계는 이 세 영역이 상호 의존적이며

순환적 관계에 있다는 인식을 바탕으로, 모든 형태의 사회적 가치 창출 활동을 포괄하는 새로운 보장 체계를 구축하는 것을 목표로 한다.

전통적 임금노동 중심의 사회보장 체계는 20세기 산업사회의 특성을 반영한 것으로, 정규직 남성 임금근로자가 가구의 주 소득원이 되고 여성이 무급 돌봄노동을 담당하는 성별 분업구조를 전제로 설계되었다. 그러나 21세기에 들어서면서 이러한 전제는 근본적으로 흔들리고 있다. 여성의 사회진출 확대, 가족 구조의 다양화, 고령화 사회로의 진입, 기후위기의 심화, 그리고 디지털 기술의 발전은 기존의 노동 개념을 확장할 것을 요구하고 있다.

공생적 복지국가에서 노동-돌봄-생태의 통합적 사회보장 체계는 이러한 시대적 변화에 대응하면서도, 동양철학의 음양조화와 상호 의존성 원리를 바탕으로 한 새로운 패러다임을 제시한다. 이는 단순히 기존 체계를 확장하는 것이 아니라, 모든 형태의 사회적 가치 창출 활동을 상호 연결된 생태계로 이해하고, 이를 종합적으로 보장하는 체계를 구축하는 것을 의미한다.

전통적 임금노동 중심에서 돌봄노동-생태노동 포괄로 확대

현재 한국의 사회보장 체계는 임금노동을 중심으로 설계되어 있다. 고용보험, 국민연금, 건강보험, 산재보험 등 4대 사회보험은 모두 임금근로자의 기여를 전제로 하며, 급여 수준도 임금 수준과 연동되어 있다. 2024년 기준 비정규직 근로자는 한시적근로자, 시간제근로자, 비전형근로자로 분류되지만, 여전히 임금노동의 범주 안에서 논의되고 있다. 그러나 이러한 접근은 사회적으로 중요한 가치를 창출하지만 시장에서 제대로 평가받지 못하는 활동들을 배제한다는 근본적 한계를 가지고 있다.

돌봄노동의 사회적 가치 인정은 이러한 전환의 핵심 과제이다. 무급 돌봄노동과 유급 돌봄노동의 가치를 제대로 인정하고, 여성과 남성이 함께 일하고 함께 돌볼 수 있도록 무급 돌봄노동을 분담하고 또한 사회와 국가에게 이전하는 방식으로 재분배하는 것이 필요하다. 현재 한국에서는 돌봄노동자 규모를 108.7만 명으로 발표했지만, 이들의 노동 조건은 여전히 열악하며 제도적으로 '돌봄노동 = 최저임금노동'을 예정하고 있는 상황이다.

돌봄노동의 포괄적 인정을 위해서는 먼저 돌봄의 개념을 확장해야 한다. 전통적으로 돌봄은 아동, 노인, 장애인 등 특정 대상에 대한 직접적인 신체적 돌봄으로 이해되었지만, 공생적 복지국가에서는 교육, 상담, 정서적 지원, 지역사회 활동 등 모든 형태의 사회적 재생산 활동을 포괄하는 개념으로 확장되어야 한다. 또한 가족 내 무급 돌봄노동도 사회적 가치 창출 활동으로 인정하여 적절한 보상과 사회적 지원을 제공해야 한다.

생태노동의 인정은 기후 위기 시대의 새로운 요구이다. 탄소중립 정책 추진으로 신재생에너지 등 친환경 영역은 빠른 성장을 보일 것이고, 신산업·신기술 분야 일자리는 늘어나고 고탄소·노동집약적인 산업에서는 감소할 것 고용정책이다. 그러나 생태노동은 단순히 환경산업

종사자만을 의미하지 않는다. 농업에서의 친환경 생산, 도시에서의 녹지 관리, 폐기물 재활용, 에너지 절약 활동, 생태계 복원 등 모든 형태의 환경 보전 활동이 생태노동에 포함되어야 한다.

특히 농업과 농촌의 역할을 재평가해야 한다. 농업은 단순히 식량을 생산하는 산업이 아니라 탄소 흡수, 생물다양성 보전, 경관 관리, 전통문화 보존 등 다양한 생태적·사회적 가치를 창출하는 활동이다. 공생적 복지국가에서는 이러한 다면적 기능을 종합적으로 평가하여 농민들에게 적절한 소득 보장을 제공해야 한다.

노동 개념의 확장은 제도적 차원에서도 구체화되어야 한다. 현재 플랫폼 노동자들의 법적 지위 확인과 사회보장법상 포괄적 적용을 위한 '취업자' 개념 도입이 필요하다. 노동 개념의 확장은 단순한 임금노동·유급노동을 넘어서, 돌봄·생태·플랫폼 등 다양한 사회적 가치 창출 활동을 포괄하는 모든 형태의 사회적 가치 창출 활동을 포괄하는 새로운 법적 범주 마련이 필요하다.

사회적 가치 창출 활동의 소득보장 체계 구축

사회적 가치 창출 활동에 대한 소득보장 체계 구축은 공생적 복지국가의 핵심 과제이다. 이는 기존의 임금 중심 소득보장을 넘어서 모든 형태의 사회적 기여에 대해 적절한 경제적 보상을 제공하는 체계를 의미한다. 이러한 체계는 크게 세 가지 차원에서 구축되어야 한다.

첫 번째는 돌봄노동에 대한 직접적 소득보장이다. 현재 가족 내에서 무급으로 수행되고 있는 돌봄노동에 대해서는 돌봄수당이나 양육수당의 형태로 직접적인 소득보장을 제공해야 한다. 특히 중증 환자나 중증장애인을 돌보는 가족에 대해서는 간병수당을 지급하여 경제적 부담을 덜어주어야 한다. 선진국 7개국에서 GDP 2%를 돌봄경제에 투자하여 일자리 21백만개를 창출하였고, 돌봄에 대한 투자가 건설부문 투자보다 50% 이상 높은 고용유발효과가 있었다는 분석[76]은 돌봄 분야 투자의 경제적 효과를 보여준다.

유급 돌봄노동자의 처우 개선도 시급한 과제이다. 현재 요양보호사, 장애인활동지원사, 아이돌보미 등의 임금이 최저임금 수준에 머물러 있는 상황을 개선하여, 돌봄노동의 전문성과 사회적 가치에 상응하는 적정 임금을 보장해야 한다. 이를 위해서는 돌봄서비스 수가 체계를 전면적으로 개편하고, 돌봄노동자의 처우 개선을 위한 별도의 재원을 확보해야 한다.

두 번째는 생태노동에 대한 보상 체계이다. 환경 보전 활동, 탄소 흡수, 생물다양성 보전 등에 대해서는 생태서비스 대가[77] Payment for

---

76) 국제노동조합총연맹(ITUC)와 영국 여성예산그룹(Women's Budget Group) 공동 보고서에 의하면, 7개 OECD 국가(호주, 덴마크,독일, 이탈리아, 일본, 영국, 미국)를 대상으로 분석한 결과, GDP의 2%를 돌봄(케어) 산업에 투자할 경우, 전체적으로 약 2.4~6.1%의 고용 증가(국가별 차이)가 있었으며, 총 2,130만 개(21백만 개) 일자리 창출 효과를 미국 1,291만 개, 일본 347만 개, 독일 202만 개 등 국가별로 구체적 수치 제시했다. 이는 동일한 규모의 건설 투자 대비 돌봄산업 투자가 50% 이상 높은 고용유발효과를 나타낸다. De Henau, J., Himmelweit, S., Łapniewska, Z. & Perrons, D. (2016). "Investing in the Care Economy: A gender analysis of employment stimulus in seven OECD countries."

77) 전 세계적으로 550개 이상의 PES 프로그램이 운영되고 있으며, 연간 거래 규모가 360억 달러를 넘는다. 특히 수자원 보호를 위한 PES가 62개국에서 247억 달러 규모로 가장 큰 비중을 차지한다. Salzman, J. et al., "The global status and trends of Payments for Ecosystem Services," Nature Sustainability, 2018. 참조.

Ecosystem Services, PES를 지급해야 한다. 예를 들어, 친환경 농법을 실천하는 농민에게는 탄소 흡수량과 생물다양성 보전 기여도에 따라 추가 소득을 제공하고, 도시의 녹지 관리나 하천 정화 활동에 참여하는 시민들에게는 생태활동수당을 지급할 수 있다.

환경부·한국환경공단 '2024년 상생협력 실증 프로그램'에서는 녹색혁신기술을 보유한 공급기업과 관련 설비를 설치하고자 하는 수요기관으로 구성된 컨소시엄에 최대 10억원을 지원하고 있다. 이러한 접근을 개인과 지역사회 차원으로 확장하여, 소규모 환경 보전 활동에도 체계적인 지원을 제공해야 한다.

세 번째는 사회적경제 활동에 대한 소득보장이다. 협동조합, 사회적기업, 마을기업 등에서 활동하는 사람들의 소득 안정성을 높이기 위해 사회적경제 종사자에 대한 별도의 소득지원 제도를 마련해야 한다. 창업지원금, 활동비, 운영비 지원 등은 실제로 여러 지방정부와 중앙정부에서 시범적으로 운영 중이나 사회적 가치 창출 활동이 지속될 수 있도록 별도의 소득지원 제도 마련이 필요하다.

이러한 소득보장 체계의 재원은 다양한 방식으로 조달될 수 있다. 탄소세나 환경세를 통해 생태노동 지원 재원을 마련하고, 디지털 플랫폼에서 발생하는 수익의 일부를 사회적 기여 기금으로 활용하며, 토지 공개념에 바탕한 토지세를 통해 돌봄노동 지원 재원을 확보할 수 있다. 또한 기업의 사회적 책임 이행을 의무화하여 기업이 사회적 가치 창출 활동에 직접 투자하도록 유도해야 한다.

노동-돌봄-생태 영역 간 이동성 보장과 경력 인정

노동-돌봄-생태 영역 간의 이동성 보장과 경력 인정은 공생적 복지국가의 혁신적 특징이다. 전통적 사회보장 체계에서는 임금노동 경력만이 인정되고, 다른 활동들은 경력 단절로 취급되었다. 그러나 공생적 복지국가에서는 모든 형태의 사회적 가치 창출 활동을 동등한 경력으로 인정하고, 영역 간 이동을 지원하는 체계를 구축해야 한다.

경력 인정 체계의 구축은 먼저 각 영역의 활동을 체계적으로 분류하고 평가하는 기준을 마련하는 것부터 시작된다. 돌봄 영역에서는 돌봄 대상의 특성, 돌봄의 강도, 지속 기간 등을 종합적으로 고려하여 경력을 인정해야 한다.[78] 예를 들어, 중증 환자를 5년간 돌본 경험은 의료 분야나 사회복지 분야에서 전문 경력으로 인정받을 수 있어야 한다.

생태 영역에서도 마찬가지이다. 친환경 농업 경험은 환경 컨설팅이나 생태교육 분야에서 전문 경력으로 인정되어야 하고, 환경 시민단체에서의 활동 경험은 환경공무원이나 환경 관련 기업 취업 시 가산점을 받을 수 있어야 한다. 이를 위해서는 영역별로 전문성을 인증하는 자

---

78) 서울 성동구는 2021년 전국 최초로 '경력보유여성 등의 존중 및 권익 증진에 관한 조례'를 제정, 육아·간병 등 무급 돌봄노동을 경력으로 인정하는 '경력인정서' 발급 프로그램을 운영 중이다. 경력인정서를 받은 이들은 실제 취업·창업 지원, 이력서 작성, 전문 컨설팅 등 다양한 지원을 받고 있다.

출처: 서울 성동구청 『2024년 성동형 경력인정 프로그램』
https://www.sd.go.kr/main/selectBbsNttView.do?bbsNo=183&nttNo=335167&key=1472
현재 경기도, 전남, 세종 등 20여 개 지자체가 유사 조례를 제정했고, 민간기업 17곳이 성동구의 경력인정서를 공식 이력으로 인정하는 협약을 체결했다. 그러나 아직 민간기업의 공식 인정은 제한적이고, 실제 경력 인정 사례도 많지 않다. 제도적 확산과 실효성 확보가 과제로 남아있다.

격 제도를 만들고, 비공식 학습이나 경험 학습도 공식적으로 인정하는 체계를 구축해야 한다.

영역 간 이동성을 높이기 위해서는 교육훈련 체계도 혁신되어야 한다. 임금노동에서 돌봄노동으로, 돌봄노동에서 생태노동으로, 생태노동에서 다시 임금노동으로 이동할 때마다 필요한 교육과 훈련을 체계적으로 지원해야 한다. 특히 중년 이후 경력 전환을 원하는 사람들을 위한 맞춤형 교육 프로그램을 확대해야 한다.

사회보험 체계도 이러한 이동성을 반영하여 개편되어야 한다. 현재는 임금노동을 중단하고 돌봄이나 생태 활동에 전념하면 사회보험 가입이 중단되고 급여 수준이 낮아진다. 공생적 복지국가에서는 모든 형태의 사회적 가치 창출 활동을 사회보험 가입 기간으로 인정하고, 영역을 이동해도 연속성이 보장되는 체계를 구축해야 한다.

연금제도에서 돌봄크레딧[79] care credit이나 생태크레딧eco credit을 도입하는 것도 중요한 방안이다. 자녀 양육, 부모 돌봄, 환경보전 활동 등에 참여한 기간에 대해서는 별도의 크레딧을 부여하여 연금 급여에 반영함으로써, 이러한 활동의 사회적 가치를 인정하고 경제적 불이익을 방지해야 한다.

특히 여성의 경력 연속성 보장이 중요하다. 현재 한국 여성들은 출산과 육아로 인한 경력 단절을 경험하는 경우가 많다. 공생적 복지국가에서는 이러한 돌봄 기간을 경력 단절이 아닌 사회적 기여 기간으로 인

---

79) 돌봄크레딧 도입에 관해서는 논의 중이다. 김아람, 유호선, 「국민연금의 돌봄크레딧 도입 타당성 검토」, 2020, 국민연금연구원. 참조

정하고, 복직 시 필요한 재교육과 지원을 체계적으로 제공해야 한다.

돌봄 노동의 경력 인정 조례를 추진하는 움직임은 이러한 방향의 구체적 사례이다. 지방자치단체 차원에서 시작된 이러한 움직임을 중앙정부 차원으로 확산시키고, 법적 근거를 마련해야 한다.

영역 간 이동성을 높이기 위해서는 멘토링과 동료 지원체계도 중요하다. 각 영역에서 풍부한 경험을 가진 사람들이 영역을 이동하려는 사람들을 지원하는 멘토링 프로그램을 운영하고, 비슷한 경험을 가진 사람들끼리 정보와 경험을 공유할 수 있는 네트워크를 구축해야 한다.

노동-돌봄-생태 영역의 통합적 사회보장 체계는 개인의 생애주기와 사회적 필요에 따라 다양한 활동을 선택할 수 있는 자유를 보장한다. 젊은 시절에는 임금노동에 집중하고, 중년에는 돌봄 활동에 참여하며, 노년에는 생태 보전 활동에 기여하는 등 생애 전반에 걸쳐 다양한 방식으로 사회에 기여할 수 있는 체계를 만들어야 한다.

이러한 체계는 개인의 자아실현뿐만 아니라 사회 전체의 지속가능성에도 기여한다. 각 개인이 자기 적성과 관심, 그리고 생애주기에 맞는 활동을 선택할 수 있게 되면, 사회 전체의 활력과 창의성이 높아진다. 또한 모든 사회적 가치 창출 활동이 적절히 보상받게 되면, 사회의 상호부조 역량이 강화되고 지속 가능한 발전이 가능해진다.

공생적 복지국가의 노동-돌봄-생태 통합 체계는 단순히 제도적 개선을 넘어서 사회 전체의 가치관 변화를 요구한다. 성과와 효율성만을 중시하는 경쟁 사회에서 상호부조와 지속가능성을 중시하는 공생 사회로의 전환이 필요하다. 이는 하루아침에 달성될 수 있는 것이 아니라 장기적이고 점진적인 과정을 통해 실현되어야 한다.

　무엇보다 이러한 변화는 모든 사회 구성원의 참여와 협력을 통해서만 가능하다. 정부의 정책 개선, 기업의 사회적 책임 이행, 시민사회의 적극적 참여, 그리고 개인의 의식 전환이 조화롭게 이루어져야 진정한 공생적 복지국가가 실현될 수 있다. 노동-돌봄-생태의 통합적 사회보장 체계는 이러한 전환의 핵심 동력이자 구체적 실현 방안이다.

3. 새로운 사회적 위험에 대한 혁신적 대응 체계

3-1. 기후 위기 대응 생태복지 제도

　기후위기는 21세기 인류가 직면한 가장 심각하고 시급한 위험이다. 전 지구적 기후 시스템의 급격한 변화는 단순한 환경 문제를 넘어서 사회적 불평등을 심화시키고 새로운 형태의 사회적 위험을 창출하고 있다. 공생적 복지국가는 이러한 기후위기를 사회보장의 영역으로 적극 끌어들여 생태적 지속가능성과 사회적 정의를 동시에 추구하는 혁신적 대응 체계를 구축해야 한다. 기후 위기 대응 생태복지 제도는 기존의 경제성장 중심 복지국가 모델을 넘어서 생태적 한계 내에서 모든 사회 구성원의 복지를 보장하는 새로운 패러다임을 제시한다.

　2024년은 전국 평균기온이 14.5도로 1973년 이후 가장 높았던 해였으며, 이상고온 현상이 발생한 날은 최고기온 기준으로 76.7일, 최저기온 기준으로 103.6일이었다. 이러한 극단적 기후 현상은 더 이상 예외적 상황이 아니라 새로운 일상이 되었으며, 이는 전통적 사회보장 체계로는 대응할 수 없는 새로운 유형의 사회적 위험을 만들어내고 있다. 특히 기후위기의 영향은 소득수준, 지역, 연령, 건강상태에 따라 차별적으로 나타나기 때문에 기존의 사회적 불평등을 더욱 심화시키는 효과를 가져온다.

공생적 복지국가에서 생태복지는 인간의 복지와 생태계의 건강을 분리할 수 없는 하나의 체계로 이해한다. 이는 단순히 환경 보호를 위한 정책에 복지적 요소를 추가하는 것이 아니라, 복지 자체의 개념을 생태적 지속가능성을 포함하는 방향으로 확장하는 것을 의미한다. 탄소배당과 녹색 전환 소득 보장, 생태 전환 사회보험과 기후재난 대응 체계, 환경 서비스 대가 지급과 생태복원 일자리는 이러한 생태복지의 구체적 실현 방안이다.

탄소 배당과 녹색 전환 소득 보장

탄소 배당[80] Carbon Dividend은 기후위기 대응과 사회적 정의를 결합하

---

80) 탄소세나 배출권거래제 등 탄소 가격 정책의 수입을 모든 국민에게 균등하게 배당하는 제도는 실제 스위스, 캐나다 등에서 시행 중이다. 스위스는 2008년부터 탄소부담금의 2/3를 국민에게 현금으로 환급하고 있다. 캐나다도 주별로 탄소세 수입을 '기후 인센티브'로 환급한다. 탄소세는 역진적 효과가 있으나, 탄소배당을 통해 저소득층의 실질 소득이 증가하는 구조가 실증적으로 확인되고 있다. 한국에서도 유사한 입법 논의가 있었으며, 배당 대상·방식·규모 설계에 대한 정책적 논의가 진행 중이다. 배당의 구체적 설계 (예: 성인 100%, 미성년자 50% 등)는 실제 스위스 등에서 적용되는 방식과 유사하다. 유영성. 「기본소득 재원으로서 탄소세 도입 검토」. 경기연구원. 2021. 참조.

는 혁신적 정책 수단이다. 이는 탄소세나 배출권 거래제를 통해 징수한 탄소 가격 수입을 모든 국민에게 균등하게 배당하는 제도로서, 기후위기 대응의 비용을 사회 전체가 공평하게 분담하면서도 저소득층의 실질적 소득 증대 효과를 가져올 수 있다.

정부는 재정·제도·정책 등 공공영역에서 탄소중립이 주류화될 수 있도록 제도적 기반을 구축하는 한편, 배출권거래제, 세제, 부담금 등 탄소가격 신호를 반영한 정책 개선방안을 검토하고 있다. 현재 한국의 탄소가격 정책은 주로 대기업과 대규모 배출원을 대상으로 하는 배출권 거래제에 집중되어 있지만, 공생적 복지국가에서는 이를 전사회적 탄소 가격 체계로 확장하여 탄소 배당의 재원으로 활용해야 한다.

탄소 배당의 핵심 원리는 기후위기의 원인인 온실가스 배출에 대한 사회적 비용을 내재화하면서도, 그 비용 부담이 소득수준에 관계없이 공평하게 분배되도록 하는 것이다. 탄소세는 일반적으로 역진적 성격을 가지기 때문에 저소득층의 상대적 부담이 클 수 있지만, 탄소 배당을 통해 징수된 탄소세 수입을 모든 국민에게 균등하게 분배하면 저소득층은 실질적으로 순소득 증가 효과를 얻을 수 있다.

구체적인 탄소 배당 설계에서는 배당 대상, 배당 방식, 배당 규모를 체계적으로 결정해야 한다. 배당 대상은 원칙적으로 모든 국민을 포함하되, 연령에 따른 차등 지급을 고려할 수 있다. 예를 들어, 성인은 100%, 미성년자는 50%의 비율로 차등 지급하여 가구 규모에 따른 탄소 배당의 형평성을 높일 수 있다. 배당 방식은 정기적인 현금 지급을 원칙으로 하되, 월별 또는 분기별 지급을 통해 가계의 소득 안정성을 높이는 것이 바람직하다.

　녹색 전환 소득 보장은 탄소 배당보다 더 포괄적인 개념으로서, 경제의 탈탄소화 과정에서 발생하는 일자리 변화와 소득 불안정에 대응하는 종합적 소득보장 체계를 의미한다.[81] 탄소집약적인 산업은 정체 또는 축소될 것이고 신재생에너지 등 친환경 영역은 빠른 성장을 보일 것이며, 신산업·신기술 분야 일자리는 늘어나고 고탄소·노동집약적인 산업에서는 감소할 것이다. 이러한 변화 과정에서 기존 산업 종사자들의 생계 보장과 새로운 산업으로의 전환 지원이 핵심 과제가 된다.

　녹색 전환 소득 보장은 크게 세 가지 요소로 구성된다. 첫째, 탈탄소화로 인해 직업을 잃거나 소득이 감소하는 근로자들에 대한 전환 소득 지원이다.[82] 이는 기존의 실업급여보다 장기간이고 높은 수준의 소득 보장을 제공하여 충분한 시간을 가지고 새로운 직업으로 전환할 수 있도록 지원한다. 둘째, 녹색 일자리로의 전환을 위한 교육훈련 기간 동안의 훈련수당 지급이다.[83] 이는 단순한 생계비 지원을 넘어서 미래 소득 증대를 위한 인적자본 투자로서의 성격을 가진다. 셋째, 녹색 경

---

81) 탈탄소화 과정에서 일자리 변화와 소득 불안정에 대응하는 종합적 소득보장 체계의 필요성은 국제 노동기구(ILO), OECD 등에서 강조되고 있으며, 국내 정책 연구에서도 중요한 과제로 제시된다. 장훈, 김윤정. 「기후변화 사회보장 확대방안 연구: 공보험, 기금 등 사회보장을 통한 기후변화 사회안전망 확대」, 2019. 환경부. 참조.

82) 탈탄소화 과정에서 일자리 변화와 소득 불안정에 대응하는 종합적 소득보장 체계의 필요성은 국제 노동기구(ILO), OECD 등에서 강조되고 있으며, 국내 정책 연구에서도 중요한 과제로 제시된다.

83) 전환 소득 지원, 녹색 일자리 전환 교육훈련수당, 초기 정착 지원금 등은 실제 유럽연합(EU)의 '정의로운 전환(Just Transition)' 정책, 독일·프랑스 등에서 시범적으로 시행되고 있다.

제로의 전환 과정에서 새롭게 창출되는 일자리에 대한 초기 정착 지원금이다.

특히 지역별 특성을 고려한 맞춤형 녹색 전환 소득 보장이 중요하다. 석탄 발전소나 철강 산업이 집중된 지역과 같이 탈탄소화의 영향을 직접적으로 받는 지역에 대해서는 지역 전체의 경제 전환을 지원하는 종합적 패키지를 제공해야 한다. 지역상생형 경남 합천 수상태양광발전, 옛 장항제련소 주변부지의 생태복원테마지구 조성, 김포 거물대리 수소·전기차 클러스터 조성 등 지역의 환경자원과 여건을 고려한 녹색투자로 다양한 지역발전 선도사업이 추진되고 있는 것은 이러한 방향의 구체적 사례이다.

생태복원, 환경서비스 대가[PES], 녹색 일자리 창출 등은 기후위기 대응과 사회적 안전망 확장, 지역경제 활성화의 주요 정책 수단으로 국제적으로 확산되고 있다. 국내에서도 생태복원사업, 환경서비스 대가 지급, 지역주민 참여형 녹색 일자리 모델 등이 더욱 확대되어야 한다. 탄소배당, 녹색 전환 소득 보장 등은 국내에서는 아직 시범적·논의 단계이며, 제도화와 실효성 확보를 위한 구체적 설계와 재원 마련, 사회적 합의가 필요하다. 기후위기 대응 복지제도는 사회적 불평등 완화, 취약계층 보호, 지역경제 활성화 등 다차원적 목표를 동시에 추구해야 하며, 기존 사회보장제도와의 연계 및 통합적 설계가 중요하다.

생태 전환 사회보험과 기후재난 대응 체계

생태 전환 사회보험은 기후위기 시대에 맞는 새로운 유형의 사회보험으로서, 기후 변화로 인한 다양한 위험을 보장 대상으로 하는 혁신적 제도이다. 전통적 사회보험이 질병, 실업, 노령, 산업재해 등 개인적 위험을 중심으로 설계되었다면, 생태 전환 사회보험은 기후재난, 환경질환, 생태계 파괴로 인한 생계 위험 등 환경적 요인으로 인한 사회적 위험을 포괄한다.

기후재난 대응 체계는 생태 전환 사회보험의 핵심 구성 요소이다. 2024년에는 바다도 뜨거워 우리나라 주변 해역 해수면 온도가 17.8도로 최근 10년 중 1위를 기록했으며, 여름철 고수온으로 인해 양식생물이 대량 폐사해 1천 430억 원의 피해가 발생했다. 이러한 기후재난으로 인한 피해는 개인의 노력이나 예방으로는 한계가 있으며, 사회적 차원의 집합적 대응이 필요하다.

기후재난 사회보험은 홍수, 가뭄, 폭염, 태풍, 산불 등 기후 관련 자연재해로 인한 인명 피해, 재산 피해, 소득 손실을 포괄적으로 보장한다. 이는 기존의 자연재해 보험과는 달리 사회보험 방식으로 운영되어 보험료 부담 능력에 관계없이 모든 국민이 가입하고, 피해 시 충분한 수준의 보상을 받을 수 있도록 설계된다. 특히 기후재난의 건강 영향에 대한 보장이 중요하다. 2024년 온열질환 감시체계 운영 기간 신고된 온열질환자는 3천 704명으로 전년보다 31.4%나 증가했다는 사실은 기후위기가 이미 국민 건강에 직접적인 영향을 미치고 있음을 보여준다. 기후재난 건강보험은 폭염으로 인한 열사병, 대기오염 악화로 인한 호흡기 질환, 감염병 확산 등 기후 변화와 직접 관련된 질병에 대해 별도의 급여를 제공하고, 예방과 치료에 필요한 서비스를 포괄적으로 지원한다.

환경 질환 사회보험은 대기오염, 수질오염, 토양오염 등 환경오염으로 인한 건강 피해를 보장하는 제도이다. 현재 한국에서는 일부 지역의 환경오염 피해에 대해 제한적인 보상이 이루어지고 있지만, 체계적인 사회보험 형태로는 운영되지 않고 있다. 환경 질환 사회보험은 환경오염과 질병의 인과관계를 과학적으로 입증하기 어려운 경우에도 역학적 증거에 기반하여 보상을 제공함으로써, 환경 피해자의 권리를 실질적으로 보장한다.

생태계 서비스 중단 보험은 생태계 파괴로 인한 경제적 손실을 보장하는 새로운 유형의 사회보험이다. 예를 들어, 기후 변화로 인한 농업 생산성 감소, 어업 자원 고갈, 관광업 피해 등을 보장 대상으로 한다. 이는 개별 농민이나 어민의 소득 손실뿐만 아니라 지역 경제 전체의 생태적 기반 약화로 인한 피해를 포괄적으로 다룬다.

기후재난 대응 체계의 운영에서는 예방, 대응, 복구의 전 과정을 통합적으로 관리하는 것이 핵심이다. 예방 단계에서는 기후 위험 평가와 조기 경보 시스템을 통해 피해를 최소화하고, 대응 단계에서는 신속한 구호와 임시 지원을 제공하며, 복구 단계에서는 장기적인 생계 재건과 지역 회복력 강화를 지원한다. AI 예보를 전국 지류까지 본격 시행하고, 비상상황 발생 시 자동전파시스템으로 지자체 부단체장, 소방, 경찰 등 대응기관에게 즉시, 일시에 전파하여 홍수대응공동체를 구축하는 것은 이러한 통합적 접근의 구체적 사례이다.

환경 서비스 대가 지급과 생태복원 일자리

환경 서비스 대가[84)]Payment for Ecosystem Services, PES 지급은 산림, 습지, 농지 등에서 제공되는 탄소흡수, 수자원 보전, 생물다양성 유지, 경관 보전 등 생태계 서비스의 경제적 가치를 인정하고, 이에 대해 금전적 보상을 제공하는 제도이다. 전통적으로 생태계 서비스는 무료 공공재로 취급되어 그 가치가 시장에서 제대로 평가받지 못했지만, 기후위기와 생물다양성 손실이 심화되면서 생태계 서비스의 경제적 가치에 대한 인식이 높아지고 있다. 시장에서 평가받지 못했던 생태계의 공익적 가치를 경제적 인센티브로 전환해, 보전 활동을 촉진하는 것을 목표로 한다.

환경 서비스 대가 지급 제도는 크게 네 가지 유형의 생태계 서비스를 대상으로 한다. 첫째, 탄소 흡수와 저장 서비스로서 산림, 습지, 농지 등에서 이루어지는 탄소 격리 활동에 대해 톤당 일정한 금액을 지급한다. 둘째, 수자원 보전 서비스로서 상류 지역의 산림 보전이나 습지 관리를 통한 수질 개선과 수량 확보에 대해 보상한다. 셋째, 생물다양성

---

84) 국내 PES 제도는 아직 시범적·부분적 단계이므로, 전면적 확대와 과학적 평가, 지급수준 현실화, 민간참여 확대가 필요하다. 이와 함께 생태복원 일자리의 전문성·지속가능성 강화를 위한 자격제도 표준화, 장기 재원 마련, 민간과 공공의 협력 확대가 중요하다.

보전 서비스로서 멸종위기종 서식지 보전이나 생태 통로 조성 등의 활동에 대해 지원한다. 넷째, 경관 및 문화 서비스로서 아름다운 자연경관 유지나 전통적 농업 경관 보전에 대해 보상한다.[85]

환경부는 2024년도 환경부 소관 예산 및 기금의 총지출을 14조 4,567억 원으로 편성했으며, 녹색산업 육성 및 탄소중립 지원을 통한 성장동력 확충에 중점 투자하고 있다. 이러한 대규모 예산을 환경 서비스 대가 지급에 일부 활용함으로써 생태계 보전 활동에 대한 경제적 인센티브를 제공할 수 있다.

환경 서비스 대가 지급 제도의 설계에서는 과학적 측정과 모니터링이 핵심이다. 각각의 생태계 서비스가 실제로 얼마나 제공되고 있는지를 정확히 측정하고, 그 변화를 지속적으로 모니터링할 수 있는 체계가 구축되어야 한다. 예를 들어, 탄소 흡수량은 위성 데이터와 현장 조사를 결합하여 정확히 측정하고, 생물다양성은 생물종 모니터링과 생태학적 평가를 통해 지속적으로 평가해야 한다. 실제로 위성·현장조사, 생물종 모니터링, 생태학적 평가 등이 적용되고 있다.

지급 수준 결정도 중요한 과제이다. 환경 서비스의 경제적 가치는 다양한 방법으로 추정될 수 있지만, 실제 지급 수준은 경제적 가치 평가, 재정 여건과 정책 목표를 종합적으로 고려하여 결정되어야 한다. 지급

---

85) 적용 유형과 사례는 다음과 같다.
- 탄소흡수/저장: 산림·습지 복원, 농업 탄소격리 등(예: REDD+ 등 국제 산림탄소 프로젝트)
- 수자원 보전: 상류 산림 보전, 습지 관리 등(예: 뉴욕시 Catskills 유역 PES)
- 생물다양성 보전: 멸종위기종 서식지, 생태통로 조성 등(예: 멕시코 PES)
- 경관/문화 서비스: 농촌 경관, 전통 농업 유지 등(유럽 농업환경지불제 등)

수준이 너무 낮으면 충분한 인센티브를 제공하지 못하고, 너무 높으면 재정 부담이 과도해질 수 있다. 따라서 단계적으로 지급 수준을 높여 가면서 효과를 평가하는 적응적 관리 접근이 필요하다.

생태복원 일자리는 환경 서비스 대가 지급 제도와 연계하여 창출되는 새로운 유형의 일자리이다. 기후위기 대응과 생태계 복원의 필요성이 증대되면서 환경 분야의 일자리 수요가 급격히 증가하고 있다. 녹색창업기업의 경우 2024년 210개, 2027년 1,000개 이상을, 예비녹색거대신생기업(그린유니콘)은 2024년 4개, 2027년까지 10개를 육성한다는 목표는 녹색 경제 전환이 새로운 일자리 창출의 동력이 될 수 있음을 보여준다.

생태복원 일자리는 크게 직접적 복원 활동과 간접적 지원 활동으로 구분할 수 있다. 직접적 복원 활동에는 산림 복원, 하천 정화, 습지 조성, 오염 토양 정화, 생태 통로 구축 등이 포함된다. 이러한 활동들은 상당한 노동력을 필요로 하며, 기술 수준에 따라 다양한 일자리를 창출할 수 있다. 간접적 지원 활동에는 환경 모니터링, 생태 조사, 환경 교육, 생태 관광 안내 등이 포함된다.

생태복원 일자리의 질적 수준을 높이기 위해서는 체계적인 교육훈련과 자격 인증 제도가 필요하다. 현재 환경 분야 자격증은 다양하게 존재하지만, 생태복원에 특화된 전문 자격은 부족한 상황이다. 생태복원사, 환경복원기술자, 생물다양성관리사 등의 새로운 자격 제도를 만들어 생태복원 일자리의 전문성을 높이고 근로자의 경력 발전 경로를 제공해야 한다.

지역 특성을 반영한 생태복원 일자리 창출도 중요하다. 도시 지역에서는 도시숲 조성, 옥상 녹화, 도시농업 등에 중점을 두고, 농촌 지역에서는 친환경 농업 전환, 농업 생태계 복원, 농촌 경관 보전 등에 집중할 수 있다. 산간 지역에서는 산림 복원과 생물다양성 보전에, 연안 지역에서는 해안 생태계 복원과 해양 오염 방지에 특화된 일자리를 창출할 수 있다.

생태복원 일자리의 지속가능성을 위해서는 안정적인 재정 지원과 장기적인 계획이 필요하다. 생태복원은 단기간에 완료되는 사업이 아니라 수십 년에 걸친 장기적인 과정이므로, 일자리도 장기적인 관점에서 계획되어야 한다. 또한 민간 부문의 참여를 활성화하여 정부 재정에만 의존하지 않는 다양한 재원 조달 방안을 모색해야 한다.

기후 위기 대응 생태복지 제도는 기존의 복지국가 패러다임을 근본적으로 전환하는 혁신적 접근이다. 탄소 배당과 녹색 전환 소득 보장을 통해 기후위기 대응의 비용을 사회적으로 공평하게 분담하고, 생태 전환 사회보험과 기후재난 대응 체계를 통해 새로운 유형의 사회적 위험에 대응하며, 환경 서비스 대가 지급과 생태복원 일자리를 통해 생태계 보전 활동을 경제적으로 보상하는 종합적 체계이다.

이러한 생태복지 제도는 인간의 복지와 생태계의 건강을 대립적 관계가 아닌 상호 보완적 관계로 이해하는 새로운 관점을 제시한다. 생태계가 건강해야 인간의 복지도 지속가능하며, 인간의 복지가 보장되어야 생태계 보전에도 적극적으로 참여할 수 있다는 공생적 원리를 구현하는 것이다. 이는 단순히 환경 보호를 위한 비용을 지불하는 것이 아니라, 생태적 지속가능성을 바탕으로 한 새로운 형태의 복지를 창출하는 것이다.

공생적 복지국가의 생태복지 제도는 기후위기 시대에 모든 사회 구성원이 생태적 한계 내에서 인간다운 삶을 영위할 수 있도록 보장하는 동시에, 미래 세대를 위한 지속가능한 사회적 기반을 구축하는 것을 목표로 한다. 이는 현재와 미래, 인간과 자연, 경제와 생태가 조화롭게 공존하는 진정한 공생 사회의 실현을 위한 구체적 실천 방안이다.

3-2. 디지털 전환과 플랫폼 노동 보장

▪ 디지털 경제와 노동패러다임의 전환

21세기 디지털 혁명은 전통적인 고용관계의 근간을 흔들며 새로운 형태의 노동과 사회보장 체계를 요구하고 있다. 플랫폼 경제의 급속한 확산과 인공지능 기술의 발전은 단순히 기술적 변화가 아니라 자본주의 생산관계와 사회구조의 전면적 재편을 의미하는 역사적 전환점을 나타낸다. 한국의 플랫폼 노동자 규모는 2021년 약 66만 명에서 2023년 88.3만 명으로 급증하여 전체 취업자의 3.3%를 차지하게 되었으며, 이는 3년 만에 33.6%의 증가율을 보인 것이다. 특히 IT 서비스 분야(141.2% 증가)와 전문서비스 분야(69.4% 증가)로의 확산은 플랫폼 노동이 저숙련 단순노동에서 고숙련 전문노동으로 영역을 확장하고 있음을 시사한다.[86]

---

86) Business & Human Rights resource Centre, 2024. 8. 5. 기사

동시에 인공지능의 발전은 기존 일자리 구조에 전면적인 도전을 제기하고 있다. 산업연구원의 분석에 따르면 인공지능 기술의 본격화로 국내 전체 일자리의 13.1%에 해당하는 327만 개의 일자리가 소멸할 가능성이 높으며, 이 중 60%인 196만 개가 전문직에 집중될 것으로 전망된다.[87] 이러한 변화는 과거 산업혁명과 달리 인지적·창조적 업무 영역까지 인공지능이 침투할 수 있다는 점에서 더욱 심각한 사회적 함의를 갖는다. 따라서 알고리즘 노동권의 확립, 데이터 배당과 디지털 기본권 보장, 그리고 인공지능 대체 위험에 대응하는 재교육 및 전환 지원체계의 구축이 시급한 과제로 대두되고 있다.

알고리즘 노동권과 플랫폼 노동자 사회보험

▪ 알고리즘 노동 통제의 구조적 특성

플랫폼 노동은 전통적인 고용관계의 경계를 모호하게 만들며 새로운 형태의 노동 통제와 착취구조를 창출하고 있다. 디지털 플랫폼은 표면적으로는 노동자와 고객을 중개하는 중립적 역할을 하는 것처럼 보이지만, 실제로는 알고리즘을 통한 정교한 노동 통제 시스템을 구축하고

---

87) 인공지능(AI) 도입은 전체 일자리의 절반(51%)에 영향을 미치고, 약 24%는 AI에 의해 대체되거나 소득이 감소할 가능성이 있다는 분석도 있다. 한국은행은 인공지능 도입으로 전체 노동자의 절반 정도 (51%)가 영향을 받을 것으로 예상했다. 한국은행이 2월 10일 발표한 'AI와 한국경제' 보고서를 보면 인공지능 도입으로 전체 노동자의 절반 정도(51%)가 영향을 받을 것으로 예상했다. 특히 여성과 고학력자, 저연령층이 상대적으로 인공지능 노출도가 높았다. 보고서는 특정 직업이 수행하는 직무가 인공지능으로 대체 가능한지(노출도)와 대체 위험으로부터 보호받는지(보완도)를 동시에 계측했다. 한국은행. 「AI와 한국경제」. 2025. 참조.

있다. 이러한 알고리즘 관리^{algorithmic management}는 전통적인 직접적 감독과는 다른 방식으로 노동자의 행동을 규율하고 통제한다.

플랫폼 기업들은 업무 배분, 평가 시스템, 배차 알고리즘, 가격 결정 메커니즘 등을 통해 노동자의 업무수행을 세밀하게 조정한다. 우버의 경우 평점 시스템을 통해 드라이버의 서비스 품질을 관리하고, 동적 가격책정^{surge pricing} 알고리즘을 통해 노동 공급을 유도한다. 배달 플랫폼들 역시 고객평가, 배달 시간, 주문 완료율 등의 지표를 종합하여 배달원의 접근 가능한 일감을 결정한다. 이러한 시스템은 노동자에게 형식적으로는 '선택의 자유'를 부여하지만, 실질적으로는 알고리즘이 설정한 규칙과 인센티브 구조 안에서만 움직일 수 있도록 제약한다.

2024년 7월 대법원은 차량호출 서비스 플랫폼의 드라이버가 근로기준법상 근로자에 해당한다는 판결을 선고하였다. 이 판결은 플랫폼 기업이 보수를 결정하고, 계약 조건을 일방적으로 정하며, 서비스 수행 방법에 상당한 통제를 가했다는 점을 근거로 노동자성을 인정하였다. 이는 영국 대법원의 우버 판결, 스페인의 라이더법과 같은 국제적 흐름과 궤를 같이하는 것으로, 플랫폼 경제에서의 노동관계에 대한 새로운 법적 기준을 제시했다는 점에서 중요한 의미가 있다.

▪ 알고리즘 노동권의 핵심 내용

알고리즘 노동권은 디지털 시대의 새로운 기본권으로 인식되어야 한다. 고용노동부가 발표한 「2023년 플랫폼종사자 실태조사」에 따르면, 플랫폼 노동자들이 겪는 주요 애로사항으로는 계약에 없는 업무 요구(12.2%), 건강·안전의 위험 및 불안감(11.9%), 일방적 계약 변경(10.5%), 다른 일자리 이동 시 경력 인정 곤란(9.7%), 보수지급 지연(9.5%) 등이 지적되었다.[88] 이는 플랫폼 노동자들이 법적 보호의 사각지대에서 구조적 취약성에 노출되어 있음을 보여준다.

특히 알고리즘의 불투명성과 자의성은 심각한 문제가 되고 있다. 플랫폼 기업들은 알고리즘의 작동원리를 영업비밀로 취급하며 공개하지 않기 때문에, 노동자들은 자신의 평가나 일감 배정이 어떤 기준으로 이루어지는지 알 수 없다. 이는 노동자의 알 권리를 침해할 뿐만 아니라, 공정한 대우를 받을 권리도 제약한다.

따라서 알고리즘 노동권은 다음과 같은 핵심 요소들을 포함해야 한다. 첫째, 알고리즘 투명성 권리로서 노동자가 자신의 업무에 영향을 미치는 알고리즘의 기본 작동원리와 평가 기준을 알 수 있는 권리이다. 둘째, 알고리즘 의견표명권으로서 알고리즘 설계나 변경 과정에서 노동자의 의견이 반영될 수 있는 절차적 권리이다. 셋째, 알고리즘 이의제기권으로서 알고리즘 결정에 대해 이의를 제기하고 인간의 개입을 요구할 수 있는 권리이다. 넷째, 알고리즘 차별 금지권으로서 성별, 나이, 지역 등을 이유로 한 알고리즘 차별을 금지하는 권리이다.

---

88) 고용노동부 보도자료, "플랫폼종사자 88.3만 명으로 전년 대비 11.1% 증가" (2024. 8. 5). https://www.moel.go.kr/news/enews/report/enewsView.do?news_seq=16906 2025. 6.13 검색

▪ 플랫폼 노동자 사회보험 체계의 현황과 한계

한국의 플랫폼 노동자 사회보험 적용은 점진적으로 확대되고 있으나, 여전히 제도적 사각지대가 광범위하게 존재한다. 정부는 2020년 12월 예술인을 시작으로 2021년 7월 특수형태근로종사자 12개 직종으로 고용보험 적용을 확대하였으며, 2022년 1월부터는 퀵서비스(음식 배달 포함) 기사와 대리운전 기사 2개 직종에 고용보험을 추가로 적용하였다. 그러나 현재 고용보험 가입률은 46.3%에 불과한 상황이다.

산재보험의 경우 2023년 7월 산업재해보상보호법 개정으로 '전속성 요건'[89]이 폐지되면서 적용 범위가 확대되었다. 이전에는 하나의 사업장에만 전속적으로 근무하는 경우에만 산재보험을 적용받을 수 있었으나, 개정 후에는 여러 플랫폼에서 동시에 일하는 노동자도 산재보험의 보호를 받을 수 있게 되었다. 특수형태근로종사자와 플랫폼종사자를 '노무 제공자'로 재정의하여 전속되지 않은 퀵서비스, 대리운전 기사도 산재보험 당연가입 대상이 되었다.

건강보험의 경우 2025년도 건강보험료율이 7.09%로 2년 연속 동결되었으나, 플랫폼 노동자들의 불안정한 소득구조를 고려한 특별한 지원방안은 마련되지 않고 있다. 국민연금 역시 소득신고의 어려움과 불규칙한 소득 패턴으로 인해 플랫폼 노동자들의 가입률이 낮은 상황이다.

---

89) 산재보험의 '전속성 요건'이란, 특수형태근로종사자(예: 배달 라이더, 대리운전 기사 등)가 산재보험의 적용을 받기 위해서는 주로 하나의 사업(업체)에 상시로 노무를 제공하고 보수를 받아야 한다는 조건을 말한다. 즉, 여러 업체에서 일하는 경우가 아니라 특정한 한 업체에서 일정한 소득(예: 월 115만 원 이상)과 근무 시간(예: 월 93시간 이상)을 채워야만 산재보험 가입 및 보상 대상이 될 수 있었다.

정부는 사회보험 사각지대 해소를 위해 2023년 1월부터 월평균 260만 원 미만의 근로자, 예술인, 노무 제공자에 대해 고용보험료와 국민연금의 최대 80%를 지원하는 사업을 시행하고 있다. 그러나 이러한 지원은 사업주 등의 신청이 있고 전월 보험료를 완납해야 한다는 조건이 있어, 플랫폼 노동자들의 실질적 접근성은 여전히 제한적이다.[90]

▪ 포용적 사회보험 체계 구축 방안

더 근본적인 문제는 현행 사회보험 체계가 전통적인 고용관계를 전제로 설계되어 있다는 점이다. 플랫폼 노동자들은 여러 플랫폼에서 동시에 일하거나, 간헐적으로 참여하는 경우가 많아 일정한 사업장이나 사용자를 특정하기 어렵다. 2023년 조사[91]에 따르면 플랫폼 이용 시 '어떠한 계약도 맺지 않았다' 또는 '잘 모르겠다'라고 응답한 비율이 63.4%에 달해, 고용관계의 불명확성이 사회보험 가입의 장벽이 되고 있다.

이러한 한계를 극복하기 위해서는 다음과 같은 개혁이 필요하다. 첫째, 현행 고용 중심 사회보험 체계를 개인 중심 체계로 전환해야 한다. 이는 고용관계와 무관하게 모든 경제활동 참여자가 사회보험의 보호를 받을 수 있도록 하는 것을 의미한다. 둘째, 플랫폼 기업의 사회보험료 분담 의무를 도입해야 한다. 현재는 개별 노동자가 보험료를 전액부담하는 경우가 대부분이지만, 플랫폼 기업이 중개수수료의 일정 비

---

90) 2025년부터 연 소득 720만 원 이상 플랫폼 노동자는 고용보험, 산재보험 자동 적용, 건강보험 부담 완화, 국민연금 납부 지원이 단계적으로 확대된다.

91) 고용노동부, 한국고용정보원. 「2022년 플랫폼종사자 규모와 근무실태」 조사 결과

율을 사회보험료로 납부하도록 하는 방안이 필요하다. 프랑스의 경우 플랫폼 기업에 사회보장 기여금을 부과하는 제도를 도입하였으며, 독일 역시 플랫폼 경제 참여자들을 위한 사회보장 개혁을 추진하고 있다.

셋째, 불안정한 소득구조를 가진 플랫폼 노동자들을 위한 '소득 평활화[92) Income Smoothing]' 메커니즘을 도입해야 한다. 이는 소득이 있는 기간에 적립한 기금을 소득이 없는 기간에 활용할 수 있도록 하는 개인별 사회보험 계정 시스템을 통해 구현될 수 있다. 넷째, 플랫폼 노동자들의 특수성을 반영한 최저소득보장제도를 강화해야 한다. 이는 기존의 고용보험 실업급여나 국민기초생활보장제도와는 별도로, 플랫폼 노동의 불안정성을 고려한 새로운 형태의 소득지원 제도를 의미한다.

데이터 배당과 디지털 기본권 보장

▪ 디지털 경제에서의 데이터 가치와 분배 문제

디지털 경제에서 데이터는 새로운 형태의 가치 창출 원천이 되고 있으며, 이에 따라 데이터 소유권과 수익분배에 대한 새로운 논의가 필요하게 되었다. 플랫폼 노동자들은 단순히 노동력을 제공할 뿐만 아니라, 자신의 위치정보, 이동패턴, 서비스 제공 데이터 등 방대한 개인정보를 플랫폼 기업에 제공하고 있다. 이러한 데이터는 플랫폼 기업의 알

---

92) 소득 평활화(Income Smoothing)는 소득이 일정하지 않고 들쭉날쭉할 때, 소득이 높을 때 일부를 저축하거나 적립해 두었다가 소득이 낮을 때 이를 꺼내어 사용함으로써 전체적으로 소득의 변동성을 줄이고 보다 안정적이고 일관된 소득 흐름을 유지하려는 것을 의미한다. 즉, 소득이 불규칙한 경우에도 생활 수준을 일정하게 유지하기 위한 전략이다.

고리즘 개선, 시장분석, 새로운 서비스 개발 등에 활용되어 막대한 부가가치를 창출한다.

그러나 현재 이러한 데이터 가치에 대한 보상체계는 거의 존재하지 않는다. 플랫폼 기업들은 이용약관을 통해 사용자 데이터에 대한 광범위한 사용권을 확보하지만, 데이터 생산자인 노동자들은 이에 대한 정당한 대가를 받지 못하고 있다. 이는 디지털 경제의 구조적 불평등을 심화시키는 요인이 되고 있다. 특히 플랫폼 노동자들의 경우 업무수행 과정에서 생성되는 데이터의 양과 질이 일반 이용자들보다 훨씬 높음에도 불구하고, 이에 대한 별도의 보상은 전혀 이루어지지 않고 있다.

한국 정부는 2024년부터 데이터바우처 지원사업을 통해 중소기업과 스타트업의 데이터 활용을 지원하고 있다. 2024년 데이터바우처 사업에서는 데이터 구매(최대 500만 원), 일반가공(최대 3,200만 원), 인공지능 가공(최대 5,400만 원) 등을 지원하여 기업들의 데이터 활용 역량을 강화하고 있다.[93] 그러나 이러한 정책은 주로 기업의 데이터 활용 지원에 초점이 맞춰져 있으며, 개인 데이터 권리나 배당에 대한 구체적인 방안은 아직 마련되지 않고 있다.

- **데이터 배당제도의 개념과 필요성**

데이터 배당^{data dividend} 개념은 이러한 문제에 대한 하나의 해결방안

---

93) 과학기술정보통신부와 한국데이터산업진흥원이 공고한 '2024년 및 2025년 데이터바우처 지원사업 수요기업 모집 공고' 자료. (2024. 2. 27 공고)

으로 제시되고 있다. 데이터 배당은 개인이 생산한 데이터로부터 창출된 수익 일부를 데이터 생산자에게 돌려주는 제도이다. 이는 단순히 개인정보보호 차원을 넘어서, 디지털 경제에서의 공정한 가치분배를 실현하기 위한 새로운 권리 개념으로 이해될 수 있다.

데이터 배당제도는 여러 형태로 구현될 수 있다. 첫째, 직접적 금전배당 방식으로서 플랫폼 기업이 데이터 활용으로 창출한 수익의 일정 비율을 데이터 제공자에게 직접 지급하는 방식이다. 둘째, 서비스 크레딧 방식으로서 데이터 제공에 대한 대가로 플랫폼 서비스 이용료 할인이나 추가 혜택을 제공하는 방식이다. 셋째, 집합적 배당 방식으로서 개인별 직접 지급이 아니라 공공기금을 조성하여 사회적 목적으로 활용하는 방식이다.[94]

플랫폼 노동자들의 경우 업무 특성상 일반 이용자보다 훨씬 많은 양과 질의 데이터를 생산하므로, 이들에 대한 데이터 배당은 더욱 적극적으로 검토되어야 한다. 배달원의 실시간 위치정보와 이동 경로는 차량흐름 분석이나 물류 최적화에 활용되며, 대리운전 기사의 운행 데이터는 도로 상황 분석이나 자율주행 기술 개발에 기여한다. 이러한 데이터들은 개별 기업을 넘어서 사회 전체의 디지털 인프라 구축에 기여하는 공공재적 성격을 갖고 있어, 그 가치에 대한 적절한 보상이 이루어져야 한다.

---

94) 데이터 배당제도는 데이터 주권과 공정한 가치분배 실현을 위한 새로운 권리 개념으로, 미국 캘리포니아주, 경기도 등에서 시범적으로 논의·도입된 바 있다. 실제 사례로서 경기도는 2020년 2월 세계 최초로 지역화폐 데이터를 가공·판매해 발생한 수익을 데이터 제공 주민에게 소액(1인당 약 120~125원) 지급하는 데이터 배당을 시행했다. 이처럼 집합적 배당(공공기금 조성) 방식이 현실적으로 적용된 사례가 있다. 그러나 실제 배당액이 소액에 그치고, 데이터 가치 산정 및 분배 기준 마련이 과제로 남아있다.

- **디지털 기본권의 구성 요소**

디지털 기본권의 관점에서 볼 때, '데이터 자기 결정권'은 21세기의 새로운 인권으로 인식되어야 한다. 이는 개인이 자신의 데이터가 어떻게 수집, 처리, 활용되는지를 알 권리와 통제할 권리를 포함한다. 플랫폼 노동자들의 경우 업무수행 과정에서 생성되는 데이터에 대한 권리가 특히 중요하다. 위치추적, 작업시간, 이동 경로, 고객평가 등의 데이터는 노동자의 사생활과 직접적으로 연결되어 있으며, 이에 대한 적절한 보호와 보상체계가 필요하다.

디지털 기본권은 다음과 같은 핵심 요소들로 구성되어야 한다. 첫째, 데이터 접근권으로서 개인이 자신에 관한 데이터가 어떻게 수집되고 처리되는지 알 수 있는 권리이다. 둘째, 데이터 정정·삭제권으로서 잘못된 데이터의 수정이나 삭제를 요구할 수 있는 권리이다. 셋째, 데이터 이동권으로서 한 플랫폼에서 수집된 개인 데이터를 다른 플랫폼으로 이전할 수 있는 권리이다. 넷째, 데이터 처리 거부권으로서 특정 목적의 데이터 처리에 대해 거부할 수 있는 권리이다. 다섯째, 자동화된 의사결정에 대한 이의제기권으로서 알고리즘에 의한 자동적 결정에 대해 인간의 개입을 요구할 수 있는 권리이다.

- **디지털 기본권 보장을 위한 제도적 방안**

유럽연합의 「일반개인정보보호규정GDPR」은 데이터 이동권right to data portability을 도입하여 개인이 자신의 데이터를 다른 서비스로 이전할 수 있는 권리를 보장하고 있다. 이는 플랫폼 종속성을 완화하고 개인의 데이터 자기 결정권을 강화하는 중요한 조치이다. 한국 역시 개인정보보호법 개정을 통해 유사한 권리를 도입할 필요가 있다.

디지털 기본권 보장을 위해서는 다음과 같은 제도적 방안들이 마련되어야 한다.[95) 첫째, 데이터 배당을 위한 법적 근거를 마련해야 한다. 이는 플랫폼 기업들이 데이터 활용으로 창출한 수익의 일정 비율을 데이터 제공자에게 배당하도록 의무화하는 것을 포함한다. 둘째, 데이터 가치평가와 배당 산정을 위한 객관적 기준과 절차를 수립해야 한다. 이는 데이터의 경제적 가치를 정확히 측정하고, 공정한 배당이 이루어질 수 있도록 하는 기술적·제도적 인프라를 의미한다. 셋째, 개인 데이터 권리 행사를 지원하는 공공기관을 설치해야 한다. 개인이 복잡한 디지털 환경에서 자신의 권리를 효과적으로 행사할 수 있도록 전문적인 지원과 상담을 제공하는 기관이 필요하다. 넷째, 디지털 리터러시 교육을 강화해야 한다. 디지털 기본권을 실질적으로 보장하기 위해서는 시민들이 디지털 기술과 데이터의 중요성을 이해하고, 자신의 권리를 적극적으로 행사할 수 있는 역량을 갖춰야 한다. 다섯째, EU GDPR, 한국 개인정보보호법 개정 등 국제적 기준에 부합하는 데이터 권리 보장 정책이 필요하다.

한국은 데이터 배당의 실험적 도입, 디지털 권리장전 발표, 개인정보보호법 개정 등 제도적 기반을 마련 중이나, 데이터 배당의 전국적

---

95) 한국 정부는 2023년 '디지털 권리장전'을 발표하며, 데이터 자기 결정권, 공정한 접근, 안전과 신뢰 등 디지털 시대의 기본권 보장을 천명했다.

확산과 실질적 권리 보장을 위한 추가 입법과 정책적 보완이 필요하다. 플랫폼 노동자 등 데이터 생산자의 권리 보장과 공정한 분배, 디지털 리터러시 강화, 데이터 가치평가제도 정착이 향후 중요한 과제가 될 것이다.

인공지능 대체 위험 대응 재교육 및 전환 지원

▪ 인공지능 일자리 대체의 현황과 전망

인공지능 기술의 급속한 발전은 노동시장에 전면적인 재편을 요구하고 있다. 한국고용정보원의 2016년 전문가 조사에 따르면, 2025년경에는 전체 직업종사자의 61.3%가 인공지능과 로봇으로 대체될 위험이 큰 것으로 전망되었다. 이러한 전망은 인공지능 기술의 발전 속도와 적용 범위가 예상보다 빠르게 확산하고 있음을 시사한다. 인공지능으로 인한 일자리 대체 위험은 현실화하고 있으나, 대체 수치는 10~30% 수준이며, 동시에 새로운 일자리 창출도 기대할 수 있다.

특히 주목할 점은 인공지능 대체 위험이 과거 산업혁명 시기와 달리 고숙련 전문직에 집중된다는 것이다. 산업연구원^{KIET} 분석에 따르면 인공지능으로 인해 소멸할 가능성이 높은 327만 개 일자리 중 193만 개(59.9%)가 전문직이며, 이 중에서도 공학 전문가 및 기술직(113만 개), 정보통신전문가 및 기술직(55만 개)에 영향이 집중될 것으로 예상된다. 금융업의 경우 일자리 소멸 위험군의 99.1%가 경영·금융전문가 직종에 몰려 있어, 인공지능의 일자리 대체가 고학력·고임금 직종에 쏠려있음을 보여준다.

산업별로 살펴보면 제조업(93만 개), 건설업(51만 개), 전문·과학기술서비스업(46만 개), 정보통신업(41만 개) 순으로 인공지능 대체 위험이 큰 것으로 분석되었다. 직무 유형별로는 단순 반복 직무, 반복적이지 않은 육체적 직무, 반복적이지 않은 사고·인지 직무 순으로 노동력 대체 가능성이 높을 것으로 응답했다. 이는 인공지능이 단순 반복 업무뿐만 아니라 복잡한 인지 업무까지 수행할 수 있게 되면서, 과거에는 자동화가 어려웠던 영역까지 침투하고 있음을 의미한다.

- **디지털 교육 전환과 재교육 체계**

이러한 변화에 대응하기 위해서는 전방위적인 재교육 및 전환 지원체계가 필요하다. 현재 정부는 디지털 기반 교육혁신 방안을 통해 교육시스템의 근본적 변화를 추진하고 있다. 2024년부터 시작된 '교사 재교육 사업'은 현직 및 예비 교사의 디지털 기반 수업 역량을 강화하기 위해 정부가 약 7,400억 원을 투입해 전국 6개 컨소시엄을 선정하여 운영하고 있다. 각 컨소시엄은 수도권, 강원·충청권, 경상권, 전라·제주권 등 권역별로 주관대학을 중심으로 구성되어 디지털 교육 연수 및 프로그램을 통해 교원양성대학 간 상호 교류를 강화하고 있다.

2025년부터는 인공지능 디지털교과서가 영어, 수학, 정보, 국어 특수 과목에 도입되며, 2028년까지 국어, 사회, 과학, 역사, 기술 가정 등으로 확대될 예정이다. 인공지능 디지털교과서는 학생 개인의 능력과 수준에 맞는 맞춤 학습 기회를 지원할 수 있도록 인공지능을 포함한 정보화 기술을 활용하여 다양한 학습자료 및 학습지원 기능 등을 탑재한 교과서이다.

그러나 교육시스템의 변화만으로는 이미 노동시장에 진입한 기존 근로자들의 전환 지원에 한계가 있다. 특히 인공지능 대체 위험이 큰 중장년층의 경우 새로운 기술 습득과 직종 전환에 더 큰 어려움을 겪을 수 있다. 따라서 생애주기별 맞춤형 재교육 프로그램이 필요하며, 이를 위한 사회적 안전망 강화가 시급하다.

- **새로운 일자리 창출과 직업 전환 지원**

인공지능 시대의 재교육은 단순한 기술 교육을 넘어서 창의성, 비판적 사고, 감정 지능, 대인관계 능력 등 인간 고유의 역량을 강화하는 방향으로 설계되어야 한다. 매켄지 연구에 따르면 2030년까지 최대 8억 개의 일자리가 인공지능으로 인해 사라질 수 있지만, 동시에 최대 8억 9천만 개의 새로운 일자리가 창출될 것으로 예상된다. 이는 일자리의 완전한 소멸보다는 일자리의 성격 변화가 더 지배적일 것임을 시사한다.

새롭게 창출되는 일자리는 주로 다음과 같은 영역에 집중될 것으로 예상된다. 첫째, 인공지능 개발·관리 분야로서 인공지능 시스템의 설계, 구축, 운영, 유지보수 등을 담당하는 직종들이다. 둘째, 데이터 분석 분야로서 빅데이터 분석, 데이터 사이언스, 비즈니스 인텔리전스 등의 전문직이다. 셋째, 인간-인공지능 협업 분야로서 인공지능과 인간이 협력하여 더 나은 결과를 창출하는 새로운 형태의 직업들이다. 넷째, 돌봄서비스 분야로서 고령화 사회의 진전과 함께 증가하는 의료, 간병, 육아 등의 서비스업이다. 다섯째, 창조산업 분야로서 예술, 디자인, 콘텐츠 제작 등 인간의 창의성이 핵심인 분야들이다.

이러한 분야들은 기술적 전문성과 인간적 감성을 동시에 요구하는 특성이 있어, 기존 직업군의 사람들이 새로운 역량을 습득하면 충분히 전환할 수 있는 영역이다. 예를 들어, 금융업에서 인공지능으로 인해 대체될 위험이 큰 단순 업무를 담당하던 직원들은 고객 상담이나 금융 컨설팅과 같이 인간의 판단과 소통 능력이 중요한 업무로 전환할 수 있다. 제조업도 단순 조립 작업자들은 로봇 운영 관리자나 품질 관리 전문가로 역할을 확대할 수 있다.

- **전 생애 학습 체계와 사회적 안전망**

정부는 재교육 과정에서 발생하는 소득 공백을 최소화하기 위한 생활안정 지원방안도 마련해야 한다. 독일의 'Work 4.0' 프로그램이나 싱가포르의 'SkillsFuture' 이니셔티브와 같이, 개인별 평생학습 계정을 통해 지속적인 역량개발을 지원하는 시스템을 도입할 필요가 있다. 이러한 시스템은 개인의 학습 이력과 역량을 체계적으로 관리하고, 노동시장의 변화에 맞는 맞춤형 교육 프로그램을 제공할 수 있다.

특히 독일의 'Work 4.0(노동 4.0)'은 4차 산업혁명[Industry 4.0] 시대의 디지털화와 자동화가 노동시장과 일자리에 미치는 영향을 사회적으로 대응하기 위해 독일 정부가 추진한 국가 전략이다. Work 4.0은 단순히 기술혁신에 그치지 않고, 노동의 미래를 설계하는 사회적 논의로서 다음과 같은 특징을 가진다.

• 유연성과 안정성의 균형: 디지털화로 인해 일의 시간과 공간이 유연해지는 만큼, 노동자에게 불안정성과 과로가 초래될 수 있음을 인식하고, 유연한 노동시간과 고용 안정성의 조화를 중시한다.

• 참여적 기업 문화: 기술 변화에 따라 위계적 구조를 수평적으로 전환하고, 노동자의 의사 결정 참여와 권한 강화를 강조한다. 이를 위해 노동이사제 도입, 노조의 디지털 대응 능력 강화 등이 추진된다.

• 사회보장제도의 확대와 개편: 프리랜서, 플랫폼 노동자 등 새로운 노동 형태에도 사회보험과 고용 보호가 적용될 수 있도록 제도적 확장을 강조한다.

• 사회적 대화와 합의: 정부, 기업, 노동계, 시민사회가 함께 참여하는 사회적 대화를 통해 디지털 전환에 따른 갈등을 해소하고, 노동자의 안전과 건강, 양질의 일자리 창출을 목표로 한다.

Work 4.0은 2015년 '노동 4.0 백서' 발표와 2017년 '노동 4.0 백서' 발간을 통해 구체화하였으며, 독일의 디지털 전환이 성공하려면 기술혁신과 더불어 노동의 인간화, 사회적 안전망 강화, 평생학습 등 노동정책의 동반 발전이 필수적임을 강조한다.

전 생애 학습 체계의 핵심 요소들은 다음과 같다. 첫째, 개인별 학습계정 시스템으로서 개인이 평생에 걸쳐 활용할 수 있는 교육훈련 예산을 정부가 지원하는 제도이다. 둘째, 역량 기반 자격인증 체계로서 학력이나 경력보다는 실제 업무수행 능력을 중심으로 자격을 인증하는 시스템이다. 셋째, 유연한 학습 방식 지원으로서 온라인 교육, 모듈형 교육, 마이크로러닝 등 다양한 형태의 학습을 지원하는 인프라이다. 넷째, 산업계와 교육계의 연계 강화로서 실제 산업 현장의 수요에 맞는 교육 프로그램을 개발하고 운영하는 체계이다.

사회적 안전망 측면에서는 인공지능 전환 과정에서 일시적으로 실업 상태에 놓이거나 소득이 감소하는 노동자들에 대한 지원이 필요하다. 이는 기존의 실업급여나 취업촉진수당과는 별도로, 인공지능 전환에 특화된 새로운 형태의 소득지원 제도를 의미한다. 예를 들어, '인공지능 전환 지원금'과 같은 제도를 도입하여 재교육받는 기간 동안 생활비를 지원하고, 새로운 직종으로의 이동을 촉진할 수 있다.

▪ 인공지능 시대 인적자원 개발 정책의 방향

인공지능 시대에 적합한 인적자원 개발 정책은 다음과 같은 원칙에 기반해야 한다. 첫째, 예방적 접근으로서 인공지능 대체가 본격화되기 전에 미리 재교육과 전환을 지원하는 것이다. 둘째, 개인 맞춤형 접근으로서 개인의 기존 역량과 적성을 분석하여 최적의 전환 경로를 제시하는 것이다. 셋째, 지역 기반 접근으로서 지역의 산업구조와 일자리 수요에 맞는 재교육 프로그램을 제공하는 것이다. 넷째, 민관 협력 접근으로서 정부, 기업, 교육기관, 노동조합이 협력하여 종합적인 지원체계를 구축하는 것이다.

또한 인공지능 시대의 인적자원 개발은 기술적 역량뿐만 아니라 인간적 역량의 개발에도 중점을 둬야 한다. 공감 능력, 창의성, 비판적 사고, 복합 문제 해결 능력, 협업 능력 등은 인공지능이 대체하기 어려운 인간 고유의 역량이다. 이러한 역량들은 단순한 기술 교육으로는 개발하기 어려우며, 인문학적 소양과 다양한 경험을 바탕으로 한 종합적인 교육이 필요하다.

마지막으로, 인공지능 전환 과정에서 발생할 수 있는 사회적 갈등과 불평등을 최소화하기 위한 사회적 대화와 합의가 중요하다. 인공지능 기술의 도입과 활용이 일부 계층에게만 혜택이 돌아가고 다른 계층에게는 피해만 주는 일이 없도록, 기술 발전의 이익을 사회 전체가 공유할 수 있는 메커니즘을 구축해야 한다.

3-3. 인구 구조 변화 대응 돌봄 사회화

전 생애 돌봄 공동체와 세대 통합 복지국가로의 전환

- **인구 대변혁 시대의 돌봄 패러다임 전환**

한국 사회는 전례 없는 인구 구조 변화의 격랑 속에서 근본적인 사회 시스템의 재편을 요구받고 있다. 2024년 12월 23일 기준, 국내 65세 이상 주민등록 인구는 1,024만 4,550명으로 전체 인구의 20.0%를 돌파하며 공식적으로 초고령사회에 진입했다. 이는 2017년 고령사회 진입 후 불과 7년 4개월 만의 초고령사회 도달로, 일본(10년), 네덜란드(17년), 이탈리아(20년), 프랑스(29년)보다 훨씬 빠른 속도이다. 동시에 2024년 합계출산율 0.68명이라는 OECD 평균(1.49명)의 절반에도 못 미치는 초저출산 현상이 지속되면서, 한국은 '인구 패닉' 상태에 직면하고 있다.

이러한 인구 구조 변화는 단순한 통계적 현상을 넘어서 사회 전반의 돌봄 체계에 근본적인 도전을 제기하고 있다. 생산연령인구(15~64세)는 2019년을 정점으로 감소하기 시작하여 2022년 71.1%에서 2030년 66.6%, 2050년 51.9%, 2072년 45.8%로 급감할 전망이다. 반면 65세 이상 고령인구 비중은 2022년 17.4%에서 2030년 25.3%, 2050년 40.1%, 2072년 47.7%로 급증할 것으로 예측된다. 이에 따라 생산연령인구 100명당 부양할 인구는 2022년 40.6명(노인 24.4명)에서 2072년 118.5명(노인 104.2명)까지 증가할 전망이다.

이러한 인구 구조 변화는 기존의 가족 중심 돌봄 체계의 한계를 명확히 드러내고 있다. 2022년 기준 65세 이상 독거노인 세대는 187만 5,270가구로 전체 노인의 20%를 초과하였으며, 치매 노인은 93만 명으로 추정되고 있다. 동시에 여성의 경제활동 참여 증가, 핵가족화 진전, 혼인 기피 현상 등으로 전통적인 가족 돌봄 기능이 급속히 약화하고 있다. 더불어 급속한 다문화 사회로의 진입과 이민자 유입 증가는 새로운 형태의 사회통합과 돌봄 수요를 창출하고 있다. 이러한 복합적 변화는 전 생애에 걸친 돌봄 공동체 구축, 다문화 사회 통합과 이민자 사회보장, 그리고 고령사회 생산적 복지와 세대연대 강화를 통한 새로운 돌봄 사회화 모델의 구축을 시급하게 요구하고 있다.

▪ 지역사회 통합돌봄의 현황과 발전 방향

한국 정부는 초고령사회 진입에 대비하여 2018년 11월 '지역사회 통합돌봄 기본계획(1단계: 노인 커뮤니티케어)'을 발표하고, 2025년까지 커뮤니티케어 제공 기반 구축을 목표로 하는 단계적 추진 로드맵을 제시했다. 이 계획은 어르신이 살던 곳에서 건강한 노후를 보낼 수 있는 포용국가 실현을 비전으로 하며, 주거·의료·요양·돌봄 서비스를 획기적으로 개선하는 정책이다.

1단계(2018~2022)에서는 16개 시·군·구에서 선도사업을 시행하며 커뮤니티케어 모델을 개발하고, 케어안심주택과 주민건강센터 등 핵심 인프라를 확충하였다. 2단계(2023~2025)에서는 장기요양 등 재가서비스 대대적 확충, 인력 양성, 케어매니지먼트 시스템 구축 및 품질 관리체계 마련에 중점을 두고 있다. 3단계(2026년 이후)에서는 케어가 필요한 사람 누구에게나 요구에 맞는 보편적 관리를 제공하는 완전한 커뮤니티케어 보편화 단계로 설정되어 있다.

구체적인 추진 내용을 살펴보면, 어르신 맞춤형 '케어안심주택'' 제공을 통해 평소 살던 곳에서 건강관리를 받고 각종 돌봄서비스를 편하게 누릴 수 있는 주거 환경을 조성하고 있다. 2019년부터 2022년까지 약 4만 호의 신규 노인 공공임대주택을 모두 케어안심주택으로 확보할 계획이며, 노인이 많이 거주하는 영구임대주택 14만 호도 케어안심주택으로 전환하고자 한다. 또한 방문건강서비스를 2018년 110만 가구에서 2022년 271만 세대, 2025년 346만 세대로 대폭 확충하고, 의

사와 간호사가 거동 불편 어르신의 집으로 찾아가는 방문의료 서비스를 본격 제공하고 있다.

■ 전 생애 돌봄 체계의 통합적 구축

전 생애 돌봄 공동체는 생애주기별 돌봄 욕구에 맞는 맞춤형 서비스를 지역사회 중심으로 통합 제공하는 체계이다. 이는 영유아기부터 노년기까지 각 생애 단계에서 필요한 돌봄을 사회적으로 분담하고, 개인과 가족의 돌봄 부담을 경감시키는 동시에 돌봄의 질을 향상하는 것을 목표로 한다.

영유아기에는 국공립 어린이집과 유치원 확충, 아이돌봄서비스 확대, 육아종합지원센터 운영 등을 통해 보육과 교육 서비스를 통합적으로 제공하고 있다. 2024년부터는 '늘봄학교' 정책을 통해 초등학생의 방과 후 돌봄을 확대하고, 지역사회와 연계한 다양한 돌봄 프로그램을 운영하고 있다. 아동·청소년기에는 지역아동센터, 드림스타트, 다함께돌봄센터 등을 통해 취약계층 아동에 대한 통합적 돌봄서비스를 제공하고 있다.

성인기에는 장애인 거주시설 탈시설화와 지역사회 자립생활 지원, 정신건강복지센터를 통한 정신건강 관리, 일·가정 양립을 위한 가족 친화 정책 등이 추진되고 있다. 특히 2024년부터 시행된 '일상 돌봄서비스'는 일시적 돌봄 공백 상황에서 가족돌봄청년, 중장년 1인 가구, 맞벌이 가정 등을 대상으로 생활 지원, 정서 지원, 연계 지원 서비스를 제공하고 있다.

노년기에는 앞서 언급한 커뮤니티케어와 함께 노인장기요양보험의 차세대 개편이 추진되고 있다. 장기요양보험으로 돌보는 노인을 2017년 전체 노인의 8.0%에서 2022년 9.6%, 2025년 11% 이상 수준(약 120만 명)으로 확대하는 목표를 설정하고 있다. 또한 '통합형 재가서비스'와 '재택의료센터' 설치를 통해 의료와 돌봄의 연계를 강화하고 있다.

■ **세대 통합서비스의 혁신적 모델**

세대 통합서비스는 서로 다른 연령대의 사람들이 함께 참여하고 상호작용할 수 있는 프로그램과 공간을 제공하여 세대 간 이해와 소통을 증진하는 접근법이다. 이는 고령화 사회에서 세대 갈등을 완화하고 사회적 결속을 강화하는 동시에, 각 세대가 가진 지혜와 경험을 상호 공유할 수 있게 한다.

대표적인 세대 통합서비스 모델로는 세대 통합형 주거시설이 있다.[96] 이는 노인과 대학생, 젊은 가족이 함께 거주하면서 상호 도움을 주고받는 '홈셰어링' 프로그램이나, 어린이집과 노인요양시설을 함께 운영하는 '세대통합형 복합시설' 등이 포함된다. 이러한 시설에서는 노인들이 아이들과 함께 시간을 보내며 고립감을 해소하고, 아이들은 노인들로부터 지혜와 사랑을 받을 수 있다.

또한 세대 간 멘토링 프로그램도 확산하고 있다. 퇴직 전문직 노인들이

---

96) 한국의 세대 통합형 주거는 아직 보급 초기 단계로, 미국·유럽 등과 달리 지역사회 기반 모델의 선례가 부족하며, 생활 방식 차이로 인한 갈등 등 한계도 존재한다.

청년 창업자나 취업준비생들에게 경험과 노하우를 전수하는 '실버멘토링'
이나, 디지털 네이티브 세대인 젊은이들이 노인들에게 스마트폰이나 컴
퓨터 사용법을 가르치는 '역멘토링' 프로그램 등이 활발히 운영되고 있다.

지역사회 차원에서는 '세대통합형 커뮤니티센터'가 새로운 모델로 주
목받고 있다. 이는 다양한 연령대의 주민들이 함께 이용할 수 있는 프로
그램과 공간을 제공하는 시설로, 어린이 놀이공간, 청소년 문화공간, 성
인 평생학습실, 노인 건강관리실 등을 통합적으로 운영한다. 여기서는
요리교실, 원예활동, 전통문화 체험 등 세대가 함께 참여할 수 있는 다
양한 프로그램이 운영되어 자연스러운 세대 간 교류를 촉진한다.

▪ 디지털 기술을 활용한 돌봄 혁신

4차 산업혁명 기술의 발전은 돌봄서비스의 질적 혁신을 가능하게 하
고 있다. 인공지능, 사물인터넷[IoT], 로봇 기술, 빅데이터 등을 활용한
스마트케어 시스템이 도입되어 개별 맞춤형 돌봄을 실현하고 있다.

인공지능 기반 건강관리 플랫폼은 개인의 생체신호, 활동 패턴, 생활
습관 등을 종합적으로 분석하여 건강 위험도를 예측하고 맞춤형 건강
관리 방안을 제시한다. IoT 센서를 통해 수집된 실시간 데이터는 응급
상황을 조기에 감지하고 신속한 대응을 가능하게 한다. 특히 독거노인
의 경우 동작 감지 센서, 복약 알림 시스템, 응급 호출 장치 등을 통해
안전한 독립생활을 지원받을 수 있다.

돌봄 로봇의 도입도 확산하고 있다.[97] 감정 교감이 가능한 반려로봇은 노인의 우울감과 고립감을 완화하고, 이동 보조 로봇은 거동이 불편한 노인의 일상생활을 지원한다. 또한 텔레헬스(원격의료) 서비스를 통해 거리와 시간의 제약 없이 전문의료진과 상담받을 수 있는 환경이 조성되고 있다.

빅데이터 분석을 통한 예측적 돌봄predictive care도 주목받고 있다. 과거 의료기록, 생활패턴, 환경정보 등을 종합 분석하여 질병 발생 가능성을 예측하고 예방적 개입을 통해 건강한 노화를 지원하는 것이다. 이는 치료 중심에서 예방 중심으로의 의료 패러다임 전환을 의미하며, 의료비 절감과 삶의 질 향상을 동시에 달성할 수 있다.[98]

다문화 사회 통합과 이민자 사회보장

▪ 한국의 다문화 사회 진입과 이민자 현황

한국 사회는 급속한 다문화 사회로의 전환을 경험하고 있다. 법무부 공식 통계에 따르면 2023년 등록외국인은 약 134만 8,626명, 15세 이상 상주 외국인은 143만 명 수준이다.[99] 공식 등록외국인(약 135만

---

97) 경기도·충북 등 지자체에서 AI 돌봄 로봇을 도입한 결과, 독거노인의 우울 지수 감소 등 긍정적 효과가 보고되고 있다. ZDNET korea, "초고령사회 韓, 돌봄로봇 수요 '쑥쑥'". 2025. 1. 8.자 보도. https://zdnet.co.kr/view/?no=20250106616322992025. (6.17. 검색)

98) 빅데이터·인공지능을 통한 예방적 건강관리 시도는 실제 정책·연구로 확산 중이나, 전국적 보편화까지는 추가 인프라와 제도 개선이 필요하다.

99) 다만, 단기체류자, 미등록 이주민, 귀화자, 재외동포 등을 모두 포함하면 200만 명을 넘길 수 있다.

명) 기준으로는 인구 대비 2.6% 수준이다. 미등록자, 단기체류자, 귀화자 등을 포함한 추정치는 200만 명 대이다. 국적별로는 중국계(특히 한국계 중국인 포함)가 가장 많고, 베트남, 태국, 미국, 우즈베키스탄 순으로, 2023년 5월 기준 한국계 중국 47만 2,000명, 베트남 20만 1,000명 등으로 나타난다.[100]

특히 주목할 점은 외국인 유학생 수가 2020년 15만 3,361명에서 2023년 22만 6,507명으로 지속해 증가하고 있다는 것이다. 학위 과정 등 유학을 온 외국인이 15만 2,094명, 한국어 등 연수를 위해 온 외국인이 7만 4,413명으로 집계되었다. 유학생 국적은 베트남(8만 343명), 중국(7만 888명), 몽골(1만 3,802명), 우즈베키스탄(1만 2,530명) 순이다.

결혼이민자 귀화자 인구는 40여만 명에 이르며, 2023년 기준 다문화 가구는 41만 5,584가구, 115만 명에 달한다. 다문화 학생 수는 2024년 기준 19만 명을 돌파해 전체 학생의 3.8%에 달하며, 다문화 학생 수는 매년 증가 중입니다. 이는 전체 학생 수가 감소하는 가운데 다문화 학생 수는 지속해 증가하고 있음을 보여준다.

이러한 변화는 단순한 인구통계학적 변화를 넘어서 사회통합의 새로운 과제를 제기하고 있다. 언어 장벽, 문화적 차이, 제도적 배제, 사회적 편견 등으로 인해 이민자들이 한국 사회에 적응하는 과정에서 다양한 어려움을 겪고 있으며, 이는 사회 전체의 통합과 결속에 영향을 미치고 있다.

---

100) 통계청, '2023년 이민자체류실태및고용조사 결과'. 2023. 12. 18.자 보도자료.

- **이민자 사회통합 프로그램의 현황과 발전**

한국 정부는 이민자의 사회통합을 위해 2009년부터 사회통합프로그램KIIP: Korea Immigration & Integration Program을 운영하고 있다. 이 프로그램은 이민자의 국내 생활에 필요한 한국어, 경제, 사회, 법률 등 기본소양을 체계적으로 습득할 수 있도록 지원하며, 프로그램을 이수한 이민자에게는 국적 취득 필기시험 면제 등 다양한 인센티브를 제공한다.

KIIP는 한국어 과정(1~4단계)과 한국사회이해 과정(5단계)로 구성되어 있으며, 단계별로 100시간씩 총 500시간의 교육한다. 2025년 현재 전국에 7개 거점 운영기관과 다수의 일반운영기관이 참여하여 프로그램을 운영하고 있다. 특히 숙명여자대학교 아시아여성연구원 다문화통합연구센터는 2012년부터 법무부 사회통합프로그램 거점 운영기관으로 지정되어 용산구, 은평구, 종로구, 중구 등의 지역에서 프로그램을 관리·감독하고 있다.

2024년부터는 다문화가족 지원정책이 대폭 강화되었다. 여성가족부는 다문화가족 자녀의 학교 적응 등을 지원하기 위한 교육활동비를 신규 지원하기 시작했다. 기준 중위소득 100% 이하 다문화가족 가구의 7~18세 자녀를 대상으로 교재 구입, 독서실 이용, 예체능 활동, 직업훈련 실습 등에 필요한 비용을 지원한다. 교육활동 바우처로 초등학생은 연간 40만 원, 중학생은 50만 원, 고등학생은 50만 원을 지원받을 수 있다.

고용노동부는 2024년 4월부터 한국폴리텍대학 10개 캠퍼스에서 다문화가족 청년 200명(만 18~24세)을 대상으로 산업 현장형 기술교육과 한국어·직장 문화 등 사회 적응을 위한 맞춤형 직업훈련을 시행하고 있다. 이 프로그램은 6개월간 진행되며 산업 안전 교육, 핵심 기술 교육, 현장 견학, 전문가 초청 특강 등 산업 현장 체험 교육도 포함한다.

■ 이민자 사회보장 제도의 확대와 개선

이민자의 사회보장 접근성 확대는 진정한 사회통합을 위한 핵심 과제이다. 현재 한국에서는 국적 취득이나 영주권 취득 여부에 따라 사회보장 혜택에 차이가 있어, 이민자들이 완전한 사회 구성원으로 인정받지 못하는 상황이 발생하고 있다.

건강보험의 경우, 2019년부터 국내 거주 6개월 이상인 외국인도 지역가입자로 건강보험에 가입할 수 있게 되었다.[101] 그러나 보험료 부담이나 의료서비스 이용 과정에서의 언어 장벽 등으로 인해 실질적인 접근성은 여전히 제한적이다. 특히 미등록 이주노동자의 경우 의료서비스 접근이 매우 어려운 상황이어서, 이들을 위한 별도의 의료지원체계 구축이 필요하다.

고용보험과 산재보험의 경우, 외국인도 내국인과 같이 적용받을 수 있으나, 단기체류자나 불법체류자는 사실상 보호받기 어렵다.[102] 국민연금의 경우에는 상호주의 원칙에 따라 한국과 사회보장협정을 체결

---

101) 2021년 기준 등록외국인 164만 6,681명 중 126만 4,430명이 가입(76.8%)하였고, 결혼이민자·영주권자 등은 내국인과 같은 기준이 적용된다. 단, 지역가입자는 평균보험료 이상이 부과되는 등 부담이 있다.

102) 불법체류자도 업무상 재해 시 산재보상 대상이 된다.

한 국가 출신자만 가입할 수 있어, 많은 이민자가 배제되고 있다.[103]

이러한 문제를 해결하기 위해서는 이민자의 체류 자격과 무관하게 기본적인 사회보장 서비스를 제공하는 '보편적 사회보장' 체계로의 전환이 필요하다. 특히 응급의료, 모성보건, 아동보건 등 기본적 인권과 관련된 영역에서는 체류 자격을 묻지 않고 서비스를 제공해야 한다.

- ### ▪ 다문화 돌봄서비스의 특화 모델

다문화가족의 특수한 돌봄 욕구에 대응하기 위해서는 문화적 다양성을 고려한 특화된 돌봄서비스가 필요하다. 이는 단순히 언어 지원을 넘어서 종교, 식문화, 육아 관념, 가족관계 등 문화적 차이를 포괄적으로 고려하는 접근이어야 한다.

다문화가족지원센터를 중심으로 한 통합적 돌봄서비스가 확대되고 있다. 전국 218개 다문화가족지원센터에서는 한국어교육, 가족교육, 자녀교육지원, 상담 서비스, 통번역 서비스 등을 종합적으로 제공하고 있다. 특히 임신·출산·육아 관련 정보 제공과 육아용품 지원, 산후조리 도우미 파견 등 모성보건 서비스가 강화되고 있다.

결혼이민자의 취업과 경제활동 지원도 중요한 과제이다. 2024년부터는 결혼이민자 대상 맞춤형 직업훈련 프로그램이 확대되어 한국어 능력 수준과 희망 직종을 고려한 개별화된 훈련과정을 제공하고 있다.

---

103) 18~60세 외국인은 내국인과 같이 국민연금 가입 대상이지만, 상호주의 원칙에 따라 사회보장협정이 없는 국가 출신 등 일부는 제외된다. 「국민연금법」 제126조(외국인에 대한 적용) 참조.

또한 자국의 전문기술이나 언어능력을 활용할 수 있는 일자리 연계 서비스도 강화되고 있다.

다문화 아동·청소년을 위한 특별 지원도 확대되고 있다. 이중언어 교육 지원을 통해 아이들이 부모의 출신국 언어와 한국어를 모두 구사할 수 있도록 돕고, 이를 미래의 경쟁력으로 활용할 수 있게 한다. 또한 다문화 청소년의 정체성 혼란이나 차별 경험으로 인한 심리적 어려움을 지원하기 위한 전문 상담 서비스도 제공되고 있다.

문화적 다양성을 존중하는 돌봄 환경 조성도 중요하다. 요양시설이나 의료기관에서 종교적 믿음이나 식문화 등을 고려한 서비스를 제공하고, 통역 서비스나 문화 중재자$^{cultural\ mediator}$ 배치를 통해 의사소통 장벽을 해소하는 노력이 필요하다.

고령사회 생산적 복지와 세대연대 강화

▪ 액티브 에이징과 생산적 노화의 패러다임

전통적인 노화 관념에서 벗어나 노년기를 새로운 가능성과 기회의 시기로 인식하는 '액티브 에이징$^{Active\ Ageing}$' 패러다임이 확산하고 있다. 이는 노인을 단순한 돌봄의 대상이 아니라 사회의 생산적 구성원으로 인식하고, 노년기에도 건강하고 활기찬 삶을 영위할 수 있도록 지원하는 접근법이다.

한국의 기대수명은 84.3세로 1981년 66.7세에 비해 17.6세나 증가했다. 이러한 수명 연장은 단순히 생존 기간의 연장이 아니라 건강하고 활동적인 노년기의 확장 가능성을 의미한다. 실제로 2023년 노인 실태조사에서 '노인이 스스로 노인이라고 생각하는 나이'는 71.6세로 나타나, 기존의 65세 기준과 상당한 차이를 보인다.

생산적 노화는 노인이 가진 지식, 경험, 기술을 사회에 기여하는 방식으로 활용하는 것을 의미한다. 이는 경제적 생산활동뿐만 아니라 자원봉사, 돌봄 활동, 문화예술 활동, 평생학습 등 다양한 형태의 사회참여를 포괄한다. 한국 정부는 이러한 관점에서 노인 일자리 정책을 지속적으로 확대하여 2024년 기준 약 103만 개의 노인 일자리를 제공하고 있다.

노인 일자리 사업은 공익활동형, 사회서비스형, 시장형 사업단, 취업알선형으로 구분되어 운영되고 있다. 공익활동형은 노인의 경험과 지식을 활용하여 지역사회에 도움이 되는 활동을 수행하는 것으로, 초등학교 급식 지원, 공원 관리, 교통안전 지도 등이 포함된다. 사회서비스형은 노인의 경력과 활동 역량을 활용하여 사회적으로 도움이 되는 서비스를 제공하는 것으로, 시니어 컨설턴트, 육아 도우미, 안전 관리 등의 업무를 담당한다.

■ 세대 간 상호부조와 연대 메커니즘

초고령사회에서 세대연대는 사회 지속가능성의 핵심 요소이다. 생산연령인구 감소와 노인부양비 증가로 인한 세대 간 갈등을 예방하고, 상호 이해와 협력을 바탕으로 한 새로운 세대 관계를 구축해야 한다.

현재 한국의 세대 간 이전체계는 주로 공적연금과 건강보험을 통한 하향 이전(젊은 세대에서 노인 세대로)이 주를 이루고 있다. 그러나 이러한 일방적 이전은 생산연령인구 감소와 함께 지속가능성에 한계를 드러내고 있다. 2022년 생산연령인구 100명당 부양할 인구는 40.6명이었으나, 2072년에는 118.5명까지 증가할 전망이다.

이러한 문제를 해결하기 위해서는 세대 간 상호부조 메커니즘을 강화해야 한다. 노인 세대가 가진 자산, 지식, 경험을 젊은 세대와 공유하고, 젊은 세대는 기술과 에너지를 노인 세대와 나누는 상호호혜적 관계를 구축하는 것이다.

대표적인 사례로 '세대 간 주거 공유' 프로그램이 있다.[104] 독거노인이 여유 공간을 대학생이나 청년에게 저렴하게 제공하고, 젊은이들은 간단한 가사나 안부 확인 등으로 보답하는 형태이다. 이는 주거비 부담을 덜어주는 동시에 세대 간 교류를 촉진하고 독거노인의 고립감을 해소하는 효과가 있다.

'시니어 기술 전수' 프로그램도 주목받고 있다. 오랜 경험을 가진 퇴직 전문가들이 청년 창업자나 취업준비생들에게 실무 노하우를 전수하는 멘토링 활동으로, 청년들은 실질적인 도움을 받고 시니어들은 사회적 가치를 실현할 수 있다.

---

104) 서울시 등에서 '한지붕세대공감' 등 세대통합형 주거공유 사업이 실제로 운영되고 있다. 서울시50플러스포털. https://50plus.or.kr/detail.do?id=48691 (2025. 6. 17. 검색)

- **고령 친화산업과 실버경제의 발전**

고령화는 위기이자 동시에 새로운 성장동력의 기회이다. 고령 친화 산업과 실버경제의 발전은 고령사회의 도전을 혁신과 성장의 기회로 전환하는 핵심 전략이다.

한국의 고령 친화 산업은 2020년 기준 약 123조 원 규모로 추정되며, 2030년에는 200조 원을 넘어설 것으로 전망된다. 주요 분야로는 의료기기, 의약품, 요양 서비스, 실버용품, 금융서비스, 여가오락, 주거환경 개선 등이 있다.

특히 고령 친화 기술의 발전이 주목받고 있다. 거동 불편 노인을 위한 웨어러블 디바이스, 치매 예방과 관리를 위한 인지훈련 프로그램, 독거노인 안전 관리를 위한 IoT 센서, 근력 보강을 위한 재활 로봇 등이 개발되고 있다. 정부는 2024년부터 고령 친화 기술 지원 사업을 확대하여 관련 기업의 연구개발과 상용화를 지원하고 있다.

실버타운과 고령자 주거복지도 중요한 분야이다. 단순한 요양시설이 아닌 건강한 노인들이 독립적이면서도 안전하게 생활할 수 있는 주거 환경을 제공하는 것이다. 이러한 시설에서는 의료서비스, 문화 활동, 평생학습, 사회참여 기회 등이 통합적으로 제공되어 활기찬 노년 생활을 지원한다.

고령자 금융서비스도 빠르게 성장하고 있다. 주택연금, 연금보험, 신탁 서비스 등을 통해 노인들의 경제적 안정을 도모하고, 자산관리와 상속계획 등에 대한 전문적인 컨설팅을 제공한다. 또한 디지털 금융서비스의 확산에 따라 고령자도 쉽게 이용할 수 있는 사용자 친화적 인터페이스 개발이 활발히 이루어지고 있다.

▪ 노인의 사회참여와 자원봉사 활성화

노인의 사회참여는 개인의 삶의 질 향상과 사회의 인적자원 활용이라는 이중의 효과를 가져온다. 한국의 노인 자원봉사 참여율은 2023년 기준 약 15%로 OECD 평균보다 낮은 수준이지만, 정부와 시민사회의 노력으로 점진적으로 증가하고 있다.

노인 자원봉사의 특징은 기존에 축적한 전문성과 경험을 활용할 수 있다는 점이다. 퇴직 교사들이 참여하는 '교육봉사단', 의료진 출신이 활동하는 '건강지킴이', 기업 임원 경험자들의 '창업멘토단' 등이 대표적이다. 이러한 전문성 기반 자원봉사는 서비스의 질을 높이는 동시에 봉사자의 자긍심과 성취감을 증대시킨다.

평생학습과 연계된 사회참여도 확산하고 있다. 노인대학, 시니어대학, 대학의 평생교육원 등에서 새로운 지식과 기술을 습득한 노인들이 이를 바탕으로 사회활동에 참여하는 사례가 늘고 있다. 특히 정보통신기술^{ICT} 교육을 받은 노인들이 디지털 격차 해소를 위한 봉사활동에 참여하는 '디지털 동반자' 프로그램이 주목받고 있다.

지역사회 기반의 사회참여도 중요하다. 노인들이 자신이 거주하는 지역의 문제 해결에 직접 참여하는 '지역사회 리더십' 프로그램이 확대되고 있다. 마을 환경 개선, 안전 관리, 문화행사 기획 등에 노인들의 경험과 지혜가 활용되고 있다.

▪ 세대 통합형 복지 모델의 구축

미래의 복지국가는 세대 간 대립이 아닌 협력을 기반으로 하는 세대 통합형 모델로 발전해야 한다. 이는 각 세대의 특성과 욕구를 인정하면서도 세대 간 연대와 상호부조를 강화하는 방향으로 설계되어야 한다.

세대 통합형 복지 모델의 핵심은 '전 생애 관점의 사회보장'이다. 개별 세대나 특정 생애주기에 국한된 정책이 아니라, 출생부터 죽음까지 전 생애에 걸쳐 일관된 철학과 체계를 가진 사회보장제도를 구축하는 것이다. 이는 생애주기별 위험과 욕구에 대응하면서도 세대 간 형평성을 고려하는 접근이다.

또한 '상호부조형 복지제도'로의 전환이 필요하다. 기존의 일방적 급여 지급 방식에서 벗어나, 급여 수급자도 자기 능력과 여건에 따라 사회에 기여할 수 있는 기회를 제공하는 것이다. 예를 들어, 기초연금 수급자가 지역사회 봉사활동에 참여하거나, 장기요양 서비스 이용자가 가능한 범위에서 다른 이들을 돕는 활동에 참여하는 방식이다.

'세대 간 연대기금' 조성도 고려해볼 만하다. 이는 현재 세대가 미래 세대를 위해, 그리고 젊은 세대가 노인 세대를 위해 기여하는 상호부조적 성격의 기금으로, 세대 간 갈등을 완화하고 사회적 연대를 강화하는 효과를 기대할 수 있다.

공생적 복지국가의 돌봄 사회화 비전

한국 사회가 직면한 인구 구조 변화는 단순한 인구통계학적 현상을 넘어서 사회 전체의 돌봄 패러다임 전환을 요구하고 있다. 초고령사회 진입, 초저출산 지속, 다문화 사회로의 급속한 전환이라는 삼중의 도전 속에서, 기존의 가족 중심 돌봄 체계는 한계를 드러내고 있으며, 새로운 사회적 돌봄 체계의 구축이 시급한 과제로 대두되고 있다.

전 생애 돌봄 공동체의 구축은 생애주기별 돌봄 욕구에 맞는 통합적 서비스를 지역사회 중심으로 제공하여 돌봄의 사회화를 실현하는 핵심 전략이다. 커뮤니티케어를 중심으로 한 지역사회 통합돌봄 체계는 어르신이 살던 곳에서 건강한 노후를 보낼 수 있는 환경을 조성하며, 세대 통합서비스를 통해 세대 간 이해와 소통을 증진하고 있다. 디지털 기술을 활용한 스마트케어 시스템은 개별 맞춤형 돌봄을 가능하게 하여 돌봄의 질적 혁신을 이끌고 있다.

다문화 사회 통합과 이민자 사회보장의 확대는 변화하는 인구 구조에 대응하는 포용적 복지국가 건설의 필수 조건이다. 250만 명이 넘는 외국인이 거주하는 한국 사회에서 이민자의 사회통합은 더 이상 선택이 아닌 필수가 되었다. 사회통합프로그램의 내실화, 이민자 사회보장 접근성 확대, 다문화 특화 돌봄서비스 개발을 통해 진정한 의미의 다문화 공생 사회를 구축해야 한다.

고령사회 생산적 복지와 세대연대 강화는 고령화를 위기가 아닌 기회로 전환하는 핵심 동력이다. 액티브 에이징과 생산적 노화 패러다임을 바탕으로 노인을 돌봄의 대상이 아닌 사회의 생산적 구성원으로 인식하고, 세대 간 상호부조 메커니즘을 통해 지속할 수 있는 복지체계를 구축해야 한다. 고령 친화 산업의 발전과 노인의 사회참여 확대는 고령화 사회의 새로운 성장동력을 창출할 것이다.

이러한 변화를 통해 구축될 공생적 복지국가의 돌봄 사회화는 다음과 같은 특징을 가져야 한다. 첫째, 생애주기 통합적 접근으로 출생부터 죽음까지 전 생애에 걸친 일관된 돌봄 체계를 구축해야 한다. 둘째, 지역사회 중심의 통합적 서비스 제공으로 이용자의 접근성을 높이고 서비스의 효율성을 높여야 한다. 셋째, 문화적 다양성을 존중하는 포용적 돌봄으로 다문화 사회의 특성을 반영한 맞춤형 서비스를 제공해야 한다. 넷째, 세대 간 연대와 상호부조를 바탕으로 한 지속할 수 있는 복지체계를 구축해야 한다. 다섯째, 디지털 기술을 활용한 혁신적 돌봄으로 서비스의 질과 효율성을 동시에 향상시켜야 한다.

마지막으로, 이러한 돌봄 사회화의 성공적 실현을 위해서는 정부, 지방자치단체, 민간부문, 시민사회, 지역공동체가 협력하는 거버넌스 체계의 구축이 필요하다. 또한 돌봄을 단순한 복지서비스가 아닌 사회의 지속가능성을 위한 핵심 투자로 인식하는 사회적 합의가 필요하다. 한국 사회가 인구 구조 변화의 도전을 기회로 전환해 모든 구성원이 존엄하고 안전한 삶을 영위할 수 있는 공생적 복지국가로 발전할 수 있을 때, 진정한 의미의 돌봄 사회화가 실현될 것이다.

4. 보편적 기본소득과 시민 배당의 공생적 설계: 공동자산 기반 배당경제의 새로운 패러다임

■ 분배정의와 공생적 복지국가의 비전

21세기 자본주의의 심화하는 불평등과 기술혁신으로 인한 노동시장의 구조적 변화는 기존 복지국가 모델의 근본적 한계를 드러내고 있다. 인공지능과 자동화의 확산, 플랫폼 경제의 성장, 기후변화 대응의 시급성은 전통적인 고용 중심 복지체계로는 해결할 수 없는 새로운 사회적 위험을 창출하고 있다. 이러한 맥락에서 보편적 기본소득과 시민 배당은 단순한 소득보장 정책을 넘어서 사회 전체의 공동자산에 대한 정당한 몫을 모든 시민에게 분배하는 새로운 분배정의의 구현체로 주목받고 있다.

한국에서 기본소득 논의는 2016년을 전후로 급속히 확산하였다. 알파고의 등장으로 상징되는 인공지능 시대의 도래, 스위스의 기본소득 국민투표, 그리고 기본소득지구네트워크 총회의 서울 개최 등이 복합적으로 작용하여 기본소득이 제도권 내 정책 의제로 부상했다. 특히 코로나19 팬데믹 기간 중 시행된 긴급재난지원금은 보편적 현금급여의 실현 가능성과 효과를 실증적으로 보여주었으며, 기본소득에 대한 사회적 관심을 한층 증폭시켰다.

그러나 기존의 기본소득 논의는 주로 재원 확보와 기존 복지제도와의 대체 관계에 초점을 맞춰왔으며, 기본소득의 근본적 정당성이 되는 공동자산의 개념과 그에 기반한 배당 메커니즘에 대한 체계적 논의는 상대적으로 부족했다. 진정한 의미의 시민배당[105)]이 실현되기 위해서는 토지, 자연 자원, 데이터, 지식재산 등 사회의 공동자산으로부터 발생하는 수익을 시민 모두에게 공정하게 분배하는 새로운 경제 패러다임이 필요하다.[106)] 이러한 관점에서 토지공개념 기반 토지배당[107)]과 자원배당[108)], 데이터 및 플랫폼 수익의 사회적 환원[109)], 생태서비스 대가와 돌봄노동 가치 인정[110)], 그리고 기존 사회보장제도와의 연계 및 통합 방안[111)]을 종합적으로 검토해야 한다.

토지공개념 기반 토지배당과 자원배당

▪ 토지공개념의 철학적 기초와 역사적 전개

토지는 인간의 생존과 생산활동의 기반이 되는 근본적 자원이면서

---

105) 시민배당은 특히 "공동자산의 수익을 시민의 지분에 따라 배당"하는 개념으로서 알래스카 영구기금 (석유 수익 배당), 경기도 데이터 배당(데이터 수익 일부 환원) 등 실제 정책 사례가 있다.

106) 최근에는 조세 외에도 토지, 자연 자원, 데이터, 지식 등 공동자산에서 발생하는 수익을 재원으로 하는 '공유부 배당(commons dividend)' 논의가 활발하다.

107) 토지보유세를 강화해 거둔 세수를 모든 시민에게 균등 배분하는 방식으로, 부동산 불평등 해소와 주거 안정에 기여할 수 있다.

108) 알래스카 영구기금처럼 석유·광물 등 자연 자원 수익을 배당하는 모델이 대표적이다.

109) IT 기업의 데이터 수익 일부를 시민에게 환원하는 데이터배당, 지역화폐 등의 실험이 진행 중이다.

110) 생태계서비스(탄소흡수 등)와 돌봄노동의 사회적 가치 보상도 새로운 공동자산 배당의 범주로 논의된다.

111) 기본소득이 기존 복지제도를 완전히 대체하는 것이 아니라, 부분적 대체·보완 관계로 설계하는 것이 정책적 합의에 가깝다. 예를 들어, 기초연금·아동수당 등 일부 현금급여는 통합하고, 장애인·노인 등 추가적 필요가 있는 대상자는 별도의 보완급여를 유지하는 방식이 제안된다.

동시에 공급이 고정된 특수한 재화이다. 토지공개념[112]은 토지의 개인적 소유권은 인정하되 그 이용을 공공복리에 적합하게 하고, 토지로부터 발생하는 불로소득을 사회가 환수해야 한다는 철학에 기반한다. 이는 헨리 조지의 토지가치세 이론에서 시작되어 현재까지 다양한 형태로 발전해온 개념이다.

한국에서 토지공개념은 1989년 노태우 정부 시절 급격한 지가 상승과 부동산 투기를 억제하기 위해 도입되었다. 당시 제정된 토지공개념 3법인 택지소유상한에 관한 법률, 개발이익환수에 관한 법률, 토지초과이득세법은 토지 소유의 적정화, 토지거래 규제, 개발이익 환수를 목표로 했다. 그러나 이들 법률은 헌법재판소는 토지초과이득세법 등에 대해 위헌 또는 헌법불합치 결정을 내렸고 사회적·정치적 논란 속에 상당수 제도가 폐지되거나 완화되었다. 현재도 토지공개념은 토지의 공공성, 시장실패에 대한 공공개입의 정당성, 그리고 지가 안정과 소득분배 개선이라는 정책 목표 아래 논의되고 있다.

현재 한국의 토지 관련 제도는 부동산 시장 안정에 초점을 맞춘 규제 중심의 접근에서 벗어나지 못하고 있다. 2024년 상반기 전국 지가는 0.99% 상승하여 지난해 같은 기간보다 상승 폭이 확대되었으며, 수도권을 중심으로 지가 상승 압력이 지속되고 있다. 이러한 상황에서 토

---

112) 토지공개념은 토지의 국유화(사회주의)와는 다르며, 사적 소유권을 전면 부정하지 않는다. 오히려 공공복리 실현을 위한 제한적·상대적 권리로서 토지소유권을 규정한다는 점이 중요하다. 최근에는 토지보유세(국토보유세) 등 토지가치세 도입 논의가 재점화되고 있다. 토지공개념 강화와 토지배당 확대는 사유재산권, 조세저항, 제도적 실효성 등에서 사회적 합의와 치밀한 법적 설계가 필요하다.

지로부터 발생하는 불로소득을 사회가 공유하고 이를 시민 배당의 재원으로 활용하는 새로운 접근이 필요하다.

- **토지가치 포획과 배당 메커니즘**

토지배당의 핵심은 토지가치 상승분 중 개인의 노력과 투자와 무관하게 발생하는 부분을 사회가 포획하여 모든 시민에게 분배하는 것이다. 이는 여러 방식으로 구현될 수 있다. 첫째, 토지가치세$^{\text{Land Value Tax}}$ 방식은 토지의 순수한 가치에 대해서만 과세하여 건물이나 개량 투자에는 세금을 부과하지 않는 방법이다. 이는 토지 투기를 억제하면서도 생산적 투자를 장려하는 효과가 있다.

둘째, 개발이익 환수 확대 방식은 현행 개발이익환수에 관한 법률을 강화하여 개발로 인한 지가상승분을 더 많이 환수하고 이를 배당 재원으로 활용하는 것이다. 현재 개발이익 환수율은 25%에 불과하지만, 이를 50~70% 수준으로 상향 조정하면 상당한 재원 확보가 가능하다.

셋째, 토지임대부 방식은 정부나 공공기관이 토지를 소유하고 이를 민간에 임대하여 발생하는 임대료를 배당 재원으로 활용하는 것이다. 싱가포르의 경우 국토의 90% 이상을 정부가 소유하고 있으며, 이로부터 발생하는 수익이 정부 재정의 중요한 원천이 되고 있다.

- **자연 자원 배당의 국제적 사례와 한국 적용 방안**

자연 자원 배당의 대표적 사례는 미국 알래스카주의 영구기금배당

Permanent Fund Dividend, PFD이다. 알래스카주는 1976년 석유 수익을 재원으로 하는 영구기금을 설립하고, 1982년부터 매년 모든 주민에게 배당금을 지급하고 있다. 2023년 기준 배당금은 1인당 1,312달러였으며, 이는 약 41년간 지속되어 온 세계 최초의 실질적 기본소득 제도로 평가받고 있다.

노르웨이 정부연금기금Government Pension Fund Global도 유사한 개념으로, 북해 유전에서 발생하는 석유 수익을 기금으로 적립하여 미래 세대를 위한 자산을 축적하고 있다. 2024년 현재 기금 규모는 약 1조 6천억 달러에 달하며, 연간 운용수익의 일부를 정부 예산에 활용하고 있다.

한국의 경우 대규모 석유 자원은 없지만, 다른 형태의 자연 자원과 공공자원을 활용한 배당 시스템을 구축할 수 있다. 먼저 전파 주파수 할당으로부터 발생하는 수익을 들 수 있다. 5G, 6G 등 무선통신 기술의 발전으로 전파 주파수의 경제적 가치가 급등하고 있으며, 이를 통신사업자에게 할당할 때 발생하는 수익을 시민 배당의 재원으로 활용할 수 있다.

둘째, 해상풍력, 조력발전 등 해양 공간 활용으로부터 발생하는 수익이다. 한국은 삼면이 바다로 둘러싸인 반도국으로서 해양자원의 경제적 활용 잠재력이 크다. 해상풍력 발전사업자에게 해역 사용료를 징수하고 이를 배당 재원으로 활용하는 방안을 검토할 수 있다.

셋째, 국유재산 활용 수익이다. 정부와 공공기관이 소유한 토지, 건물 등 국유재산을 효율적으로 활용하여 발생하는 임대료, 사용료 등을 배당 재원으로 활용할 수 있다. 특히 도심 내 유휴 국유지를 개발하여 장기 임대 수익을 창출하고 이를 시민과 공유하는 방안이 가능하다.

자원배당은 자원의 고갈, 환경파괴 등 부작용을 방지하기 위한 지속할 수 있는 관리체계와 연계되어야 한다.

■ 탄소배당과 환경자원의 가치화

기후변화 대응이 전 지구적 과제로 부상하면서 탄소가격제와 탄소배당에 대한 관심이 높아지고 있다. 탄소배당은 탄소세나 배출권거래제ETS 등 탄소가격제를 통해 징수한 수익을 시민에게 현금으로 환급하는 제도다. 이는 탄소중립 달성과 함께, 탄소세의 역진성(저소득층 부담 가중)[113] 문제를 완화하고, 탄소 정책의 사회적 수용성을 높이기 위한 대표적 정책 수단[114]으로 국제적으로 인정받고 있다.

한국은 2015년부터 K-ETS^{Korea Emissions Trading System, 한국 배출권거래제}를 운영하고 있으며[115], 2050 탄소중립 목표 달성을 위해 탄소 가격을 지속해 상향 조정하고 있다. 2025년 6월 기준 배출권 가격은 톤당 8,800~12,400원 수준으로, 유럽연합EU ETS의 80~100유로(약 11~14만 원)에 비해 낮은 편이지만, 유럽연합 ETS 수준까지 상승할 가능성

---

113) 탄소세는 화석연료 가격 인상으로 저소득층이 더 큰 부담을 질 수 있다. 탄소배당은 이 부담을 완화하고, 오히려 저소득층의 실질 소득을 증가시킬 수 있다.

114) 탄소는 모두의 공유자원이므로, 탄소세 수입을 정부 일반재정에 편입하지 않고 시민 모두에게 균등하게 환원하는 것이 분배정의에 부합한다는 논리가 강하다.

115) 한국은 현재 ETS(배출권거래제)가 중심이지만, 탄소세와 배당제 도입 논의가 활발하다. 실제 배출권 가격이 유럽 수준으로 오를 경우, 상당한 재원이 마련될 수 있으며, 이를 시민 배당으로 환원하면 서민 부담 완화와 정책 수용성 제고에 기여할 수 있다

이 있다. 이때 발생하는 수익 일부를 탄소배당으로 시민들에게 환원한다면 탄소 가격 상승에 따른 서민 부담을 완화하면서도 탄소중립 정책에 대한 사회적 수용성을 높일 수 있다.

캐나다 브리티시컬럼비아주는 2008년부터 탄소세를 도입하면서 동시에 소득세 감세와 저소득층 대상 탄소세 크레딧을 제공하는 'revenue-neutral' 방식을 채택했다.[116] 이를 통해 탄소세 도입에 따른 부담을 상쇄하면서도 탄소 감축 효과를 달성했다. 스위스는 1톤당 100~120프랑(약 15만 원)의 탄소세를 부과하고, 세입의 2/3를 전 국민에게 균등하게 환급하는 생태배당제도를 운영한다. 이 방식은 국민적 수용성이 높고, 저소득층이 실질적으로 더 큰 이익을 얻는 구조다. 한국도 이와 유사한 방식으로 탄소 가격 상승분을 시민 배당으로 환원하는 시스템을 구축할 수 있다.[117]

데이터 및 플랫폼 수익의 사회적 환원

▪ 데이터 경제와 플랫폼 자본주의의 구조적 불평등

디지털 경제의 핵심 자산인 데이터는 개인들의 일상적 활동과 사회적 상호작용을 통해 생성되지만, 그 경제적 가치는 주로 플랫폼 기업들이

---

116) 2008년 브리티시컬럼비아주가 탄소세를 도입하며, 세입 중립(revenue-neutral) 원칙에 따라 소득세 감면과 저소득층 환급, 직접 현금 환급(탄소세 크레딧) 등 다양한 방법으로 세금 부담을 상쇄했다. 이 제도는 경제성장, 불평등 완화, 도농 격차 개선 등 긍정적 효과를 나타냈다.

117) 한국은 아직 본격적인 탄소세를 도입하지 않았으나, 국회와 정책연구기관에서 탄소세 및 탄소배당 도입 필요성이 꾸준히 제기되고 있다.

독점하고 있다. 구글, 페이스북, 아마존 등 글로벌 플랫폼 기업들은 사용자들이 생성한 데이터를 바탕으로 광고, 추천, 예측 서비스 등을 제공하여 막대한 수익을 창출하지만, 데이터 생산자인 개인들은 이에 대한 정당한 대가를 받지 못하고 있다.

이러한 구조적 불평등은 '데이터 추출주의$^{data\ extractivism}$'라는 새로운 형태의 착취를 낳고 있다. 샤로나 주보프$^{Shoshana\ Zuboff}$가 '감시 자본주의$^{surveillance\ capitalism}$'라고 명명한 이 시스템에서 개인의 행동과 경험은 무료 원재료로 취급되며, 이를 가공한 '행동잉여$^{behavioral\ surplus}$'가 예측 상품으로 판매되어 기업의 이윤이 된다.

한국의 경우 네이버, 카카오 등 국내 플랫폼 기업들과 함께 해외 플랫폼 기업들이 한국 시장에서 창출하는 데이터 가치는 연간 수십조 원에 달할 것으로 추정된다. 그러나 이러한 가치 창출 과정에서 데이터 생산자인 시민들의 기여는 인정받지 못하고 있으며, 플랫폼 기업들이 창출한 수익이 적절히 세금이 매겨지지 않아 사회로 환원되지 않는 문제가 있다. 데이터 주권$^{data\ sovereignty}$과 정보 자기 결정권 확대 요구가 커지면서, 미국·EU 등에서는 개인정보 보호 및 데이터 활용에 대한 권리 강화 정책(GDPR, 데이터 뉴딜 등)이 추진되고 있다

■ **데이터 배당의 이론적 근거와 실현 방안**

데이터 배당의 이론적 근거는 데이터를 사회의 공동자산으로 인식하는 데서 출발한다. 개인이 생성하는 데이터는 그 개인의 노력뿐만 아

니라 사회적 인프라, 교육, 문화 등 집합적 투자의 산물이기도 하다. 또한 데이터의 가치는 네트워크 효과와 규모의 경제에 의해 결정되므로, 개별 데이터보다는 집합된 데이터가 훨씬 큰 가치를 창출한다. 따라서 데이터로부터 발생하는 수익 일부는 데이터 생산에 기여한 모든 사회구성원에게 분배되어야 한다는 것이 데이터 배당의 핵심 논리이다.

데이터 배당은 여러 방식으로 구현될 수 있다. 첫째, 플랫폼 기업에 대한 '데이터세' 도입이다. 이는 플랫폼 기업이 사용자 데이터를 활용하여 창출한 수익에 대해 일정 비율의 세금을 부과하고, 이를 시민 배당의 재원으로 활용하는 방식이다. 유럽연합은 이미 디지털서비스세 Digital Services Tax 도입을 추진하고 있으며, 한국도 이와 유사한 제도를 도입할 수 있다.

둘째, 데이터 신탁 data trust 방식이다. 이는 개인 데이터를 공공 신탁 기관이 관리하고, 이를 기업에 활용 허가를 내주면서 발생하는 수익을 시민들에게 분배하는 방식이다. 에스토니아의 'X-Road' 시스템이나 인도의 '인디아 스택 India Stack'과 같은 공공 디지털 인프라를 확대하여 개인 데이터의 통제권을 시민들에게 돌려주면서 동시에 데이터 활용의 경제적 이익을 공유할 수 있다. 데이터 신탁제도는 개인정보 보호와 데이터 활용의 균형, 데이터의 자산 가치 인정, 정보 주체의 권리 강화라는 측면에서 정책적 의의가 크다.

셋째, '데이터 노동' 인정과 보상이다. 검색, 소셜미디어 이용, 온라인 쇼핑 등 디지털 플랫폼에서의 모든 활동이 실질적으로는 플랫폼 기업을 위한 무급 노동이라는 관점에서, 이에 대한 정당한 대가를 지급하는 방식이다. 이는 기본소득의 한 형태로서 디지털 경제 참여 자체를 사회적으로 가치 있는 활동으로 인정하는 것이다.

▪ 플랫폼 협동조합과 공공 플랫폼의 대안적 모델

데이터 배당의 실현을 위해서는 현재의 플랫폼 독점 구조를 대안적 모델로 전환하는 것도 중요하다. 플랫폼 협동조합platform cooperativism은 플랫폼을 이용자들이 공동으로 소유하고 운영하여 창출된 가치를 구성원들이 민주적으로 분배하는 모델이다. 스페인의 몬드라곤 협동조합이 개발한 승차 공유 플랫폼 'CoopCycle'이나 미국의 협동조합형 프리랜서 플랫폼 'Stocksy' 등이 대표적 사례이다.

한국에서도 이와 유사한 실험들이 시작되고 있다. 서울시의 '따릉이' 공공자전거 시스템이나 부산시의 공공배달앱 '부릉' 등은 공공이 직접 플랫폼을 운영하여 민간 플랫폼의 독점 구조에 대안을 제시하고 있다. 이러한 공공 플랫폼에서 창출되는 수익을 시민 배당의 재원으로 활용할 수 있다.

또한 블록체인 기술을 활용한 탈중앙화 플랫폼[118] DAO도 주목할 만하다. 이는 중앙집권적 플랫폼 기업 없이도 사용자들이 직접 가치를 교환하고 창출된 수익을 토큰 형태로 분배받는 방식이다. 한국의 카카오가

---

118) 블록체인을 기반으로 한 자율적인 조직 구조로서 중앙 관리자가 없는 민주적인 운영방식을 지향한다. DAO는 스마트 계약을 통해 조직의 규칙과 결정을 자동화하며, 참여자들이 투표를 통해 의사결정을 내린다. 예를 들면, 메이커다오(MakerDAO)는 탈중앙화된 스테이블코인 시스템으로서 참여자들이 메이커(MKR) 토큰을 사용하여 시스템의 정책을 결정하고, 다이(DAI) 스테이블코인의 발행과 관리를 조절한다.

개발한 클레이튼^{Klaytn} 블록체인이나 국내 여러 스타트업들이 개발하는 탈중앙화 플랫폼들이 이러한 가능성을 보여주고 있다.

▪ 인공지능과 자동화 수익의 사회적 분배

인공지능과 자동화 기술의 발전으로 창출되는 생산성 향상의 과실을 사회 전체가 공유하는 것도 데이터 배당의 중요한 영역이다. 인공지능 시스템은 방대한 사회적 데이터와 지식을 학습하여 작동하므로, 그 성과는 개별 기업의 노력뿐만 아니라 사회 전체의 축적된 지적 자산의 결과이기도 하다.

'로봇세^{robot tax}' 개념은 자동화로 인해 대체된 인간 노동에 상응하는 세금을 부과하여 기술 발전의 혜택을 사회가 공유하자는 아이디어이다. 마이크로소프트 창립자 빌 게이츠가 제안한 이 개념은 자동화로 인한 일자리 감소에 대응하면서 동시에 기본소득의 재원을 확보하는 방안으로 주목받고 있다.

한국의 경우 제조업 자동화율이 세계 최고 수준이며, 서비스업에서도 인공지능과 로봇 도입이 빠르게 확산하고 있다. 이에 따른 생산성 향상분의 일부를 사회가 환수하여 기본소득이나 시민 배당의 재원으로 활용하는 방안을 검토할 필요가 있다. 이는 단순히 기업에 추가적 부담을 지우는 것이 아니라, 기술 발전의 혜택을 사회 전체가 공유함으로써 기술혁신에 대한 사회적 수용성을 높이고 지속 가능한 발전을 도모하는 방향이다.

생태서비스 대가와 돌봄노동 가치 인정

▪ 생태계서비스의 경제적 가치화와 보상 체계

생태계는 인간의 생존과 경제활동에 필수적인 다양한 서비스를 제공하지만, 그 경제적 가치는 시장에서 제대로 평가받지 못해왔다. 깨끗한 공기와 물의 공급, 기후 조절, 토양 형성, 생물다양성 보전 등 생태계서비스는 연간 수십조 달러의 경제적 가치를 창출하지만, 이를 보전하고 관리하는 개인이나 지역사회는 적절한 보상을 받지 못하고 있다.

생태서비스 대가 지급은 이러한 시장실패를 교정하고 환경보전에 대한 경제적 인센티브를 제공하는 정책 수단이다. 이는 PES$^{\text{Payments for Ecosystem Services}}$ 또는 자연자본 회계$^{\text{natural capital accounting}}$라는 개념으로 발전해왔으며, 최근 기후변화 대응과 생물다양성 보전의 중요성이 드러나면서 전 세계적으로 확산하고 있다.

한국의 경우 산림면적이 국토의 63%를 차지하며, 이는 연간 약 109억 톤의 이산화탄소를 흡수하는 탄소흡수원 역할을 하고 있다. 현재 국제 탄소시장에서 톤당 15~50달러로 거래되는 탄소배출권 가격을 기준으로 하면, 한국 산림의 탄소흡수 서비스만으로도 연간 수조 원의 경제적 가치를 창출하고 있다. 그러나 산림을 소유하고 관리하는 산주들은 이러한 생태서비스에 대한 적절한 보상을 받지 못하고 있어, 산림 훼손과 용도 전환의 유인이 지속되고 있다.

- **탄소흡수원과 생물다양성 보전에 대한 보상**

탄소중립 목표 달성을 위해서는 탄소 배출 감축과 함께 탄소흡수원의 확대와 보전이 필수적이다. 정부는 2050 탄소중립 시나리오에서 산림, 습지, 연안 등 자연 기반 탄소흡수원을 통해 연간 2,570만 톤의 이산화탄소를 흡수하겠다는 목표를 제시했다. 이를 달성하기 위해서는 탄소흡수원 보전과 확대에 대한 경제적 인센티브 제공이 필요하다.

산림탄소상쇄제도[Korea Forest Carbon Offset Program]는 이미 시행되고 있지만, 그 규모와 보상 수준이 제한적이다. 이를 확대하여 산림 소유자가 탄소흡수 서비스에 대한 적절한 대가를 받을 수 있도록 하고, 나아가 이를 시민 배당의 재원으로 활용하는 방안을 검토할 수 있다. 예를 들어, 정부가 산림 탄소흡수 서비스에 대해 시장가격으로 대가를 지급하고, 이를 통해 확보한 탄소배출권을 시장에서 판매하여 얻은 이익을 시민들에게 분배하는 것이다.

생물다양성 보전에 대한 보상도 중요한 영역이다. 한국은 OECD 국가 중 생물다양성 손실 속도가 빠른 국가 중 하나로, 체계적인 생물다양성 보전 정책이 시급하다. 생물다양성과 생태계서비스에 관한 정부 간 과학정책플랫폼[IPBES]에 따르면 전 세계 생태계서비스의 경제적 가치는 연간 125조 달러에 달한다. 한국의 생태계서비스 가치를 보수적으로 GDP의 2~3% 수준으로 추정해도 연간 40-60조 원에 달한다.

멸종위기종 서식지 보전, 생태통로 조성, 습지 복원 등 생물다양성 보전 활동에 참여하는 토지 소유자와 지역사회에 대한 보상 체계를 구축해야 한다. 특히 농촌 지역의 경우 친환경 농법 도입, 농약 사용 저감, 서식지 보전 등을 통해 생물다양성 증진에 기여하는 농민들에게 생태 서비스 대가를 지급할 수 있다. 현재 시행되고 있는 친환경 농업 직불제를 확대하되, 단순한 친환경 인증을 넘어서 실제 생물다양성 지표 개선에 따른 차등 보상 체계를 도입하는 것이다.

도시 지역에서도 옥상 녹화, 벽면녹화, 도시 숲 조성, 빗물 정원 설치 등을 통해 도시 생태계서비스를 제공하는 시민들과 기업들에 대한 보상 방안을 마련해야 한다. 서울시의 경우 이미 건물녹화 지원사업을 통해 일부 보상을 제공하고 있지만, 이를 전국적으로 확대하고 체계화할 필요가 있다. 이러한 도시 생태서비스 활동은 미세먼지 저감, 도시열섬 완화, 빗물 관리 등 다양한 공익적 효과를 창출하므로 그에 상응하는 경제적 보상이 정당하다.

▪ 도시농업과 지역순환경제 연계 방안

도시농업은 식량 생산을 넘어서 다양한 생태계서비스를 제공하는 중요한 활동이다. 도시농업을 통해 생산되는 신선한 농산물은 푸드 마일리지를 줄이고 탄소발자국을 감소시키며, 동시에 도시 내 녹지 공간 확대와 생물다양성 증진에도 기여한다. 또한 도시농업은 지역공동체 형성과 사회적 결속력 강화에도 중요한 역할을 한다.

현재 전국의 도시농업 면적은 약 1,200헥타르에 달하며, 참여 가구 수는 200만 가구를 넘어서고 있다. 이러한 도시농업 활동에 대한 생태

서비스(탄소흡수, 대기질 개선, 빗물 관리 등) 대가를 체계적으로 산정하고 보상하는 시스템을 구축해야 한다. 도시농업을 통한 탄소 흡수량, 대기질 개선 효과, 생물다양성 증진 효과, 빗물 관리 효과 등을 정량적으로 측정하고, 이에 따른 경제적 가치를 산출하여 보상하는 것이다.

도시농업과 지역순환경제(로컬푸드, 퇴비 및 바이오차 활용 등)의 연계는 생태서비스 대가 지급을 더욱 효과적으로 만들 수 있다. 도시농업으로 생산된 농산물을 지역 내에서 유통하고 소비하는 로컬푸드 시스템을 구축하면, 운송비 절약, 포장재 절약, 신선도 유지 등의 부가적효과를 얻을 수 있다. 이러한 지역순환경제 참여에 대해서도 추가적인 보상을 제공함으로써 도시농업의 지속가능성을 높일 수 있다.

또한 도시농업 참여자들이 생산한 퇴비나 바이오차를 지역 내 다른 농업 활동에 활용하도록 하는 순환 시스템을 구축하고, 이러한 자원순환 활동에 대해서도 생태서비스 대가를 지급할 수 있다. 음식물쓰레기 감량, 유기성 폐기물 재활용, 토양 개선 등의 환경적 효과를 종합적으로 평가하여 보상하는 것이다.

▪ 돌봄노동의 사회적 가치와 경제적 기여

돌봄노동은 인간의 생존과 사회 재생산에 필수적인 활동임에도 불구하고 그 가치가 경제적으로 제대로 인정받지 못해왔다. 육아, 노인 돌봄, 장애인 돌봄, 환자 간병 등 다양한 형태의 돌봄노동은 대부분 가정 내에서 무급으로 이루어지며, 주로 여성이 담당하고 있다. 이러한 구조는 성별 불평등을 심화시키고 여성의 경제활동 참여를 제약하는 주요 요인이 되고 있다.

현재 월평균 간병비(370만원)는 고령가구(65세 이상) 중위소득의 1.7배 수준이며, 육아 도우미 비용(264만 원)도 30대 가구 중위소득의 50%를 웃도는 실정이다. 이러한 높은 돌봄 비용은 많은 가정에 경제적 부담을 주고 있으며, 특히 중산층 가정의 경우 돌봄서비스를 이용하기 어려운 상황이다.

돌봄노동의 경제적 가치를 정확히 측정하는 것은 복잡하지만, 여러 연구에 따르면 무급 돌봄노동의 경제적 가치는 GDP의 10~15%에 달하는 것으로 추정된다. 한국의 경우 이를 연간 200~300조 원 규모로 추산할 수 있다. 이는 제조업 전체의 부가가치보다도 큰 규모로, 돌봄노동이 경제에 미치는 영향의 크기를 보여준다.

돌봄노동의 가치를 인정하고 보상하는 방안으로는 우선 가족돌봄자에 대한 직접적인 소득지원을 확대하는 것이다. 현재 시행되고 있는 아동수당, 가족돌봄휴가급여, 간병휴직급여 등을 확대하고, 새로운 형태의 돌봄수당을 도입하는 것이다. 특히 중증 환자나 중증장애인을 돌보는 가족에 대해서는 전문 간병인 수준의 적절한 보상을 제공해야 한다.

▪ 돌봄 인프라 확충과 사회적 가치 창출

돌봄노동의 가치 인정은 단순히 개별 가정에 대한 지원을 넘어서 사회 전체의 돌봄 인프라를 확충하는 것과 연결되어야 한다. 공공 보육

시설, 방과 후 돌봄 시설, 주간보호센터, 노인요양시설 등 돌봄 인프라를 확충하면 가정의 돌봄 부담을 줄이고 동시에 양질의 돌봄 일자리를 창출할 수 있다.

돌봄서비스 분야의 인력난과 비용 부담 문제가 심각해지면서 간병 부담에 따른 사회문제가 발생하고 있다. 이러한 문제를 해결하기 위해서는 돌봄서비스의 공공성을 강화하고 종사자들의 처우를 개선해야 한다. 현재 돌봄노동자들은 대부분 최저임금 수준의 급여를 받으며 고용불안에 시달리고 있다. 이를 개선하기 위해서는 돌봄서비스에 대한 공공투자를 확대하고 종사자들의 전문성을 인정하는 보상 체계를 구축해야 한다.

돌봄서비스의 사회적 가치를 높이기 위해서는 예방적 돌봄과 통합적 돌봄 체계를 구축하는 것이 중요하다. 단순히 문제가 발생한 후 대응하는 것이 아니라, 사전에 위험 요인을 파악하고 예방하는 서비스를 제공함으로써 더 효과적이고 비용 효율적인 돌봄을 실현할 수 있다. 이를 위해서는 보건의료, 사회복지, 교육 등 다양한 영역의 서비스를 통합적으로 제공하는 지역사회 기반의 돌봄 체계를 구축해야 한다.

커뮤니티 케어Community Care 는 시설 중심의 돌봄에서 벗어나 가정과 지역사회에서 필요한 서비스를 받을 수 있도록 하는 것이다. 이는 돌봄 대상자의 삶의 질을 높이고 동시에 사회적 비용을 절약하는 방안이다. 지역사회 중심의 돌봄 체계에서는 전문적인 돌봄서비스와 함께 이웃 간의 호혜적 돌봄, 자원봉사 활동 등도 중요한 역할을 한다.

▪ 돌봄경제와 시민배당의 연계

돌봄경제의 확대는 새로운 형태의 시민배당 재원을 창출할 수 있다. 돌봄서비스에 대한 공공투자를 통해 창출되는 사회적 편익을 화폐화하고, 이를 시민배당의 형태로 환원하는 것이다. 예를 들어, 공공 보육시설 확충을 통해 여성의 경제활동 참여가 증가하면 추가적인 세수가 발생하고, 이를 시민배당 재원으로 활용할 수 있다.

또한 돌봄 기술의 발전과 혁신을 통해 얻어지는 효율성 증대 효과도 시민배당과 연계할 수 있다. 인공지능을 활용한 건강관리 시스템, 로봇을 이용한 돌봄 지원, 원격 모니터링 기술 등을 통해 돌봄의 질을 높이고 비용을 절약한 효과를 사회 전체가 공유하는 것이다. 이러한 기술혁신의 혜택이 일부 기업에만 집중되지 않고 사회구성원 모두가 나눌 수 있도록 하는 것이 중요하다.

돌봄경제의 사회적 가치를 높이기 위해서는 돌봄 활동에 참여하는 다양한 주체들에 대한 인정과 보상 체계를 마련해야 한다. 전문적인 돌봄 종사자뿐만 아니라 가족돌봄자, 자원봉사자, 돌봄협동조합 참여자 등 다양한 형태의 돌봄 제공자들의 기여를 인정하고 적절한 보상을 제공하는 것이다.

시간은행^{Time Bank}이나 품앗이 시스템과 같은 호혜적 돌봄 방식도 시민배당과 연계할 수 있다. 지역사회 내에서 서로 돌봄서비스를 주고받는 활동에 참여하는 시민들에게 추가적인 시민배당을 제공하거나, 돌봄 활동 참여 시간에 비례하여 배당액을 차등 지급하는 방식을 고려할 수 있다. 이는 사회적 연대와 공동체 의식을 강화하면서 동시에 돌봄의 사회적 가치를 인정하는 방안이 될 것이다.

기존 사회보장제도와의 연계 및 통합 방안

▪ 현행 사회보장제도의 한계와 개편 필요성

한국의 사회보장제도는 국민연금, 건강보험, 고용보험, 산재보험 등 4대 사회보험을 중심으로 구축되어 있으며, 이에 더해 기초생활보장제도, 기초연금, 아동수당 등의 공공부조와 사회수당이 보완적 역할을 하고 있다. 그러나 이러한 제도들은 산업사회를 전제로 설계되어 현재의 급변하는 노동시장과 가족구조 변화에 충분히 대응하지 못하고 있다.

현행 사회보장제도의 주요 한계는 다음과 같다. 첫째, 정규직 임금근로자 중심의 설계로 인해 비정규직, 특수고용직, 자영업자, 플랫폼 노동자 등에 대한 보장이 미흡하다. 둘째, 제도 간 분절화로 인해 사각지대가 발생하고 급여의 중복과 누락이 동시에 나타난다. 셋째, 경제활동 참여를 전제로 한 기여 중심의 제도 구조로 인해 돌봄노동, 자원봉사 등 사회적으로 가치 있는 활동에 대한 보장이 부족하다. 넷째, 보험료 산정 체계의 복잡성, 지역 간 의료서비스 격차, 행정비용 증가 등도 한계로 지적된다.

2024년 보건복지 분야 총지출은 122조 4,538억 원으로 전년 대비 12.2% 증가했지만, 여전히 복지 사각지대와 급여 부족 문제가 지속되고 있다. 특히 기초생활보장제도의 경우 부양의무자 기준과 재산 기준의 복잡성으로 인해 실제 도움이 필요한 저소득층이 혜택을 받지 못하는 경우가 많다. 이러한 문제들은 기본소득과 시민배당의 도입을 통해 근본적으로 해결될 수 있다.

기본소득은 기존 사회보장제도의 복잡성을 단순화하고 보편성을 확대할 수 있는 혁신적 대안이다. 소득이나 자산 조사 없이 모든 시민에게 무조건 지급되는 기본소득은 제도 운용의 효율성을 높이고 행정비용을 절약할 수 있다. 또한 노동시장의 변화와 관계없이 모든 시민의 기본적 생활을 보장함으로써 사회안전망의 기능을 강화할 수 있다.

▪ 단계적 통합 로드맵과 제도 간 조화

기본소득과 시민배당을 기존 사회보장제도와 통합하는 과정은 급진적 변화보다는 단계적 접근이 필요하다. 이는 제도 변화에 따른 사회적 혼란을 최소화하고 국민적 합의하기 위해서이다. 단계적 통합 로드맵은 다음과 같이 설계할 수 있다.

1단계(단기)에서는 기존 제도의 개편과 부분적 기본소득 도입을 추진한다. 우선 아동수당을 아동기본소득으로 확대 개편하고, 기초연금을 노인기본소득으로 전환하는 것부터 시작할 수 있다. 현재 만 8세 미만 아동에게 월 10만 원씩 지급되는 아동수당을 만 18세 미만 모든 아동으로 확대하고 급여액도 점진적으로 인상하는 것이다. 기초연금도 현재 소득 하위 70% 노인에게 차등 지급되는 방식에서 65세 이상 모든 노인에게 동일하게 지급하는 보편적 노인기본소득으로 전환할 수 있다.

이 과정에서 토지배당과 자원배당의 기초를 마련한다. 종합부동산세와 재산세를 통합한 토지보유세를 신설하고, 그 수입의 일정 비율을 시민배당 기금으로 적립하는 것이다. 또한 알래스카 영구기금을 벤치마킹하여 국가자원배당기금을 설치하고, 전파 사용료, 국유재산 임대료, 광물자원 채취료 등을 재원으로 활용한다.

2단계(중기)에서는 청년기본소득 도입과 기존 공공부조 제도의 통합을 추진한다. 만 19~34세 청년에게 지급하는 청년기본소득을 도입하되, 기존의 청년수당, 청년구직활동지원금, 청년내일채움공제 등을 통합하여 추진한다. 경기도에서 시행하고 있는 청년기본소득 사례를 전국으로 확대하는 것이다.

동시에 기초생활보장제도의 급여체계를 단순화한다. 현재 생계급여, 주거급여, 의료급여, 교육급여로 분리된 급여를 통합하고, 부양의무자 기준을 단계적으로 폐지한다. 기본소득이 도입되면서 생계급여의 필요성이 줄어들기 때문에 주거, 의료, 교육 등 특정 욕구에 대한 지원으로 공공부조를 재편하는 것이다.

3단계(장기)에서는 완전한 기본소득 체계를 구축한다. 모든 성인 시민에게 지급하는 보편적 기본소득을 도입하고, 기존 사회보험 급여와의 조정을 완료한다. 기본소득이 충분한 수준에 도달하면 실업급여나 기초생활보장 생계급여 등은 자연스럽게 통합되거나 축소될 수 있다. 다만 의료보험, 연금보험 등은 기본소득과 별도로 유지하되, 급여 설계를 조정하여 전체적인 소득보장 체계의 효율성을 높인다.

각 단계에서 중요한 것은 기존 제도 수급자들의 기득권을 보호하면서도 새로운 시스템으로의 원활한 전환을 보장하는 것이다. 이를 위해 이행 기간에는 기존 급여와 기본소득 중 수급자에게 유리한 방식을 선택할 수 있도록 하거나, 기존 급여를 받던 사람들에게는 추가적인 보전급여를 제공하는 방안을 검토할 수 있다.

- **사회보험료 조정과 재정 효율성 제고**

기본소득과 시민배당의 도입은 기존 사회보험료 체계를 근본적으로 재검토해야 한다. 현재 국민연금, 건강보험, 고용보험, 산재보험에 대해 납부하는 사회보험료는 총임금의 약 10~15%에 달한다. 기본소득이 도입되면서 일부 사회보험의 급여 필요성이 줄어들기 때문에, 사회보험료 부담을 경감하고 이를 기본소득 재원으로 전환하는 방안을 검토해야 한다.

특히 고용보험의 경우 실업급여 기능의 상당 부분이 기본소득으로 대체될 수 있다. 현재 실업급여는 이전 임금의 60% 수준에서 최대 270일간 지급되지만, 수급 요건이 까다롭고 비정규직이나 자영업자는 혜택을 받기 어렵다. 기본소득이 모든 시민에게 무조건 지급되면 실업에 대한 기초적 보장이 가능해지므로, 고용보험은 소득 대체 기능보다는 직업훈련이나 취업 지원 서비스에 더 집중할 수 있다.

국민연금도 기본소득과의 역할 분담을 명확히 해야 한다. 기본소득이 노후의 기초 생활을 보장한다면, 국민연금은 현역 시절 소득에 비례한 추가적 보장 기능에 집중할 수 있다. 이를 통해 국민연금의 소득재분배 기능은 축소하고 소득비례 기능을 강화하여 제도의 지속가능성을 높일 수 있다. 현재 국민연금 보험료율 9%를 6~7% 수준으로 인하하고, 절약된 보험료를 기본소득 재원으로 활용하는 방안을 검토할 수 있다.

건강보험의 경우 기본소득과 직접적인 연관성은 낮지만, 소득 파악의 정확성 측면에서 개선이 필요하다. 현재 건강보험료는 소득뿐만 아니라 재산, 자동차 등을 종합적으로 고려하여 부과되는데, 이러한 복잡한 체계를 단순화하여 행정 효율성을 높일 수 있다. 기본소득 도입과 함께 소득 파악 시스템이 정비되면 건강보험료도 더 공정하고 투명하게 부과할 수 있을 것이다.

- **지방자치단체별 차등 배당과 재정 형평성**

기본소득과 시민배당은 중앙정부 차원의 정책이지만, 지방자치단체의 역할도 중요하다. 각 지역의 특성과 재정 여건에 따라 중앙정부의 기본소득에 더해 지역 차원의 추가 배당을 지급할 수 있기 때문이다. 이미 경기도의 청년기본소득, 서울시의 아동수당 등이 이러한 사례에 해당한다.

지역별 차등 배당은 지방자치의 취지에 부합하고 지역 간 정책 경쟁을 통한 혁신을 촉진할 수 있다. 다만 지역 간 재정 격차로 인해 배당수준의 차이가 지나치게 벌어지는 것은 지역 형평성 차원에서 문제가될 수 있다. 따라서 중앙정부 차원에서는 모든 시민에게 동일한 기본소득을 보장하되, 지방자치단체의 추가 배당은 일정한 한도 내에서 허용하는 방식을 고려해야 한다.

지역별 차등 배당의 재원으로는 지방세 수입, 지역자원에서 발생하는 수익, 지역 개발 사업의 수익 등을 활용할 수 있다. 예를 들어, 신재생에너지 발전 시설이 많은 지역은 탄소배출권 수익을 지역주민들에게 배당으로 지급할 수 있고, 관광자원이 풍부한 지역은 관광세 수입을 활용할 수 있다. 이러한 방식은 지역주민들이 지역발전에 대한 직접적인 혜택을 체감할 수 있게 하여 지역 정책에 관한 관심과 참여를 높일 수 있다.

다만 지역별 차등 배당이 인구 이동에 미치는 영향을 신중히 검토해야 한다. 배당 수준이 높은 지역으로 인구가 집중되면 지역 균형발전에 악영향을 미칠 수 있다. 따라서 지역별 배당 격차는 적정 수준으로 관리하고, 동시에 주거비, 교통비 등 생활비 격차를 종합적으로 고려하여 실질적인 후생 효과를 평가해야 한다.

▪ 디지털 플랫폼 기반 통합 시스템 구축

기본소득과 시민배당의 효과적 운영을 위해서는 디지털 기술을 활용한 통합 플랫폼 구축이 필수적이다. 현재 사회보장제도마다 별도의 신청 절차와 관리 시스템을 운영하고 있어 행정 효율성이 떨어지고 국민도 불편을 겪고 있다. 기본소득 시스템은 이러한 문제를 해결할 기회이다.

통합 디지털 플랫폼은 개인의 출생부터 사망까지 전 생애에 걸친 급여 이력을 관리하고, 자격 요건 확인, 급여 지급, 사후관리 등을 자동화할 수 있다. 인공지능과 빅데이터 기술을 활용하면 복잡한 자격 심사를 신속하고 정확하게 처리할 수 있고, 부정수급도 효과적으로 방지할 수 있다. 또한 개인 맞춤형 서비스 안내와 상담 기능을 제공하여 사용자 편의성을 크게 향상시킬 수 있다.

정부는 이미 2025년까지 15개 분야별로 대표적인 빅데이터 플랫폼을 구축하고 '통합 데이터 지도'로 다양한 데이터 플랫폼을 연계하는 계획을 발표했다. 이러한 데이터 플랫폼 구축 경험을 기본소득 시스템에도 활용할 수 있다. 특히 2024년 데이터바우처 지원사업을 통해 데이터 활용 역량이 축적되고 있는 점도 긍정적이다.

통합 플랫폼에서는 개인정보 보호가 매우 중요하다. 기본소득 지급을 위해 수집되는 개인정보가 다른 목적으로 오남용되지 않도록 엄격한 보안 체계를 구축해야 한다. 블록체인 기술을 활용하여 데이터의 무결성과 투명성을 보장하고, 개인이 자신의 정보 사용 내용을 실시간으로 확인할 수 있도록 하는 것도 고려할 수 있다.

- **국제적 동향과 협력 방안**

기본소득과 시민배당은 단일 국가의 정책을 넘어서 국제적 협력이 필요한 영역이다. 글로벌 경제에서 자본과 노동의 이동성이 높아지고 있는 상황에서, 한 국가만의 기본소득 정책은 한계를 가질 수 있다. 따라서 국제적 동향을 파악하고 협력 방안을 모색하는 것이 중요하다.

현재 전 세계적으로 기본소득에 대한 관심이 높아지고 있다. 13개국에서 활발한 보편적 기본소득과 보장 기본소득 프로그램이 운영되고 있으며, 많은 국가에서 파일럿 프로그램을 시행하고 있다. 영국의 경우 46%의 국민이 기본소득 도입을 지지하고 있으며, 50%는 기본소득이 삶의 질을 향상시킬 것으로 기대하고 있다. 중국에서도 기존의 최저생활보장제도[Dibao]에서 보편적 기본소득으로의 전환 가능성이 연구되고 있고, 1%의 농촌 Dibao 지출 증가가 6.8%의 빈곤 감소 효과를 보인 것으로 나타났다.

국제적 협력 방안으로는 우선 기본소득 연구와 정책 경험을 공유하는 다자간 플랫폼 구축을 들 수 있다. 기본소득지구네트워크[BIEN]와 같은 국제기구와의 협력을 강화하고, 아시아 지역 차원의 기본소득 연구 네트워크를 구축하는 것이다. 각국의 파일럿 프로그램 결과를 공유하고 정책 설계의 베스트 프랙티스를 발굴하여 활용할 수 있다.

국경을 넘나드는 플랫폼 기업들에 대한 공동 대응도 필요하다. 구글, 아마존, 페이스북 등 글로벌 플랫폼 기업들이 창출하는 가치를 각국이 공정하게 나누어 가질 수 있도록 국제적 합의해야 한다. OECD에서 논의되고 있는 디지털세 도입과 같은 방향의 협력이 확대되어야 한다.

기후변화 대응과 관련해서도 국제적 협력이 중요하다. 탄소배출권 거래제의 국제적 연계를 통해 글로벌 차원의 탄소배당 시스템을 구축할 수 있다. 파리협정의 시장 메커니즘을 활용하여 개도국의 탄소 감축 노력에 대한 보상을 선진국이 지원하되, 이를 각국의 시민배당과 연계하는 방안을 모색할 수 있다.

▪ 사회적 합의 형성과 정치적 실현 가능성

기본소득과 시민배당의 성공적 도입을 위해서는 무엇보다 사회적 합의 형성이 중요하다. 현재 한국 사회에서 기본소득에 대한 인식은 아직 충분히 성숙하지 못한 상태이다. 일부에서는 '공짜 돈'이라는 부정적 인식이 있고, 다른 일부에서는 과도한 기대를 하는 경우도 있다. 따라서 기본소득의 필요성과 효과에 대한 정확한 정보 제공과 사회적 토론이 선행되어야 한다.

사회적 합의 형성을 위해서는 다양한 이해관계자들의 참여가 필요하다. 노동조합, 경영자단체, 시민사회단체, 학계, 정치권 등이 참여하는 사회적 대화 기구를 구성하여 기본소득 도입 방안을 논의해야 한다. 특히 기존 사회보장제도의 수혜자들과 기여자들의 우려를 충분히 듣고 이를 해결하는 방안을 마련해야 한다.

정치적 실현 가능성을 높이기 위해서는 정당 차원에서의 정책 개발과 합의도 중요하다. 기본소득은 이념적 성향을 넘어서 모든 정치 세력이 공감할 수 있는 정책으로 발전시켜야 한다. 보수적 관점에서는 시장경제의 효율성을 높이고 행정비용을 절약하는 정책으로, 진보적 관점에서는 불평등을 완화하고 사회적 연대를 강화하는 정책으로 접근할 수 있다.

지방자치단체 차원에서의 실험과 검증도 중요한 역할을 한다. 경기도의 청년기본소득과 같은 지역 차원의 시범사업을 확대하고, 그 결과를 체계적으로 분석하여 전국 단위 정책 설계에 반영해야 한다. 지역 차원에서의 성공 사례가 축적되면 전국적 확산에 대한 사회적 수용성도 높아질 것이다.

지속할 수 있는 미래를 위한 새로운 사회계약

생태서비스 대가와 돌봄노동 가치 인정, 그리고 기존 사회보장제도와의 연계 및 통합을 통한 보편적 기본소득과 시민배당의 공생적 설계는 단순한 복지정책을 넘어서 새로운 사회계약의 토대가 된다. 이는 산업사회의 유산인 기존 사회보장제도의 한계를 극복하고, 디지털 시대와 기후변화 시대에 적합한 새로운 사회 시스템을 구축하는 것이다.

생태계서비스에 대한 정당한 보상 체계는 환경보전과 경제발전의 선순환 구조를 만들어낸다. 탄소흡수, 생물다양성 보전, 대기 정화 등 생태계가 제공하는 서비스의 경제적 가치를 인정하고 이에 대한 대가를 지급함으로써, 개인과 지역사회가 환경보전에 적극적으로 나설 수 있는 동기를 제공한다. 이는 기후변화 대응과 지속가능발전목표 달성에도 기여할 것이다.

돌봄노동의 가치 인정은 성별 불평등 해소와 사회의 지속가능성 확보에 핵심적이다. 육아, 노인 돌봄, 장애인 돌봄 등 사회 재생산에 필수적인 활동에 대한 적절한 보상과 사회적 지원을 통해, 돌봄 책임이 개별 가정, 특히 여성에게만 전가되는 현재의 구조를 개선할 수 있다. 이는 여성의 경제활동 참여를 확대하고 저출산 문제 해결에도 기여할 것이다.

기존 사회보장제도와의 연계 및 통합은 급진적 변화에 따른 사회적 혼란을 방지하면서도 시스템의 효율성과 형평성을 높이는 방안이다. 단계적 접근을 통해 기존 제도 수급자들의 기득권을 보호하면서도 새로운 시스템의 장점을 점진적으로 확산시킬 수 있다. 또한 디지털 기술을 활용한 통합 플랫폼 구축을 통해 행정 효율성을 크게 향상시킬 수 있다.

이러한 종합적 접근은 기본소득과 시민배당이 단순한 현금 지급 정책이 아니라, 사회 전체의 가치 체계와 경제구조를 전환하는 변혁적 정책임을 보여준다. 이는 개인의 자유와 존엄을 보장하면서도 사회적 연대와 지속가능성을 확보하는 새로운 형태의 사회계약이다.

다만 이러한 정책의 성공을 위해서는 충분한 사회적 합의와 정치적 의지가 필요하다. 기존 이해관계의 조정, 재원 조달 방안의 구체화, 제도 설계의 정교화 등 많은 과제가 남아있다. 또한 국제적 협력을 통해 글로벌 차원에서의 동조화도 필요하다.

그러나 기후변화, 인공지능과 자동화, 인구 구조 변화 등 인류가 직면한 거대한 전환기에서 기존 시스템의 한계는 명확하다. 보편적 기본소득과 시민배당의 공생적 설계는 이러한 도전에 대응하고 모든 시민이 존엄한 삶을 영위할 수 있는 지속할 수 있는 사회를 만들어가는 중요한 정책 방향이 될 것이다.

5. 지역사회 중심의 참여적 복지 거버넌스

21세기 복지 패러다임의 핵심적 전환은 중앙집권적이고 하향식의 복지 전달체계에서 지역사회 중심의 참여적 거버넌스로의 변화이다. 전통적인 복지 시스템이 공급자 중심의 획일적 서비스 제공에 머물렀다면, 새로운 복지 거버넌스는 지역주민들이 복지의 수동적 수혜자가 아닌 능동적 참여자이자 공동생산자로서 역할을 하는 것을 목표로 한다. 이러한 전환은 단순히 서비스 전달 방식의 변화를 넘어서 복지에 대한 근본적 인식의 변화를 의미한다.

현재 한국의 사회보장제도는 제5기 지역사회보장계획(2023~2026년)을 통해 지역 중심의 복지 거버넌스 구축을 추진하고 있다. 「2024년 사회서비스 정책의 전망과 과제」에서도 국민 누구나 필요할 때 누리는 질 높은 사회서비스를 목표로 약자부터 촘촘한 지속 가능한 복지국가 구현이 강조되고 있다. 이는 기존의 중앙정부 주도의 복지정책에서 벗어나 지역사회의 특성과 주민의 욕구에 맞는 맞춤형 복지 서비스를 제공하려는 의지를 보여준다.

지역사회 중심의 참여적 복지 거버넌스는 여러 차원에서 접근될 수 있다. 첫째, 동네 돌봄 공동체와 사회적경제 네트워크를 통한 자생적 복지 생태계 구축이다. 둘째, 지역화폐와 시간은행을 활용한 순환 경제 복지 시스템의 도입이다. 셋째, 시민 참여 복지계획과 협력적 전달체계를 통한 민주적 복지 거버넌스의 실현이다. 넷째, 복지 민주주의

와 당사자 주권 보장을 통한 복지서비스의 질적 향상이다. 이들은 상
호 연결되어 있으며, 통합적으로 접근할 때 진정한 지역사회 중심의 복
지 거버넌스가 가능하다.

동네 돌봄 공동체와 사회적경제 네트워크

동네 돌봄 공동체는 지역사회 중심 복지 거버넌스의 가장 기초적이면
서도 핵심적인 요소이다. 전통적인 사회에서 가족과 마을 공동체가 담
당했던 돌봄 기능이 산업화와 도시화 과정에서 약화하면서, 이를 대체
할 새로운 형태의 공동체적 돌봄 시스템이 필요하게 되었다. 동네 돌
봄 공동체는 이러한 필요에 부응하여 지역주민들이 자발적으로 참여
하여 서로를 돌보는 상호부조 시스템이다.

대구 안심마을의 사례는 동네 돌봄 공동체의 전형적인 모델을 보여준
다. 2003년 시민단체와 주민들이 어린이날 행사를 시작으로 마을 공
동체 활동을 시작한 안심마을은 2008년 어린이도서관 '아띠' 개관을
통해 본격적인 돌봄 공동체로 발전했다. 현재 안심마을에는 협동조합
11개소, 사회적협동조합 4개소, 복지법인 2개소와 종합복지관, 가족
센터, 발달장애 가족 전담교회, 아름다운 가게, 작은 도서관, 문화단체,
대동계 등이 풍성한 네트워크를 형성하고 있다.

이러한 동네 돌봄 공동체의 핵심은 "주민이 생산할 수 있는 것이라
면 주민에게 줘야 한다"라는 철학이다. 특히 주민이 소비하는 것이라

면 생산도 할 수 있도록 함으로써 마을 사람들이 소비자에서 생산자로 전환하는 것이 마을 공동체의 목적이다. 이는 단순히 서비스를 제공받는 것을 넘어서 주민들이 직접 돌봄의 주체가 되는 것을 의미한다.

서울 마포구 성미산마을의 '도토리마을 방과후'도 유사한 사례이다. 공동육아협동조합으로 운영되는 이 초등 방과후 프로그램에는 1학년부터 6학년까지 60여 명의 아이가 참여하고 있으며, 학기 중에는 하교 후 오후 7시까지, 방학 중에는 오전 8시 30분부터 오후 7시까지 함께 생활한다. 이는 단순한 돌봄 서비스를 넘어서 아이들이 공동체 안에서 성장하는 교육 공간이자 부모들이 협력하여 만들어가는 사회적경제 조직이다.

광주의 십시일반 나눔마을학교는 매일 오후 4시부터 8시까지 맞벌이 가정이나 돌봄이 필요한 가정의 아이들을 양육자의 퇴근 시간까지 보호하고 돌봄을 제공한다. 숙제 관리, 요가, 마을 어르신과 함께하는 속담 이야기, 동네 산책 등의 활동을 통해 아이들에게 체계적인 돌봄을 제공하면서 동시에 세대 간 교류를 활성화하고 있다. 특히 할아버지의 속담 이야기는 마을 시니어분의 재능 기부로 만들어진 프로그램으로, 세대를 불문하고 인기가 많은 수업이다.

전북 완주의 '숟가락 공동육아'는 완주군 고산면에서 2014년 귀농·귀촌으로 육아에 어려움을 겪던 가정 3가구가 모여 공동육아를 시작한 사례이다. 폐교를 활용해 아이들과 부모가 함께 자연에서 생활하며, 간식·식사는 당번제로 준비한다. 4~7세 유아를 중심으로 시작해 최근에는 초등 돌봄도 함께 진행한다. 오전 9시 20분에 문을 열고 아이, 교사, 부모가 모여 노래를 부르거나 시를 읽으며 하루를 시작하는 이 공동체는 건강한 놀이 문화 만들어가고 있다. 이처럼 동네 돌봄 공동체는 각 지역의 특성과 주민들의 필요에 따라 다양한 형태로 발전하고 있다.

동네 돌봄 공동체는 사회적경제 네트워크와 밀접하게 연결되어 있다. 사회적경제는 사람을 위한 경제로 세상을 더 이롭게 만드는 것을 목표로 한다. 사회적경제 조직들은 협동조합, 사회적기업, 마을기업, 자활기업 등 다양한 형태로 존재하며, 이들은 모두 지역사회의 필요에 부응하는 돌봄 서비스를 제공하는 중요한 주체들이다.

돌봄 공동체와 사회적경제의 연계는 지속 가능한 돌봄 생태계 구축에 핵심적이다. 단순히 자원봉사에 의존하는 것이 아니라, 돌봄 서비스를 통해 지역 경제를 활성화하고 일자리를 창출하며, 동시에 돌봄 서비스의 질을 향상시킬 수 있다. 이는 돌봄을 단순한 비용이 아닌 가치 창출의 원천으로 인식하는 관점 전환을 의미한다.

지역화폐와 시간은행을 통한 순환 경제 복지

지역화폐와 시간은행은 지역사회 중심의 참여적 복지 거버넌스를 실현하는 중요한 도구이다. 이들은 기존의 화폐 경제 시스템에서 소외되기 쉬운 돌봄 노동과 상호부조 활동에 경제적 가치를 부여하고, 지역 내 자원순환을 통해 복지 효과를 증대시키는 역할을 한다.

지역화폐는 특정 지역 내에서만 사용할 수 있는 화폐로, 지역 내 소상

공인 지원과 골목상권 활성화를 위해 도입되었다. 2025년 기준 전국 200여 개 지자체에서 지역화폐(지역사랑상품권, 모바일/카드형 등)를 운영하고 있으며, 할인율은 대부분 5~10% 수준이며, 일부 한시적 이벤트나 특정 지자체에서 15%까지 제공한다. 경기도의 경우 '기후행동 기회소득'과 연계하여 친환경 운전 보상을 지역화폐로 지급하는 등 환경 보호와 지역 경제 활성화를 동시에 추구하고 있다.

지역화폐의 복지적 효과는 단순히 경제적 혜택을 넘어선다. 지역화폐를 통해 지역 내 소비가 활성화되면 지역 일자리가 창출되고, 이는 다시 지역주민들의 소득 증대로 이어지는 선순환 구조를 만들어낸다. 또한 지역화폐는 대형마트나 온라인 쇼핑몰이 아닌 동네 상점에서 사용되기 때문에 지역공동체의 결속을 강화하는 효과도 있다.

시간은행Time Bank은 더욱 혁신적인 개념이다. 시간은행은 돈을 적립하는 것이 아니라 누군가에게 베풀 수 있는 도움을 시간 단위로 적립하고 그 시간만큼의 도움을 누군가로부터 받을 수 있는 체계이다. 이는 과거 우리 사회의 품앗이와 같은 개념이나 현대 사회에 맞게 상호 도움을 주고받는 측정 단위를 시간으로 정한 것이다.

시간은행의 핵심 원칙은 '모든 노동의 가치는 동일하다'라는 것이다. 의사가 1시간 진료를 제공하든, 청소년이 1시간 노인분을 돕던, 모든 시간은 동일한 가치를 갖는다. 이는 시장경제에서 평가절하되기 쉬운 돌봄 노동, 가사 노동, 자원봉사 활동 등에 정당한 가치를 부여하는 것이다.

시간은행의 5대 가치는 다음과 같다. 첫째, 모두가 자산이다We Are All

^{Assets}. 모든 사람은 고유의 능력과 재능을 가지고 있으며, 이를 통해 공동체에 기여할 수 있다. 둘째, 일의 재정의^{Redefining Work}. 전통적인 경제 체제에서 가치가 평가되지 않는 일, 예를 들어 집안일이나 돌봄 노동 등의 활동도 시간은행에서는 중요한 일로 인정받는다. 셋째, 상호부조^{Reciprocity}. 시간은행은 일방적인 서비스 제공이 아닌 상호 간의 도움 주고받기를 기본으로 한다. 넷째, 사회적 네트워크 구축. 시간은행 참여를 통해 지역주민들 간의 관계가 형성되고 강화된다. 다섯째, 사회적 정의 실현. 모든 시간의 동등한 가치 인정을 통해 사회적 평등을 추구한다.

한국에서 시간은행 운동은 구미의 김해근 신부가 시작한 '사랑고리 운동'에서 출발했다. 이후 2017년 타임뱅크코리아[119]가 설립되어 전국적으로 시간은행 운동을 확산시키고 있다. 특히 2020년에는 서울시 1인 가구를 위한 타임뱅크를 운영하면서 시간은행 성과지표를 개발하는 성과를 거두었다.

시간은행과 지역화폐의 결합은 더욱 강력한 복지 효과를 창출할 수 있다. 시간은행을 통해 축적된 시간을 지역화폐로 전환하거나, 지역화폐로 시간은행 서비스를 구매할 수 있는 시스템을 구축하면, 지역 내 자원순환이 더욱 활발해질 수 있다. 이는 화폐 경제와 품앗이 경제의 장점을 결합한 새로운 형태의 순환 경제 복지 모델이다.

---

119) (사)타임뱅크코리아 홈페이지 http://www.timebanks.or.kr/

시민 참여 복지계획과 협력적 전달체계

지역사회 중심의 참여적 복지 거버넌스에서 시민 참여는 단순히 의견을 수렴하는 수준을 넘어서 복지정책의 기획, 실행, 평가 전 과정에 주민들이 직접 참여하는 것을 의미한다. 이는 복지서비스가 공급자의 관점이 아닌 수요자의 관점에서 설계되고 제공되어야 한다는 인식에서 출발한다.

시민참여예산제는 이러한 참여적 복지계획의 대표적인 사례이다. 세종특별자치시, 광주광역시 등 여러 지자체가 2025년 예산편성을 위한 시민참여예산 제안사업 공모를 실제로 시행하고 있다. 시민참여예산제는 기존 행정 중심의 예산 과정에 시민 참여를 보장하여 시킨 편의 향상과 다양한 도시문제 해결을 위한 사업을 시민들이 직접 제안하고 예산의 투명성과 민주성을 높이는 제도이다. 제안사업의 범위는 시정 전반 또는 광역적 효과가 있는 사업 등으로, 시민, 직장인, 학생, 단체 등 다양한 주체가 참여할 수 있다.

복지 분야에서 시민 참여는 더욱 중요한 의미가 있다. 복지서비스는 개인의 삶의 질과 직결되는 문제이기 때문에 당사자의 목소리가 정책에 반영되어야 한다. 또한 지역마다 복지 욕구가 다르므로 지역주민들의 참여 없이는 효과적인 복지정책을 수립하기 어렵다.

국무조정실의 2024년 청년참여 거버넌스 사업은 청년의 직접 참여를 통해 의견을 수렴하고 함께 숙의하여 정책 대응 방안을 모색하는 대표적인 사례이다. 이 사업에서는 '청년의 연애와 결혼'과 같은 구체적인 주제에 대해 청년들의 다양한 의견을 수렴하고 정책에 반영하고 있다. 이는 정책의 수혜자이자 당사자인 청년들이 직접 정책 형성 과정에 참여하는 것의 중요성을 보여준다.

협력적 전달체계는 복지서비스가 단일 기관이나 부서가 제공하는 것이 아니라 다양한 주체들이 협력하여 제공되는 것을 의미한다. 이는 복지 욕구의 복합성과 다양성에 대응하기 위한 것이다. 예를 들어, 한 가정이 아동 돌봄, 노인 돌봄, 장애인 지원 등 다양한 서비스가 필요하면 각각의 서비스를 별도로 제공하는 것이 아니라 통합적으로 제공하는 것이다.

서울시의 '안심돌봄 120' 콜센터와 '돌봄통합서비스지원센터'는 이러한 협력적 전달체계의 사례이다. 돌봄SOS, 동행센터 등과 연계한 서비스 전달체계 개편을 통해 시민 관점에서 쉽고 편리한 돌봄 서비스 전달체계를 구축하고 있다. 이는 여러 기관에 분산되어 있던 돌봄 서비스를 통합적으로 제공함으로써 서비스 이용자의 편의성을 높이고 서비스 효과를 극대화하는 것이다.

협력적 전달체계에서 중요한 것은 다양한 주체 간 역할 분담과 협력이다. 공공기관, 민간단체, 사회적경제 조직, 자원봉사단체, 종교단체 등이 각자의 강점을 살려 복지서비스 제공에 참여하고, 이들 간의 협력을 통해 시너지 효과를 창출하는 것이다.

지역사회보장협의체는 이러한 협력적 전달체계의 핵심 기구이다. 지방자치단체, 공공기관, 민간단체, 주민대표 등이 참여하여 지역의 복지 욕구를 파악하고 이에 대응하는 정책을 협의하고 조정하는 역할

을 한다. 「제5기 지역사회보장계획(2023~2026년)」에서도 지역사회
보장협의체의 역할이 강조되고 있다.

시민 참여 복지계획의 성공을 위해서는 참여 과정의 투명성과 개방
성이 보장되어야 한다. 또한 참여자들의 의견이 실제 정책에 반영되고
그 결과가 다시 주민들에게 피드백되는 순환 구조가 구축되어야 한다.
형식적인 참여가 아닌 실질적인 참여가 이루어질 때 진정한 의미의 참
여적 복지 거버넌스가 가능하다.

복지 민주주의와 당사자 주권 보장

복지 민주주의는 복지정책과 서비스의 모든 과정에서 민주적 원리가
작동하는 것을 의미한다. 이는 단순히 선거를 통해 복지정책을 결정하
는 것을 넘어서, 복지서비스의 기획, 실행, 평가 과정에서 당사자와 지
역주민의 참여와 통제가 이루어지는 것이다.

2025년 민주주의 평판지수에 따르면, 민주주의에 대한 전 세계적인
지지는 여전히 강하지만 시민들은 정부가 생활 수준을 개선하고 경제
를 관리하며 안보를 제공하는 능력에 대해 깊은 우려하고 있다. 특히
조사 대상 국가의 52%는 '생활 수준 및 복지 향상'을 민주주의의 가장
중요한 목적으로 꼽았다. 이는 민주주의와 복지가 분리될 수 없는 관
계임을 보여준다.

복지 민주주의의 핵심은 당사자 주권의 보장이다. 복지서비스의 수

혜자들이 단순히 서비스받는 대상이 아니라, 자신들이 필요로 하는 서비스를 결정하고 그 서비스의 질을 통제할 수 있는 주체가 되어야 한다는 것이다. 이는 복지에 대한 패러다임의 근본적 전환을 의미한다.

장애인복지 분야에서 이러한 당사자 주권의 개념이 가장 명확하게 나타난다. "우리에 관한 일은 우리가 없이는 결정하지 말라Nothing About Us Without Us"는 장애인 운동의 슬로건은 복지 민주주의의 핵심을 잘 보여준다. 장애인 당사자가 자신들의 복지정책 결정에 직접 참여하고, 자신들이 원하는 방식으로 서비스받을 권리를 주장하는 것이다.

'개인예산제Personal Budget'는 당사자 주권을 실현하는 구체적인 방법의 하나이다. 장애인 당사자의 주권 실현을 위한 구체적 제도로, 2025년 2차 년도 시범사업에서 바우처 확대 모델이 도입되어 활동지원, 발달장애인 주간활동, 방과 후 활동, 발달 재활서비스 등에서 당사자가 직접 서비스 선택권을 갖고, 급여 일부를 자유롭게 활용할 수 있도록 확대되고 있다. 기존에는 정부나 지자체가 정한 복지서비스를 받아야 했다면, 개인예산제에서는 당사자가 직접 자신이 필요한 서비스를 선택하고 구매할 수 있다. 이는 복지서비스의 선택권을 당사자에게 부여함으로써 서비스의 질과 만족도를 높일 수 있다.

노인복지 분야에서도 당사자 주권의 개념이 확산하고 있다. 전통적으로 노인은 복지서비스의 수동적 수혜자로 여겨졌지만, 최근에는 노인이 직접 자신들의 복지정책에 참여하고 의견을 제시하는 노인 참여 거버넌스가 주목받고 있다. 노인회, 경로당, 노인대학 등은 이러한 노인 참여의 중요한 통로가 되고 있다.

아동복지에서도 아동의 목소리를 정책에 반영하려는 노력이 계속되고 있다. 유엔 아동권리협약에서 명시한 아동의 참여권은 아동이 자신에게 영향을 미치는 모든 문제에 대해 의견을 표현할 권리를 보장한다. 아동참여위원회, 아동의회 등은 이러한 아동 참여를 실현하는 구체적인 방법들이다.

복지 민주주의를 실현하기 위해서는 제도적 장치가 필요하다. 복지정책 결정 과정에 당사자 대표가 참여할 수 있는 위원회나 협의체를 구성해야 하고, 복지서비스 제공기관에 대한 당사자의 평가와 감시가 이루어져야 한다. 또한 복지 관련 정보의 공개와 투명성이 보장되어야 하며, 당사자들이 자신들의 권리를 주장하고 구제받을 수 있는 절차가 마련되어야 한다.

복지옴부즈만제도는 이러한 당사자 주권 보장의 중요한 도구이다. 복지서비스 이용 과정에서 발생하는 문제나 불만을 해결하고, 당사자의 권리 보호를 위해 독립적인 기구가 조사하고 권고하는 제도이다. 국민권익위원회와 같은 기관이 이러한 역할을 수행하고 있지만, 복지 전문성을 갖춘 별도의 복지옴부즈만 제도의 도입도 검토할 필요가 있다.

당사자 조직의 역량 강화도 중요하다. 당사자들이 자신들의 권리를 효과적으로 주장하고 정책에 참여하기 위해서는 조직화한 힘이 필요하다. 장애인단체, 노인단체, 여성단체, 아동·청소년 단체 등 당사자 조직들의 역량을 강화하고 이들의 정책 참여를 지원하는 것이 필요하다.

지역사회복지협의체에서도 당사자 참여 비율을 높이고 당사자의 발언권을 보장하는 것이 중요하다. 현재 많은 지역사회복지협의체에서 전문가나 기관 대표의 비중이 높고 당사자 참여는 상대적으로 저조한 상황이다. 이를 개선하여 당사자가 의미 있는 참여를 할 수 있도록 해야 한다.

▪ 디지털 기술을 활용한 참여적 복지 플랫폼 구축

21세기 지역사회 중심의 참여적 복지 거버넌스는 디지털 기술과의 결합을 통해 더욱 효과적으로 구현될 수 있다. 디지털 기술은 지역주민의 참여 접근성을 높이고, 복지서비스의 투명성과 효율성을 증대시키며, 새로운 형태의 사회적 연대와 상호부조를 가능하게 한다.

한국은행이 추진하고 있는 디지털화폐 활용성 테스트(CBDC 한강 프로젝트)[120]는 이러한 디지털 기술과 복지의 결합 가능성을 보여주는 사례이다. 이 프로젝트에서는 디지털화폐의 스마트 계약 기능을 통해 정부와 공공기관 등의 바우처 프로그램을 보다 효율적이고 신뢰성 있게 운영할 수 있는지를 검증하고 있다. 현재 복지, 보건의료, 교육, 환경, 문화 등 다양한 분야에서 활용되고 있는 바우처를 디지털화폐와 예금 토큰 기반으로 운영하면 효율성과 편의성이 크게 향상될 수 있다.

특히 디지털 바우처의 프로그래밍 기능은 혁신적이다. 예를 들어 자녀들에게 용돈을 줄 때 일정 금액은 자유롭게 사용하되, 다른 금액은

---

120) "CBDC 한강 프로젝트, 디지털 바우처의 미래를 열다." 홈페이지
https://www.sooho.io/articles/cbdc-hangang

참고서 구매에만 사용할 수 있도록 하는 기능을 구현할 수 있다. 이를 복지 바우처에 적용하면 정책 목적에 맞는 사용을 보장하면서도 이용자의 편의성을 높일 수 있다.

블록체인 기술을 활용한 투명한 복지 운영 시스템도 가능하다. 복지 예산의 집행 과정, 서비스 제공 내용, 성과 평가 결과 등을 블록체인에 기록하여 위·변조가 불가능하고 누구나 확인할 수 있는 투명한 시스템을 구축할 수 있다. 이는 복지 행정의 투명성과 신뢰성을 크게 향상시킬 수 있다.

모바일 애플리케이션을 통한 시민 참여 플랫폼도 중요하다. 지역주민이 언제 어디서나 복지정책에 대한 의견을 제시하고, 복지서비스를 신청하며, 지역 돌봄 활동에 참여할 수 있는 통합 플랫폼을 구축할 수 있다. 이는 특히 젊은 세대와 디지털 기기에 익숙한 주민들의 참여를 확대하는 데 효과적이다.

인공지능을 활용한 맞춤형 복지 서비스 추천 시스템도 가능하다. 개인의 상황과 욕구를 분석하여 가장 적합한 복지서비스를 추천하고, 서비스 이용 과정에서 발생할 수 있는 문제를 사전에 예측하여 해결 방안을 제시할 수 있다. 다만 이 과정에서 개인정보 보호와 알고리즘의 공정성 확보가 중요한 과제가 된다.

▪ 지역사회 중심 복지 거버넌스의 성과와 한계

지역사회 중심의 참여적 복지 거버넌스는 많은 성과를 거두고 있지만 동시에 한계도 존재한다. 성과 측면에서는 첫째, 복지서비스의 맞춤화와 만족도 향상을 들 수 있다. 지역주민이 직접 참여하여 자신들의 욕구에 맞는 서비스를 설계하고 제공받을 수 있어서 서비스의 질과 만족도가 향상된다.

둘째, 지역공동체의 회복과 사회적 자본의 축적이다. 동네 돌봄 공동체와 사회적경제 네트워크를 통해 이웃 간의 관계가 회복되고 상호 신뢰와 협력의 문화가 형성된다. 이는 단순히 복지서비스 제공을 넘어서 지역사회의 전반적인 삶의 질 향상에 기여한다.

셋째, 복지 자원의 효율적 활용이다. 지역 내 다양한 주체들이 협력하여 복지서비스를 제공하고, 지역화폐와 시간은행을 통해 자원이 순환하면서 전체적인 복지 효과가 증대된다. 이는 제한된 복지 예산으로 더 큰 효과를 얻을 수 있게 한다.

넷째, 복지 민주주의의 실현이다. 당사자들이 복지정책과 서비스에 직접 참여함으로써 복지의 민주성과 정당성이 확보된다. 이는 복지국가의 지속가능성을 높이는 중요한 요소이다.

그러나 한계도 분명히 존재한다. 첫째, 참여의 불평등 문제이다. 경제적, 사회적, 문화적 자본이 풍부한 계층은 적극적으로 참여하지만, 정작 복지서비스가 절실한 취약계층은 참여에서 소외되기 쉽다. 이는 복지의 역진성을 초래할 수 있다.

둘째, 지역 간 격차의 확대 가능성이다. 지역의 자원과 역량에 따라 복지서비스의 질과 수준에 차이가 날 수 있으며, 이는 지역 간 불평등을 심화시킬 수 있다. 특히 농촌이나 저소득 지역은 상대적으로 불리한 상황에 놓일 수 있다.

셋째, 전문성의 부족 문제이다. 지역주민의 참여는 중요하지만, 복잡한 복지 욕구에 대응하기 위해서는 전문적 지식과 기술이 필요하다. 참여와 전문성 사이의 균형을 맞추는 것이 중요한 과제이다.

넷째, 제도적 안정성의 부족이다. 지역사회 중심의 복지 거버넌스는 상당 부분 자발적 참여에 의존하고 있어, 참여자들의 열정이 식거나 여건이 변화할 때 지속성을 담보하기 어려울 수 있다.

- **미래 발전 방향과 정책 제언**

지역사회 중심의 참여적 복지 거버넌스를 더욱 발전시키기 위해서는 다음과 같은 방향으로 정책을 추진해야 한다.

첫째, 참여의 포용성 확대이다. 취약계층의 참여를 적극적으로 지원하고, 다양한 참여 채널을 제공하여 누구나 의미 있는 참여를 할 수 있도록 해야 한다. 이를 위해 참여 지원금 제도, 찾아가는 참여 서비스, 디지털 격차 해소 등의 방안을 검토할 수 있다.

둘째, 지역 간 연대와 협력 체계 구축이다. 지역 간 격차를 줄이고 상호 학습을 촉진하기 위해 지역 간 네트워크를 구축하고, 우수 사례를 공유할 수 있는 플랫폼을 마련해야 한다. 또한 중앙정부 차원에서 지역사회 복지 거버넌스를 지원하는 정책적 틀을 제공해야 한다.

셋째, 전문성과 참여성의 조화이다. 주민 참여를 확대하면서도 복지

서비스의 전문성을 확보하기 위해 주민 교육 프로그램을 확대하고, 전문가와 주민 간의 협력 모델을 개발해야 한다. 또한 지역사회복지 전문 인력 양성 체계를 강화해야 한다.

넷째, 제도적 기반 강화이다. 지역사회 중심의 복지 거버넌스가 지속 가능하게 운영될 수 있도록 관련 법령을 정비하고, 안정적인 재정 지원 체계를 구축해야 한다. 또한 성과 평가 시스템을 개발하여 지속적인 개선이 이루어질 수 있도록 해야 한다.

다섯째, 디지털 기술의 적극적 활용이다. 디지털 기술을 통해 참여의 접근성을 높이고, 복지 서비스의 효율성을 증대시키며, 새로운 형태의 사회적 연대를 촉진해야 한다. 다만 디지털 격차 해소와 개인정보 보호에 대한 고려가 필요하다.

여섯째, 국제적 협력과 학습이다. 다른 나라의 성공 사례를 학습하고, 국제적인 복지 거버넌스 네트워크에 참여하여 경험을 공유해야 한다. 특히 아시아 지역 내에서의 협력을 강화하여 아시아적 복지 거버넌스 모델을 개발할 수 있다.

새로운 복지사회의 비전

지역사회 중심의 참여적 복지 거버넌스는 단순히 복지 전달 방식의 변화를 넘어서 새로운 복지사회의 비전을 제시한다. 이는 복지를 국가가 시민에게 시혜적으로 제공하는 것이 아니라, 시민들이 공동으로 만들어가는 사회적 권리이자 연대의 실천으로 인식하는 패러다임의 전환이다.

동네 돌봄 공동체를 통해 이웃이 이웃을 돌보는 상호부조의 문화가 복원되고, 사회적경제 네트워크를 통해 돌봄이 경제적 가치를 창출하는 활동으로 인정받으며, 지역화폐와 시간은행을 통해 모든 시민의 기여가 공정하게 평가받는 사회를 만들어갈 수 있다.

시민 참여 복지계획과 협력적 전달체계를 통해 복지정책이 시민의 실제 욕구에 부응하고, 복지 민주주의와 당사자 주권 보장을 통해 복지가 진정한 인권이자 시민권으로 확립될 수 있다. 디지털 기술의 활용은 이러한 변화를 더욱 가속화하고 확산시킬 것이다.

이러한 지역사회 중심의 참여적 복지 거버넌스는 한국 사회가 직면한 저출산·고령화, 사회 양극화, 공동체 해체 등의 문제에 대한 근본적 해답을 제시할 수 있다. 복지를 통해 사회적 연대를 회복하고, 참여를 통해 민주주의를 심화시키며, 지역사회를 통해 공동체를 재구성하는 것이다.

물론 이러한 변화는 하루아침에 이루어질 수 없다. 기존의 제도적 관성과 문화적 저항을 극복하고, 다양한 이해관계자들 간의 합의하며, 시행착오를 통해 점진적으로 발전시켜 나가야 한다. 그러나 이미 전국 곳곳에서 나타나고 있는 혁신적인 실험들과 시민들의 적극적인 참여 의지는 이러한 변화가 충분히 가능하다는 것을 보여준다.

지역사회 중심의 참여적 복지 거버넌스는 복지국가를 넘어서 복지사회로의 전환을 의미한다. 국가만이 아니라 시민, 지역사회, 시장, 시민사회가 함께 만들어가는 새로운 형태의 복지 체제이다. 이는 21세기 한국 사회가 추구해야 할 복지의 미래상이자, 모든 시민이 존엄하고 행복하게 살아갈 수 있는 포용적 사회를 만들어가는 길이다.

6. 통합적 사회서비스와 예방적 복지 생태계

현대 복지국가의 핵심 과제는 분절적이고 사후적인 복지체계에서 통합적이고 예방적인 복지 생태계로의 전환이다. 전통적인 복지 시스템이 문제가 발생한 후 개별적으로 대응하는 방식이었다면, 새로운 복지 패러다임은 문제의 발생을 예방하고 생애주기 전반에 걸쳐 종합적이고 연속적인 서비스를 제공하는 것을 목표로 한다. 이러한 전환은 단순히 복지서비스 제공 방식의 변화를 넘어서 복지에 대한 근본적 접근 방식의 혁신을 의미한다.

「2025년 사회서비스 정책의 전망과 과제」에 따르면, 사회서비스는 복지, 보건의료, 고용, 교육, 주거, 문화, 환경 등 7대 분야를 아우르며, 국민 누구나 필요할 때 질 높은 서비스를 누릴 수 있도록 다양한 서비스 확충, 품질 관리, 공급 혁신을 추진한다. 국민 누구나 필요할 때 누리는 질 높은 사회서비스를 목표로 약자부터 촘촘한 지속 가능한 복지국가를 구현하기 위한 노력이 가속화되고 있다. 이는 빠른 사회변동에 따른 인간다운 삶을 위협하는 사회적 위험이 확장·심화하고 사적 지지 체계가 약화하는 상황에서 관계성을 기반으로 하는 사회서비스의 역할에 대한 기대가 높아지고 있음을 반영한다.

통합적 사회서비스와 예방적 복지 생태계는 여러 차원에서 구현될 수 있다. 첫째, 생애주기별 맞춤형 통합서비스 플랫폼을 통해 개인의 전 생애에 걸친 연속적인 지원 체계를 구축하는 것이다. 둘째, 예방적 건강관리와 참살이 사회투자를 통해 문제 발생 이전 단계에서 선제적으로 개입하는 것이다. 셋째, 교육-일자리-주거-돌봄의 연계형 복지 패키지를 통해 삶의 각 영역이 유기적으로 연결된 종합적 지원을 제공하는 것이다. 넷째, 사회적경제와 협동조합 중심의 서비스 혁신을 통해 새로운 형태의 복지서비스 제공 주체와 방식을 개발하는 것이다.

생애주기별 맞춤형 통합서비스 플랫폼

생애주기별 맞춤형 통합서비스 플랫폼은 개인이 태어나서 죽을 때까지 각 생애 단계에서 필요한 다양한 서비스를 통합적으로 제공하는 시스템이다. 이는 기존의 서비스별, 부처별로 분절되어 있던 복지서비스를 개인의 관점에서 통합하고 연계하여 제공하는 것을 의미한다.

영유아기부터 노년기까지의 생애주기별 접근은 각 단계의 특성과 욕구를 반영한 차별화된 서비스 제공을 가능하게 한다. 영유아기에는 건강한 성장과 발달을 위한 보건, 보육, 교육 서비스가 통합적으로 제공되어야 한다. 현재 산모·신생아 건강관리 서비스는 2025년 기준, 기준 중위소득 150% 이하 가정에 서비스 비용의 90%를 지원하고 있으며, 최대 15일까지 이용할 수 있다. 이는 생애 초기부터 건강한 출발을 보장하기 위한 예방적 개입의 사례이다.

아동·청소년기에는 교육, 보육, 건강, 안전, 문화 등 다양한 영역의 서비스가 학교와 지역사회를 중심으로 통합 제공되어야 한다. 2025년부터 도입되는 인공지능 디지털교과서는 영어, 수학, 정보, 특수교육 국어 분야에서 인공지능을 활용한 개별 맞춤 교육을 실현하며, 늘봄학교도 초등학교 2학년까지 확대되어 온 사회 협력으로 질 높은 프로그램을 제공한다.

청년기에는 교육에서 노동으로의 이행, 독립적인 생활 기반 구축, 사회참여 등을 지원하는 서비스가 필요하다. 전북청년허브센터의 사례처럼 주거, 일자리, 교육, 복지·문화, 참 권리 등 청년이 필요로 하는 다양한 영역의 서비스를 원스톱으로 제공하는 통합 지원 체계가 확산하고 있다. 2025년 전북청년 취업지원패키지, 청년일자리 도약장려금, 청년월세 한시 특별지원 등이 연계되어 청년들의 자립을 종합적으로 지원하고 있다.

중장년기에는 일자리 안정, 가족 돌봄, 건강관리, 노후 준비 등을 위한 서비스가 통합적으로 제공되어야 한다. 특히 가족돌봄청년 등에 대한 일상돌봄 서비스 확대가 주목받고 있으며, 이는 중장년층이 부모 돌봄과 자녀 양육을 동시에 담당해야 하는 '샌드위치 세대'의 부담을 덜어주는 중요한 지원이다.

노년기에는 건강, 소득, 주거, 돌봄, 사회참여 등 전 영역에 걸친 통합적 지원이 필요하다. 지역사회 통합돌봄(커뮤니티 케어)은 이러한 노년기 통합서비스의 대표적 모델로, 노인이 살던 곳에서 개인의 욕구에 맞는 서비스를 누리고 지역사회와 함께 어울려 살아갈 수 있도록 주거, 보건의료, 요양, 돌봄, 일상생활 지원이 통합적으로 확보되는 지원 체계이다. 2019년부터 8개 지자체에서 선도사업이 추진되었고, 민관 협력 전달체계와 원스톱 상담·연계 시스템이 도입되었다.

통합서비스 플랫폼의 핵심은 서비스 간 연계와 조정을 담당하는 사례관리 시스템이다. 읍면동 주민센터의 복지 허브 기능 강화와 시군구 희망복지지원단의 통합사례관리 서비스는 이러한 통합적 접근의 구체적 사례이다. 복합적 욕구를 가진 대상자에게 공공·민간의 급여·서비스 등을 통합적으로 연계·제공하고, 고난도 사례 등에 대한 전문적 사례관리를 시행하는 것이다.

디지털 기술을 활용한 통합서비스 플랫폼도 중요한 발전 방향이다. 2024~2025년 사회서비스 전자바우처 시스템은 QR코드, 생체인증, 모바일 앱 등으로 결제·신청의 서비스 이용 편의성과 안전성을 동시에 높이고 있다. 개인의 상황과 욕구를 분석해 최적의 서비스를 추천하는 기술이 실증되고 있으며, 앞으로는 인공지능을 활용한 개인 맞춤형 서비스 추천 시스템과 예측적 개입 시스템의 구축이 가능할 것이다.

예방적 건강관리와 참살이 사회투자

예방적 건강관리는 질병이 발생한 후 치료하는 것이 아니라 질병의 발생을 예방하고 건강을 증진하는 것을 목표로 한다. 이는 개인의 삶의 질 향상뿐만 아니라 사회 전체의 의료비 절약과 생산성 향상에도 기여하는 사회투자의 성격을 갖는다.

「2024년 건강투자인식조사 결과보고서」에 따르면, 우리나라 성인의 55.4%가 건강하게 살기 위해 '노력한다'라고 답해 전년 대비 6.0%P 상승했다. 이는 국민의 건강에 관한 관심과 예방적 건강관리에 대한 인식이 크게 높아지고 있음을 보여준다. 우리나라 성인의 희망 건강수명은 평균 76.8세로 나타났으며, 이는 2021년 건강수명(70.51세) 대비 약 6.29세 높은 수준이다. 건강관리 실천 정도에서는 '청결한 개인위생 및 환경 유지'(4.4점), '건강하고 균형 잡힌 식생활'(3.9점) 순으로 실천도가 높은 것으로 나타났다. 그러나 건강하고 균형 잡힌 식생활을 '거의 매일' 실천하는 비율은 32.7%에 그쳤으며, 특히 청년층(25.6%)에서는 상대적으로 낮았다. 이는 생애주기별로 차별화된 건강관리 지원이 필요함을 시사한다.

건강관리 실천이 어려운 이유로는 '의지가 약하고 게을러서'(58.9%), '업무·일상생활이 너무 바빠 시간이 없어서'(51.1%), '경제적 부담 때문에'(44.8%) 순으로 나타났다. 이는 예방적 건강관리가 개인의 의지만으로는 한계가 있으며, 사회적 차원의 지원과 투자가 필요함을 보여준다.

「제5차 국민건강증진종합계획(2021-2030)」은 성, 계층, 지역 간 건강 형평성을 확보하고 전 생애주기에 걸친 건강권 보장을 추구하고 있다. 2025년에는 건강도시 스탬프투어 '도시에서 건강을 만나다.' 캠페인을 통해 지역사회 차원의 건강증진 활동이 활성화되고 있다.

정신건강 분야에서도 예방적 접근이 강화되고 있다. 2025년 전 국민

마음투자 지원사업은 정신건강 문제의 조기 발견과 개입을 통해 더 심각한 정신질환으로의 발전을 예방하는 것을 목표로 한다. 국가와 지자체의 건강투자가 시급한 분야로 '정신건강'(24.0%)이 1위로 나타났으며, 이는 현대 사회에서 정신건강 문제의 심각성과 예방적 개입의 필요성을 보여준다.

참살이 사회투자는 건강한 삶을 위한 환경 조성과 사회 인프라 구축에 대한 투자를 의미한다. 이는 개인의 건강 행동 변화를 지원하는 사회적 환경을 만드는 것으로, 건강도시 조성, 금연·금주 환경 조성, 신체활동 친화적 환경 구축, 건강한 식품 환경 조성 등을 포함한다.

건강에 대한 개인 투자와 관련해서는 건강을 위해 투자해야 한다고 생각하는 적정 금액이 한 달 23만 원인 반면 실제 투자하는 금액은 15만 원으로 약 8.8만 원의 차이가 나타났다. 시간도 실제 시간이 적정 시간보다 약 2.1시간 적은 것으로 나타났다. 이러한 격차를 줄이기 위해서는 개인의 건강투자를 지원하는 사회적 제도와 정책이 필요하다.

생애주기별 건강관리 접근에서는 유아·청년·노년 생애주기별 스포츠 활동 지원이 확대되고 있으며, 우리동네 스포츠클럽 환경 조성을 통해 일상 스포츠 활성화가 추진되고 있다. 이는 운동과 신체활동을 통한 예방적 건강관리의 사회적 기반을 구축하는 것이다.

예방적 건강관리의 효과를 극대화하기 위해서는 건강 데이터의 체계적 수집과 활용이 중요하다. 개인의 건강 상태를 지속해 모니터링하고 위험 요인을 조기에 발견하여 선제적으로 개입할 수 있는 시스템 구축이 필요하다. 이를 위해 웨어러블 디바이스, 건강 앱, 원격 모니터링 시스템 등 디지털 헬스케어 기술의 활용이 확대되고 있다.

교육-일자리-주거-돌봄의 연계형 복지 패키지

현대 사회에서 개인의 삶의 질과 복지는 교육, 일자리, 주거, 돌봄 등 여러 영역이 복합적으로 작용하여 결정된다. 따라서 효과적인 복지정책은 이들 영역을 분리해서 접근하는 것이 아니라 연계하고 통합하여 종합적인 패키지로 제공하는 것이 필요하다.

교육과 일자리의 연계는 개인의 생애에 걸친 역량 개발과 경제적 자립을 위한 핵심 요소이다. 교육부 「2025 주요업무 추진계획」에서는 "기회의 사다리가 되는 교육" 실현을 목표로 다양한 정책을 추진하고 있다. 협약형 특성화고를 2024년 10개교에서 2025년 20개교 내외로 확대하여 지자체-교육청-지역기업-학교 등이 협약을 맺어 지역 인재를 양성하고 있다. 실업계고 졸업생의 취업을 지원하는 거점학교도 2024년 17개교에서 2025년 24개교로 확대하여 지역 고용센터와 대학일자리플러스센터 등과 연계한 취업 지원을 강화하고 있다.

대학교육과 일자리의 연계도 강화되고 있다. RISE(지역혁신중심 대학지원체계)가 2025년 전국 17개 시도에서 가동되어 지역-대학의 동반 혁신으로 '인재 양성-취·창업-정주 생태계'를 조성하고 있다. 이는 교육이 단순히 지식 전달에 그치는 것이 아니라 지역 경제 활성화와 청년 일자리 창출에 직접적으로 기여하는 사회투자의 성격을 갖는다는 것을 보여준다.

일자리와 주거의 연계는 특히 청년층에게 중요한 이슈이다. 높은 주거비 부담은 청년들의 경제활동과 자립을 저해하는 주요 요인 중 하나이다. 대학생의 주거안정장학금이 2025년 신설되어 저소득층(기초·차상위) 대학생에게 연 최대 240만 원을 지원하며, 이는 교육과 주거 지원을 연계한 대표적 사례이다.

주거급여제도는 기초생활보장제도의 맞춤형 급여 개편과 함께 발전해왔으며, 대상자의 소득·주거 형태·주거비 부담 수준 등을 종합적으로 고려해 저소득층의 주거비를 지원하고 있다. 2025년 기준 기준중위소득의 48% 이하 가구가 신청할 수 있으며, 부양의무자의 소득·재산 유무와 상관없이 신청 가구의 소득과 재산만을 종합적으로 반영한다.

돌봄과 일자리의 연계는 여성의 경제활동 참여와 직결되는 문제이다. 특히 육아와 노인 돌봄 부담은 여성의 경력 단절과 경제활동 제약의 주요 원인이 되고 있다. 이를 해결하기 위해 보육 서비스와 돌봄 서비스의 확충이 일자리 정책과 연계되어 추진되고 있다.

기업 복지 차원에서도 주거, 가족, 여가, 비혼 등 다양한 영역을 포괄하는 종합적 복지 패키지가 확산하고 있다. 크래프톤의 경우 직원들의 편리한 출퇴근을 위해 주거와 관련된 다양한 복지를 제공하고 있으며, LG유플러스는 2023년부터 비혼 지원금 제도를 운용하여 다양한 가족 형태에 대응하고 있다.

청년 대상 통합 지원에서는 전북청년허브센터의 사례가 주목받고 있다. 주거, 일자리, 교육, 복지·문화, 참여 권리 등 청년이 필요로 하는 모든 영역의 서비스를 한 곳에서 제공하는 원스톱 서비스 체계를 구축하고 있다. 2025년 청년도전지원사업, 청년 취업지원패키지, 청년 일자리 도약장려금, 청년월세 한시 특별지원 등이 연계되어 청년들의 종합적 자립을 지원하고 있다.

장애인 복지 분야에서도 교육, 복지, 일자리, 주거 등을 통합적으로 접근하는 방향으로 발전하고 있다. 2024 전국 시도별 장애인 복지·교육 비교 자료집에서는 교육 분야와 복지 분야를 종합적으로 평가하여 장애인의 전 생애에 걸친 지원 체계를 점검하고 있다.

연계형 복지 패키지의 성공을 위해서는 부처 간, 기관 간 협력과 조정이 핵심이다. 교육부, 고용노동부, 국토교통부, 보건복지부 등 관련 부처들이 각자의 정책을 개별적으로 추진하는 것이 아니라 연계하고 통합하여 시너지 효과를 창출해야 한다. 이를 위해서는 부처 간 협업 체계 구축과 통합적 성과 관리 시스템 도입이 필요하다.

사회적경제와 협동조합 중심의 서비스 혁신

사회적경제와 협동조합은 전통적인 시장경제와 정부 주도의 공공서비스의 한계를 보완하는 제3의 서비스 제공 주체로서 복지 서비스 혁신의 중요한 동력이 되고 있다. 이들은 사회적 가치 추구와 경제적 지속가능성을 동시에 추구하며, 지역사회의 필요에 맞는 맞춤형 서비스를 개발하고 제공하는 데 강점이 있다.

2025년은 세계 협동조합의 해를 기념하여 다양한 협동조합 지원 정책과 활동이 펼쳐지고 있다. 협동조합 주간행사가 코엑스에서 개최되며, 협동조합 라이브러리 참여 프로그램도 운영되고 있다. 이는 협동조합의 사회적 가치와 혁신 사례를 널리 알리고 확산시키기 위한 노력의 일환이다.

과학기술인협동조합 지원사업은 고급 인력의 협동조합 참여를 통한 서비스 혁신의 대표적 사례이다. 2025년도 기관형 과학기술인협동조합 지원사업에서는 총 5개 내외 협동조합에 1개 조합당 유형별 최대 3-5천만 원을 지원하여 과학기술인협동조합 제품·서비스의 시장진출 및 경쟁력 증대를 통한 안정적 운영 및 자생력 제고를 목표로 하고 있다.

경기도의 협동조합 협업화 지원사업은 개별 협동조합의 한계를 극복하고 협동조합 간 협력을 통한 시너지 창출을 지원하는 혁신적 접근이다. 이는 협동조합들이 단독으로는 제공하기 어려운 복합적이고 전문적인 서비스를 공동으로 개발하고 제공할 수 있게 한다.

사회적협동조합은 영리를 목적으로 하지 않는 협동조합으로서 공익성과 사회성을 강조하는 조직이다. 2024년 공공기관의 사회적협동조합 제품 구매실적과 2025년 구매계획이 공고되어 사회적협동조합의 시장진출과 지속가능성 확보를 지원하고 있다. 이는 사회적협동조합이 제공하는 서비스의 품질과 사회적 가치를 공공 부문이 인정하고 활용하겠다는 의지를 보여준다.

협동조합 경영공시 제도는 협동조합의 투명성과 책임성을 확보하기 위한 중요한 제도적 장치이다. 2025년 협동조합 경영공시 작성 기준이 제공되어 협동조합들이 더욱 정확하고 체계적인 경영공시를 할 수 있도록 지원하고 있다. 이는 협동조합에 대한 사회적 신뢰를 높이고 협동조합 운동의 발전에 기여한다.

협동조합 교육 체계도 지속해 발전하고 있다. 협동조합 업무지침, 경영공시 작성 방법, 코디네이터 양성 과정, 공공시장 진출 역량 강화 교육 등 다양한 온라인 교육과정이 상시 제공되어 협동조합 관계자들의 역량 강화를 지원하고 있다. ChatGPT 업무 활용법과 같은 최신 기술 교육도 포함되어 있어 협동조합의 디지털 전환을 지원하고 있다.

사회적기업과 사회적협동조합을 위한 공공시장 진출 지원도 강화되고 있다. 우선구매 제도, 민간 위탁 진출 지원, 공공 조달 상담회 등을 통해 사회적경제 조직들이 안정적인 수익 기반을 확보할 수 있도록 돕고 있다. 이는 사회적경제 조직들의 지속가능성을 높이고 혁신적 서비스 개발에 집중할 수 있는 환경을 조성한다.

협동조합의 서비스 혁신은 여러 분야에서 나타나고 있다. 돌봄 분야에서는 돌봄 협동조합들이 기존의 시장 중심적 돌봄 서비스나 관료적 공공서비스와는 다른 관계 중심적이고 참여적인 돌봄 서비스를 제공하고 있다. 이들은 돌봄 서비스 이용자와 제공자가 함께 참여하여 서비스 내용과 방식을 결정하고, 돌봄의 질을 공동으로 관리한다.

교육 분야에서도 대안학교 협동조합, 방과후교육 협동조합, 평생교육 협동조합 등이 활동하며 공교육의 한계를 보완하는 혁신적 교육 서비스를 제공하고 있다. 이들은 학습자 중심의 교육과정 운영, 지역사회와의 연계, 다양한 교육 방법론 활용 등을 통해 기존 교육 시스템이 제공하지 못하는 맞춤형 교육 서비스를 개발하고 있다.

주거 분야에서는 주택협동조합, 사회적 주택 사업자 등이 새로운 주거 모델을 제시하고 있다. 이들은 단순히 주거 공간을 제공하는 것을 넘어서 주민들 간의 공동체 형성, 공유 공간 활용, 지속 가능한 생활 방식 실천 등을 통해 주거의 사회적 가치를 높이고 있다.

일자리 분야에서는 협동조합이 새로운 형태의 일자리를 창출하고 있다. 특히 청년들이 주체가 되어 설립하는 청년 협동조합들은 기존의 고용 관계와는 다른 협력적 일자리 모델을 제시하고 있다. 이들은 구성원들이 동등한 권한을 갖고 민주적으로 의사결정에 참여하며, 수익을 공정하게 분배하는 새로운 일하는 방식을 실험하고 있다.

사회적경제와 협동조합의 디지털 전환도 가속화되고 있다. 온라인 플랫폼을 통한 서비스 제공, 데이터 기반 의사결정, 디지털 마케팅 등을 적극 도입하여 서비스의 접근성과 효율성을 높이고 있다. 이는 전통적인 사회적경제 조직의 아날로그적 특성과 디지털 시대의 기술적 요구를 조화시키는 혁신적 시도이다.

사회적경제 생태계의 발전을 위해서는 중간지원조직의 역할이 중요하다. 한국사회적기업진흥원, 각 지역의 사회적경제지원센터, 협동조합지원센터 등이 사회적경제 조직들의 설립, 운영, 성장을 체계적으로 지원하고 있다. 이들은 단순히 자금 지원에 그치지 않고 경영 컨설팅,

네트워킹, 교육훈련, 판로 개척 등 종합적인 지원 서비스를 제공한다.

사회적경제 조직 간의 연대와 협력도 강화되고 있다. 사회적경제연대회의, 협동조합연합회, 사회적기업협의회 등을 통해 개별 조직의 한계를 극복하고 집단적 목소리를 내며, 정책 개발과 사회적 가치 확산에 기여하고 있다. 이러한 연대 활동은 사회적경제의 사회적 영향력을 확대하고 정책적 지원을 끌어내는 데 중요한 역할을 한다.

통합적 복지 생태계의 성과와 과제

통합적 사회서비스와 예방적 복지 생태계의 구축은 많은 성과를 거두고 있지만 동시에 해결해야 할 과제들도 존재한다. 성과 측면에서는 첫째, 서비스의 접근성과 연속성이 크게 향상되었다. 생애주기별 통합서비스 플랫폼을 통해 개인이 필요한 서비스를 더욱 쉽게 찾고 이용할 수 있게 되었으며, 서비스 간 연계를 통해 더 포괄적이고 지속적인 지원이 가능해졌다.

둘째, 예방적 접근을 통한 비용 효율성이 입증되고 있다. 질병이나 사회적 문제가 심각해진 후 개입하는 것보다 예방하는 것이 개인의 삶의 질 향상과 사회적 비용 절약 측면에서 훨씬 효과적임이 확인되고 있다. 특히 건강관리 분야에서 예방적 투자의 효과가 두드러지게 나타나고 있다.

셋째, 서비스 제공 주체의 다양화를 통한 혁신이 촉진되고 있다. 사회적경제와 협동조합의 참여를 통해 기존에는 제공되지 않았던 새로운 형태의 서비스들이 개발되고 있으며, 서비스의 질과 만족도도 향상되고 있다.

넷째, 지역사회 중심의 복지 거버넌스가 강화되고 있다. 중앙정부 중심의 획일적 서비스 제공에서 벗어나 지역의 특성과 주민의 욕구에 맞는 맞춤형 서비스가 확산하고 있으며, 주민 참여와 민관 협력도 활성화되고 있다.

그러나 과제도 분명히 존재한다. 첫째, 부처 간, 기관 간 칸막이 문제가 여전히 남아있다. 통합적 서비스 제공을 위해서는 교육, 보건, 복지, 고용, 주거 등 다양한 분야의 협력이 필요하지만, 여전히 부처별, 기관별로 분절되어 운영되는 경우가 많다.

둘째, 서비스 표준화와 품질 관리의 어려움이 있다. 다양한 주체들이 참여하여 서비스를 제공하다 보니 서비스 질의 편차가 발생할 수 있으며, 통합적 품질 관리 체계 구축이 필요하다.

셋째, 재정 지속가능성의 문제가 있다. 통합적이고 예방적인 서비스는 단기적으로는 더 큰 비용이 소요될 수 있으며, 장기적 효과에 대한 명확한 근거 제시와 재정 확보 방안 마련이 필요하다.

넷째, 전문인력 부족 문제가 있다. 통합적 서비스 제공을 위해서는 다영역에 대한 이해와 조정 능력을 갖춘 전문인력이 필요하지만, 이러한 인력 양성이 충분히 이루어지지 못하고 있다.

▪ 미래 발전 방향과 정책 제언

통합적 사회서비스와 예방적 복지 생태계를 더욱 발전시키기 위해서는 다음과 같은 방향으로 정책을 추진해야 한다.

첫째, 법적·제도적 기반을 강화해야 한다. 사회서비스기본법(「사회서비스이용및이용권관리에관한법률」)의 실효성을 높이고, 부처 간 협력을 의무화하는 법적 근거를 마련해야 한다. 또한 통합적 서비스 제공을 위한 표준화된 절차와 기준을 수립해야 한다.

둘째, 디지털 기술을 적극 활용해야 한다. 인공지능, 빅데이터, IoT 등을 활용하여 개인 맞춤형 서비스 제공과 예측적 개입이 가능한 시스템을 구축해야 한다. 이를 통해 서비스의 효율성과 효과성을 동시에 높일 수 있다.

셋째, 전문인력 양성 체계를 구축해야 한다. 통합적 사례관리 전문가, 예방적 건강관리 전문가, 사회적경제 전문가 등 새로운 형태의 전문인력 양성 프로그램을 개발하고 운영해야 한다.

넷째, 성과 측정과 평가 체계를 고도화해야 한다. 통합적 서비스의 효과를 측정할 수 있는 지표 개발과 장기적 추적 조사 시스템 구축이 필요하다. 이를 통해 정책의 효과성을 입증하고 지속적인 개선을 도모해야 한다.

다섯째, 국제 협력을 강화해야 한다. 다른 나라의 우수 사례를 학습하고 우리의 경험을 공유하여 상호 발전을 도모해야 한다. 특히 아시아 지역 내에서의 협력을 통해 아시아적 복지 모델을 개발할 수 있다.

새로운 복지 패러다임의 실현

통합적 사회서비스와 예방적 복지 생태계는 21세기 복지 국가가 지향해야 할 새로운 패러다임을 제시한다. 이는 문제가 발생한 후 대응하는 사후적 복지에서 문제의 발생을 예방하는 예방적 복지로, 분절적이고 개별적인 서비스에서 통합적이고 포괄적인 서비스로, 공급자 중심의 획일적 서비스에서 수요자 중심의 맞춤형 서비스로의 전환을 의미한다.

생애주기별 맞춤형 통합서비스 플랫폼을 통해 개인의 전 생애에 걸친 연속적이고 일관성 있는 지원이 가능해지고, 예방적 건강관리와 참살이 사회투자를 통해 개인과 사회의 건강 수준이 향상되며, 교육-일자리-주거-돌봄의 연계형 복지 패키지를 통해 삶의 각 영역이 유기적으로 연결된 종합적 지원이 실현되고, 사회적경제와 협동조합 중심의 서비스 혁신을 통해 새로운 형태의 복지 서비스가 창출될 수 있다.

이러한 변화는 복지를 단순한 재분배 정책이 아닌 사회투자 정책으로 인식하는 패러다임 전환을 동반한다. 복지가 사회적 비용이 아니라 미래 성장의 동력이자 사회 발전의 기반임을 인정하고, 이에 대한 적극적 투자를 통해 개인의 역량을 강화하고 사회의 지속가능성을 확보하는 것이다. 물론 이러한 변화는 쉽지 않다. 기존의 제도적 관성과 이해관계의 충돌, 재정적 제약과 전문인력 부족 등 많은 도전이 있다. 그러나 이미 전국 곳곳에서 나타나고 있는 혁신적 실험들과 정책적 노력은 이러한 변화가 매우 가능함을 보여준다.

통합적 사회서비스와 예방적 복지 생태계는 복지 국가의 새로운 진화 방향이다. 이는 20세기 복지 국가의 성취를 기반으로 하면서도 21세기의 새로운 도전과 기회에 부응하는 혁신적 복지 모델이다. 이러한 모델의 성공적 구현을 통해 모든 시민이 생애 전반에 걸쳐 존엄하고 행복한 삶을 영위할 수 있는 포용적 사회를 만들어갈 수 있을 것이다.

제 7장

대한민국의
미래 정치경제 방향

제 7장

대한민국의 미래 정치경제 방향

1. 정치체제의 혁신

참여민주주의와 숙의민주주의의 결합

대한민국의 정치체제는 전환점에 서 있다. 1987년 민주화 이후 37년이 지난 현재, 한국의 민주주의는 심각한 도전에 직면해 있다. 영국 이코노미스트 인텔리전스 유닛^{EIU}이 발표한 2024년 민주주의 지수에서 한국은 167개국 중 32위를 기록하며, 전년 대비 10계단 추락했다. 특히 한국은 '완전한 민주주의$^{Full\ Democracy}$'에서 '결함 있는 민주주의$^{Flawed\ Democracy}$'로 강등되었으며, 이는 2024년 12월 비상계엄 사태와 이후 정치적 혼란이 직접적인 원인으로 작용했다.

더욱 우려스러운 것은 스웨덴 V-Dem$^{Varieties\ of\ Democracy}$ 프로젝트의 2025년 민주주의 보고서에서 한국이 2년 연속 '독재화^{Autocratization}' 국가로 분류된 것이다. 이 보고서는 한국의 민주주의 단계를 '자유민주주의'에서 '선거민주주의'로 낮추었으며, 특히 '민주주의의 질', '숙의적 요소'가 지속적으로 하락하고 있다고 평가했다. 이러한 현실은 기존의 대의민주주의 체제만으로는 더 이상 시민들의 다변화된 요구와 복잡한 사회문제를 해결하기 어렵다는 것을 보여준다.

이러한 위기 상황에서 한국 민주주의의 새로운 돌파구로 부상하고 있는 것이 참여민주주의와 숙의민주주의의 결합이다. 참여민주주의는 시민들이 정치과정에 직접 참여하여 의사결정에 영향을 미치는 것을 의미하며, 숙의민주주의는 시민들이 충분한 정보와 시간을 바탕으로 토론하고 성찰하여 합리적 결론에 도달하는 것을 강조한다. 이 두 가지 민주주의 모델의 창조적 결합은 기존 대의민주주의의 한계를 보완하면서도 시민주권의 실질적 구현을 가능하게 할 수 있다.

한국에서 숙의민주주의의 가능성을 보여준 가장 대표적인 사례는 2017년 신고리 원전 5·6호기 건설 중단·재개를 위한 공론화 과정이었다. 이 과정에서 471명의 시민참여단이 3개월간 전문가 강의, 자료 검토, 토론을 거쳐 '건설 재개' 결론에 도달했으며, 이는 사회적 갈등 해결과 정책 수용성 제고에 큰 기여를 했다. 또한 2018년 대입제도 개편 공론화위원회도 시민참여단의 숙의 과정을 통해 정책 방향을 결정한 중요한 선례가 되었다.

이러한 성공 사례를 바탕으로 한국 사회는 더 체계적이고 제도화된 참여·숙의민주주의 모델을 구축해야 한다. 구체적으로는 첫째, 시민배심원제 Citizens' Jury의 도입과 확산이 필요하다. 복잡하고 전문적인 정책 이슈에 대해 무작위로 선발된 시민들이 충분한 정보와 토론을 거쳐

권고안을 제시하는 이 제도는 이미 아일랜드, 프랑스 등에서 기후변화, 낙태, 헌법개정 등 민감한 사안에 대해 성공적으로 활용되고 있다. 한국도 기후위기 대응, 원전 정책, 사회적경제 활성화 등 장기적이고 복합적인 정책 영역에서 시민배심원제도를 적극 도입해야 한다.

둘째, 시민참여예산제도의 질적 혁신과 확대가 필요하다. 현재 서울시는 2012년부터 시민참여예산제를 운영하여 2024년 기준 약 500억 원 규모의 예산에 대해 시민들이 직접 제안하고 투표하여 결정하고 있다. 그러나 여전히 전체 예산 대비 비중이 작고, 단순한 시설 확충이나 소규모 사업에 치중되어 있다는 한계가 있다. 이를 개선하기 위해서는 참여예산의 규모를 대폭 확대하고, 숙의 과정을 강화하여 시민들이 더 전략적이고 장기적인 관점에서 예산 배분을 결정할 수 있도록 해야 한다.

셋째, 디지털 기술을 활용한 새로운 형태의 참여·숙의민주주의 플랫폼을 구축해야 한다. 코로나19 팬데믹을 거치면서 디지털 참여의 중요성이 더욱 주목받았으며, 특히 젊은 세대의 정치 참여를 확대하기 위해서는 온라인과 오프라인을 결합한 하이브리드 모델이 필요하다. 에스토니아의 e-Residency 프로그램이나 대만의 vTaiwan 플랫폼처럼, 시민들이 언제 어디서나 정책 토론에 참여하고 의견을 개진할 수 있는 디지털 인프라를 구축해야 한다.

또한 공생적 복지국가의 이념과 일치하는 방향으로 참여·숙의민주주의를 설계해야 한다. 이는 단순히 개별 시민의 의견을 수렴하는 것을 넘어서, 시민들 간의 상호부조와 연대를 강화하고, 세대 간·계층 간·

지역 간 갈등을 완화하는 방향으로 민주주의를 발전시키는 것을 의미한다. 예를 들어, 기후위기 대응이나 저출산·고령화 문제처럼 장기적 관점에서 사회 전체의 지속가능성을 고려해야 하는 사안에 대해서는 현재 세대뿐만 아니라 미래 세대의 이익을 대변할 수 있는 제도적 장치를 마련해야 한다. 예를 들어, 일부 국가에서는 '미래세대 옴부즈만'Ombudsman for Future Generations 제도 등을 도입해 정책 결정 시 미래세대의 관점을 제도적으로 반영하고 있다.

지방분권과 자치의 실질화

한국의 지방자치는 1991년 지방의회가 구성되고 1995년 지방자치단체장 직선제가 시행된 이후 30여 년의 역사가 있다. 그러나 여전히 중앙집권적 국가 운영 시스템의 기본 틀은 크게 변하지 않았다. 2024년 현재 국세와 지방세의 비율은 8대 2 수준[121]으로 지방의 재정자립도가 매우 낮으며[122], 국가사무와 지방사무의 비율도 7대 3 수준으로 지방정부는 여전히 중앙정부의 하위 집행기관 성격을 벗어나지 못하고 있다.

이러한 중앙집권적 구조는 급속한 사회변화와 지역별 격차 확대로 인해 더 이상 지속가능하지 않다. 통계청 발표에 따르면 2024년 1월 기

---

121) 2023년 기준 국세:지방세 비율은 약 7.5:2.5(75%:25%) 수준이다. 2024년에도 큰 변화 없이 8:2 수준이 유지되고 있다. (출처: 지방재정통계:통합재정수입·통합재정지출·통합재정자립도·통합재정자주도. 국회예산정책처. 2024)

122) 2023년 전국 평균 지방재정자립도는 50% 미만(약 45~48%)이다. 서울, 경기 등 수도권 일부를 제외하면 지방의 재정자립도는 30% 미만인 곳이 많다.

준 한국의 총인구는 51,217,221명으로 전년 대비 108,108명 감소했으며, 특히 수도권 집중 현상이 심화하여 국토 면적의 11.8%에 불과한 수도권에 전체 인구의 49.5%가 거주하고 있다.[123] 이러한 불균형은 지역소멸 위기를 가속화하고 있으며, 획일적인 중앙정부 정책으로는 지역별 특성과 요구를 제대로 반영하기 어려운 상황이다.

지방분권의 실질화를 위해서는 무엇보다 재정분권이 선행되어야 한다. 현재 정부는 국세와 지방세 비중을 8대 2에서 7대 3을 거쳐 궁극적으로 6대 4로 개편하겠다는 계획을 제시하고 있으나, 구체적인 실행계획과 일정이 명확하지 않다. 재정분권을 실현하기 위해서는 단계적이고 체계적인 접근이 필요하다. 첫 단계로 지방소득세와 지방소비세 비중을 점진적으로 확대하고, 동시에 지역 간 재정격차를 완화하기 위한 재정조정제도(균형발전특별회계)를 개선해야 한다.[124]

사무분권 역시 중요한 과제다. 현재 지방정부가 수행하는 업무 중 상당 부분이 중앙정부로부터 위임받은 기관위임사무나 단체위임사무로, 지방정부의 자율성과 창의성이 제약받고 있다. 이를 개선하기 위해서는 중앙정부와 지방정부 간 사무배분을 원칙적으로 재검토하고, 주민 생활과 밀접한 사무는 지방정부가 자율적으로 수행할 수 있도록 해야 한다. 특히 복지, 교육, 환경, 안전 등 시민 생활과 직결되는 영역에서 지방정부의 권한을 대폭 확대해야 한다.

---

123) 통계청. (2024). 「인구동향(2024년 1월)」.

124) 국회예산정책처. (2022). 「재정분권 2단계 추진방안에 따른 2022년 전환사업 현황 1, 2」.

자치입법권의 강화도 필수적이다. 현재 지방자치단체는 '법령의 범위 안에서'만 조례를 제정할 수 있어[125], 지역 특성을 반영한 창의적이고 혁신적인 정책을 펼치는 데 한계가 있다. 이를 개선하기 위해서는 지방자치단체의 조례 제정권을 확대하고, 중앙정부의 사전 규제보다는 사후 평가를 통한 성과 관리 체계로 전환해야 한다. 또한 지방정부가 조례 제정 과정에서 주민의 의견을 충분히 수렴할 수 있도록 주민참여제도를 의무화하고, 조례안(주민조례발안)에 대한 주민투표제도도 활성화해야 한다.[126] 특히 복지, 교육, 환경, 안전 등에서 지방정부 권한 확대는 더욱 필요하다.

지방분권의 실질화를 위해서는 제도 개선과 함께 의식의 전환도 필요하다. 중앙정부는 '지원하되 간섭하지 않는' 원칙을 확립하고, 지방정부의 자율성과 책임성을 동시에 높여야 한다. 또한 지방정부는 주민의 요구에 부응하는 혁신적인 정책을 개발하고, 이를 통해 지방자치의 성과를 가시화해야 한다.

특히 공생적 복지국가 구현을 위해서는 지역 중심의 복지 거버넌스가 중요하다. 지역별로 다른 인구 구조, 경제적 여건, 사회문화적 특성을 고려한 맞춤형 복지정책을 개발하고, 지역 내 다양한 주체 간의 협

---

125) 헌법 제117즈 ①지방자치단체는 주민의 복리에 관한 사무를 처리하고 재산을 관리하며, 법령의 범위 안에서 자치에 관한 규정을 제정할 수 있다.

126) 2022년부터 '주민조례발안제'가 전국적으로 시행되면서 주민들의 직접 입법 참여가 확대되었다. 이는 주민들이 지방자치단체 조례 제정 과정에 직접 참여할 수 있는 권한을 강화하는 내용이다. 주민조례발안제도는 일정 수 이상의 주민들이 조례의 제정, 개정, 폐지를 지방의회에 청구할 수 있는 제도이다. 즉, 주민들이 직접 조례를 제안하고 그 내용을 지방의회에서 심의하도록 할 수 있는 권한이다.

력과 연대를 강화해야 한다. 예를 들어, 농촌 지역의 경우 고령화와 인구감소에 대응하는 돌봄공동체를 구축하고, 도시 지역의 경우 청년층의 주거·일자리 문제 해결을 위한 사회적경제 모델을 개발하는 등 지역 특성에 맞는 차별화된 접근이 필요하다.

시민사회와 정부의 협력적 거버넌스

현대 민주주의에서 시민사회는 정부와 시장 사이의 중간 영역으로서 중요한 역할을 수행한다. 한국의 시민사회는 1980년대 민주화 운동을 거치면서 급속히 성장했으며, 1990년대 이후 환경, 인권, 복지, 여성 등 다양한 분야에서 활발한 활동을 전개해 왔다. 행정안전부에 등록된 비영리민간단체만 해도 2024년 기준 약 8만 개에 달하며, 이들은 정부가 미처 다루지 못하는 사회문제를 발굴하고 해결책을 제시하는 중요한 역할을 수행하고 있다.

그러나 한국의 시민사회는 여전히 구조적 한계를 안고 있다. 무엇보다 '시민 부재의 운동'이라는 비판이 지속되고 있다. 많은 시민사회단체가 소수의 전문 활동가나 명망가 중심으로 운영되며, 일반 시민들의 자발적 참여는 상대적으로 저조한 상황이다. 또한 재정적 자립도가 낮아 정부 지원에 의존하는 경우가 많으며, 이에 따라 정부 정책에 대한 비판적 기능이 약화하는 문제가 있다.

시민사회와 정부 간의 협력적 거버넌스를 구축하기 위해서는 먼저 시민사회의 자율성과 독립성을 보장해야 한다. 정부는 시민사회단체에 대한 재정 지원을 확대하되, 이것이 정책적 통제나 간섭으로 이어지지 않도록 투명하고 공정한 지원 체계를 구축해야 한다. 특히 시민사회단체의 공익활동에 대한 사회적 가치를 인정하고, 이에 상응하는 제도적 지원을 제공해야 한다.

둘째, 정책 과정에서 시민사회의 참여를 제도적으로 보장해야 한다. 현재 각종 위원회나 자문기구에 시민사회 대표들이 참여하고 있지만, 대부분 형식적 참여에 그치는 경우가 많다. 이를 개선하기 위해서는 정책 의제 설정 단계부터 시민사회의 의견을 적극 수렴하고, 정책 수립과 평가 과정에서도 실질적인 참여가 가능하게 해야 한다. 특히 복지, 환경, 교육 등 시민 생활과 밀접한 정책 영역에서는 시민사회와의 협력을 의무화하는 방안도 고려해야 한다.

셋째, 시민사회 내부의 역량 강화와 네트워킹을 지원해야 한다. 개별 시민사회단체들이 전문성을 높이고 지속 가능한 활동을 전개할 수 있도록 교육·연구·조직 운영 등 다방면의 지원을 제공해야 한다. 또한 유사한 목적을 가진 단체 간의 연대와 협력을 촉진하여 시너지 효과를 창출할 수 있도록 해야 한다. 이를 위해 시민사회지원센터나 중간지원조직의 역할을 강화하고, 이들이 지역 차원에서 시민사회 생태계를 조성하는 허브 역할을 수행할 수 있도록 지원해야 한다.

넷째, 시민사회와 정부 간의 상시적인 소통 채널을 구축해야 한다.[127] 정기적인 정책 대화의 장을 마련하고, 갈등이 발생했을 때 이를 조정하고 해결할 수 있는 제도적 메커니즘을 구축해야 한다. 특히 정부 정책에 대한 시민사회의 비판이나 반대 의견도 건설적인 방향으로 수렴될 수 있도록 상호 존중과 신뢰를 바탕으로 한 소통 문화를 조성해야 한다.

공생적 복지국가의 관점에서 시민사회는 특히 중요한 의미가 있다. 시민사회는 정부와 시장의 한계를 보완하면서 사회 연대와 상호부조의 가치를 실현하는 핵심 주체이기 때문이다. 따라서 시민사회가 복지 전달체계의 파트너로서 역할을 수행할 수 있도록 제도적 기반을 마련하고, 지역사회 차원에서 돌봄과 지원의 네트워크를 구축하는 데 적극 참여할 수 있도록 해야 한다.

또한 시민사회는 새로운 사회적 위험과 복지 수요를 발굴하고 정책 아젠다로 전환하는 역할도 수행해야 한다. 기후위기, 디지털 전환, 돌봄 위기 등 기존 제도로는 대응하기 어려운 새로운 도전에 대해 시민사회가 선도적으로 문제를 제기하고 해결책을 모색함으로써, 정부 정책의 혁신을 견인하는 역할을 해야 한다.

마지막으로, 국제적 차원에서도 시민사회의 역할이 중요하다. 기후 변화, 불평등, 평화 등 글로벌 의제에 대해 한국의 시민사회가 국제 시민사회와 연대하여 공동 대응하고, 이를 통해 한국의 소프트파워를 확

---

127) 정부는 2023년 '시민통통' 등 온라인 소통플랫폼을 재단장해 시민사회와의 정보 교환, 정책 공유, 공론화 채널을 확대하고 있다. 그러나 정책 대화와 갈등 조정 메커니즘의 실효성, 시민사회의 비판·대안 제시 기능이 충분히 보장되는지에 대한 평가는 여전히 과제로 남아있다.

산하는 데 기여해야 한다. 특히 동아시아 지역에서 한국의 민주주의와 시민사회 경험을 공유하고, 지역 차원의 평화와 협력을 촉진하는 역할을 수행해야 한다.

결론적으로, 한국 정치체제의 혁신은 참여민주주의와 숙의민주주의의 결합, 지방분권과 자치의 실질화, 시민사회와 정부의 협력적 거버넌스 구축을 통해 달성될 수 있다. 이러한 변화는 단순히 제도적 개선을 넘어서 한국 사회의 민주주의 문화와 시민의식의 성숙을 동반해야 한다. 특히 공생적 복지국가라는 새로운 비전하에서 이러한 정치체제 혁신이 사회적 연대와 지속 가능한 발전을 위한 기반이 되도록 해야 한다. 이는 한국 민주주의가 단순히 절차적 민주주의를 넘어서 실질적이고 참여적인 민주주의로 발전하는 계기가 될 것이며, 나아가 동아시아 지역에서 새로운 민주주의 모델을 제시하는 의미 있는 실험이 될 것이다.

2. 경제체제의 전환

한국경제는 산업화 과정에서 압축적 성장을 달성하며 '한강의 기적'이라 불리는 눈부신 발전을 이루었다. 그러나 이러한 성장모델의 핵심에 있었던 재벌 중심의 경제구조는 이제 지속 가능한 발전의 걸림돌이 되고 있다. 2025년 포브스가 발표한 '대한민국 50대 부자' 순위에서 이재용 삼성전자 회장이 107억 달러(약 14조 5,700억 원)의 자산으로 2위[128]를 차지한 것은 한국경제의 극도로 집중된 부의 구조를 상징적으로 보여준다. 50대 부자의 순자산 가치는 전년 1,060억 달러에서 1,150억 달러로 증가했으며, 이는 소수의 대기업 총수 일가에게 부가 집중되는 현상이 심화하고 있음을 의미한다.

공생적 복지국가의 실현을 위해서는 이러한 경제 집중 구조를 개편하고, 중소기업과 사회적경제가 건강하게 성장할 수 있는 생태계를 구축해야 한다. 또한 단순한 양적 성장을 넘어서 혁신과 포용이 조화를 이루는 새로운 성장모델을 정립해야 한다. 이는 동양철학의 중화中和 정신과 상생相生 사상에 기반하여, 경제주체 간의 균형과 조화를 통해 지속 가능한 발전을 추구하는 것이다.

재벌 중심 경제구조의 개편

한국의 재벌 중심 경제구조는 경제개발 초기 단계에서 자본 부족과 기술 낙후를 극복하고 규모의 경제를 달성하는 데 중요한 역할을 했다. 그러나 현재 이 구조는 경제의 건전성과 지속가능성을 저해하는 주요 요인이 되고 있다. 통계청의 2024년 가계금융복지조사에 따르면, 가구 평균 자산은 5억 4,022만 원으로 전년 대비 2.5% 증가했지만, 소

---

128) 2024년 포브스 '대한민국 50대 부자' 순위에서 이재용 삼성전자 회장이 115억 달러로 1위, 50대 부자 순자산이 1,150억 달러로 전년 대비 증가했지만 2025년에는 107억 달러(약 14조 5,700억 원, 실시간 자산)의 자산으로 2위를 차지했다. John Kang, 조득진. "이재용, 한국 최고 부자 등극 : 2024 대한민국 50대 부자", 포브스코리아. 통권255호(2024. 5.)
https://www.forbes.com/lists/korea-billionaires/ (2025. 6. 22 검색)

득 5분위 배율은 5.72배로 여전히 높은 수준을 유지하고 있다. 이는 재벌 대기업과 중소기업 간의 격차가 가계소득 불평등으로 이어지고 있음을 보여준다.

재벌 중심 경제구조의 가장 큰 문제는 경제력 집중이다. 대기업집단의 매출이 전체 기업 매출에서 차지하는 비중이 지속해 증가하고 있으며, 특히 삼성, LG, 현대차, SK 등 주요 재벌그룹이 한국경제에서 차지하는 위상은 절대적이다. 이러한 경제력 집중은 시장의 공정 경쟁을 저해하고, 중소기업의 성장 기회를 제약하며, 혁신의 동력을 약화하는 결과를 초래한다.

또한 재벌의 순환출자 구조[129]와 총수 일가의 지배구조[130]는 기업 지배구조의 투명성을 훼손하고 있다. 소유와 경영의 분리가 제대로 이루어지지 않은 상황에서 전문경영인 체제의 정착이 어렵고, 이는 기업의 장기적 경쟁력 확보에 부정적 영향을 미친다. 특히 4차 산업혁명 시대에 요구되는 개방적이고 유연한 혁신 체계와는 거리가 먼 폐쇄적 의사결정 구조가 문제가 되고 있다.

재벌 중심 경제구조의 개편을 위해서는 먼저 공정거래법과 독점규제

---

129) 2023년 말 기준, 34개 대기업집단 중 5개 집단(삼성, 현대차, SK, 롯데, 한화)에서 순환출자 구조가 일부 남아있다. 신규 순환출자는 금지됐으나 기존 순환출자 해소는 지지부진한 상태이다. 공정거래위원회. "대기업집단 설명회". 2025.5.

130) 재벌기업 이사회 독립성, 사외이사제, 감사위원회 등 제도는 도입됐으나, 실질적 견제 기능은 여전히 미흡하다는 평가가 많다. 소유-경영 분리와 전문경영인 체제 미정착, 총수 일가의 영향력 과도 등은 OECD·IMF 등 국제기구에서도 반복해서 지적하고 있다. 공정거래위원회. "2024년 기업집단별 소유지분도". 2024.

법의 실효성 있는 집행이 필요하다. 경제력 집중 억제를 위한 출자총
액제한제도의 강화[131], 순환출자 금지의 실질적 이행, 일감몰아주기 규
제의 확대[132] 등을 통해 재벌의 무분별한 확장을 제어해야 한다. 특히
신규 순환출자를 전면 금지하고, 기존 순환출자에 대해서는 단계적 해
소 방안을 마련해야 한다.

기업 지배구조의 투명성 제고도 중요한 과제다. 이사회의 독립성 강
화, 사외이사제도의 실질화, 감사위원회의 기능 강화 등을 통해 견제
와 균형의 원리가 작동할 수 있도록 해야 한다. 또한 주주의 권리 보호
를 위해 집중투표제 확대, 전자투표제 활성화, 소액주주의 경영 참여
기회 확대 등의 제도 개선이 필요하다.

재벌의 사회적 책임 강화도 필수적이다. 대기업은 단순히 이윤 추구
만을 목표로 하는 것이 아니라, 사회적 가치 창출과 상생 발전에 이바
지해야 한다. 이를 위해 ESG(환경·사회·지배구조) 경영의 의무화[133],
사회적 가치평가 지표의 도입, 상생협력 의무의 강화 등을 추진해야 한
다. 특히 대기업의 중소기업 지원 의무를 확대하고, 이를 위반하면 강
력한 제재를 할 수 있는 법적 기반을 마련해야 한다.

동시에 재벌의 혁신 역량은 인정하면서도 그 성과가 사회 전체에 공
유되는 방안을 모색해야 한다. 대기업의 연구개발 성과를 중소기업과

---

131) 2009년 폐지 후, 2021년 일부 재도입 논의됐으나, 현재는 대기업집단의 신규 순환출자만 금지하
고 있다.

132) 일감몰아주기 규제는 2022년 이후 확대 시행 중이나 실효성 논란이 지속되고 있다.

133) 2025년부터 자산 2조 원 이상 상장사는 ESG 공시 의무화(금융위원회, 2023년 발표).

공유하는 기술이전 확대, 대기업 주도의 산업생태계에서 중소기업의 역할 강화, 대기업과 중소기업 간의 공정한 거래관계 정립 등을 통해 상생의 혁신 생태계를 구축해야 한다.[134)]

중소기업과 사회적경제의 생태계 구축

한국경제의 지속 가능한 발전을 위해서는 재벌 중심 구조를 개편하는 것과 동시에 중소기업과 사회적경제가 건강하게 성장할 수 있는 생태계를 구축해야 한다. 중소벤처기업부의 통계에 따르면, 중소기업은 전체 사업체 수의 99.9%를 차지하고 전체 고용의 83%를 담당하고 있어 한국경제의 핵심 주체라고 할 수 있다. 그러나 대기업 대비 중소기업의 임금 수준은 54.7%에 불과하고, 영업이익률 격차는 3.5%포인트에 달하는 등 대중소기업 간 격차가 심각한 상황이다.

중소기업의 경쟁력 강화를 위해서는 먼저 혁신 역량 제고가 필요하다. 2023년 1,000대 기업의 연구개발 투자 조사 결과에 따르면, 대기업의 R&D 투자는 상위 10대 기업이 전체의 62.7%를 차지하는 등 매우 집중되어 있다. 중소기업 중에서는 리가켐바이오사이언스가 797억 원으로 69위를 기록했지만, 전반적으로 중소기업의 R&D 투자 역량은 제한적이다. 이를 개선하기 위해 중소기업 대상 R&D 지원을 대

---

134) 정부는 '중소기업 스마트공장 지원', '상생협력기금', '공정거래협약' 등 다양한 제도를 운용 중이나, 실제 현장에서는 대기업–중소기업 간 불공정 거래, 기술 탈취, 납품단가 후려치기 등 문제가 지속하고 있다.

폭 확대하고, 특히 디지털 전환, 친환경(그린) 기술, 글로벌 진출 등 미래 성장동력 분야인 4차 산업혁명 관련 기술 분야에 대한 집중 투자가 필요하다.

중소기업의 자금 조달 개선도 중요한 과제다. 현재 중소기업은 은행 대출에 과도하게 의존하고 있으며, 직접금융 시장에 대한 접근성이 낮다. 이를 개선하기 위해서는 중소기업 대상 정책금융의 확대, 모태펀드를 통한 벤처투자 활성화, 크라우드펀딩과 P2P 대출 등 새로운 금융 수단의 활용 확대가 필요하다. 또한 중소기업의 신용평가 체계를 개선하여 기술력과 성장 잠재력을 제대로 반영할 수 있도록 해야 한다.

2024년 한국 스타트업 투자 통계에 따르면, 스타트업 투자 금액이 전년 대비 약 20% 감소하여 뚜렷한 V자 반등의 기미가 나타나지 않고 있다. 이는 글로벌 경기 불확실성과 국내 투자 환경 악화가 복합적으로 작용한 결과다. 따라서 스타트업과 중소기업이 성장할 수 있는 투자 생태계의 복원과 확대가 시급하다.

사회적경제 부문의 활성화도 중요하다. 협동조합, 사회적기업, 마을기업 등으로 구성된 사회적경제는 경제적 가치와 사회적 가치를 동시에 추구하는 새로운 경제모델로서 공생적 복지국가의 핵심 요소다. 한국사회적기업진흥원에 따르면, 2024년 현재 전국의 협동조합 수는 지속해 증가하고 있으며, 특히 사회적협동조합의 역할이 확대되고 있다.

사회적경제의 활성화를 위해서는 먼저 제도적 기반을 강화해야 한다. 사회적경제기본법 제정을 통해 사회적경제의 법적 지위를 명확히 하고, 각종 지원제도를 체계화해야 한다. 또한 사회적경제 조직의 설립과 운영을 지원하는 중간지원조직의 역할을 강화하고, 사회적경제 인재 양성을 위한 교육 프로그램을 확대해야 한다.

사회적경제의 시장 접근성 개선도 필요하다. 공공 조달에서 사회적경제 기업의 참여 기회를 확대하고, 일반 기업과의 공정한 경쟁 여건을 조성해야 한다. 2024년 공공기관의 사회적협동조합 제품 구매실적을 확대하고, 2025년 구매계획을 의욕적으로 수립하는 것도 이러한 노력의 일환이다.

중소기업과 사회적경제 간의 연계와 협력도 강화해야 한다. 중소기업이 사회적 가치를 추구하는 방향으로 발전하고, 사회적경제 조직이 시장경쟁력을 갖출 수 있도록 상호 학습과 협력의 기회를 확대해야 한다. 이를 위해 중소기업과 사회적경제 조직 간의 기술 협력, 공동 마케팅, 공급망 연계 등을 지원하는 프로그램을 개발해야 한다.[135]

지역 기반의 중소기업과 사회적경제 생태계 구축도 중요하다. 각 지역의 특성과 자원을 활용한 특화 산업을 육성하고, 지역 내 중소기업과 사회적경제 조직이 네트워크를 형성하여 시너지를 창출할 수 있도록 지원해야 한다. 지역화폐, 시간은행 등을 활용한 지역 순환경제 모델의 도입도 이러한 노력의 일환이 될 수 있다.

한국경제의 지속 가능한 발전을 위해서는 중소기업과 사회적경제의

---

135) 사회적경제(사회적기업, 협동조합 등) 활성화는 문재인 정부 이후 정책적으로 강조됐으나, 시장점유율은 전체의 2% 미만으로 미약한 수준이다.

혁신 역량, 자금 조달, 시장 접근성, 지역 기반 네트워크 등 다층적 생태계 구축이 필수적이다. 또한 구조적 격차 해소와 함께, 법적·제도적 기반 강화, 금융·기술 지원, 지역순환경제 실험, 중소기업–사회적경제 연계 협력 등 실질적 정책 실행이 병행되어야 한다.

혁신과 포용 성장의 조화

공생적 복지국가의 경제체제는 혁신과 포용이 조화를 이루는 성장모델을 지향해야 한다. 단순 양적 성장에서 벗어나 혁신(디지털·그린 전환)과 포용(불평등 해소, 사회안전망 강화)이 조화된 '혁신적 포용국가'로 나아가야 한다. 혁신 성장은 기술 발전과 생산성 향상을 통해 경제의 질적 성장을 추구하는 것이며, 포용 성장은 성장의 혜택이 사회 전체에 고르게 배분되도록 하는 것이다. 이 두 가지가 상호 배타적인 관계가 아니라 상호보완적인 관계라는 인식하에, 혁신을 통한 성장이 포용적 발전으로 이어질 수 있는 선순환 구조를 만들어야 한다.

▪ 혁신 성장: R&D 투자와 기술 발전

혁신 성장의 핵심은 연구개발[R&D] 투자의 확대와 효율성 제고다. 과학기술정보통신부의 「2024년도 연구개발사업 종합시행계획」에 따르면, 총 5조 8,577억 원이 투자되어 '선도형 R&D 혁신으로 글로벌 과학기술·ICT 강국 도약'을 목표로 하고 있다. 이는 2020년 총연구개발비 93조 717억 원과 비교할 때 정부 주도의 R&D 투자가 지속해 증가하고 있음을 보여준다.

그러나 R&D 투자의 양적 확대만큼 중요한 것은 투자의 효율성과 성과의 사회적 확산이다. 현재 한국의 R&D 투자는 대기업과 정부출연 연구기관에 집중되어 있어, 중소기업과 사회적경제 조직의 혁신 역량 제고에는 상대적으로 소홀한 측면이 있다. 따라서 R&D 투자의 배분 구조를 개선하여 혁신의 저변을 확대하고, 혁신의 성과가 사회 전체에 확산할 수 있도록 해야 한다.

인공지능, 빅데이터, 사물인터넷 등 4차 산업혁명 기술의 발전은 새로운 혁신 기회를 제공하지만, 동시에 기술적 실업과 소득 불평등 확대라는 위험도 내포하고 있다. 이러한 기술 변화에 대응하기 위해서는 기술 발전의 혜택을 사회 전체가 공유하는 방안을 모색해야 한다. 예를 들어, 플랫폼 경제에서 창출되는 가치 일부를 사회에 환원하는 디지털 배당제도의 도입을 검토할 수 있다.

교육과 훈련 체계의 혁신도 필요하다. 4차 산업혁명 시대에는 평생학습이 필수가 되었으며, 특히 기술 변화에 적응할 수 있는 재교육과 직업훈련의 중요성이 커지고 있다. 정부는 K-디지털 트레이닝, 국가인적자원개발컨소시엄 등을 통해 디지털 역량 강화를 지원하고 있지만, 더 체계적이고 포괄적인 평생학습 체계를 구축해야 한다.

- 포용 성장: 분배, 사회안전망, 사회적경제

포용 성장을 위해서는 성장의 과실이 공정하게 배분되는 메커니즘이 필요하다. 이는 단순히 사후적인 재분배만으로는 한계가 있으며, 성장 과정 자체에 포용성이 내재하여야 한다. 예를 들어, 중소기업과 사회적경제의 혁신 역량을 강화하여 이들이 성장의 주체가 될 수 있도록 지원하고, 대기업과 중소기업 간의 상생협력을 통해 성장의 혜택이 골고루 배분되도록 해야 한다.

노동 시장의 포용성 제고도 중요한 과제다. 정규직과 비정규직 간의 격차 해소, 성별 임금 격차 완화, 청년과 고령자의 고용 기회 확대 등을 통해 모든 경제주체가 성장에 참여하고 그 혜택을 누릴 수 있도록 해야 한다. 특히 플랫폼 노동자, 프리랜서 등 새로운 형태의 노동자에 대한 사회적 보호 체계를 구축하는 것이 필요하다.

지역 간 균형발전도 포용 성장의 중요한 요소다. 수도권 집중 현상을 완화하고 지역 경제의 자립 기반을 강화하기 위해서는 지역별 특화 산업 육성, 지역 혁신 생태계 구축, 지역 인재 양성 등에 대한 종합적인 접근이 필요하다. 특히 공생적 복지국가의 관점에서 각 지역이 서로 다른 특성과 장점을 가지고 상호 보완하며 발전할 수 있는 상생의 지역발전 모델을 구축해야 한다.

- 디지털·그린 전환과 녹색성장

환경과 성장의 조화도 고려해야 한다. 기후변화 대응과 지속 가능한 발전이 전 지구적 과제가 된 상황에서, 환경친화적이면서도 경제적 가치를 창출할 수 있는 녹색성장 모델을 정립해야 한다. 재생에너지, 순환경제, 친환경 기술 등의 분야에서 혁신을 추진하고, 이러한 녹색 혁신이 새로운 일자리 창출과 산업 발전으로 이어질 수 있도록 지원해야 한다.

금융 시스템의 혁신도 필요하다. 기존의 담보 중심, 대기업 중심의 금융 시스템을 개편하여 중소기업과 사회적경제 조직이 혁신 자금을 조달할 수 있도록 해야 한다. 임팩트 투자, ESG 투자 등 사회적 가치를 고려한 투자 방식의 확산, 핀테크를 활용한 금융서비스의 혁신, 중소기업 맞춤형 금융상품의 개발 등을 통해 포용적 금융 생태계를 구축해야 한다.

혁신과 포용의 조화를 위해서는 정부의 역할도 중요하다. 정부는 시장 실패를 보완하고 공공재를 제공하는 전통적 역할을 넘어서, 혁신과 포용을 동시에 추진하는 정책의 조정자 역할을 수행해야 한다. 이를 위해 부처 간 칸막이를 해소하고 정책의 일관성을 확보하는 것이 필요하며, 정책 수립 과정에서 다양한 이해관계자의 참여를 보장하는 것도 중요하다.

결론적으로, 한국 경제체제의 전환은 재벌 중심 구조를 개편하고 중소기업과 사회적경제의 건전한 생태계를 구축하며, 혁신과 포용이 조화를 이루는 성장모델을 정립하는 것이다. 이는 단순히 경제적 효율성만을 추구하는 것이 아니라, 경제적 가치와 사회적 가치를 동시에 창출하는 공생적 경제 시스템을 만드는 것이다. 이러한 경제체제의 전환이야말로 공생적 복지국가 실현의 핵심 기반이 될 것이며, 나아가 지속 가능하고 포용적인 사회 발전의 동력이 될 것이다.

3. 통일 시대를 대비한 복지국가

한반도 통일은 단순히 분단된 영토의 물리적 결합을 넘어서, 서로 다른 사회체제 아래에서 70여 년간 분리되어 발전한 두 사회의 총체적 통합을 의미한다. 이러한 통일 과정에서 사회보장제도의 통합은 가장 복잡하면서도 중요한 과제 중 하나다.

2024년 현재 북한 인구는 약 2,620만 명으로 추정되며, 남한의 5,170만 명과 합치면 통일 한국의 인구는 약 7,800만 명에 달할 것이다. 그러나 남북한 간의 경제적 격차는 극심하다. 2023년 기준 한국은행 발표에 따르면 북한의 1인당 국민총소득은 약 1,200달러로, 남한의 32,000달러와 비교할 때 약 27배의 격차를 보인다. 이러한 격차는 단순히 경제적 측면과 아울러 사회보장제도, 의료체계, 교육시스템 등 모든 사회 인프라에서 나타나고 있다.

통일 시대를 대비한 복지국가 구상에서 핵심은 이러한 격차를 단계적으로 해소하면서도 양 체제의 경험과 지혜를 통합하여 더욱 발전된 복지 모델을 만드는 것이다. 이는 동양철학의 화이(和而)사상, 즉 서로 다름을 인정하면서도 조화를 이루는 정신에 바탕을 두어야 한다. 또한 『주역』의 변통(變通) 사상에 따라 시대와 상황의 변화에 맞춰 유연하게 적응할 수 있는 적응적 복지 거버넌스를 구축해야 한다.

남북 사회보장제도의 점진적 통합

남북한의 사회보장제도는 서로 다른 이념과 체제하에서 발전해왔기 때문에 근본적인 차이를 보인다. 남한은 사회보험을 중심으로 한 기여형 사회보장제도와 공공부조를 결합한 혼합형 모델을 채택하고 있지만, 북한은 국가가 모든 사회보장을 책임지는 국가 책임형 모델을 유지해왔다. 북한의 사회보장제도에 관한 연구에 따르면, 북한은 1985년을 기점으로 적용 대상의 보편주의와 급여 종류의 구체적 진술이 나타났으나, 그 이후 2002년까지 사실상 큰 내용 변화가 없었다.

북한의 사회보장제도는 명목상으로는 전 주민을 대상으로 하는 보편적 체계를 표방하고 있으나, 실제로는 당 관료층과 일반 주민 사이에 상당한 격차가 존재한다. 또한 1990년대 '고난의 행군' 이후 국가의 사회보장 제공 능력이 크게 약화하면서, 실질적으로는 개인과 가족에 의존하는 비공식적 사회보장이 확산하였다. 이러한 상황에서 통일 시 사회보장제도의 통합은 매우 복잡한 과제가 될 것이다.

남북 사회보장제도의 점진적 통합을 위해서는 우선 단계별 접근 전략이 필요하다. 첫 번째 단계는 긴급 생계보장 단계로, 통일 직후 북한 주민들의 기본적인 생활을 보장하는 것이다. 이 단계에서는 남한의 기초생활보장제도를 북한 지역에 확대 적용하되, 북한의 특수한 상황을 고려한 특별 조치가 필요하다. 현재 북한이탈주민에 대해서는 생활이 어려운 경우 최초 거주지 전입일 이후 5년간 특례를 적용하고 있는데, 통일 시에는 이보다 더 광범위하고 체계적인 특례 조치가 필요할 것이다.

두 번째 단계는 제도 통합 단계로, 남북한의 서로 다른 사회보장제도를 단계적으로 통합하는 것이다. 이 과정에서는 남한의 4대 사회보험(국민연금, 건강보험, 고용보험, 산재보험)을 북한 지역에 확대 적용하면서도, 북한 주민들의 경제활동 경력과 사회보장 경력을 어떻게 인정할 것인지에 대한 정교한 설계가 필요하다. 특히 북한의 국가 배급제와 무상의료제의 경험을 어떻게 새로운 통합 제도에 반영할 것인지가 중요한 과제다.

세 번째 단계는 완전 통합 단계로, 남북한이 하나의 통합된 사회보장제도 아래에서 운영되는 것이다. 이 단계에서는 공생적 복지국가의 이념에 맞는 새로운 사회보장 모델을 구축해야 한다. 이는 기존 남한의 제도를 단순 확대하는 것이 아니라, 남북한의 경험을 종합하여 더욱 발전된 형태의 사회보장제도를 만드는 것이다.

사회보장제도 통합 과정에서 특히 중요한 것은 의료보장제도의 통합이다. 북한은 무상의료제를 표방하고 있으나 실제로는 의료 인프라의 부족과 의료진의 질적 문제로 인해 제대로 작동하지 않고 있다. 통일 시에는 남한의 국민건강보험제도를 북한 지역에 확대 적용하면서도, 의료 인프라 구축과 의료진 재교육을 병행해야 한다. 이 과정에서 북한의 전통의학과 예방의학의 경험을 활용하여 새로운 형태의 통합의료체계를 구축할 수 있을 것이다.

연금제도의 통합도 복잡한 과제다. 북한에는 별도의 연금제도가 없고 국가가 노령자를 부양하는 체계였으나, 실제로는 가족부양에 의존하는 경우가 많다. 통일 시에는 북한 주민들에게도 국민연금을 적용해야 하는데, 이들의 과거 경제활동을 어떻게 인정하고 가입 기간을 산정할 것인지가 중요한 문제다. 이를 위해서는 특별한 크레딧^{credit} 제도를 도입하여 북한 주민들의 과거 노동 경력을 인정하는 방안을 검토해야 한다.

고용보장제도 역시 중요한 통합 영역이다. 북한은 완전고용을 표방하고 있으나 실제로는 비효율적인 고용 구조와 낮은 생산성 문제를 안고 있다. 통일 시에는 북한 지역의 산업 구조조정 과정에서 대량 실업이 발생할 가능성이 높으므로, 이에 대비한 고용보험제도의 확대와 적극적 노동 시장 정책이 필요하다. 또한 북한 주민들의 직업 재교육과 기능 향상을 위한 대규모 프로그램을 준비해야 한다.

독일 통일 사례처럼, 복지제도 통합에는 막대한 재정 부담과 사회적 갈등 가능성이 수반된다. 통일 전부터 복지기금 조성, 법·제도 정비, 사회적 합의 구축이 필요하다. 통합 과정에서 남북 주민의 기본적 생활 안정, 사회적 갈등 관리, 인구 이동 억제, 복지 관련 책임 주체의 명확화, 제도별 통합 속도 조절 등 다각도의 사회적 합의와 지속적 모니터링이 요구된다. 통합은 긴급구호-과도기 이중체제-완전 통합의 단계별, 유연한 접근이 현실적이며, 의료·연금·고용 등 핵심 제도별로 세부적 설계와 재정·사회적 준비가 필수적이다. 북한의 실질적 복지 수혜 수준이 낮음을 고려해야 한다면 인프라 구축, 인력 양성, 사회서비스 전달체계 혁신 등 중장기 전략이 병행되어야 한다.

통일 비용의 사회적 분담

통일 비용은 분단된 양 체제가 통일 후 경제적·사회적 격차를 해소하기 위해 투자해야 할 비용을 의미한다. 다양한 연구기관의 추산에 따르면, 한국의 통일 비용은 최소 500억 달러(약 54조 원)에서 최대 6,000억 달러(약 650조 원)에 달할 것으로 예상된다.[136] 이러한 천문학적 비용 때문에 통일에 대한 부담감이 증가하고 있지만, 통일 비용을 단순히 부담으로만 바라볼 것이 아니라 미래 투자와 분단 비용 절약 효과를 종합적으로 고려해야 한다.

현재 한국의 국방비는 연간 약 55조 원으로 GDP의 2.6%를 차지한다. 통일되면 독일의 사례처럼 국방비를 대폭 절감할 수 있다. 독일은 통일 후 국방비를 기존의 22.5% 수준으로 줄였는데, 한국도 이와 같은 수준으로 감축한다면 연간 약 39조 원의 국방비 절감 효과를 기대할 수 있다. 또한 현재 남북한 합계 약 170만 명의 군인 중 통일 후에는 30만-40만 명 정도면 충분할 것으로 예상되므로, 130만-140만 명의 젊은 인력이 생산활동에 투입됨으로써 경제성장에 크게 기여할 수 있다.

통일 비용의 사회적 분담을 위해서는 다층적 접근이 필요하다. 첫째, 정부 차원에서는 통일세 도입을 검토할 수 있다. 독일의 경우 통일 후

---

136) 파이낸셜 타임스(FT)와 블룸버그 통신에 따르면 영국의 자산운용사 유리존 SLJ는 이날 발표한 보고서에서 독일 통일 과정을 참고로 삼아 향후 10년간 남북통일 과정에 들 경제적 비용을 추산했다. 연합뉴스. "한반도 통일 비용 10년간 2천167조 원 추산". (2018. 5. 11 자 기사)

'연대세[137] Solidaritätszuschlag'를 도입하여 통일 비용을 충당했다. 한국도 이와 유사한 통일세를 도입하되, 소득수준에 따른 누진적 부담 구조를 만들어 사회적 형평성을 확보해야 한다.

둘째, 통일기금의 확대와 운용 개선이 필요하다. 현재 남북협력기금이 조성되어 있으나 규모가 제한적이다. 통일을 대비해서는 기금 규모를 대폭 확대하고, 기금 운용의 투명성과 효율성을 높여야 한다. 또한 민간 부문의 참여를 확대하여 국민연금기금, 사학연금기금 등 각종 공적연기금의 일부를 통일기금에 출연하는 방안도 검토할 수 있다.

셋째, 국제사회의 지원과 협력을 확대해야 한다. 한반도 통일은 동북아 지역의 평화와 안정에 기여할 것이므로, 주변국들의 지원을 적극 요청해야 한다. 특히 한반도 분단으로 인해 이익을 얻어온 국가들에는 통일 비용 분담에 대한 도덕적 책임이 있다고 할 수 있다.

넷째, 통일 비용을 단순한 지출이 아닌 투자의 관점에서 접근해야 한다. 북한 지역의 인프라 구축, 교육 투자, 산업 개발 등은 모두 미래의 성장동력이 될 수 있다. 따라서 통일 비용의 상당 부분은 민간 투자를 통해 조달하고, 정부는 이를 지원하는 역할을 수행하는 것이 바람직하다.

공생적 복지국가의 관점에서 통일 비용 분담은 단순히 경제적 부담의 문제가 아니라 사회 연대와 상호부조의 구현이다. 통일은 남북한 모든

---

137) Solidaritätszuschlag은 독일 통일 비용을 충당하기 위해 1991년에 도입된 세금으로, 소득세 및 법인세에 추가로 부과된다. 2021년부터는 대부분의 납세자(약 90%)가 면제되었으며, 현재는 주로 고소득자나 법인에만 적용된다. 2025년 3월 26일 독일 연방 헌법 재판소(Bundesverfassungsgericht)는 Solidaritätszuschlag의 부과가 헌법에 합치된다고 판결했다 (사건 번호: 2 BvR 1505/20).

주민이 함께 혜택을 누리는 것이므로, 비용 부담도 능력에 따라 공정하게 분담해야 한다. 또한 통일 과정에서 발생할 수 있는 사회적 갈등과 불평등을 최소화하기 위해서는 선제적인 사회통합 정책이 필요하다.

동북아 평화협력과 복지 거버넌스

통일 시대를 대비한 복지국가 구상은 한반도 차원을 넘어서 동북아 지역 차원의 평화협력과 복지 거버넌스 구축으로 확장되어야 한다. 한반도 통일은 동북아 지역의 정치·경제·사회 구조에 근본적인 변화를 가져올 것이며, 이러한 변화를 평화롭고 협력적으로 관리하기 위해서는 지역 차원의 다자간 협력 체계가 필요하다.

동북아 지역은 세계 GDP의 약 25%를 차지하는 경제적 중심지이면서도 여전히 냉전의 유산과 역사적 갈등을 안고 있는 지역이다. 2024년 5월 제9차 한일중 정상회의에서 채택된 공동선언은 이러한 지역 협력의 중요성을 재확인한 의미있는 성과였다. 세 나라 정상은 "한반도와 동북아의 평화·안정·번영이 우리의 공동 이익이자 공동 책임"이라고 재확인하고, 3국 협력의 제도화를 촉진하기로 합의했다.

한·중·일 3국 협력은 1999년부터 시작되어 25년의 역사가 있으며, 현재 21개 장관급 회의를 포함해 70여 개의 정부 간 협의체가 운영되고 있다. 2011년에는 3국 협력을 위한 상설 사무국^{TCS}이 서울에 설립되어 3국 협력의 제도적 기반을 마련했다. 특히 2024년 제9차 한·중·일 정상회의 공동선언에서 기후변화 대응, 녹색 전환, 디지털 전환 등의 분야의 3국 공조 체계 구축이 강조되었다.

복지 분야에서의 동북아 협력은 아직 초기 단계에 있지만, 고령화, 저출산, 사회 양극화 등 공통의 사회문제에 직면하고 있어 협력의 필요성과 가능성이 크다. 한국의 경우 2024년 기준 합계출산율이 0.75명으로 세계 최저 수준이며, 일본도 1.3명 내외의 낮은 출산율을 보인다. 중국 역시 2022년부터 인구감소가 시작되어 일인 자녀 정책의 후유증이 나타나고 있다. 이러한 공통의 도전에 대응하기 위해서는 각국의 정책 경험을 공유하고 공동 대응 방안을 모색하는 것이 필요하다.

동북아 복지 거버넌스 구축을 위해서는 여러 차원의 접근이 필요하다. 첫째, 정부 간 협력 체계의 강화다. 현재 한·중·일 3국 간에는 보건의료 분야 협력이 일부 이루어지고 있으나, 사회보장과 복지 분야의 체계적 협력은 부족한 상황이다. 따라서 한·중·일 사회보장장관회의를 신설하여 각국의 복지정책 경험을 공유하고 공동 과제를 발굴하는 것이 필요하다.

둘째, 학술적 교류와 연구 협력의 확대다. 한국연구재단의 한·중·일 특별협력사업 등을 통해 기초과학 분야의 협력이 이루어지고 있는데, 이를 사회복지 분야로 확대하여 3국 공통의 사회문제에 대한 공동 연구를 추진해야 한다. 특히 고령화 대응, 사회보장제도 지속가능성, 디지털 기술을 활용한 복지 서비스 혁신 등의 분야에서 공동 연구가 가능할 것이다.

셋째, 시민사회와 NGO 차원의 교류 확대다. 정부 간 협력이 정치적 제약을 받는 경우가 많으므로, 시민사회 차원의 교류를 통해 실질적인 협력 기반을 다져야 한다. 사회복지 관련 NGO들 간의 네트워크 구축, 복지 현장 전문가들의 교류, 복지 수혜자들 간의 직접적인 소통 등을 통해 상호 이해를 증진하고 협력 방안을 모색해야 한다.

넷째, 다자간 국제기구를 통한 협력 강화다. ASEAN+3, 동아시아정상회의^{EAS}, 아시아개발은행^{ADB} 등 기존 다자간 협력 체계를 활용하여 동북아 복지 협력을 확대해야 한다. 특히 2024년 제9차 한일중 정상회의에서 강조된 바와 같이, 3국 협력이 아세안과의 긴밀한 관계 속에서 발전해온 점을 고려하여 아세안 국가들과의 복지 협력도 동시에 추진해야 한다.

한반도 통일과 관련해서는 동북아 국가들의 이해와 협력이 필수적이다. 통일 한국의 등장은 지역 내 세력 균형에 변화를 가져올 것이므로, 이를 협력적으로 관리하기 위한 지역 거버넌스가 필요하다. 특히 통일 과정에서 발생할 수 있는 난민 문제, 경제적 충격, 사회적 혼란 등에 대해서는 지역 차원의 공동 대응이 필요하다.

공생적 복지국가의 관점에서 동북아 평화협력은 단순히 국가 간 이익을 조정하는 차원을 넘어서, 지역 전체의 공동 번영과 인간 안보를 추구하는 것이어야 한다. 이는 동양철학의 대동^{大同}사상, 즉 세계 모든 사람이 하나의 큰 공동체를 이루어 평화롭게 살아가는 이상과 맥을 같이 한다. 또한 현대적 의미에서는 지속가능발전목표^{SDGs}의 실현과 인간 중심의 발전을 추구하는 것이다.

기후변화 대응 역시 동북아 복지 거버넌스의 중요한 영역이다. 기후변화는 사회 취약계층에 더 큰 피해를 주므로, 기후정의climate justice의 관점에서 접근해야 한다. 한·중·일 3국은 탄소중립 목표를 공유하고 있으므로, 녹색 전환 과정에서 발생할 수 있는 사회적 비용을 최소화하고 정의로운 전환justice transition을 실현하기 위한 공동 노력이 필요하다.

디지털 전환 역시 중요한 협력 분야다. 코로나19 팬데믹을 계기로 디지털 기술을 활용한 비대면 복지 서비스가 확산하였는데, 이러한 경험을 공유하고 발전시켜 나가야 한다. 특히 고령화 사회에서 디지털 격차 해소와 디지털 포용성 확보는 중요한 과제이므로, 3국이 공동으로 대응 방안을 모색해야 한다.

마지막으로, 동북아 복지 거버넌스는 역내 평화와 안정의 기반이 될 수 있다. 복지와 사회보장은 사회통합과 정치적 안정의 핵심 요소이므로, 복지 분야의 협력 확대는 정치적 갈등을 완화하고 평화적 공존을 촉진하는 효과가 있다. 따라서 복지 협력을 통해 동북아 지역의 평화와 번영을 동시에 추구하는 것이 공생적 복지국가의 지향점이라 할 수 있다.

결론적으로, 통일 시대를 대비한 복지국가 구상은 남북 사회보장제도의 점진적 통합, 통일 비용의 사회적 분담, 동북아 평화협력과 복지 거버넌스 구축이라는 세 차원에서 접근되어야 한다. 이는 단순히 제도적 통합을 넘어서 새로운 시대의 공생적 복지국가 모델을 창조하는 역사적 과업이다. 이 과정에서 동양철학의 지혜와 현대적 복지국가 이론을 결합하여, 한반도는 물론 동북아 지역 전체의 평화와 번영에 기여하는 새로운 복지 패러다임을 제시할 수 있을 것이다.

제 8장

공생적 복지국가의
실현 전략

제 8장

공생적 복지국가의 실현 전략

1. 단계별 실행 로드맵

단기 전략 : 제도 개선과 인식 전환

한국 복지국가의 근본적 전환을 위한 첫 단계로서, 단기 전략은 기존 복지제도의 부분적 개선과 공생적 복지국가에 대한 사회적 인식 전환을 중심으로 설계되어야 한다. 이 시기는 복지의 패러다임 변화를 위한 토대를 마련하는 중요한 전환점이 될 것이다.

2025년 현재 한국의 복지 현황을 살펴보면, 기준 중위소득이 4인 가구 기준 610만 원으로 6.42% 인상되어 맞춤형 급여체계 전환 이후 최고 증가율을 기록했다. 이는 정부의 두텁고 촘촘한 약자 복지정책의 하나로 평가되지만, 여전히 OECD 평균 대비 사회복지 지출 수준 대비 낮은 상황이다. 한국의 GDP 대비 사회복지지출은 13~14% 수준으로 OECD 평균 20.1%의 60% 수준에 머물고 있어, 복지제도의 근본적 개선이 필요한 상황이다.

기존 복지제도의 부분적 개선은 무엇보다 복지 사각지대 해소에 집중되어야 한다. 현재 한국 복지체계의 핵심 문제는 시장에 맡겨진 복지의 한계로, 민간보험과 비공식적 이전소득에 과도하게 의존하고 있다는 점이다. 이러한 '자가복지'의 동학은 공적 복지제도의 역할을 제한하고 있어, 복지의 공공성 강화를 위한 제도적 개선이 시급하다. 2025년 생계급여 대상자 확대를 통해 약 7만 1천 명의 새로운 수급자가 혜택을 받게 되었으나, 이는 여전히 제한적인 수준이다.

시범사업과 파일럿 프로그램 도입은 공생적 복지국가의 핵심 가치인 상호부조와 연대의 원리를 실험하는 중요한 기회가 될 것이다. 지역사회 기반의 공동체 복지 모델을 시범적으로 운영하여, 개인과 가족, 지역사회가 상호 협력하는 복지 생태계를 구축하는 것이 필요하다. 이는 전통적인 수급자-제공자 관계를 넘어서 모든 구성원이 복지의 주체이자 객체가 되는 순환적 복지 시스템의 가능성을 탐색하는 것이다.

공생적 복지국가에 대한 사회적 인식 제고는 복지에 대한 근본적 사고의 전환을 의미한다. 현재 한국 사회에는 복지 수혜를 개인의 능력 부족으로 인식하는 잔여적 복지관이 여전히 강하게 작용하고 있다. 이를 극복하기 위해서는 복지를 모든 시민의 권리이자 의무로 인식하는 보편적 복지관의 확산이 필요하다. 특히 청년층을 중심으로 한 새로운 복지 가치관의 형성이 중요하며, 이를 위해 교육과정에서부터 공생적 복지의 가치를 내재화할 수 있는 프로그램이 도입되어야 한다.

이 시기의 핵심은 복지제도의 점진적 개선을 통해 시민들이 복지의 변화를 체감할 수 있도록 하는 것이다. 기초생활보장제도의 급여 수준

현실화, 노인일자리 100만 개 돌파와 같은 구체적 성과를 통해 복지의 실질적 효과를 보여주어야 한다. 동시에 복지제도의 접근성을 높이기 위한 행정절차 간소화와 원스톱 서비스 체계 구축이 병행되어야 한다.

중기 전략 : 체계 재편과 인프라 구축

중기 전략 단계에서는 사회보장제도의 근본적 재편과 디지털 복지 인프라 구축을 통해 공생적 복지국가의 기본 틀을 완성해야 한다. 이 시기는 단기의 부분적 개선을 넘어서 복지체계 전반의 패러다임 전환을 실현하는 핵심 국면이 될 것이다.

사회보장제도의 근본적 재편은 현재의 분절적이고 중복적인 복지 전달체계를 통합적이고 효율적인 시스템으로 전환하는 것을 의미한다. 한국의 복지제도는 부처별로 분산 운영되어 비효율성이 높고 사각지대가 발생하는 구조적 문제를 안고 있다. 이를 해결하기 위해서는 복지 전달체계의 통합 운영체계 구축이 필요하다. 중앙정부와 지방정부, 그리고 민간 영역 간의 역할 분담을 명확히 하고, 지역별 특성을 반영한 맞춤형 복지 서비스를 제공할 수 있는 체계를 마련해야 한다.

디지털 복지 인프라 구축은 4차 산업혁명 시대에 적합한 복지 시스템 구현의 핵심이다. 한국은 이미 OECD 국가 중 광케이블 기반 초고속인터넷 보급률 1위, 5G 보급률 2위를 기록하며 세계 최고 수준의 디지털 인프라를 보유하고 있다. 이러한 기술적 우위를 활용하여 인공지능 기반의 맞춤형 복지 서비스, 빅데이터를 활용한 복지 수요 예측 시스템, 블록체인 기반의 투명한 복지 전달체계 등을 구축할 수 있다. 특히 사회보장정보시스템의 고도화를 통해 복지 사각지대를 사전에 발굴하고, 개인별 생애주기에 맞춘 선제적 복지 서비스를 제공하는 시스템을 완성해야 한다.

지역별 복지 생태계 조성은 공생적 복지국가의 핵심 가치인 지역공동체 중심의 복지 실현을 위한 중요한 과제이다. 중앙집권적 복지 전달체계를 넘어서 지역의 자율성과 창의성을 바탕으로 한 복지 생태계를 구축하는 것이 필요하다. 이는 지역사회의 다양한 주체들이 협력하여 복지 서비스를 기획하고 제공하는 거버넌스 체계를 의미한다. 지방자치단체, 사회복지기관, 시민사회, 기업, 주민 등이 참여하는 지역복지협의체를 통해 지역 맞춤형 복지 서비스를 개발하고 운영하는 시스템을 정착시켜야 한다.

이 시기에는 복지재정의 지속가능성 확보를 위한 새로운 재원 조달 방안도 마련되어야 한다. 인구 고령화와 저출산으로 인한 복지 수요 증가에 대응하기 위해서는 기존의 조세 중심 재원 조달 방식을 넘어선 다각적 접근이 필요하다. 사회연대세 도입, 복지 목적세 신설, 그리고 사회적경제 활성화를 통한 복지 재원 창출 등 다양한 방안을 검토하고 시행해야 한다. 특히 디지털 경제 발전에 따른 새로운 부가가치 창출에 대한 과세 방안을 모색하여 복지재정의 안정성을 확보하는 것이 중요하다.

복지 서비스의 질적 향상도 이 시기의 핵심 과제이다. 단순한 급여 제공을 넘어서 개인의 자립과 사회참여를 촉진하는 능동적 복지 서비스로의 전환이 필요하다. 이를 위해 복지 전문인력의 역량 강화와 복지 서비스의 표준화, 그리고 서비스 질 관리 시스템 구축이 병행되어야 한다. 특히 사회복지사의 처우 개선과 전문성 강화를 통해 복지 서비스의 질적 수준을 높이는 것이 중요하다.

장기 전략 : 공생적 복지문화 정착과 지속가능성 확보

장기 전략 단계는 공생적 복지문화의 완전 정착과 지속 가능한 재정 구조 확립, 그리고 동아시아 복지 허브로서의 위상 구축을 목표로 한다. 이 시기는 공생적 복지국가가 한국 사회의 기본 체제로 안착하고, 나아가 세계적 모델로 인정받는 단계가 될 것이다.

공생적 복지문화의 완전 정착은 복지에 대한 사회적 인식과 실천이 근본적으로 변화하는 것을 의미한다. 이는 복지를 개인의 권리이자 사회적 책임으로 인식하고, 모든 시민이 복지의 주체로서 참여하는 문화가 형성되는 것이다. 특히 세대 간 연대와 상호부조의 가치가 사회 전반에 내재화되어, 복지가 시혜적 관점이 아닌 상호 호혜의 관점에서 이해되는 문화적 전환이 필요하다. 이를 위해서는 교육, 미디어, 문화예술 등 다양한 영역에서 공생적 복지 가치의 확산이 지속되어야 한다.

지속 가능한 재정 구조 확립은 장기적 복지 안정성의 핵심이다. 2040년대 한국의 잠재성장률이 0% 내외까지 하락할 것으로 전망되는 상황에서, 복지재정의 지속가능성 확보는 국가적 과제이다. 이를 위해서는 복지제도의 효율성 제고와 함께 새로운 재원 창출 방안을 마련해야 한다. 특히 인공지능과 자동화 확산에 따른 로봇세 도입,[138] 디지털 플랫폼 경제에 대한 과세 체계 정비, 그리고 탄소세 등 환경세 확대를 통한 복지재정 확충 방안을 검토해야 한다. 또한 예방적 복지 시스템 구축을 통해 복지 수요 자체를 줄이는 접근도 중요하다.

복지재정의 지속가능성을 위해서는 복지투자의 경제적 효과에 대한 정확한 분석이 필요하다. 복지지출이 단순한 소비가 아닌 인적자본 투자이자 경제성장의 동력임을 실증적으로 입증하고, 이를 바탕으로 한 복지투자 확대의 정당성을 확보해야 한다. 특히 보건의료와 가족정책 분야의 복지투자는 높은 재정승수 효과를 보이므로, 이러한 분야에 대한 투자 확대를 통해 복지와 경제성장의 선순환 구조를 만들어야 한다.

동아시아 복지 허브로서의 위상 구축은 한국의 복지 모델이 지역과 세계에 기여할 수 있는 수준으로 발전하는 것을 의미한다. 한국은 압축적 경제성장과 민주화를 동시에 달성한 경험을 바탕으로 독특한 복지 모델을 발전시킬 수 있는 잠재력을 가지고 있다. 특히 디지털 기술과 전통적 공동체 가치를 결합한 혁신적 복지 모델을 개발하여, 동아시아 지역의 복지 발전에 기여할 수 있다. 이를 위해서는 동아시아 국가들과의 복지 협력 네트워크 구축, 복지 기술과 노하우의 국제적 공유,

---

138) 로봇세, 디지털세, 탄소세 등 새로운 세원 확보 방안은 논의 중이나, 실제 도입된 것은 없다. 로봇세의 경우, 효과성에 대한 실증 연구가 일부 이루어졌으나(예: 세액공제 축소 시 고용 증가 효과 등), 본격적인 정책화는 아직 미진한 상황이다.

그리고 복지 분야 개발 협력 확대 등이 필요하다.[139]

한국의 복지 모델이 동아시아 복지 허브로 발전하기 위해서는 문화적 다양성과 포용성을 기반으로 한 복지 시스템 구축이 중요하다. 다문화가정, 이주노동자, 난민 등 다양한 배경의 사람들이 함께 살아갈 수 있는 포용적 복지 사회를 만드는 것이 필요하다. 이는 단순히 서비스 제공을 넘어서 사회통합과 문화적 상호 이해를 촉진하는 복지 프로그램의 개발을 의미한다.

국제적 복지 협력에서는 한국의 독특한 경험과 강점을 활용해야 한다. 급속한 산업화와 도시화 과정에서 나타나는 사회문제에 대한 대응 경험, 높은 교육열과 인적자본 개발 역량, 그리고 강한 가족주의와 공동체 문화 등은 다른 개발도상국들이 배울 수 있는 중요한 자산이다. 특히 디지털 기술을 활용한 복지 혁신 분야에서는 세계적 선도 모델을 제시할 수 있을 것이다.

이러한 장기적 비전의 실현을 위해서는 정치적 안정성과 사회적 합의가 전제되어야 한다. 복지제도의 장기적 발전을 위해서는 정권 교체와 관계없이 일관성 있게 추진될 수 있는 사회적 합의 기반을 마련하는 것이 중요하다. 이를 위해 복지 헌장 제정, 복지 기본법 개정, 그리고 복지 발전을 위한 사회협약 체결 등의 제도적 장치를 마련해야 한다.

---

139) 한국은 글로벌화와 민주화 이후 복지국가와 발전국가의 결합을 통해, 경제성장과 복지 확대를 동시에 추구하는 '포괄적 발전복지국가'로 변화해왔으며, 특히 교육, 건강, 가족, 노동 시장 정책에서 큰 진전을 이루었다. 그러나 복지 사각지대와 사회적 불평등 해소 등은 여전히 중요한 과제로 남아있다. Pedro Babarosa. "The developmental welfare state in South Korea under globalization", Brazil. J. Polit. Econ. 44 (1) • Jan-Mar 2024.
https://doi.org/10.1590/0101-31572024-3412

2. 주요 정책 과제와 우선순위

소득보장체계의 통합과 개편

공생적 복지국가 실현을 위한 핵심 과제 중 하나는 현재 분절적이고 복잡한 소득보장체계를 통합적이고 효율적인 시스템으로 개편하는 것이다. 현재 한국의 소득보장체계는 국민기초생활보장제도, 4대 사회보험, 각종 수당과 지원금 등이 부처별로 분산 운영되어 비효율성과 사각지대가 동시에 발생하는 구조적 문제를 안고 있다.

2025년 현재 국민기초생활보장제도의 개선이 진행되고 있지만, 여전히 근본적 한계가 존재한다. 생계급여 기준이 기준 중위소득의 32% 이하로 설정되어 4인 가구 기준 195만 1천 원 이하가 수급 대상이 되는 현 체계는 빈곤선 이하의 극빈층만을 대상으로 하는 잔여적 복지의 성격이 강하다. 또한 부양의무자 기준, 재산 기준 등의 복잡한 선정 조건으로 인해 실질적 도움이 필요한 계층이 배제되는 문제가 지속되고 있다.

소득보장체계의 통합과 개편은 단계적 접근을 통해 추진되어야 한다. 첫 번째 단계에서는 현재 각 부처에서 운영하는 유사한 성격의 급여를 통합하는 것이다. 예를 들어 아동수당, 청년수당, 노인수당 등 생애주기별로 분산된 수당 체계를 통합하여 '범용 기본수당$^{Universal\ Basic\ Allowance}$' 형태로 재편하는 것을 고려할 수 있다. 이는 행정비용 절감과 수급자의 접근성 향상을 동시에 달성할 수 있는 효과적인 방안이다.

두 번째 단계에서는 소득보장의 철학적 전환이 필요하다. 현재의 선별적 복지에서 보편적 복지로의 점진적 이행을 통해 모든 국민이 기본적 생활 수준을 보장받을 수 있는 체계를 구축해야 한다. 이를 위해서는 기본소득제도의 단계적 도입을 검토할 필요가 있다. 우선 청년층을 대상으로 한 청년기본소득 시범사업을 확대하고,[140] 이후 아동, 노인 등으로 대상을 점진적으로 확대하는 방안을 고려할 수 있다.

세 번째 단계에서는 소득보장과 고용보장의 연계(직업훈련, 교육, 취업알선 등) 강화가 중요하다. 단순한 소득지원을 넘어서 개인의 역량 개발과 사회참여를 촉진하는 능동적 복지 시스템을 구축해야 한다. 이를 위해 개인별 맞춤형 직업훈련, 교육지원, 취업알선 등을 종합적으로 제공하는 통합서비스 체계를 마련하는 것이 필요하다.

네 번째 단계는 1~2인 가구 급증, 노인·1인 가구 빈곤 심화 등 인구구조 변화에 따라, 가구 규모별 맞춤형 급여 기준 및 평가 체계 개선이 필요하다. 또한 디지털 전환(4차 산업혁명)으로 인한 노동 시장 양극화와 소득 불평등 심화에 대응해, 사회보험 사각지대 해소와 포괄성 강화가 시급하다.

디지털 기술을 활용(실시간 소득 모니터링, 맞춤형 지원)한 소득보장체계의 혁신도 중요한 과제이다. 인공지능과 빅데이터를 활용하여 소득 변화를 실시간으로 모니터링하고, 필요한 지원을 선제적으로 제공하는 시스템을 구축해야 한다. 이는 복잡한 신청 절차를 거치지 않고도 필요한

---

140) 기본소득 논의는 실제로 청년기본소득 등 시범사업 형태로 일부 지자체에서 도입·확대되고 있으나, 전국적 보편적 기본소득 도입은 사회적 합의와 재원 마련 등에서 여전히 논의 단계에 머물러 있다.

지원을 받을 수 있는 '찾아가는 복지' 실현을 가능하게 할 것이다.

소득보장체계 개편의 성공을 위해서는 재정의 지속가능성 확보가 전제되어야 한다. 이를 위해서는 조세 체계의 개편, 특히 누진성 강화와 자본소득에 대한 과세 강화를 통한 재원 확보 방안을 마련해야 한다. 또한 디지털 경제와 플랫폼 경제의 확산에 따른 새로운 형태의 과세 방안도 검토되어야 한다.

돌봄 사회화와 서비스 혁신

돌봄의 사회화는 공생적 복지국가의 핵심 가치인 상호부조와 연대를 실현하는 중요한 영역이다. 현재 한국 사회는 급속한 고령화와 여성의 사회진출 확대, 가족구조의 변화로 인해 돌봄 공백이 심각한 사회문제로 대두되고 있다. 이러한 상황에서 돌봄을 개별 가족의 책임에서 사회 전체의 책임으로 전환하는 돌봄의 사회화가 시급한 과제로 제기되고 있다.

현재 한국의 돌봄 서비스는 부분적이고 분절적인 형태로 제공되고 있다. 65세 이상 기초생활수급자, 차상위계층 또는 기초연금수급자 중 독거·조손가구 등 돌봄이 필요한 노인을 대상으로 한 노인돌봄서비스와 만 12세 이하 자녀를 둔 맞벌이 가정 등에 아이돌보미가 직접 방문해 아이를 보살피는 아이돌봄서비스 등이 운영되고 있지만, 여전히 제한적인 수준에 머물고 있다.

돌봄 사회화의 첫 번째 과제는 통합적 돌봄 시스템 구축이다. 지역사회 통합 돌봄(커뮤니티 케어) 제도가 2025년까지 제공 기반 구축을 목표로 추진되고 있으며, 이는 어르신이 살던 곳에서 건강한 노후를 보낼 수 있는 포용적 시스템을 지향한다. 이러한 접근은 아동, 장애인, 노인 등 모든 돌봄 대상자에게 확대 적용되어야 한다.

돌봄 서비스의 혁신을 위해서는 기술의 적극적 활용이 필요하다. 사물인터넷^{IoT} 기술을 활용한 원격 모니터링 시스템, 인공지능을 활용한 맞춤형 돌봄 계획 수립, 로봇 기술을 활용한 돌봄 보조 서비스 등을 도입하여 돌봄의 질을 높이고 효율성을 제고할 수 있다. 특히 독거노인의 안전 확인, 응급상황 대응 등에서 디지털 기술의 활용은 큰 효과를 발휘할 수 있다.

돌봄 인력의 전문성 강화와 처우 개선도 중요한 과제이다. 현재 돌봄 서비스 종사자들의 낮은 임금과 불안정한 고용 조건은 서비스 질 저하와 인력 부족의 악순환을 야기하고 있다. 이를 해결하기 위해서는 돌봄 종사자의 자격 요건 강화, 체계적인 교육 훈련 시스템 구축, 적정 임금 보장, 돌봄노동자 지원센터, 표준임금 가이드라인, 건강권·휴식권 보장 등이 병행되어야 한다.

돌봄의 사회화는 단순히 서비스 제공 확대를 넘어서 돌봄에 대한 사회적 인식 전환을 포함해야 한다. 돌봄을 여성의 천부적 역할이나 개별 가족의 책임으로 보는 관점에서 벗어나, 사회 전체가 함께 책임져야 할 공동의 과제로 인식하는 문화적 변화가 필요하다. 돌봄의 사회화에 대한 인식은 세대와 정치 성향에 따라 차이가 크며, 사회 전체의 책임이라는 문화적 전환을 위해 교육·홍보가 필요하다. 이를 위해서는 교육과정에서부터 성적으로 평등한 돌봄 문화를 내재화하고, 남성의 돌봄 참여를 확대하는 정책적 노력이 필요하다.

지역사회 기반의 돌봄 생태계 구축도 중요하다. 지역의 다양한 주체들이 참여하는 돌봄 네트워크를 구축하여, 공적 서비스와 민간 서비스, 그리고 지역주민의 자발적 참여가 유기적으로 연결되는 시스템을 만들어야 한다. 이는 돌봄의 효율성을 높일 뿐만 아니라 지역공동체의 결속력을 강화하는 효과도 가져올 수 있다.

생태 전환과 녹색 복지 실현

생태 전환과 녹색 복지는 21세기 공생적 복지국가의 새로운 패러다임을 제시하는 핵심 개념이다. 기후변화와 환경위기가 인류의 생존을 위협하는 상황에서, 복지정책도 환경의 지속가능성을 고려한 방향으로 전환되어야 한다. 이는 단순히 환경 보호 정책을 복지정책에 접목하는 것을 넘어서, 복지와 환경이 상호 선순환하는 통합적 접근을 의미한다.

한국 정부는 2050년 탄소중립 목표를 설정하고 탄소중립녹색성장위원회를 통해 체계적인 정책을 추진하고 있다. 2025년부터 배출권거래제 시장참여자 확대, 전기차 보급사업에서 청년 대상 보조금 추가 지원, 탄소중립포인트 제도 확대 등의 정책이 시행되고 있다. 이러한 정책들은 환경 보호와 동시에 사회적 형평성을 고려한 녹색 복지의 기반을 마련하고 있다.

녹색 복지의 첫 번째 영역은 에너지 복지이다. 에너지 빈곤층에 대한 지원을 확대하되, 단순한 요금 할인을 넘어서 주택의 에너지 효율성 개선, 신재생에너지 설치 지원 등을 통해 근본적인 해결책을 제시해야 한다. 특히 저소득층 밀집 지역에 태양광 발전 시설을 설치하고 생산된 전력을 해당 지역주민들이 저렴하게 이용할 수 있도록 하는 에너지협동조합 모델을 확산할 필요가 있다.

두 번째 영역은 녹색 일자리 창출과 공정 전환이다. 탄소중립 과정에서 기존 화석연료 산업 종사자들이 소외되지 않도록 체계적인 재교육과 전직 지원 프로그램을 제공해야 한다. 동시에 재생에너지, 에너지 효율, 환경복원 등 녹색 분야 양질의 일자리를 창출하여 환경 보호와 고용 확대를 동시에 달성하는 정책을 추진해야 한다.

세 번째 영역은 환경 건강 격차 해소이다. 대기오염, 수질오염 등 환경 위험은 주로 저소득층과 취약계층에 집중되는 경향이 있다. 이러한 환경 불평등을 해소하기 위해서는 환경 위험 지역의 우선적 개선, 취약계층 대상 환경 건강관리 서비스 확대 등이 필요하다. 특히 어린이, 노인, 임신부 등 환경에 민감한 계층에 대한 특별 보호 대책을 마련해야 한다.

네 번째 영역은 순환경제와 사회적경제의 결합이다.[141] 폐기물 재활용, 업사이클링 등 순환경제 활동을 사회적기업, 협동조합 등 사회적경제 조직을 통해 추진함으로써 환경 보호와 사회적 가치 창출을 동시에 달성할 수 있다. 이는 특히 취약계층에게 새로운 일자리 기회를 제

---

141) 순환경제, 사회적경제 결합, 지역순환경제 지원 등은 서울시 등에서 실제 정책으로 추진하고 있다.

공하는 효과도 있다.

다섯 번째 영역은 기후변화 적응을 위한 사회적 안전망 구축이다. 기후변화로 인한 극한 기후 현상이 증가하는 상황에서, 이러한 위험에 가장 취약한 계층을 보호하기 위한 체계적인 대응 시스템이 필요하다. 폭염 대피소 확대, 재해 취약계층 대상 예방적 지원 프로그램, 기후재해 피해자 대상 신속 지원체계 등을 구축해야 한다.

생태 전환과 녹색 복지 실현을 위해서는 시민사회와 지역공동체의 적극적 참여가 필요하다. 환경과 복지는 모두 지역단위에서 구체적으로 실현되는 영역이므로, 지역주민들이 주체가 되어 환경 보호와 복지 향상을 동시에 추구하는 지역단위 프로젝트를 확산시켜야 한다. 이를 통해 환경 보호에 대한 인식 제고와 함께 지역공동체의 복지 역량도 강화할 수 있을 것이다.

3. 사회적 합의와 추진 동력

세대를 아우르는 사회적 대화

공생적 복지국가의 성공적 실현을 위해서는 사회 전체의 합의와 참여가 필수적이다. 특히 한국 사회는 급속한 변화 과정에서 세대 간 가치관과 이해관계가 크게 다른 상황이며, 이러한 차이를 극복하고 통합하는 사회적 대화의 틀을 구축하는 것이 중요한 과제이다. 세대를 아우르는 사회적 대화는 단순한 의견 교환을 넘어서 상호 이해와 공동 비전 형성을 위한 구조화된 소통 체계를 의미한다.

현재 한국 사회의 세대 갈등은 복지에 대한 인식과 기대에서도 뚜렷하게 나타나고 있다. 기성세대는 국가 주도의 경제성장 과정에서 형성된 자립과 성과 중심의 가치관을 바탕으로 선별적 복지를 선호하는 경향이 있지만, 청년세대는 사회적 위험의 확산과 불평등 심화를 경험하면서 보편적 복지에 대한 요구가 높다. 이러한 세대 간 인식 차이를 좁히고 공통의 복지 가치를 발견하는 것이 사회적 대화의 핵심 과제이다.

세대를 아우르는 사회적 대화의 첫 번째 요소는 세대별 경험과 관점의 상호 이해이다. 기성세대가 경험한 경제성장의 성과와 그 과정에서의 희생, 그리고 청년세대가 직면한 새로운 사회적 위험과 불안을 서로 공감하고 이해하는 과정이 필요하다. 이를 위해서는 세대 간 진정성 있는 만남과 대화의 기회를 정기적으로 마련하고, 각 세대의 목소리를 균형 있게 반영하는 소통 플랫폼을 구축해야 한다.

두 번째 요소는 미래 지향적 공동 비전의 형성이다. 과거의 성공 경험이나 현재의 문제에만 매몰되지 않고, 미래 세대가 살아갈 사회의 모습을 함께 그려보는 과정이 중요하다. 공생적 복지국가라는 비전은 모든 세대가 함께 참여하고 혜택을 누릴 수 있는 지속 가능한 사회 모델로서, 세대 간 이해관계를 조정하고 통합하는 구심점 역할을 할 수 있다.

세 번째 요소는 제도화된 사회적 대화 체계의 구축이다. 현재 운영되고 있는 경제사회노동위원회와 같은 사회적 대화 기구를 확대하여 복지정책 전반에 대한 사회적 합의하는 전문 기구를 설치할 필요가 있다. 이러한 기구에는 세대별 대표성을 확보하고, 노동계, 경영계, 시민사회, 전문가 집단 등 다양한 사회 주체들이 참여하여 복지정책의 방향과 우선순위에 대해 지속해 논의하고 합의하는 역할을 해야 한다.

네 번째 요소는 디지털 기술을 활용한 참여형 사회적 대화의 확산이다. 전통적인 대면 회의나 토론회의 한계를 넘어서 온라인 플랫폼을 통한 광범위한 시민 참여를 유도하고, 인공지능을 활용한 의견 수렴과 분석을 통해 더 체계적이고 효율적인 사회적 대화를 추진할 수 있다. 특히 젊은 세대의 높은 디지털 활용 능력을 활용하여 그들의 목소리를 정책 과정에 적극적으로 반영하는 방안을 모색해야 한다.

다섯 번째 요소는 지역 기반의 사회적 대화 활성화이다. 복지는 궁극적으로 지역에서 구체적으로 실현되는 영역이므로, 지역별 특성과 요구를 반영한 사회적 대화가 중요하다. 지역사회의 다양한 구성원들이 참여하는 지역복지포럼이나 시민참여예산제 등을 통해 지역 차원에서의 복지 거버넌스를 강화하고, 이를 통해 중앙정부 정책의 민주적 정당성을 확보할 수 있다.

시민사회와 전문가 집단의 역할

공생적 복지국가의 실현 과정에서 시민사회와 전문가 집단은 정부와 시장 사이의 중간 영역에서 중요한 매개 역할을 담당한다. 시민사회는 시민의 일상적 욕구와 정책 사이의 연결고리 역할을 하며, 전문가 집단은 정책의 합리성과 실현 가능성을 뒷받침하는 지식 기반을 제공한다. 이들의 적극적 참여와 협력 없이는 복지정책의 민주적 정당성과 전문성을 동시에 확보하기 어렵다.

현재 한국의 시민사회는 전국 500여 개 시민사회단체가 연대하는 시민사회단체연대회의를 중심으로 활발한 활동을 전개하고 있다. 이들은 시민사회 활성화와 사회개혁을 위한 소통과 연대를 지원하는 역할을 하고 있으며, 특히 복지정책 분야에서도 중요한 목소리를 내고 있다. 하지만 복지국가의 근본적 전환을 위해서는 시민사회의 역할과 기능을 보다 체계화하고 전문화할 필요가 있다.

시민사회의 첫 번째 역할은 복지 수요의 발굴과 정책 의제화이다. 정부나 전문가들이 놓치기 쉬운 시민의 일상적 어려움과 복지 욕구를 현장에서 발견하고, 이를 정책 의제로 발전시키는 것이 시민사회의 중요한 기능이다. 특히 사회적 약자와 소외계층의 목소리를 대변하고, 이들의 권리 보장을 위한 정책 대안을 제시하는 역할이 중요하다.

두 번째 역할은 정책 과정에 대한 민주적 감시와 견제이다. 복지정책의 수립과 집행 과정에서 투명성과 공정성을 확보하고, 정책 목표와 현실 사이의 괴리를 지적하며, 필요한 경우 정책 수정과 개선을 요구하는 감시견 역할을 해야 한다. 이는 복지정책의 민주적 정당성을 확보하는 중요한 기제이다.

세 번째 역할은 시민의 복지 인식 제고와 참여 확산이다. 공생적 복지국가의 가치와 의미를 시민들에게 알리고, 복지를 시혜가 아닌 권리로 인식하는 문화적 전환을 끌어내는 것이 중요하다. 또한 시민들이 복지정책의 수혜자에 머물지 않고 능동적 참여자로 나서도록 하는 교육과 조직화 역할도 수행해야 한다.

네 번째 역할은 복지 서비스의 직접 제공과 혁신이다. 시민사회 조직들은 정부가 제공하기 어려운 틈새 영역의 복지 서비스를 직접 제공하거나, 새로운 형태의 복지 모델을 개발하고 실험하는 역할을 할 수 있다. 사회적기업, 협동조합, 공동체 조직 등은 공생적 복지의 가치를 구현하는 구체적인 실천 모델이 될 수 있다.

전문가 집단의 역할도 마찬가지로 중요하다. 복지정책의 전문성과 과학성을 확보하기 위해서는 다양한 분야의 전문가들이 협력하여 정책 연구와 개발에 참여해야 한다. 특히 한국보건사회연구원, 한국개발연구원 등 정책연구기관과 대학의 연구자들, 그리고 현장 실무자들 간의 긴밀한 협력이 필요하다.

전문가 집단의 첫 번째 역할은 정책의 과학적 근거 제공이다. 복지정책의 효과성과 효율성을 객관적으로 분석하고, 정책 대안의 타당성을 검증하며, 정책 실행의 기술적 방안을 제시하는 것이 전문가의 기본적 역할이다. 특히 공생적 복지국가라는 새로운 모델의 실현을 위해서는 기존의 이론과 경험을 뛰어넘는 창의적 연구가 필요하다.

두 번째 역할은 정책 대안의 개발과 제시이다. 현재의 복지 시스템의 한계를 진단하고, 이를 극복할 수 있는 구체적이고 실현할 수 있는 정책 대안을 개발하는 것이 중요하다. 이때 단순히 외국의 모델을 수입하는 것이 아니라 한국의 특수한 상황과 조건을 고려한 한국형 모델을 개발하는 것이 필요하다.

세 번째 역할은 정책 실행 과정에 대한 기술적 지원이다. 정책이 현장에서 효과적으로 실행될 수 있도록 구체적인 실행 방안을 제시하고, 실행 과정에서 발생하는 문제점을 진단하며, 필요한 기술적 개선방안을 제공하는 역할이 중요하다.

네 번째 역할은 정책 평가와 환류이다. 정책의 성과를 객관적으로 평가하고, 그 결과를 바탕으로 정책 개선방안을 제시하며, 이를 통해 정책의 지속적 발전을 도모하는 것이 전문가 집단의 중요한 기능이다.

정치적 리더십과 제도적 뒷받침

공생적 복지국가의 실현은 결국 정치적 의지와 리더십, 그리고 이를 뒷받침하는 제도적 기반에 달려 있다. 복지국가의 근본적 전환은 기존의 기득권 구조와 갈등할 수밖에 없으며, 이러한 저항을 극복하고 변화를 추진하기 위해서는 강력하면서도 민주적인 정치적 리더십이 필요하다. 동시에 정권 교체와 관계없이 일관성 있게 정책이 추진될 수 있도록 하는 제도적 장치도 마련되어야 한다.

한국의 정치적 리더십은 전통적으로 권위주의적이고 개인적 카리스마에 의존하는 특성을 보여왔다. 특히 대통령제하에서 대통령의 개인적 의지와 능력이 정책 추진의 결정적 요인으로 작용하는 경우가 많았다. 하지만 공생적 복지국가의 실현을 위해서는 이러한 전통적 리더십 모델을 넘어선 새로운 형태의 민주적 리더십이 필요하다.

민주적 리더십의 첫 번째 특징은 비전 제시와 사회적 합의 형성 능력이다. 공생적 복지국가라는 장기적 비전을 명확하게 제시하고, 이에 대한 사회적 공감대를 형성하며, 다양한 이해관계자들 간의 갈등을 조정하고 통합하는 능력이 중요하다. 이는 단순한 정치적 기교나 타협이 아니라, 진정성 있는 소통과 설득을 통해 달성되어야 한다.

두 번째 특징은 장기적 관점과 일관성이다. 복지국가의 건설은 단기간에 달성할 수 있는 과제가 아니며, 정권을 넘나드는 장기적 일관성이 필요하다. 따라서 정치적 리더는 단기적 정치적 이득보다는 장기적 국가 발전을 우선시하는 자세를 가져야 하며, 이를 위해 초당적 협력을 추진할 수 있는 능력이 필요하다.

세 번째 특징은 전문성과 합리성에 기반한 정책 추진이다. 복지정책은 고도의 전문성이 요구되는 영역이며, 정치적 고려만으로는 성공하기 어렵다. 따라서 정치적 리더는 전문가의 의견을 존중하고, 과학적 근거에 기반한 정책을 추진하며, 이념적 편견보다는 실용적 접근을 취해야 한다.

네 번째 특징은 시민 참여와 소통을 중시하는 자세이다. 복지정책은 모든 국민의 삶에 직접적인 영향을 미치는 영역이므로, 정책 과정에서 시민의 참여와 의견 수렴이 필수적이다. 정치적 리더는 일방적인 정책 추진보다는 시민과의 소통을 통한 정책 개발과 실행을 추진해야 한다.

제도적 뒷받침 측면에서는 여러 가지 개선방안이 필요하다. 첫째, 복지정책의 안정성과 연속성을 확보하기 위한 법적 기반을 강화해야 한다. 현재의 개별 법률들을 통합하여 독일과 같은 「사회법」을 제정하거나 기존 「사회보장기본법」의 위상을 강화하고, 복지정책의 기본 원칙과 방향을 법률에 명시하여 정권 교체에 따른 정책 변동을 최소화해야 한다.

둘째, 복지정책의 거버넌스 체계를 개선해야 한다. 현재 여러 부처에 분산된 복지 업무를 통합 조정하는 강력한 기구를 설치하거나, 기존의 사회보장위원회의 기능을 강화하여 복지정책의 일관성과 효율성을 높여야 한다.

셋째, 복지정책에 대한 사회적 합의를 제도화하는 방안을 마련해야 한다. 노사정위원회와 같은 사회적 대화 기구를 복지 분야로 확대하거나, 복지정책에 특화된 사회적 대화 기구를 신설하여 정책의 민주적 정당성을 확보해야 한다.

넷째, 복지재정의 안정성을 확보하기 위한 제도적 장치를 마련해야 한다. 복지 목적세의 도입, 복지재정 준칙의 설정, 복지기금의 안정적 운용 등을 통해 복지재정의 지속가능성을 제도적으로 보장해야 한다.

다섯째, 복지정책의 평가와 환류 시스템을 제도화해야 한다. 정책의 성과를 객관적으로 평가하고, 그 결과를 바탕으로 정책을 개선하는 체계적인 시스템을 구축하여 복지정책의 질적 향상을 도모해야 한다.

제 9장

결론: 공생의 시대,
새로운 대한민국을 향하여

제 9장

결론: 공생의 시대,
새로운 대한민국을 향하여

1. 공생적 복지국가의 비전과 의의

21세기의 대한민국이 직면한 복합적 위기 앞에서, 우리는 근본적으로 새로운 사회 모델이 필요하다. 저출산과 고령화, 불평등의 심화, 기후변화와 환경위기, 그리고 디지털 전환으로 인한 사회구조의 급격한 변화는 기존의 발전 패러다임으로는 더 이상 해결할 수 없는 도전들이다. 이러한 상황에서 공생적 복지국가는 단순한 정책적 대안을 넘어서 새로운 문명적 비전으로서의 의미가 있다.

공생적 복지국가의 철학적 기초는 동아시아의 깊은 지혜에서 출발한다. 상생相生이 오행설에서 나온 순환의 원리라면, 공생共生은 서로 다른 존재들이 함께 살아가며 상호 이익을 추구하는 더 포괄적이고 적극적인 개념이다. 공생은 생물학적으로 "둘 이상의 생물이 서로 간에 상생을 위해 협력하는 것"으로 정의되지만, 이를 사회적 차원으로 확장하면 개인과 개인, 개인과 공동체, 인간과 자연이 서로 도우며 함께 번영하는 삶의 방식을 의미한다.

현재 한국의 복지 현실을 보면, 여전히 공공복지 보다는 가족·민간 중심의 '자가 복지'의 한계를 벗어나지 못하고 있다. 한국의 GDP 대비 사회복지지출은 2021년 기준 12.2% 수준으로 OECD 평균 20.1%의 60% 수준에 머물고 있으며, 민간보험과 비공식적 이전소득에 과도하게 의존하는 구조가 지속되고 있다. 이러한 '시장에 맡겨진 복지'는 사회적 연대의 약화와 개인화된 위험 부담으로 이어져 진정한 의미의 복지국가 건설을 저해하고 있다.

공생적 복지국가는 이러한 한계를 넘어서 새로운 복지 패러다임을 제시한다. 첫째, 복지를 시혜나 혜택이 아닌 상호부조와 연대의 관점에서 이해한다. 모든 개인은 생애과정에서 때로는 도움을 주는 자가 되고, 때로는 도움을 받는 자가 되는 상호적 존재이다. 복지는 이러한 상호성을 제도화하여 사회 전체의 지속가능성을 확보하는 메커니즘이다.

둘째, 개인의 자율성과 사회적 연대를 동시에 추구한다. 개인의 선택과 자기결정을 존중하면서도, 이것이 사회적 고립이나 방임으로 이어지지 않도록 하는 균형을 추구한다. 이는 서구의 개인주의와 동양의 집체주의를 넘어선 제3의 길이라 할 수 있다.

셋째, 경제성장과 사회 발전의 조화를 추구한다. 경제적 효율성과 사회적 형평성을 대립적 관계로 보는 것이 아니라, 상호보완적 관계로 이해한다. 복지투자를 통한 인적자본의 향상과 사회적 위험의 감소는 장기적으로 경제성장에도 기여한다는 관점이다.

넷째, 인간과 자연의 공생을 추구한다. 환경위기와 기후변화가 인류의 생존을 위협하는 상황에서, 복지정책도 생태적 지속가능성을 고려해야 한다. 녹색 복지와 생태 전환은 공생적 복지국가의 핵심 구성요소이다.

다섯째, 세대 간 공생을 추구한다. 현재 세대의 복지가 미래 세대의 부담으로 이어지지 않도록 하는 세대 간 형평성을 중시한다. 이는 단순히 재정적 지속가능성을 넘어서 세대 간 연대와 상호 이해를 기반으로 한다.

공생적 복지국가의 의의는 무엇보다 한국 사회가 직면한 구조적 위기에 대한 근본적 해답을 제시한다는 점이다. 현재 한국은행과 KDI 등 주요 기관은 한국의 잠재성장률이 2040년대에는 0% 내외까지 하락할 것으로 전망되는 상황에서, 전통적인 성장 중심 패러다임으로는 더 이상 사회의 지속가능성을 확보하기 어렵다. 공생적 복지국가는 성장의 양적 확대보다는 삶의 질적 향상과 사회적 웰빙을 추구함으로써 저성장 시대에 적합한 새로운 발전모델을 제시한다.

또한 공생적 복지국가는 한국이 지향해야 할 미래 사회의 구체적 모습을 제시한다. 국회미래연구원이 국민과 함께 도출한 '성장사회를 넘어 성숙사회로'라는 선호 미래상과도 일치하는 것으로, 국가 주도 성장을 지양하고 개인이 성장을 기획하고 추구하는 사회, 중앙집권적 거버넌스를 넘어 지역사회의 자율적 거버넌스가 강화되는 사회, 무엇보다 사회적 약자와 소수를 돌보는 사회를 지향한다.

2. 실현을 위한 과제와 전망

공생적 복지국가의 실현을 위해서는 단계적이고 체계적인 접근이 필요하다. 앞서 제시한 단기, 중기, 장기 로드맵에 따라 점진적으로 전환을 추진해야 하지만, 그 과정에서 극복해야 할 과제들이 적지 않다.

첫 번째 과제는 재정의 지속가능성 확보이다. 2025년 1~4월 기준, 한국의 관리재정수지 적자는 약 46.1조 원(약 336억 달러)로 역대 1~4월 기준 세 번째로 큰 규모를 기록했다. 연간 적자 규모는 73.9조 원(513억 달러)로 추정되며, 이는 현재 한국의 관리재정수지 적자가 GDP 대비 3.3% 수준이며, 코로나19 위기가 지나간 후에도 높은 수준의 재정 적자가 지속되고 있고, 추가 추경 편성 시 적자 폭이 더 커지게 된다. 공생적 복지국가로의 전환을 위해서는 상당한 규모의 복지 투자가 필요한데, 이를 뒷받침할 안정적인 재정 기반을 마련하는 것이 급선무이다.

이를 위해서는 조세 제도의 개편이 불가피하다. 현재의 조세 구조는 주로 근로소득과 소비에 의존하고 있어, 자본소득과 디지털 경제에 대한 과세가 부족한 상황이다. 자본소득에 대한 과세 강화, 디지털세 도입, 탄소세 확대 등을 통해 새로운 재원을 확보해야 한다. 또한 복지 목적세의 도입도 검토할 필요가 있다.

두 번째 과제는 사회적 합의 형성이다. 복지국가의 근본적 전환은 기존의 기득권 구조와 갈등할 수밖에 없으며, 이를 극복하기 위해서는 사회 전체의 합의가 필요하다. 복지 확대와 조세 인상에 대한 국민적 합의는 여전히 낮은 편이다. 복지 확대에는 찬성하지만, 세금 인상에는 반대하는 '양면성'이 존재하며, 이념적 성향에 따라 인식 차이도 크다. 특히 세대 간 가치관의 차이가 큰 한국 사회에서 복지에 대한 인식 전환은 쉽지 않은 과제이다. 이를 위해서는 체계적인 사회적 대화 과정이 필요하다. 경제사회노동위원회와 같은 기존의 사회적 대화 기구를 복지 분야로 확대하거나, 복지정책에 특화된 새로운 사회적 대화 기구를 설치하여 지속적인 합의 도출 과정을 제도화해야 한다. 또한 디지털 기술을 활용한 참여형 민주주의를 통해 더 많은 시민의 목소리를 정책 과정에 반영해야 한다.

세 번째 과제는 제도적 통합과 조정이다. 현재 한국의 복지제도는 부처별로 분산 운영되어 비효율성이 높고 사각지대가 발생하는 구조적 문제를 안고 있다. 공생적 복지국가로의 전환을 위해서는 이러한 분절적 체계를 통합적이고 효율적인 시스템으로 개편해야 한다. 이를 위해서는 복지 거버넌스의 근본적 개편이 필요하다. 현재의 사회보장위원회의 기능을 대폭 강화하거나, 새로운 복지통합부를 설치하여 복지정책의 일관성과 효율성을 높여야 한다. 또한 중앙정부와 지방정부 간의 역할 분담을 명확히 하고, 지역별 특성을 반영한 맞춤형 복지 서비스를 제공할 수 있는 체계를 마련해야 한다.

네 번째 과제는 디지털 전환에 대한 적응이다. 4차 산업혁명과 디지털 전환은 복지 영역에도 근본적인 변화를 요구하고 있다. 인공지능, 빅데이터, 블록체인 등의 기술을 활용하여 더 효율적이고 개인화된 복지 서비스를 제공해야 한다. 한국은 이미 OECD 국가 중 광케이블 기반 초고속인터넷 보급률 1위, 5G 보급률 2위를 기록하며 세계 최고 수준의 디지털 인프라를 보유하고 있다. 이러한 기술적 우위를 활용하여 인공지능 기반의 맞춤형 복지 서비스, 빅데이터를 활용한 복지 수요 예측 시스템, 블록체인 기반의 투명한 복지 전달체계 등을 구축할 수 있다.

다섯 번째 과제는 인력의 전문성 강화이다. 공생적 복지국가의 실현을 위해서는 고도의 전문성을 갖춘 복지 인력이 필요하다. 현재 한국의 복지 종사자들은 낮은 임금과 불안정한 고용 조건으로 인해 높은 이직률을 보이고 있으며, 이는 복지 서비스의 질 저하로 이어지고 있다. 복지 종사자의 처우 개선과 전문성 강화를 위해서는 체계적인 교육 훈련 시스템 구축, 적정 임금 보장, 고용 안정성 확보 등이 필요하다. 또한 사회복지사 등 복지 전문직의 사회적 지위 향상을 통해 인재가 복지 분야로 유입될 수 있는 환경을 조성해야 한다.

여섯 번째 과제는 국제적 협력 강화이다. 복지국가의 발전은 한 나라만의 노력으로는 한계가 있으며, 국제적 협력과 경험 공유가 중요하다. 특히 동아시아 지역의 복지 발전을 위해서는 한국이 선도적 역할을 해야 한다. 한국의 독특한 경험과 강점을 활용하여 동아시아 복지 허브로 발전하는 방안을 모색해야 한다. 급속한 산업화와 도시화 과정에서 나타나는 사회문제에 대한 대응 경험, 높은 교육열과 인적자본 개발 역량, 강한 가족주의와 공동체 문화, 그리고 디지털 기술을 활용한 복지 혁신 분야에서의 선도적 지위 등은 다른 개발도상국들이 배울 수 있는 중요한 자산이다. 한국은 OECD, G20 등 국제기구와의 협력, 동아시아 복지 네트워크 구축, 복지정책 해외 전파 등에서 활발히 활동하고 있다. 특히 디지털 복지 혁신 등은 개발도상국에 벤치마킹 사례로 주목받고 있다.

미래 전망과 관련하여, 공생적 복지국가의 실현 가능성은 충분히 낙관적이다. 우선 기술적 조건이 성숙하고 있다. 디지털 기술의 발전으로 더 효율적이고 개인화된 복지 서비스 제공이 가능해지고 있으며, 이는 복지 비용의 절감과 서비스 질의 향상을 동시에 달성할 수 있게 한다. 또한 사회적 조건도 점차 개선되고 있다. 젊은 세대를 중심으로 복지에 대한 인식이 변화하고 있으며, 개인주의와 공동체주의를 조화시키려는 노력이 확산하고 있다. 특히 코로나19 팬데믹을 경험하면서 사회적 연대와 협력의 중요성에 대한 인식이 높아졌다.

경제적 조건도 장기적으로는 유리하게 작용할 것으로 예상된다. 비록 현재는 저성장의 어려움을 겪고 있지만, 복지투자를 통한 인적자본 향상과 사회적 위험 감소는 장기적으로 경제성장에도 기여할 것이다. 특히 돌봄 경제의 확대는 새로운 일자리 창출과 경제 활동 참가율 제고에 기여할 수 있다. 정치적 조건도 점차 성숙하고 있다. 정치권에서도 복지국가의 필요성에 대한 인식이 확산하고 있으며, 정당 간 복지정책에 대한 기본적 합의가 형성되고 있다. 비록 구체적인 방법론에서는 차이가 있지만, 복지 확대의 필요성 자체에 대해서는 폭넓은 동의가 이루어지고 있다.

3. 선경仙境, Suntopia 국가로서의 한국의 미래

공생적 복지국가의 궁극적 지향점은 선경仙境, Suntopia 국가의 실현이다. 선경은 동양사상에서 말하는 이상향으로, 모든 존재가 조화롭게 공존하며 자연과 인간이 하나가 되는 평화로운 세계를 의미한다. 이를 현대적으로 재해석하면, 기술과 인문학이 융합하고, 개인의 자아실현과 사회적 연대가 조화를 이루며, 인간과 자연이 지속 가능한 관계를 형성하는 이상적 사회를 의미한다.

선경 국가로서의 한국의 미래는 여러 차원에서 구현될 수 있다. 기술적 차원에서 한국은 이미 세계 최고 수준의 디지털 인프라를 보유하고 있으며, 이를 기반으로 인공지능, 로봇공학, 바이오 기술 등 첨단기술 분야에서 선도적 지위를 확보하고 있다. 미래에는 이러한 기술적 역량을 인간의 삶의 질 향상과 사회문제 해결에 적극 활용하여 기술과 인간이 조화롭게 공존하는 사회를 만들어갈 수 있을 것이다.

문화적 차원에서 한국은 전통적인 동양철학의 지혜와 현대적 가치를 융합한 독특한 문화를 발전시킬 수 있다. 유교의 인仁과 서구의 인권, 불교의 자비와 기독교의 사랑, 도교의 무위자연과 현대 생태주의 등을 종합하여 새로운 형태의 인문주의를 창조할 수 있다. 이는 물질주의와 개인주의가 지배하는 현대 문명에 대한 대안적 가치를 제시하는 것이다.

사회적 차원에서 한국은 개인의 자율성과 사회적 연대가 조화를 이루는 새로운 형태의 공동체를 실험할 수 있다. 전통적인 혈연 중심의 공동체를 넘어서 가치와 관심사를 공유하는 다양한 형태의 공동체들이 네트워크를 형성하고, 이들이 상호 협력하면서 사회 전체의 발전을 도모하는 시스템을 구축할 수 있다.

경제적 차원에서 한국은 성장과 분배, 효율성과 형평성이 조화를 이루는 새로운 경제모델을 개발할 수 있다. 사회적경제의 확산, 순환경제의 정착, 공유경제의 발전 등을 통해 경쟁과 협력이 균형을 이루는 경제체제를 만들어갈 수 있다. 이는 기존의 자본주의와 사회주의를 넘어선 제3의 경제모델로서 전 세계적 관심을 받을 수 있을 것이다.

생태적 차원에서 한국은 인간과 자연의 공생을 실현하는 모범 사례가 될 수 있다. 탄소중립 달성, 순환경제 정착, 생태도시 건설 등을 통해 환경적으로 지속 가능한 사회를 만들어가면서, 동시에 삶의 질과 경제적 번영도 함께 추구하는 녹색 발전 모델을 제시할 수 있다.

정치적 차원에서 한국은 민주주의의 새로운 형태를 실험할 수 있다. 대의민주주의의 한계를 극복하고 참여민주주의와 숙의민주주의를 결합한 새로운 거버넌스 모델을 개발할 수 있다. 디지털 기술을 활용한 시민 참여 플랫폼, 시민배심원제, 시민의회 등을 통해 더 민주적이고 반응적인 정치체제를 만들어갈 수 있다.

선경국가로서의 한국의 미래를 실현하기 위해서는 장기적이고 일관된 노력이 필요하다. 이는 한 정권이나 한 세대의 노력으로는 달성하기 어려운 원대한 목표이지만, 공생적 복지국가의 단계적 실현을 통해 점진적으로 접근해갈 수 있다. 특히 중요한 것은 교육의 역할이다. 미래의 시민들이 공생의 가치를 내재화하고, 개인의 성취와 사회적 기여를 동시에 추구할 수 있도록 하는 교육시스템을 구축해야 한다. 이는 단순한 지식 전달을 넘어서 인성과 덕성, 창의성과 협력 능력을 기르는 전인교육을 의미한다. 또한 문화와 예술의 역할도 중요하다. 공생의 가치와 선경의 비전을 문화적으로 표현하고 확산시킴으로써 사회 전체의 의식 변화를 끌어낼 수 있다. K-Pop과 K-Drama가 전 세계적으로 사랑받고 있는 것처럼, 공생적 가치를 담은 한국의 문화 콘텐츠가 새로운 한류를 만들어낼 수 있을 것이다.

국제적 차원에서도 한국은 선경 국가의 비전을 세계와 공유해야 한다. 기후변화, 불평등, 기술 격차 등 인류가 공통으로 직면한 문제들에 대해 한국이 개발한 해결책과 경험을 적극적으로 나누어야 한다. 이를 통해 한국은 단순한 중견국을 넘어서 인류의 미래를 이끄는 선도국가로 발전할 수 있을 것이다.

결론적으로, 공생적 복지국가는 단순한 정책적 목표가 아니라 한국이 지향해야 할 문명적 비전이다. 이는 서구 근대 문명의 한계를 극복하고, 동양사상의 지혜를 현대적으로 재해석하여 인류의 지속 가능한 미래를 제시하는 새로운 패러다임이다. 물론 이러한 비전의 실현은 쉽지 않은 도전이다. 기존의 기득권 구조와의 갈등, 재정적 제약, 사회적 합의 형성의 어려움 등 수많은 장애물이 있다. 하지만 한국이 지금까지 이루어낸 압축 성장의 경험, 민주화의 성취, 그리고 디지털 혁신의 성과를 보면, 이러한 도전을 극복할 수 있는 충분한 역량을 가지고 있다. 무엇보다 중요한 것은 미래에 대한 희망과 의지이다. 공생적 복지국가와 선경 국가의 비전은 우리 자신과 우리 후손들이 살아갈 더 나은 세상에 대한 꿈이다. 이 꿈을 현실로 만들어가는 과정에서 우리는 더욱 성숙하고 지혜로운 공동체가 될 수 있을 것이다.

공생의 시대, 새로운 대한민국을 향한 여정은 이미 시작되었다. 2025년 현재 우리가 내딛는 한 걸음 한 걸음이 미래의 선경 국가를 만들어가는 소중한 디딤돌이 될 것이다. 함께 걸어가는 이 길에서 우리는 개인의 행복과 사회의 번영, 현재의 풍요와 미래의 지속가능성, 한국의 발전과 인류의 평화를 모두 실현할 수 있을 것이다. 이것이 바로 공생적 복지국가가 제시하는 희망이며, 선경 국가로서의 한국이 세계에 선사할 선물이다.

에필로그

동서양 지혜의 융합과
미래 복지국가

에필로그

동서양 지혜의 융합과 미래 복지국가

공생적 복지국가의 비전은 단순히 서구적 복지제도의 확장이 아니라, 동아시아 고유의 철학적 토대 위에서 현대적 과제를 해결하려는 문명사적 시도이다. 이는 개별적 존재들이 상호 의존하며 전체적 조화를 이루는 삼재三才의 원리를 경제와 사회 시스템에 구현하는 것이다. 하늘天의 원리는 자연법칙과 도덕적 질서를 의미하며, 이는 모든 정책이 생태적 지속가능성과 윤리적 타당성을 갖추어야 함을 의미한다. 땅地의 원리는 물질적 기초와 실용적 효용을 뜻하며, 복지정책이 현실적 필요와 경제적 효율성을 동시에 추구해야 함을 나타낸다. 인간人의 원리는 이 둘을 조화시키는 주체적 의지와 창조적 실천을 의미한다.

이러한 삼재의 경제철학은 『주역周易』의 변화 원리와 맞닿아 있다. 『주역』에서 말하는 "생생지위역生生之謂易" – 끊임없는 생성과 변화가 역易의 본질이라는 명제는 복지국가 또한 고정된 제도가 아니라 시대적 요구에 따라 지속해 진화해야 함을 시사한다. 특히 현재 우리가 직면한 4차 산업혁명의 도전은 전통적인 노동 개념을 근본적으로 재정의하도록 요구하고 있다. 인공지능과 자동화 기술이 인간 노동을 대체하는 상황에서, 복지국가는 단순히 실업자를 구제하는 것을 넘어서 새로운 형태의 사회적 가치 창조를 도모해야 한다.

이는 곧 선경仙境, Suntopia 국가의 실현과 연결된다. 선경은 물질적 풍요와 정신적 고양이 조화를 이루는 이상향으로, 모든 구성원이 각자의 잠재력을 최대한 발휘하면서도 전체의 조화를 해치지 않는 사회를 의미한다. 이는 개인의 자아실현과 사회적 연대가 대립하지 않고 상호 촉진하는 새로운 패러다임이다.

공생적 복지국가에서 기본소득은 단순한 생존 보장을 넘어서 창조적 활동의 기반이 된다. 생존에 대한 불안에서 벗어난 개인들이 예술, 학문, 돌봄, 지역사회 활동 등 새로운 형태의 사회적 가치를 창출할 수 있게 되는 것이다. 이는 경제성장의 양적 확대에서 삶의 질적 향상으로의 전환을 의미한다. 또한 디지털 기술의 발전은 복지 서비스의 개인화와 효율화를 가능하게 한다. 빅데이터와 인공지능을 활용한 예측 복지, 블록체인 기반의 투명한 복지 전달체계, 가상현실을 활용한 원격 돌봄서비스 등은 복지의 패러다임을 근본적으로 변화시킬 것이다. 생태적 전환 또한 공생적 복지국가의 핵심 요소이다. 기후위기와 환경파괴는 인류의 생존을 위협하는 가장 시급한 과제이며, 이를 해결하기 위해서는 경제와 복지 시스템의 근본적 재편이 필요하다. 탄소중립을 향한 녹색전환 과정에서 발생하는 사회적 비용을 공정하게 분담하고, 새로운 녹색 일자리를 창출하는 것이 미래 복지국가의 중요한 과제가 될 것이다.

세대 간 연대의 관점에서도 공생적 복지국가는 새로운 접근을 제시한다. 현재 세대의 복지가 미래 세대의 부담이 되지 않도록 하는 지속 가능성과 함께, 각 세대가 가진 고유한 강점을 상호보완적으로 활용하는 방안을 모색해야 한다. 고령자의 경험과 지혜, 청년층의 창의성과 도전 정신, 어린이의 순수함과 가능성이 어우러져 새로운 사회적 역동성을 창출할 수 있다.

마지막으로, 공생적 복지국가는 세계적 차원의 연대를 지향한다. 기후변화, 팬데믹, 불평등 등 인류가 공통으로 직면한 문제들은 한 국가의 노력만으로는 해결할 수 없다. 한국이 개발한 공생적 복지 모델을 다른 국가들과 공유하고, 상호 학습하며 발전시켜 나가는 것이 중요하다. 결국 공생적 복지국가는 '홍익인간弘益人間'의 이상을 현대적으로 구현하는 것이다. 인간을 널리 이롭게 한다는 것은 개별 인간의 행복을 추구하는 동시에 전체 인류와 자연의 조화로운 발전을 도모하는 것이다. 이는 경쟁과 배제의 논리를 넘어서 협력과 포용의 새로운 문명 원리를 제시하는 것이며, 한국이 세계에 기여할 수 있는 고유한 가치이자 미래에 대한 희망찬 전망이다.

공생의 시대, 새로운 대한민국을 향한 여정에서 우리는 과거의 지혜와 현재의 혁신, 미래의 비전을 하나로 통합하는 통섭적 사고를 발휘해야 한다. 이것이야말로 동서양의 지혜를 융합하여 인류 문명의 새로운 지평을 여는 한국적 기여의 핵심이 될 것이다.

부록

공생적 복지국가 실현을 위한
정책 체크리스트

공생적 복지국가 실현을 위한
정책 체크리스트

1. 제도 설계 및 거버넌스 혁신

1.1 삼재三才 경제관 기반 복지 철학 구현

☐ 천天 영역: 보편적 기본권 보장을 위한 헌법 개정 추진

 · 생태적 기본권, 돌봄받을 권리, 디지털 기본권 명시

 · 토지공개념 강화 및 토지배당 제도 도입

☐ 지地 영역: 생태적 지속가능성 중심 정책 전환

 · 탄소배당제 도입 및 녹색전환 소득보장 체계 구축

 · 생태서비스 대가 지급제도 및 환경복원 일자리 창출

☐ 인人 영역: 참여적 거버넌스 제도화

 · 시민배심원제 도입 및 참여예산제 전면 확대

 · 복지 정책 결정 과정에 당사자 참여 의무화

1.2 통합적 사회보장 거버넌스 구축

☐ 국민사회보험공단 설립

· 4대 보험(국민연금, 건강보험, 고용보험, 산재보험) 징수-급여 통합

· 보험료 부과체계 일원화 및 소득-자산-기여 연계 강화

☐ 사회보장급여관리원 신설

· 공공부조 전문성 제고 및 사례관리 중심 전달체계

· 빅데이터 기반 통합 위기관리 시스템 구축

☐ 지역사회보장위원회 실질화

· 지역별 복지 거버넌스 플랫폼 구축

· 민관 협력 네트워크 체계화

2. 소득보장 체계 혁신

2.1 보편적 기본소득 및 시민배당 도입

☐ 1단계: 부분적 기본소득 도입(만 18세 청년기본소득)

· 월 30만원 청년기본소득 전국 확대

· 기존 청년수당과 통합 운영

☐ 2단계: 전 국민 기본소득 시범 사업

· 특정 지역 대상 월 50만원 기본소득 2년간 시범 실시

· 기존 복지급여와의 연계 및 통합 방안 검증

☐ 3단계: 단계적 기본소득 확산

· 토지배당, 데이터배당, 탄소배당 등 다원적 재원 확보

· 기본소득 월 100만원 목표 달성

2.2 생애주기별 통합 사회보장 설계

☐ 영유아기: 보편적 아동수당 지급

 · 출생 후 만 6세까지 무조건 지급

 · 어린이집·유치원 무상 이용 확대

☐ 아동·청소년기: 교육복지 통합 서비스

 · 교육문화바우처 지급 확대

☐ 청년기: 사회출발 지원 패키지

 · 청년기본소득 + 주거지원 + 취업지원 통합

 · 사회적 상속 제도 도입(만 25세 1,000만원 지원)

☐ 중장년기: 일·생활 균형 지원

 · 육아휴직 급여 특정 조건없는 100% 지원 및 기간 연장

 · 경력단절 예방 및 재취업 지원 강화

☐ 고령기: 존엄한 노후 보장

 · 국민연금 소득대체율 50% 달성

 · 기초연금 단독가구 월 최대 50만원으로 인상

3. 돌봄 사회화 및 서비스 혁신

3.1 전 생애 돌봄 공동체 구축

☐ 동네 돌봄 거점 확대

 · 읍면동별 통합 돌봄센터 확대

 · 지역사회 돌봄 네트워크 구축

☐ 돌봄 시간은행 확대 운영

· 돌봄 시간 적립 및 활용 시스템

· 세대 간 돌봄 품앗이 활성화

☐ 돌봄 노동자 처우 개선

· 돌봄 노동자 최저임금 1.5배 보장

· 돌봄 노동의 사회적 가치 인정 체계

3.2 다문화 사회 통합 시스템

☐ 이민자 사회보장 포괄성 확대

· 체류자격에 상관없이 긴급의료 및 교육 보장

· 다문화 가족지원센터 기능 강화

☐ 다문화 돌봄 서비스

· 다언어 돌봄 서비스 및 문화 감수성 교육

· 이민자 돌봄 인력 양성 및 자격 인정

4. 생태 전환 및 녹색 복지

4.1 기후 위기 대응 생태복지 제도

☐ 탄소배당제 도입

· 탄소세 수입의 일정 비율을 국민에게 배당

· 저소득층 기후 취약성 보완 지원

☐ 녹색 전환 소득보장

· 탄소집약 산업 노동자 전환 지원

· 녹색 일자리 창출 및 직업 훈련

□ 생태복원 일자리

· 국토 생태복원 사업 확대

· 도시농업 및 생태 관광 일자리 창출

4.2 순환경제 복지 모델

□ 지역화폐 활성화

· 지역 내 순환경제 활성화를 위한 지역화폐 발행

· 복지급여의 일부를 지역화폐로 지급

□ 공유경제 플랫폼 구축

· 공공 재화 공유 플랫폼 운영

· 자원 절약형 소비 문화 확산

5. 디지털 전환 및 플랫폼 경제 대응

5.1 플랫폼 노동자 보호

□ 플랫폼 노동자 사회보험 적용 확대

· 특수고용직 및 플랫폼 노동자 4대 보험 가입

· 알고리즘 관리 하에서의 노동권 보장

□ 데이터 배당 제도

· 개인 데이터 활용 수익의 사회적 환원

· 디지털 플랫폼 수익 공유 체계

5.2 인공지능 시대 사회보장

□ 인공지능 대체 위험 대응

 · 인공지능 대체 가능 직군 재교육 지원

 · 평생학습 계좌제 및 학습 휴가제 도입

□ 디지털 기본권 보장

 · 디지털 기기 및 인터넷 접근권 보장

 · 디지털 리터러시 교육 의무화

6. 주거 및 지역 발전

6.1 주거권 보장 체계

□ 공공임대주택 대폭 확대

 · 공공임대주택 비율 30% 달성

 · 임대료 안정화 및 주거 품질 개선

□ 주거급여 현실화

 · 주거급여 수준을 시장 임대료의 80% 수준으로 인상

 · 임대료 상한제 도입 및 전월세 안정화

6.2 지역 균형 발전

□ 지역 특화 복지모델 개발

 · 지역별 특성을 반영한 맞춤형 복지 프로그램

 · 농어촌 지역 복지 인프라 확충

□ 지역사회 중심 서비스 강화

 · 보건소 중심 통합 건강관리 서비스

· 지역사회 기반 정신건강 지원 체계

7. 정치 참여 및 민주주의 혁신

7.1 참여민주주의 제도화

☐ 시민배심원제 확대

· 주요 정책 결정에 시민 참여 보장

· 복지정책 평가 시민배심원단 운영

☐ 참여예산제 전면 확대

· 복지예산의 20% 이상 시민 참여 결정

· 온라인 참여 플랫폼 구축

7.2 숙의민주주의 활성화

☐ 시민위원회 상설화

· 복지정책 시민위원회 구성 및 운영

· 정책 결정 과정의 투명성 및 책임성 강화

☐ 공론화 과정 제도화

· 주요 복지정책 도입 시 공론화 과정 의무화

· 시민사회와 정부 간 협력적 거버넌스

8. 통일 시대 대비 복지국가

8.1 남북 사회보장 통합 준비

☐ 남북 사회보장 협력 기반 조성

· 남북 사회보장 전문가 교류 확대

· 북한 지역 복지 인프라 구축 지원

☐ 통일 비용 사회적 분담 체계

· 통일세 도입 및 사회적 합의 형성

· 통일 이후 사회통합 비용 분담 방안

8.2 동북아 복지 협력

☐ 동북아 사회보장 협력 체계

· 한·중·일 사회보장 협정 체결

· 이주노동자 사회보장 상호 인정

☐ 평화 복지 거버넌스 구축

· 동북아 평화 복지 협력 기구 설립

· 지역 차원의 복지 협력 네트워크

9. 재정 및 지속가능성 확보

9.1 다원적 재원 확보 방안

☐ 토지보유세 강화

· 토지공개념 실현을 위한 토지보유세 인상

· 토지 불로소득 사회 환원 체계

☐ 디지털세 도입

· 글로벌 디지털 기업 과세 강화

· 플랫폼 경제 수익의 사회적 환원

□ 탄소세 및 환경세 확대

· 탄소 배출량에 따른 누진 과세

· 환경 파괴 비용의 사회적 내재화

9.2 지속가능한 복지 재정 운영

□ 미래세대기금 설치

· 장기적 복지 재정 안정성 확보

· 세대 간 형평성 고려한 재정 운영

□ 복지 투자 수익률 제고

· 사회투자 수익률 측정 및 관리

· 예방적 복지의 비용 효과성 검증

10. 사회적 합의 및 문화 조성

10.1 세대 간 사회적 대화

□ 세대 통합 대화체 구성

· 세대별 대표성을 고려한 사회적 대화

· 복지 정책에 대한 세대 간 합의 도출

□ 복지 문화 확산 캠페인

· 공생적 복지 가치 사회적 확산

· 복지 권리 및 의무 교육 강화

10.2 전문가 집단 및 시민사회 역할

□ 복지 전문가 네트워크 구축

 ·학계, 현장 전문가 간 협력 체계

 ·정책 연구 및 평가 역량 강화

□ 시민사회 복지 거버넌스 참여

 ·시민사회 단체의 정책 참여 확대

 ·복지 현장의 목소리 정책 반영

11. 모니터링 및 평가 체계

11.1 성과 지표 개발

□ 공생적 복지 지표 개발

 ·전통적 복지 지표를 넘어선 포괄적 지표

 ·생태적 지속가능성 및 사회적 결속 지표

□ 시민 체감도 조사

 ·정책 수혜자 만족도 및 체감도 정기 조사

 ·복지 사각지대 발굴 및 개선 방안 도출

11.2 정책 환류 체계

□ 정책 학습 시스템 구축

 ·정책 실패 및 성공 사례 분석

 ·지속적 정책 개선 및 혁신 체계

□ 국제 비교 및 벤치마킹

· 국제적 복지 모델과의 비교 분석

· 선진 복지 정책 벤치마킹 및 한국화

● 실행 우선순위

즉시 실행 과제 (1년 내)

1. 청년기본소득 전국 확대

2. 4대 보험 징수 통합 시범사업

3. 시민배심원제 도입

4. 탄소세 도입 및 탄소배당 준비

단기 실행 과제 (1-3년)

1. 국민사회보험공단 설립

2. 전 국민 기본소득 시범사업

3. 돌봄 사회화 체계 구축

4. 플랫폼 노동자 사회보험 적용

중기 실행 과제 (3-5년)

1. 보편적 기본소득 단계적 도입

2. 생태복지 제도 전면 시행

3. 디지털 기본권 보장 체계

4. 남북 사회보장 협력 기반 조성

장기 실행 과제 (5-10년)

1. 공생적 복지국가 모델 완성

2. 동북아 복지 협력 체계 구축

3. 통일 시대 사회보장 통합 준비

4. 선경^{仙境} 국가 비전 실현

이 체크리스트는 공생적 복지국가 실현을 위한 종합적 정책 로드맵으로, 각 정책의 구체적 실행 방안과 일정은 사회적 합의 과정을 통해 조정될 수 있습니다.

참고문헌

동양 고전

『공자가어(孔子家語)』

『논어(論語)』

『대학(大學)』

『도덕경(道德經)』

『맹자(孟子)』

『예기(禮記)』

『주역(周易)』

『화엄경(華嚴經)』

주역 주석서

왕부지(王夫之) 주. 『주역내전(周易內傳)』.

왕필(王弼) 주. 『주역주(周易注)』.

정약용(丁若鏞) 주. 『주역사전(周易四箋)』.

정이(程頤) 주. 『역전(易傳)』.

주희(朱熹) 주. 『주역본의(周易本義)』.

한강백(韓康伯) 주. 『주역계사전주(周易繫辭傳注)』.

국내 문헌

경제·인문사회연구회 편. (2023). 『소득기반 사회보험 혁신』.

경제인문사회연구회 편. (2023). 『한국 복지국가의 진단과 전망 : 한국형 복지국가 모델의 경로와 지향』. 경제·인문사회연구회.

국립생물자연관. (2014). 『생물다양성 활용 기반 구축을 위한 생물종 증식·배양 가이드라인 마련 연구:1차년도』

권혁, 김희성, 성대규. (2018). 『4차 산업혁명과 일자리 정책의 미래』. 집문당.

그레이엄 하먼 저, 김효진 역. (2020). 『비유물론:개체와 사회이론』. 갈무리.

김수행. (2006). 『자본주의 경제의 위기와 공황』. 서울대학교출판부.

김영명 저. (1996). 『동아시아 모델의 재검토:한국과 일본의 경우』. 소화.

김태성·성경륭. (2019). 『복지국가론』. 나남출판.

도재형. (2023). "플랫폼 노동과 사회보장제도의 과제." 『헌법재판연구』, 10(2), 85-112.

라이언 아벤트 저, 안잔환 역. 『노동의 미래 : 디지털 혁명 시대, 일자리와 부의 미래에 대한 분석서』. 민음사.

리차드 하인버그, 노승영 역. (2013). 『제로성장 시대가 온다』. 부키.

린 마굴리스 저, 이한음 역. (2014). 『공생자 행성』. 사이언스북스.

박명림. (1996). 『한국전쟁의 발발과 기원 1, 2』. 나남출판.

박병현. (2019). 『사회복지정책론』. 정민사.

박승희. (2012). 『한국 사회보장론:스웨덴을 거울삼아』. 성균관대학교출판부.

신진욱. (2008). 『시민』. 책세상.

알렉산더 페트링 외 저, 조혜경 역. 92012). 『복지국가와 사회민주주의』. 한울아카데미.

알버트-라즐로 바라바시 저, 강병남·김기훈 역. (2003). 『링크 : 21세기를 지배하는 네트워크 과학』. 동아시아.

알프레드 N. 화이트헤드, 오영환·문창옥 역. (2005). 『사고의 양태』. 치우.

알프레드 N. 화이트헤드, 김상일 역. (2003). 『과정과 실재』. 민음사.

알프레드 N. 화이트헤드, 김상일 역.(1997). 『관념의 모험』. 한길사.

알프레드 N. 화이트헤드, 오영환 역. (2001). 『과학과 근대세계』. 서광사.

원석조. (2023). 『사회복지정책론』. 지식터.

이명현. (2021). 『복지국가의 이해:발달과 전환』. 공동체.

이명호. (2018). 『노동 4.0』. 스리체어스.

이안 고프 저, 김연명·이승욱 역. (2010). 『복지국가의 정치경제학』. 한울.

장경섭 저, 박홍경 역. (2023). 『압축적 근대성의 논리(The Logic of Compressed Modernity)』. 문학사상.

장하준 저, 김희정 역. (2020). 『사다리 걷어차기(Kicking Away the Ladder: Development Strategy in Historical Perspective)』. 부키.

장하준 저, 김희정·안세민 역. (2010). 『그들이 말하지 않는 23가지』. 부키.

정관영. (2013). 『이제는 사회적경제다』. 공동체.

정관영. (2017). 『사회서비스창업경영』. 공동체.

정관영. (2019). 『사회적기업론』. 공동체.

정관영. (2023). 『주역과 생명학』. 지식터.

정이천 저, 심의용 역. (2015). 『주역』. 글항아리.

존 헨더슨 저, 문중양 역. (2004). 『중국의 우주론과 청대의 과학혁명 : 상관적 우주론의 형성과 발전, 그리고 부정의 역사』. 소명출판.

최장집 저. (1993). 『한국민주주의의 이론』. 한길사.

최장집. (2005). 『민주화 이후의 민주주의』. 후마니타스.

칼 군나르 미르달 저, 최광열 역, (2018). 『현대복지국가론』. 서음미디어.

한국보건사회연구원. (2018). 『한국의 사회보장제도』.

연구보고서

강희정 외. (2025). 「2025년도 보건복지분야 정채 전망과 과제」. 한국보건사회연구원.

고경환 외. (2007). 『한국의 사회복지지출 추계(1990~2005)와 자발적 민간급여 실태조사』. 한국보건사회연구원.

고학수 외. (20160. 「건강보험 빅데이터 활용 및 건강서비스 제공을 위한 법적 타당성 검토 및 가이드라인 제시」. 국민건강보험공단.

국민연금공단 기획조정실. (2021). 「국민연금통계연보」.

국민연금공단 기획조정실. (2021). 「국민연금통계연보」.

권오성, 최윤희. (2023). 「보건의료 데이터 활용 촉진을 위한 관련 법·제도 현황 및 시사점」. 산업연구원.

김영환 외. (2012). 「해외 산림탄소상쇄 프로그램 운영 표준」. 국립산림과학원.

김유빈. (2022). 「미래비전 2037 : 성장사회에서 성숙사회로 전환」. 국회미래연구원.

김은지. (2023) 「돌봄 직종 간 격차 해소와 돌봄노동자 처우 개선을 통한 돌봄 일자리의 '고진로(high-road) 전략' 추구 필요」. 한국여성정책연구원.

김을식, 배영임 외. (2020). 「데이터 배당 및 세금에 관한 기초연구」. 경기연구원.

김태곤, 허주녕, 김예슬. (2012). 「도시농업의 다원적 기능과 활성화 방안 연구」. 한국농촌경제연구원,

김희삼. (2015). 「세대 간 갈등의 분석과 상생 방안의 모색」. 한국개발연구원.

박승준 외. (2017). 「재정지출의 경제적 효과분석 및 재정 건전성 검정」. 기획재정부.

산업연구원. (2023). 「AI 시대 본격화에 대비한 산업인력양성 과제」.

성시연. (2022). 「보건의료 분야 데이터 활용을 위한 제언 : 의료 마이데이터 활용 가능 보건의료 분야」. 법제연구원.

송단비 외. (2024). 「산업별 인공지능 도입의 노동시장 영향과 정책과제」. 한국산업연구원.

신영석 외. (2016). 「사회보험 통합징수 성과분석과 통합징수 업무재설계 및 전산시스템 구축 타당성 검토:요약본」. 국민건강보험공단

안수란. 2024. 「2024년 사회서비스 정책의 전망과 과제」. 보건복지포럼. 통권 제327호. 한국보건사회연구원,

예수대학교 산학협력단. (2021). 「자활사업 참여 효과분석 및 성과지표 개발 연구」. 보건복지부.

오유미, 임현정, 박가영. (2024년) 「2024년 건강투자인식조사 결과보고서」. 한국건강증진개발원.오유미 외. (2024). 「제5차 국민건강증진종합계획(2021-2030)」. 한국건강증진개발원.

유환철. (2022). 「새로운 도약을 위한 대·중소기업 상생협력 방안」.산업연구원. (월간) KIET산업경제, 2022, 1.

이강구 외. (2022). 「주요 사회보험의 지속가능성 제고 및 안정적 발전방향」. 한국개발연구원

이승협. (2017). 「4차 산업혁명과 경제·사회 변화」. 과학기술정책연구원.

이재림, 이주은, 김고은. (2023). 「생태계 서비스 지불제계약 : 안내서(2023년)」. 서천군, 환경부 국립생태원.

이채정 외. (2022). 「고용 없는 저성장·초고령 시대의 복지체제 연구」.국회미래연구원.

이철선 외. (2022). 「복지국가와 사회적경제의 조응형태에 대한 국제 비교연구 : 사회적경제조직 유형에 따른 정부 지원방식을 중심으로」. 한국보건사회연구원.

이혜자. (2002). "한국 복지국가 성격 논쟁에 관한 고찰." 『인문사회과학연구』, 6, 111-128.

조지혜, 이창훈, 신동원. (2020). 「순환경제로의 전환을 위한 그린 뉴딜 추진 방향: EI 그린 뉴딜 시리즈」. 한국환경정책·평가연구원(KEI).

차용진, 이지윤. (2016). 「국제 기후변화 적응 정책 현황 및 정책적 시사점」한

국정책분석평가학회.

채민석, 이수민, 이하민. (2024). 「돌봄서비스 인력난 및 비용 부담 완화 방안」. BOK 이슈노트 제2024-6호. 한국은행.

최서연, 신승충. (2021). 「플랫폼 노동자의 기여에 따른 데이터 배당 자격 확대 제안 연구」. 한국인터넷방송통신학회.

한국보건사회연구원, 보건복지부 편. (2019). 「4대사회보험징수통합추진현황 및 향후계획」.

한국보건사회연구원. 보건복지부 편. (2019). 「사회보험징수 관련 개선방안 마련」.

한은희 외. (2019). 「사회보장정보시스템 행정자료를 이용한 통합사례관리 현황과 개선방안 연구」. 사회보장정보원.

한은희. (2019). 「사회보장 통합 행정데이터 구축 및 활용의 쟁점과 전망」. 사회보장정보원

황기돈. (2017). 「독일의 노동 4.0 백서 : 디지털 시대의 '좋은 노동'에 대한 청사진」. 한독경상학회.

정부 자료

고용노동부. (2025). 「(2024년 12월) 고용행정 통계로 본 노동시장 동향」.

국회예산정책처. (2024). 「지방재정통계:통합재정수입·통합재정지출·통합재정자립도·통합재정자주도」.

국회예산정책처. (2022). 「재정분권 2단계 추진방안에 따른 2022년 전환사업 현황 1, 2」.

교육부. (2025). 「2024 교육기본통계」.

교육부. (2025). 「2024 주요업무 추진계획」.

보건복지부. (2017). 「미래 사회정책 비전 사회보장 2040 기초연구」

보건복지부. (2024). 「2024 지역사회서비스 투자사업 안내」.

보건복지부. (2025). 「2025년 사회서비스 정책의 전망과 과제」.

보건복지부. (2024). 「연금개혁 추진계획:미래를 위한 상생의 연금」.

국민연금공단. (2017). 「국민연금 30년사:1987-2017」.

보건복지부, 한국보건사회연구원 편. (2020). 「국민기초생활보장제도 20년사」.

보건복지부. (2024). 「2024 사회보장급여 공통업무 안내」.

보건복지부. (2024). 「2024 사회보장제도 신설·변경 협의 운용지침」.

보건복지부. (2018). 「한국 의료급여 40년사:since 1977」.

보건복지70년사편찬위원회. (2015). 「보건복지 70년사:가난의 시대에서 복지사회로」.

보건복지부. (2024). 「2024 자활사업 안내」.

보건복지부. (2024). 「2024년 공공부문 사례관리 연계·협력 업무안내」.

보건복지부. (2023). 「국민기초생활보장 수급자 현황」.

보건복지부. (2021). 「보건복지통계연보」.

보건복지부. (2023). 「보건복지통계연보」.

보건복지부, 한국보건사회연구원. (2025). 「통계로 보는 사회보장 2023」.

보건복지부. (2023). 「건강정보 고속도로 플랫폼 활용 중점서비스 발굴 및 확산전략 제언」.

보건복지부(2024), 「2024 나에게 힘이 되는 복지서비스:노령층」.

보건복지부(2024), 「2024 나에게 힘이 되는 복지서비스:노령층」.

보건복지부(2024), 「2024 나에게 힘이 되는 복지서비스:청년층」.

보건복지부(2024), 「2024 나에게 힘이 되는 복지서비스:장애인」.

보건복지부(2024), 「2024 나에게 힘이 되는 복지서비스:임신·출산·영유아」.

보건복지부(2024), 「2024 나에게 힘이 되는 복지서비스:아동·청소년」.

한국고용정보원. (2017). 「고용보험통계연보」.

보건복지부 편. (2019). 「한국의 사회복지지출(SOCX) 산출:2018년(잠정)」.

통계청. (2023). 「인구주택총조사보고서;전수조사결과」.

통계청. (2023). 「2023년 8월 경제활동인구조사:근로형태별 부가조사 결과」.

통계청. (2023). 「2023년 8월 경제활동인구조사:비경제활동인구 부가조사 결과」.

통계청. (2023). 「2023년 8월 경제활동인구조사:고령층 부가조사 결과」.

통계청. (2023). 「2023년 5월 경제활동인구조사 :청년층 부가조사 결과」.

통계청. (2023). 「장래인구추계:2022~2072년」.

통계청. (2024). 「2023년 인구동향조사 출생·사망통계(잠정)」.

통계청. (2024). 「2023년 다문화 인구동태 통계」.

통계청. (2024). 「2024년 가계금융복지조사 결과」.

환경부. (2024). 「2024년 환경부 주요정책 추진계획:민생과 함께하는 환경복지, 미래로 나아가는 녹색강국」.

환경부. (2024). 「2024년 정부지원 환경사업 종합안내서」.

과학기술정보통신부. (2024). 「2024년도 연구개발사업 종합시행계획」.

과학기술정보통신부. (2024). 「2023년 디지털 정보격차·웹 접근성·스마트폰 과의존 실태조사 결과 발표」.

관계부처합동. (2022). 「탄소중립 녹색성장 추진전략」

산업통상자원부, 한국산업기술진흥원. (2024). 「1,000대 R&D투자 기업 스코어보드」.

경제사회노동위원회. (2022). 「대중소기업 상생협력 현황」.

한국은행. (2022). 「경제전망보고서」.

국외 문헌

Alfred North Whitehead. (1978). Process and Reality, Corrected Edition, ed. by David Ray Griffin & Donald W. Sherburne, Free Press.

Amsden, A. H. (1989). Asia's Next Giant: South Korea and Late Industrialization. Oxford University Press.

Anheier, Helmut K. (2014). Nonprofit Organizations: Theory, Management, Policy. London: Routledge.

Atkinson, A. B. (2015). Inequality: What Can Be Done? Harvard University Press.

Baker, Elizabeth June. (1997). Ecological being/being ecological : self, morality, and the environmental exigency.

Barad, Karen. (2007). Meeting the Universe Halfway: Quantum Physics and the Entanglement of Matter and Meaning. Durham:Duke University Press.

Berthrong, J. H. (1998). Transformations of the Confucian Way. Westview Press.

Botsman, Rachel and Roo Rogers. (2010). What's Mine Is Yours: The Rise of Collaborative Consumption. New York: HarperBusiness.

Brynjolfsson, E., & McAfee, A. (2014). 『The Second Machine Age』. W. W. Norton & Company.

Byhovskaya, A.(2018). 『Overview of the national strategies on work 4.0 : a coherent analysis of the role of the social partners:study』. Brussels : European Economic and Social Committee

Defourny, Jacques and Marthe Nyssens. (2010). "Conceptions of Social Enterprise and Social Entrepreneurship in Europe and the United States." Journal of Social Entrepreneurship, 1(1), 32-53.

Deyo, F. C. (1987). The Political Economy of the New Asian

Industrialism. Cornell University Press.

Endress, Tobias (ed). (2023).『Digital project practice for new work and Industry 4.0』. Boca Raton:CRC Press

Esping-Andersen, Gøsta. (1999). Social Foundations of Postindustrial Economies. Oxford: Oxford University Press.

Evans, P. (1995). Embedded Autonomy: States and Industrial Transformation. Princeton University Press.

Fung, Y. L. (1953). A History of Chinese Philosophy, Volume 1: The Period of the Philosophers. Princeton University Press.

Galbraith, John Kenneth. (1958). The Affluent Society. Boston: Houghton Mifflin.

Giddens, Anthony. (1998). The Third Way: The Renewal of Social Democracy. Cambridge: Polity Press.

Harman, Graham. (2016). Immaterialism: Objects and Social Theory. Cambridge:Polity Press.

Hemerijck, A. (2013). Changing Welfare States. Oxford University Press.

Holliday, I. (2000). "Productivist Welfare Capitalism: Social Policy in East Asia." Political Studies, 48(4), 706-723.

Krugman, P. (2013). End This Depression Now! W. W. Norton & Company.

Kwon, H. (2007). "Democracy and the Politics of Social Welfare: A Comparative Analysis of Welfare Systems in East Asia."

Latour, Bruno. (2005). Reassembling the Social: An Introduction to Actor-Network-Theory. Oxford:Oxford University Press.

Mulgan, Geoff. (2019). Social Innovation: How Societies Find the Power to Change. Bristol: Policy Press.

North, Douglass C. (1990). Institutions, Institutional Change and Economic Performance. Cambridge: Cambridge University Press.

Noveck, Beth Simone. (2015). Smart Citizens, Smarter State: The Technologies of Expertise and the Future of Governing. Cambridge: Harvard University Press.

Offe, C. (1984). Contradictions of the Welfare State. MIT Press.

Pempel, T. J. (1999). The Politics of the Asian Economic Crisis. Cornell University Press.

Pierson, P. (2001). The New Politics of the Welfare State. Oxford University Press.

Pierson, Paul. (1994). Dismantling the Welfare State?: Reagan, Thatcher and the Politics of Retrenchment. Cambridge: Cambridge University Press.

Pierson, Paul. (2001). The New Politics of the Welfare State. Oxford: Oxford University Press.

Piketty, T. (2014). 『Capital in the Twenty-First Century』. Harvard University Press.

Piketty, T. (2014). Capital in the Twenty-First Century. Harvard University Press.

Ramesh, M. (2004). Social Policy in East and Southeast Asia. RoutledgeCurzon.

Raworth, K. (2017). Doughnut Economics: Seven Ways to Think Like a 21st-Century Economist. Chelsea Green Publishing.

Rhodes, R. A. W. (1997). Understanding Governance: Policy Networks, Governance, Reflexivity and Accountability. Buckingham: Open University Press.

Scholz, Trebor. (2016). Platform Cooperativism: Challenging the

Corporate Sharing Economy. New York: Rosa Luxemburg Stiftung.

Schwab, K. (2016). 『The Fourth Industrial Revolution』. Crown Business.

Srnicek, Nick. (2017). Platform Capitalism. Cambridge: Polity Press.

Standing, G. (2017). Basic Income: And How We Can Make It Happen. Pelican Books.

Stengers, I. (2011). Thinking with Whitehead: A Free and Wild Creation of Concepts. Harvard University Press.

Stiglitz, J. E. (2019). People, Power, and Profits: Progressive Capitalism for an Age of Discontent. W. W. Norton & Company.

Taylor-Gooby, P. (2013). The Double Crisis of the Welfare State and What We Can Do About It. Palgrave Macmillan.

Walker, A. & Wong, C. K. (2005). East Asian Welfare Regimes in Transition. Policy Press.

Whitehead, A. N. (1925). Science and the Modern World. Macmillan.

Whitehead, A. N. (1933). Adventures of Ideas. Macmillan.

Whitehead, A. N. (1938). Modes of Thought. Macmillan.

Wilkinson, R. & Pickett, K. (2009). The Spirit Level: Why More Equal Societies Almost Always Do Better. Allen Lane.

Wilson, Edward O. (1975). Sociobiology: The New Synthesis. Cambridge;Massachusetts:The Belknap Press of Harvard University Press.

Woo-Cumings, M. (1999). The Developmental State. Cornell University Press.

Yang, J. J. (2017). The Political Economy of the Small Welfare State in South Korea. Cambridge University Press.

Yunus, Muhammad. (2007). Creating a World Without Poverty: Social Business and the Future of Capitalism. New York: PublicAffairs.

국제기구 보고서

EIU(Economist Intelligence Unit). (2024).「Democracy Index 2024 : what's wrong with representative democracy?」.

IMF (2012).「World Economic Outlook: Coping with High Debt and Sluggish Growth」. International Monetary Fund.

OECD (2019).「The Future of Work: OECD Employment Outlook 2019」. OECD Publishing.

OECD (2021).「Pensions at a Glance 2021: OECD and G20 Indicators」. OECD Publishing.

OECD (2021).「The Digital Transformation of SMEs」. OECD Publishing.

OECD (2023).「OECD Employment Outlook 2023: Artificial Intelligence and the Labour Market」. OECD Publishing.

World Bank (1994).「Averting the Old Age Crisis: Policies to Protect the Old and Promote Growth」. Oxford University Press.

온라인 자료

EMES European Research Network: https://emes.net/

Graham Harman 공식 웹사이트: http://doctorzamalek2.wordpress.com/

https://openhumanitiespress.org/books/series/new-metaphysics/

Object-Oriented Ontology 연구 포털:

Platform Cooperativism Consortium: https://platform.coop/

Social Innovation Exchange: https://www.socialinnovationexchange.org/

Speculative Realism 아카이브: https://speculativerealism.wordpress.com/

The Young Foundation: https://www.youngfoundation.org/

Time Banking UK: https://timebanking.org/

언론 및 웹사이트

COOP 협동조합 홈페이지 (www.coop.go.kr)

KOSIS 국가통계포털 웹사이트 (kosis.kr)

고용노동부 고용보험 웹사이트 (www.ei.go.kr)

국민건강보험공단 홈페이지 (www.nhis.or.kr)

국민연금공단 홈페이지 (www.nps.or.kr)

보건복지부 홈페이지 (www.mohw.go.kr)

사회보장정보원 홈페이지 (www.ssis.or.kr)

통계청 국가통계포털 (kosis.kr)

한국사회적기업진흥원 홈페이지 (www.socialenterprise.or.kr)

공생적 복지국가론

위기의 대한민국, 새로운 길을 찾아서

1판 1쇄 발행 2025년 9월 1일

지은이	정관영
펴낸이	정관영
펴낸곳	현인의 숲
디자인	디자인 아르시에

출판등록	2025년 4월 16일(신고번호 제2025-000019호)
주　소	대전광역시 유성구 계룡로105번길 15 한진오피스텔 603호(봉명동)
전　화	042-822-7157
이 메 일	pnb4all@gmail.com

정가	30,000원
ISBN	979-11-993914-0-6